Ed und Deb Shapiro
Sei der Wandel, den du dir wünschst

Ed und Deb Shapiro

Sei der Wandel, den du dir wünschst

Die verändernde Kraft der Meditation

Aus dem Amerikanischen
von Susanne Kahn-Ackermann

KAILASH

Die amerikanische Originalausgabe erschien 2009 unter dem Titel
»Be the Change« bei Sterling Publishing Co., Inc. New York.

FSC
Mix
Produktgruppe aus vorbildlich
bewirtschafteten Wäldern und
anderen kontrollierten Herkünften

Zert.-Nr. SGS-COC-001940
www.fsc.org
© 1996 Forest Stewardship Council

Verlagsgruppe Random House FSC-DEU-0100
Das für dieses Buch verwendete FSC-zertifizierte Papier
Munken Premium Cream liefert Arctic Paper Munkedals AB, Schweden.

1. Auflage
Deutsche Erstausgabe

Lektorat: Annette Gillich-Beltz, Essen
Satz: EDV-Fotosatz Huber/Verlagsservice G. Pfeifer, Germering
Druck und Bindung: GGP Media GmbH, Pößneck
Printed in Germany
ISBN 978-3-424-63028-2
www.kailash-verlag.de

Für Debs Mutter Anne
und für unsere Lehrer und Lehrerinnen.
Mögen alle Wesen glücklich sein!

Inhalt

Vorwort von Seiner Heiligkeit dem Dalai Lama

Der eigentliche Sinn des Lebens besteht darin, glücklich zu sein. Es gibt zwei Arten von Glücklichsein: Die eine entspringt hauptsächlich dem körperlichen Wohlbehagen, an der anderen ist der Geist beteiligt. Ganz offensichtlich ist das geistige dem körperlichen Wohlbehagen überlegen und in seinem Einfluss und in seiner Auswirkung weitreichender. Das lässt sich in unserem eigenen Leben beobachten. Befinden wir uns in einer ruhigen und glücklich heiteren Geistesverfassung, können wir kleinere körperliche Einschränkungen oder geringe Schmerzen leicht aushalten. Ist hingegen unser Geist ruhelos oder verstört, dann machen uns auch die angenehmsten aller körperlichen Umstände nicht glücklich.

Da unser Geisteszustand derart wichtig ist, erhebt sich die Frage, ob wir ihn schulen oder verbessern können. Das ist möglich. Die Menschen haben über einen sehr langen Zeitraum hinweg Methoden entwickelt, um den Geist zu formen; Methoden, die wir gewöhnlich Meditation nennen. Allgemein gesprochen gibt es zwei Arten der Meditation. Die analytische Meditation bedient sich in der Hauptsache des Intellekts, des logischen Verstandes. Eine andere Meditationsart beinhaltet, dass wir den Geist auf einen bestimmten Punkt ausrichten und dort ruhen lassen, ohne etwas zu verändern oder etwas zu untersuchen.

Meditation ist ein wichtiges Instrument, um unseren Geist zu formen, zu entwickeln oder zu transformieren. Schon als einfacher buddhistischer Mönch habe ich meditiert. Mit zunehmendem Alter habe ich bemerkt, dass mein Geist nun ruhiger und gelassener ist, obgleich viele Probleme, mit denen ich mich befassen muss, schwerwiegender wurden und meine Verantwortung größer geworden ist. Das soll aber nicht den Eindruck erwecken, dass Meditation unbedingt eine religiöse Angelegenheit sein muss. Auch den Geist einfach zu üben und zu schulen ist eine Art von Meditation. Während die einfache einspitzige oder einsgerichtete Meditation nicht unbedingt zu festen Überzeugungen führt, erreicht die analytische Meditation dies auf sehr viel effektivere Weise.

Im Großen und Ganzen blickt der Geist immer kritisch nach außen und befasst sich mit äußeren Ereignissen, kümmert sich aber nur selten um sich selbst. Deshalb müssen wir ihm neue Anweisungen geben. Bis jetzt haben Sie sich mit den Vorgängen im Außen beschäftigt; das ist gut und schön, doch nun ist die Zeit gekommen, im Innern zu forschen und mehr über den Geist selbst herauszufinden. Dabei müssen wir uns auch darum bemühen, dass wir die Art und Weise, in der unsere Gedanken den Erinnerungen an die Vergangenheit folgen und über die Zukunft spekulieren, bändigen und beherrschen. Wir müssen den Raum zwischen solchen Gedanken finden, der wie das Wasser in der Tiefe des Ozeans klar und ungestört bleibt, auch wenn auf der Oberfläche die Wellen peitschen. So können wir auf den Geist selbst blicken. Es ist nicht leicht, doch lohnt es sich meiner Ansicht nach, den Versuch zu unternehmen.

Ed und Deb Shapiro haben in diesem Buch die Gedanken und Überlegungen einer großen Bandbreite von Menschen versammelt, die über eine Vielfalt von Meditationserfahrungen verfügen. Wer an Meditation interessiert ist, sollte nicht nur lesen, was sie zu sagen haben, sondern die Sache auch ausprobieren. Vorschläge, die Ihnen gefallen und eine Hilfe sind, machen Sie sich zunutze; die anderen beachten Sie nicht weiter. Sehen Sie dieses Buch quasi als Kochbuch an. In einem Kochbuch würden Sie die

Rezepte nicht nur lesen, sondern einige auch ausprobieren wollen. Und manche davon würden Sie mögen und immer wieder kochen. – Wie das Kochen ist Meditation nur dann sinnvoll, wenn Sie die Anleitungen in die Praxis umsetzen.

17. Juli 2009
S. H. der Dalai Lama
Friedensnobelpreisträger

Vorwort von Robert Thurman

Es ist ein Glück, dass Ed und Deb die Beiträge all der faszinierenden Menschen in diesem Buch auf so schöne Art in deren bewegende Lebensgeschichten und Transformationserfahrungen eingebettet, all die vielen Stimmen so meisterlich zu einer Symphonie verwoben haben. In einem wunderbaren Fluss stehen Erkenntnisse, Einsichten und Geschichten im Einklang miteinander und im Kontrast zueinander, ein Fluss, der sowohl beruhigend wie belebend ist und zum Klang einer einzigen kollektiven, dennoch selbstlosen Stimme wird.

Schon die Lektüre dieses Buches ist eine kraftvolle Meditation. Ohne Mühe, ohne Anstrengung begeben Sie sich tiefer hinein zu den besten Orten Ihres Geistes und Herzens, indem Sie dem Fluss folgen, Seite um Seite, Lehrer um Lehrer, Erkenntnis um Erkenntnis. Sie werden feststellen, dass Sie ganz natürlich Achtsamkeit entwickeln, während Sie die Texte lesen und an den Gedanken und Leben dieser wunderbaren Menschen teilhaben. Menschen, die sich Ihnen ehrlich und auf lebendige Art zuwenden, indem sie ihre Geschichten erzählen und ihre Einsichten, Praxis und Errungenschaften in Bezug auf die Meditation preisgeben.

Die großen Mystiker des Buddhismus, des Judentums, des Christentums und des Islams, sie alle haute es um, als sie Nirvana oder das Reich Gottes in ihrem eigenen Innern entdeckten. Wir müssen nicht meinen, dass sie alle weit über uns stehen und unerreichbar sind. Alle übermittelten sie uns geduldig, dass wir den wahren Sinn unserer Existenz finden, unsere wirkliche Bedeutung entdecken und uns tatsächlich des Glücks erfreuen könnten. Und alle gaben uns Methoden an die Hand, um uns in Richtung dieser Ziele auf den Weg zu bringen. Wir können, müssen und werden *der Wandel sein*, an dem sich nach unserem sehnlichen Wunsch die Welt erfreuen soll. Wir *können* von dieser hilflosen Sucht nach Äußerlichkeiten, vergänglichem Besitz, Zerstreuungen und enttäuschenden Beschäftigungen genesen, indem wir uns unserer ungebundenen intuitiven Intelligenz zuwenden, uns durch Achtsamkeitsmeditation auf das Innerste unseres Herzens einschwingen, das verzweifelte Kreisen um unser Ich aufgeben und uns in die Arme der von Liebe erfüllten Schöpfung begeben.

Damit will ich nicht andeuten, dass ich mehr als nur einen schwachen Hinweis auf alle diese Möglichkeiten erkannt und verwirklicht hätte, auf die Wunder, an denen uns zu erfreuen wir geboren wurden; ich behaupte nicht, in diesem Leben den Superpreis der Erleuchtung errungen zu haben! Doch Logik und Vernunft lassen mich wissen, dass früher oder später jeder von uns die Glückseligkeit des Erwachens zu seinem authentischen Selbst erfahren wird. Wenn das geschieht, ist es wie ein »Nachhausekommen«, ist es die Erkenntnis, dass wir diesen Ort schon immer gekannt haben.

Schließlich wissen wir aufgrund der höchst glaubwürdigen Zeugnisse von Buddha, Jesus und anderen großen Lehrern, dass Nirvana (das Reich Gottes) hier und jetzt die *wahre Wirklichkeit* der Welt ist! Und so können wir diesen Augenblick genießen, die Worte in diesem Buch lesen und zugleich die sanfte, doch ekstatische, bewusst achtsame und unvorstellbar beseligende Natur von Nirvana erleben.

Was für eine Ehre, sich Seiner Heiligkeit dem Dalai Lama mit einem Vorwort anschließen zu dürfen. Er ist die Sonne, und ich bin höchstens ein Glühwürmchen. Was für ein Privileg, einen Grundton anschlagen zu dürfen beim Öffnen dieser Schatztruhe, die gefüllt ist mit den von Herzen kommenden Ratschlägen so vieler großartiger Menschen, allesamt erfahrene und verwirklichte Meditierende, an die ich auch nicht im Allerentferntesten heranreiche. Und was für eine Herausforderung, gemeinsam mit Ed und Deb diesen magischen, geheimnisvollen Meditationszug in Gang zu setzen in Richtung eines sinnerfüllten Lebens, welches das Ziel und die Bestimmung jeder und jedes Einzelnen von Ihnen ist, liebe Leserinnen und liebe Leser.

Ich wage es nur, weil ich hier auf diesem wunderbaren Zug einen Job für mich entdecke. Auf diesem Zug, dessen Antrieb das große Herz aller spirituellen Lehrer, Visionäre und Poeten allerorten und aller Zeiten ist. Ed und Deb sind die freundlichen und geschickten Ingenieure, und die Waggons, in denen Sie so bequem reisen, sind die Verwirklichungen all der großen Meditierenden, die Sie dahintragen. Ich bin der Schaffner, der Sie zu den Waggons begleitet, »Abfaaahrt« ruft und sich dann die Stufen hinaufschwingt, um mit Ihnen allen mitzufahren. Meinen Glückwunsch, dass Sie sich auf diese ganz besondere und magische Reise begeben.

»Tenzin« Bob Thurman
Jey Tsong Khapa Professor für indo-tibetische buddhistische Studien an der Columbia University, Präsident des Tibet House USA

Teil I

Das grösste aller Abenteuer

Mich verändern, uns verändern

Änderst du die Richtung nicht, könntest du dort enden, wo du hinsteuerst.

LAOTSE

»Wenn wir unsere Welt vom Mond aus betrachten«, erzählte uns der Astronaut Edgar Mitchell, »ist sie einfach nur eine kleine runde Kugel.« Als *Apollo 14* sich der Erde näherte und diese immer größer wurde, veränderte sich Mitchells Leben. Von seinen Erkundungen in den Weiten des Weltraums heimgekehrt begann er nach einem tieferen Sinn seiner Erfahrung zu suchen und wandte sich der Erforschung seiner inneren Welt zu, was schließlich auch das Meditieren einschloss.

In ähnlicher Weise wurde auch uns beiden schon früh im Leben bewusst, wie wichtig die Meditation ist, nämlich als Reaktion auf die Notwendigkeit, inmitten des Chaos einen Sinn zu finden. Ed war in seinen Zwanzigern, Deb war erst fünfzehn, und doch war uns bereits klar geworden, dass wir irgendwie einen Ort des Verständnisses und der Einsicht vermissten.

Als uns vor nicht allzu langer Zeit zum ersten Mal der Gedanke zu diesem Buch kam, geschah dies ebenfalls als Reaktion auf die Notwendigkeit, dem Geschehen um uns herum einen Sinn abzugewinnen. In einer Zeit des ökonomischen Niedergangs, der zunehmenden Korruption und der Kriege fragten wir uns, was einer Welt, die sich in einem solchen Chaos befindet, größeres Gewahrsein, mehr Freundlichkeit und Güte und umfassenderes

Mitgefühl bringen könnte. Könnte etwas so Subtiles und Zurückhaltendes wie die Meditation denn irgendeine Auswirkung auf die Wirtschaft, das Umweltdenken, die Konflikte oder die Politik haben? Könnte die Meditation einen ausreichend starken Wandel im Bewusstsein herbeiführen, um die Sichtweise auf uns selbst, aufeinander und auf unsere Welt zu transformieren? Und wie könnte der Wandel aussehen, wenn etwas derart Einfaches zu einer globalen Bewegung würde?

Obwohl wir beide seit vielen Jahren meditieren, wollten wir in diesem Buch ein farbigeres und vielfältigeres Bild zeichnen und viele andere Standpunkte und Stimmen mit einbeziehen. So sprachen wir mit über hundert Menschen in den verschiedensten Lebensumständen, die Meditation praktizieren. Dazu gehörten Lehrer, Aktivisten, Wissenschaftler, Religionsführer, Professoren, Geschäftsleute, Schauspieler, Maler, Musiker, Umweltschützer, Yogis, Therapeuten, Ärzte, Buchautoren und andere. Unsere Fragen konzentrierten sich darauf, wie die Meditation sie verändert hatte, wie sie uns verändern kann und wie wir als Ergebnis davon die Welt verändern können. Gespräche mit so vielen bemerkenswerten Menschen zu führen war wirklich gigantisch! Alle gingen sie mit tiefer Leidenschaft an dieses Thema heran, jeder hatte etwas anderes zu sagen, jede Meditationserfahrung war einzigartig, und die Einsicht, wie wir dadurch in dieser Welt etwas ändern können, war inspirierend und umfassend. Die wertvollen Erkenntnisse und Antworten dieser Menschen sind in den Text eingeflochten, und ihre Kurzbiografien finden Sie am Ende des Buches. Insbesondere ließen uns diese vielschichtigen Stimmen begreifen, dass das Meditieren eine äußerst coole Angelegenheit ist.

Und nicht nur wir denken so. Yogis und buddhistische Mönche im Lotossitz sind mittlerweile überall in der Werbung zu sehen, sie sollen für Computer, Kreditkarten oder Kräutertees werben. Zeitungen und Zeitschriften bringen Artikel über die Vorteile der Meditation, angereichert mit Ratschlägen von berühmten Schauspielern. Und jeder Buchladen, der auf sich hält, hat eine Abteilung mit Büchern über die Meditation. In unserer örtlichen Poststelle hängen die Angebote für Meditations- und Yogakurse gleich neben der Liste mit den Portokosten für Sendungen ins Ausland.

Seit Tausenden von Jahren steht die Meditation im Mittelpunkt spiritueller Praxis, aber die allgemeine Bevölkerung des Westens hat erst in den letzten paar Jahrzehnten angefangen zu begreifen, wie wichtig und wertvoll diese Praxis wirklich ist, unabhängig von spirituellen oder religiösen Interessen. Meditation ist nicht nur etwas für Hippies oder Menschen auf der spirituellen Suche. In unseren Kursen haben wir alle unterrichtet – Hausfrauen, Sportler, Musiker, Therapeuten, Vorstandsvorsitzende –, und das in Yogazentren und Stadthallen, Highschool-Sporthallen, Konferenzräumen und im Fernsehen.

Das stellt uns allerdings vor ein Rätsel. Wenn die Meditation etwas so frei Zugängliches und allgemein Bekanntes ist, wie es den Anschein hat, warum ist sie dann nicht integraler Bestandteil von jedermanns Leben? Wenn die Berichte über eine gesunde Lebensführung davon sprechen, wie gut sie für die Stressbewältigung ist, warum lassen wir sie dann links liegen oder finden Ausreden, um sie nicht zu praktizieren? Und warum halten wir etwas für Zeitverschwendung, von dem alle Forschungsergebnisse uns sagen, dass es von ungeheurem Wert ist?

Wir sind nicht die, die wir zu sein glauben

Vielleicht kennen Sie schon die Geschichte vom Frosch und dem Skorpion:

Eines Tages saß ein Frosch froh und munter am Flussufer, als ein Skorpion daherkam.

»Oh, lieber Frosch«, sagte der Skorpion, »ich möchte auf die andere Seite des Flusses. Könntest du mich bitte hinübertragen?«

»Aber lieber Skorpion, wenn ich das mache, dann stichst du mich!«, erwiderte der Frosch, entsetzt von diesen Ansinnen.

»Nein, das werde ich nicht tun«, sagte der Skorpion.

»Versprochen?«, fragte der Frosch stark zweifelnd.

»Ich verspreche es – ich werde dich nicht stechen«, sagte der Skorpion.

»Versprichst du das ganz ehrlich und wahrhaftig?«, fragte der Frosch noch immer im Zweifel.

»Ja, ich verspreche es ganz ehrlich«, erwiderte der Skorpion in aller Aufrichtigkeit.

»Okay«, sagte der Frosch widerstrebend. »Steig auf.«

Der Skorpion kletterte auf den Rücken des Frosches, und los ging's. Mitten im Fluss stach der Skorpion den Frosch. Kurz bevor beide ertranken, konnte der Frosch gerade noch hervorstoßen: »Sag mir nur eines, bevor wir beide untergehen. Warum hast du mich gestochen, obwohl du doch versprochen hast, es nicht zu tun?«

»Weil es meine Natur ist«, erwiderte der Skorpion.

Ohne die Skorpione herabsetzen zu wollen, zeigt diese Geschichte doch, wie unveränderlich und festgefügt die Natur des Skorpions zu sein scheint. Er hat in Bezug auf sein Verhalten keine Wahl, weil er ein Skorpion ist; es ist einfach so, wie es ist.

Und die meisten von uns meinen, dass es sich bei uns auch nicht anders verhält. Wir denken, dass wir uns nicht ändern können, dass wir so sind, wie wir sind, und damit hat es sich. So bin ich nun mal, ich kann mich nicht ändern und werde mich nicht ändern! Doch während ein Skorpion nicht unbedingt fähig ist, anders zu handeln, können wir es schon. Wir haben eine Wahl. Wir müssen nicht so sein, wie wir unserer Meinung nach sind; wir können in der Tat anders sein und handeln. Der Philosoph William James schrieb im 19. Jahrhundert: »Die große Revolution in unserer Generation ist die Entdeckung, dass Menschen durch eine Veränderung ihrer inneren Geisteshaltung ihre äußeren Lebensaspekte verändern können.«

Tanz mit dem Ego

Wir sehnen uns so sehr nach Veränderung, danach, anders zu sein, gesünder oder glücklicher – anderswo scheint das Gras immer so viel grüner zu sein. Oder wir wollen die Welt verändern, so dass Frauen nicht mehr missbraucht und misshandelt werden und es weniger Gewalt und Armut gibt. Der heftige Wunsch nach Veränderung war die vordringliche Botschaft der Präsidentenwahl in den USA im Jahr 2008, als wir Zeuge einer kollektiven Sehnsucht nach Ehrlichkeit, Anstand und Integrität wurden.

Es mag relativ einfach erscheinen, etwas in der Welt zu verändern, wohingegen das Herbeiführen von Veränderungen in unserem eigenen Leben scheinbar viel schwieriger ist. Es braucht Mut, um sich von einem vertrauten und bekannten Ort zu einem anderen zu begeben, der ganz anders ist oder gar keine Bezugspunkte aufweist, denn dies bedeutet, dass wir unsere Bequemlichkeitszone verlassen.

Was hält uns davon ab, etwas zu verändern? Was hält uns in uns selbst eingeschlossen, festgefahren in der Engstirnigkeit, im Glauben, dass unsere Ansicht die einzige ist, die zählt? Es ist ganz eindeutig das Ego, das am meisten besprochene und doch am wenigsten verstandene aller menschlichen Merkmale. Das Ego schenkt uns ein starkes Selbstgefühl, es ist unser »Ich«. Das ist an sich weder gut noch schlecht, außer wenn die Egozentrik unsere Gedanken, Gefühle und Wahrnehmungen vom Leben dominiert. Ein positives Selbstgefühl gibt uns Selbstvertrauen und Zielgerichtetheit, aber ein eher negativer und selbstsüchtiger Aspekt des Ego lässt uns den Gefühlen anderer Menschen gegenüber gleichgültig sein. Dieser Aspekt liebt den Gedanken »Ich komme zuerst« und lässt uns ausrufen: »Was ist mit mir? Was ist mit meinen Gefühlen?«

ROBERT THURMAN

»Ich denke, dass ich das wichtigste Wesen auf der Welt bin, aber kein anderer denkt das ebenfalls, die Zeit denkt nicht so über mich, der Raum denkt nicht so über mich, der Planet denkt nicht so über mich. Es braucht also nicht viel, um zu kapieren, dass es in Wirklichkeit nicht um mich geht! Aber wenn dann jemand kommt und mir auf die Füße tritt oder mir meine Erdbeeren wegnehmen will, dann geht es plötzlich doch wieder nur um mich!«

Wenn wir uns anschauen, wie wir uns mit Vorstellungen davon, wer wir unserer Meinung nach sind, gleichsetzen oder mit Etiketten, die diese Vorstellungen verstärken und uns als etwas Besonderes erscheinen lassen – »Ich bin Amerikaner, Russe, Christ, Moslem; ich bin Lehrer, Ärztin, geschieden, trockene Alkoholikerin« –, dann sehen wir die vielen Manifestationen des Ego vor uns. Auf der Suche nach Bedeutung verstecken wir uns hinter unserem Titel, unserem Beruf oder unserer Religion und hängen an der Geschichte, die das Etikett kreiert; ja wir stellen uns sogar in Form dieser Etiketten vor oder beziehen uns auf andere, die hinsichtlich ihrer Identität ebenso verfahren. Diese Illusionen zu durchschauen und bereit zu sein, unsere Geschichten aufzugeben, ist kein geringer Schritt. »Es besteht ein solcher Druck, alle meine Identitäten, alle meine Etiketten unversehrt zu bewahren«, schreibt Joan Tollifson in *Im Auge des Sturms. Erfahrungen einer Zen-Schülerin.* »Warum habe ich das Gefühl, dass mich keiner wirklich kennt, solange er meine Geschichte nicht kennt? Beim Gedanken an den Verlust meiner Etiketten steigt eine ungeheuerliche Angst in mir auf, und gleichzeitig liegt ein unendlicher Friede darin, ohne sie zu leben.« Es liegt in der Natur des Ego, die Kontrolle zu haben, und daher tut es alles, was es kann, um uns im Bereich des Ichseins festzuhalten. Es ist ein bemerkenswert guter Gestaltwandler und kann eine beliebige Anzahl von Masken oder Verkleidungen annehmen, in vielen verschiedenen Gestalten daherkommen. Seine Hauptaufgabe aber besteht darin, uns abgelenkt zu halten. Es kann uns zum Beispiel glauben lassen, dass wir die Klügsten, Bestinformierten und Allerwichtigsten sind, und ebenso leicht kann es uns das Gefühl geben, nichts wert, nicht liebenswert, nicht klug oder nicht gut genug zu sein, um glücklich sein zu können. Und dieses Ichgefühl ist die Grundursache für so viel Kummer und Leid, sowohl in unserem eigenen Leben wie überall auf der Welt, da in seinem Namen Kriege geführt, Familien gespalten und Freunde vergessen werden.

YONGEY MINGYUR RINPOCHE

»Ich glaube, das Hauptproblem ist das Ego unter negativen Vorzeichen. Wenn wir die Gefühle anderer Menschen, ihr Leiden oder Verhalten, nicht verstehen, dann nehmen wir nur das wahr, womit wir selbst befasst sind, dann nehmen wir nur unser eigenes Ego und Selbstbild wahr. Wenn das Ego zu stark wird, verursacht es eine Menge anderer Emotionen wie zum Beispiel ängstliche Sorge, Einsamkeit, Depression, Wut, Zorn, Eifersucht, Neid; wenn wir uns verunsichert fühlen, wird das Ego sogar noch größer, um uns zu schützen. Auf diese Weise fügen wir anderen Schaden zu, da wir keine Achtung vor ihnen haben. Und das führt zu Kampf und Streit. Dann denkt das Ego, dass es andere besiegen muss, um zu überleben: ›Ich muss hart sein, um meine Ziele zu erreichen.‹ Vielleicht haben wir ein- oder zweimal Erfolg damit, aber auf die Dauer werden wir verlieren, wenn wir dem Ego folgen.«

Egozentrik und Selbstsucht, die Kennzeichen des Ego, wirken sich nicht nur auf unser eigenes Leben und unsere Beziehungen aus, sondern auch auf unser Verhalten in der Welt. Der Schaden, den ein starkes Ego anrichten kann, kennt keine Grenzen, angefangen bei der arroganten Überzeugung, dass unsere eigenen Ansichten die einzig richtigen sind und alle anderen dazu gezwungen werden sollten, sie zu übernehmen, bis hin zur Ausübung und zum Missbrauch von Macht auf Kosten der Freiheit oder des Lebens anderer Menschen.

Das Ego lässt uns auch glauben, dass wir der Staub auf dem Spiegel sind, dass wir nie so schön sein können wie das strahlende Spiegelbild hinter der staubigen Oberfläche. Doch wie seltsam zu glauben, dass wir nicht frei sein können, wo Freiheit doch unsere wahre Natur ist! Wenn wir zu erkennen beginnen, dass Egozentrik nicht zum Glück führt, und wenn wir uns nach etwas Authentischerem sehnen, wenn uns klar wird, dass der tiefe Abgrund von Sinnlosigkeit und Leere in unserem Innern nie wirklich befriedigt werden kann, ganz gleich wie sehr wir ihn nähren, oder wenn wir einfach genug vom Chaos und Leiden haben, dann steigt die Sehnsucht nach Veränderung auf.

LINUS ROACHE

»Ich habe das Schauspielern aufgegeben, um echt sein zu können. Schauspieler täuschen auf der Bühne eine Menge vor, und ich wollte authentischer sein. Wenn man Klassiker wie Shakespeare spielt, entsteht ein geeintes Bewusstsein mit dem Publikum, bei dem Inneres und Äußeres eins sind und du diese Erfahrung mit anderen teilst. Das ist etwas sehr Tiefgehendes. Es gibt eine Menge Künstler, die eine solche Transzendenz erreichen, aber sie führen verkorkste Leben. Schauspieler besitzen von Natur aus ein großes Ego und sind narzisstisch, und so schien mir das Schauspielern im Gegensatz zum Pfad der Meditation und Freiheit zu stehen, nach dem ich mich sehnte. Also hörte ich zwei Jahre lang mit der Schauspielerei auf.

So lange, bis ich merkte, dass nicht nur die Schauspieler, sondern alle Menschen ein großes Ego haben. Alle täuschen etwas vor und haben bestimmte Vorstellungen von dem, was sie zu sein glauben. Ich erkannte schließlich, dass nicht die Schauspielerei das Problem war, sondern mein Verhältnis dazu. Ich konnte durchaus eine echte, authentische Person sein, die zufällig dem Schauspielerberuf nachgeht. Der Unterschied besteht darin, mir dessen bewusst zu sein, dass ich ein Ego spiele, statt in meinem Ego festzusitzen. Spirituelles Leben, Arbeitsleben und persönliches Leben sind nichts voneinander Getrenntes. Es gibt nur ein Leben. Ohne Zugang zur inneren Dimension der Freiheit kann ich weder ein Schauspieler noch eine völlig authentische Person sein.«

Hypothetisch gesehen brauchen wir nichts weiter zu tun, als unsere auf das »Ich« gerichtete Konzentration aufzugeben, die die Ursache ist für unser Gefühl von Getrenntheit, unser Bedürfnis nach Besonderheit, unser Greifen nach unserer Geschichte und unserem Festhalten an ihr. Dann können wir unser Ego in den Ruhestand schicken. Aber das ist leichter gesagt als getan. In Indien steht die Kokosnuss als Symbol für das Ego, da sie die härteste Nuss ist, die es gibt, und am schwersten zu knacken ist. Traditionellerweise bringt der Schüler dem Guru oder Lehrer eine Koksnuss dar als Zeichen für die Bereitschaft, sein Ego hinzugeben und die Selbstbesessenheit aufzugeben. Diese symbolische Geste zeigt, dass das Ego als großes Hindernis auf dem spirituellen Weg betrachtet wird und darüber hinaus als noch größere Behinderung für die Entwicklung von wahrer Güte und echtem Mitgefühl.

Veränderung bereitwillig annehmen

Ein berühmter Ausspruch von Mahatma Gandhi lautet: »Du musst die Veränderung sein, die du in der Welt sehen willst.« Mit anderen Worten: Die Veränderung muss in unserem eigenen Innern ihren Anfang nehmen; wir können nicht erwarten, dass die Welt sich ändert, wenn wir uns nicht ändern. Wenn wir mehr Liebe in unserem Leben haben wollen, müssen wir liebevoller werden; wenn wir dem Terrorismus ernsthaft ein Ende setzen und der Welt einen echten und friedvollen Wandel bescheren wollen, müssen wir einen ersten Schritt tun und den Krieg in unserem eigenen Innern beenden.

Der Psychiater Victor Frankl sagte, ihm sei nach drei Jahren Gefangenschaft im Konzentrationslager Auschwitz und der Zerstörung seiner Familie nur noch »die letzte der menschlichen Freiheiten« geblieben, »das ist die Freiheit, seine eigene Einstellung gegenüber jeglichen Umständen und seine eigene Herangehensweise zu wählen«. Das ist die Wahl, die jeder von uns hat – die Wahl, wie wir unser Leben leben, wie wir füreinander sorgen und aneinander Anteil nehmen und wie wir mit unserem Planeten umgehen. Wenn wir uns für die Transformation unseres Planeten öffnen, transformiert sich auch die Gesellschaft – jede Veränderung, die ein jedes Individuum vornimmt, setzt eine Kettenreaktion in Gang, die uns allen zugutekommt. Dann können wir anfangen, die Lösungen zu leben, statt uns auf die Probleme zu konzentrieren.

Das bringt uns zur Bedeutung von Kontemplation und Meditation. Ohne eine solche Praxis der Selbstbetrachtung sind wir den wechselhaften Launen des Ego unterworfen und können seine Forderungen nicht bremsen. Die Meditation hingegen gibt uns den Raum, uns selbst klar und objektiv sehen zu können, gibt uns einen Ort, von dem aus wir unser Verhalten beobachten und den Einfluss des Ego mindern können.

MARSHALL B. ROSENBERG

»Meditation bedeutet, mir eines der wichtigsten Dinge bewusst zu bleiben, derer man sich bewusst bleiben soll, nämlich meiner inneren Programmierung in diesem Augenblick. Es gibt vier Dinge, die mir sagen, dass es Zeit ist zu meditieren – Depression, Wut, Schuldgefühl und Scham. Sie teilen mir mit, dass sich mein Denken nicht dort befindet, wo es meiner Wahl nach sein soll. Wenn ich innehalte, vermag ich zu sehen, was ich mir erzähle, und kann dieses dem Leben entfremdete, Gewalt heraufbeschwörende Denken in ein Bewusstsein übersetzen, das dem Leben und der Kommunikation dienlich ist.«

Statt zu meinen, wir müssten unser Ego irgendwie auslöschen oder vernichten, stellen wir durch die Meditationspraxis fest, dass die positiveren Aspekte gefördert und verstärkt werden und die selbstbezogenen Aspekte allmählich an Bedeutung verlieren. Wenn das Bedürfnis, sich ständig mit den Details unserer eigenen Geschichte zu beschäftigen, weniger wichtig wird, lockert auch das Ego seinen Griff und wird weniger fordernd. Das heißt nicht, dass wir zum Fußabstreifer werden und auf uns herumtrampeln lassen. Vielmehr sind wir nun in der Lage, offener und ehrlicher zu kommunizieren und bedingungsloser zu lieben. Während das Ego uns glauben lässt, wir seien unwandelbar und unveränderlich, ist unsere wahre Natur in Wirklichkeit völlig frei, ungebunden und unbeeinträchtigt.

Friede in Aktion

Die Meditation verändert uns. Waren wir selbstbezogen, so beziehen wir uns nun auf andere, und das Wohlergehen aller liegt uns gleichermaßen am Herzen, statt dass wir uns nur auf uns und unsere Familie konzentrieren. Uns wird schärfer bewusst, wie wir uns auf den Planeten auswirken, wie wir einander und unsere Welt behandeln, und wir sind bestrebt, zu einer positiven statt zu einer negativen Präsenz zu werden. Wir finden zu unserem inneren Frieden und wollen anderen dabei helfen, dass auch sie inneren Frieden finden.

Als wir 1986 in Indien waren, begegneten wir zum ersten Mal Seiner Heiligkeit dem Dalai Lama, spirituelles und politisches Oberhaupt Tibets, Träger des Friedensnobelpreises und wahrscheinlich der berühmteste Meditierende der Welt.

DEB

»Wir warteten auf das Treffen in einem Raum, der auf eine Terrasse führte. Der Himalaya ragte prachtvoll in der Morgensonne auf, und Ed trat hinaus, um den Anblick zu genießen. In diesem Augenblick sah er einen Mönch, der uns herbeiwinkte. Wir nahmen an, dass dieser uns zu unserem Treffen führen würde. Doch als wir näher kamen, sahen wir, dass dieser einfache und bescheidene Mann S. H. der Dalai Lama selbst war. Sofort wollten Ed und ich mit Niederwerfungen beginnen, der respektvollen Art und Weise, einen verehrten Lehrer zu begrüßen. Doch S. H. der Dalai Lama nahm unsere Hände, bedeutete uns stehen zu bleiben und sagte: ›Nein, nein, wir sind hier alle gleich.‹ Zunächst dachte ich: Na klar! Du bist der große Dalai Lama, der spirituelle Führer von Millionen, und ich bin bloß eine Schülerin. Wie sollen wir denn da gleich sein? Doch im Verlauf der folgenden Monate konnte ich seine Worte in meinem innersten Wesenskern fühlen und erfuhr die echte Gleichheit, die er meinte – die Gleichheit unseres gemeinsamen Menschseins und zugleich die Gemeinschaftlichkeit der Herzen.«

Im nachfolgenden Gespräch fragten wir S. H. den Dalai Lama, was wir für mehr Frieden tun konnten. Er legte uns eindringlich nahe, mit Menschen zu reden, uns mit Anhängern anderer Religionen auszutauschen und uns am Reichtum der verschiedenen Kulturen zu erfreuen, indem wir verschiedene Anschauungen zusammenbrachten. Auf diese Weise, so glaubte er, könnte durch gegenseitiges Verständnis der Friede zu einer Realität werden. Mit dem gleichen Ansatz können wir an unsere Alltagserfahrungen herangehen und uns durch Meditation unserer eigenen Beschränkungen und Vorurteile bewusst werden.

❋ CYNDI LEE ❋

»Die Auswirkungen der Meditation können sich in ganz realen Lebenssituationen zeigen, wenn zum Beispiel jemand auf unsere Knöpfe drückt und wir automatisch aggressiv reagieren würden. Haben wir unseren Geist geschult, können wir rechtzeitig erkennen, was da aufsteigt, können es loslassen und im weiten Raum ruhen. In dieser Lücke können wir eine Wahl treffen, wie wir handeln wollen, statt gedankenlos zu reagieren. Ohne dieses Gewahrsein haben wir keine Wahlmöglichkeiten.«

Die Wissenschaft ermöglichte Edgar Mitchell die Landung auf dem Mond, und die Wissenschaft beweist nun auch, dass die Meditation eine authentische Methode ist, um inneren Frieden herbeizuführen, indem sie potenziell schädliche Emotionen wie Angst, Wut und Zorn mindert. Wir halten solche Geisteszustände gemeinhin für einen festen Bestandteil des Lebens, aber das muss nicht so sein. Viele negative Emotionen entstehen daraus, dass wir viel Gewicht auf Erfolg und Leistung legen, was der linken Gehirnhälfte zugeordnet ist. Bei der Meditation bedienen wir uns der rechten Gehirnhälfte, die uns zu einer positiveren und mitfühlenderen Kommunikationsweise anregt.

❋ YONGEY MINGYUR RINPOCHE ❋

»Im Verlauf der letzten drei Jahre habe ich mich mit Professoren verschiedener Universitäten ausgetauscht und fand drei Dinge heraus. Erstens zeigt die Neuroplastizität, dass selbst dann, wenn wir mit einer Veranlagung zum Unglücklichsein geboren werden, ein Wandel möglich ist. Zweitens ist die tägliche Meditation die beste Art und Weise, um das Verhalten der Gehirnneuronen vom Negativen ins Positive zu wenden. Untersuchungen haben bei langfristig Praktizierenden der Meditation ungeheure Veränderungen in der linken Gehirnhälfte gezeigt. Und drittens ist der Wandel vom Negativen zum Positiven im Gehirn auch sehr gut für den physischen Körper, zum Beispiel in Hinblick auf das Immunsystem oder einen hohen Blutdruck. Alles das führt uns zu einem tieferen Gefühl von innerem Frieden.«

Veränderung integrieren

Um unseren Mitmenschen und unserer Welt Frieden bringen zu können, müssen wir uns dahingehend ändern, dass wir weniger mit unseren eigenen Bedürfnissen befasst sind und uns mehr anderen zuwenden und uns gegenseitig helfen. Aber damit Freundlichkeit, Güte und Mitgefühl natürlicher Ausdruck unserer eigentlichen Wesensart werden können, brauchen wir Werkzeuge – Hilfe, Anleitung und Unterstützung. Wie wir herausfanden, ist die Meditation in ihren vielen Formen das Werkzeug, das all dies zu leisten vermag. Indem wir uns allmählich selbst kennenlernen, entdecken, dass wir mehr sind, als wir dachten, und indem wir uns tiefer mit unserem essenziellen Selbst verbinden, merken wir, dass wir über die Ressourcen, Stärke und Weisheit verfügen, um nicht nur Veränderungen vornehmen zu können, sondern auch die Veränderung zu werden, nach der wir uns so sehnen.

MARIANNE WILLIAMSON

»Einstein sagte, dass wir die Probleme der Welt nicht auf der Ebene des Denkens lösen können, auf der wir sie geschaffen haben. Ich glaube, dass eine Menge Leute diese Vorstellung teilen, sie aber in ihrer wahren Bedeutung unterschätzen. Eine andere Denkebene bedeutet eine andere Denkebene. Es bedeutet nicht einfach eine andere Denkart. Es bedeutet nicht einen anderen Akzent in unserem Denken. Es bedeutet nicht eine liebevollere Denkweise. Es bedeutet das, was Einstein sagte: Eine andere Ebene des Denkens. Und für mich bringt die Meditation dies mit sich.

Meditation kann die Welt verändern, weil sie uns verändert. Das ist der Punkt. Die Welt wird sich nicht ändern, wenn wir uns nicht ändern. Der Zustand der Welt ist eine Widerspiegelung dessen, wer wir sind. Der Zustand der Welt ist die Auswirkung; der Bewusstseinszustand der Menschen ist die Ursache. Mahatma Gandhi sagte, das Problem der Welt sei, dass die Menschheit nicht bei rechtem Verstand ist, und eben damit befasst sich die Meditation. Sie führt uns zum rechten Verstand zurück. Solange diese Bewusstseinsevolution nicht stattfindet, werden wir in einer auf Angst gegründeten Sichtweise stecken bleiben. Eine Sichtweise, aus der heraus wir uns weiterhin als voneinander getrennt ansehen und die uns meinen lässt, wir könnten einem anderen etwas antun, ohne selbst die Früchte davon zu ernten.«

In den folgenden Kapiteln erkunden wir, wie vernünftig und genial die Meditation ist, wir untersuchen, wie sie sich auf die vielen Aspekte unseres persönlichen Lebens auswirkt und wie sie die Welt zum Besseren wenden kann. Sie mindert Stress und lindert Krankheit, darüber hinaus bezähmt sie Wut und Zorn, ermuntert zu Güte und Vergebungsbereitschaft, lässt uns Umweltthemen und Probleme bei der Arbeit angehen, und schließlich besänftigt sie die Gewaltbereitschaft überall auf der Welt – die Meditation führt zu größerem Verständnis und Mitgefühl, wo immer der Meditierende auch hingeht. Sie ist eine Reise, zuweilen eine Achterbahnfahrt, manchmal ein Spaziergang auf einer stillen Lichtung, aber immer ein Abenteuer, das genossen werden will!

Was also ist Meditation?

Es ist ungeheuer wichtig, dass wir mindestens einmal am Tag unseren Verstandesbereich verlassen. Indem wir nicht »bei Verstand« sind, kommen wir zu unseren Sinnen.

ALAN WATTS

DEB

»Als ich fünfzehn war, nahm mich meine Mutter zu einem Meditationsretreat mit. Ich war zugegebenermaßen ein ziemlich wilder Teenager, meine Geschwister hielten sich alle irgendwo anders auf, und meine Mutter hatte nicht die Absicht, mich allein in London zurückzulassen. Da ich einige von den Leuten kannte, die auch dort sein würden, und da sie nur drei Tage bleiben wollte, willigte ich ein mitzukommen. Ich hatte nicht die geringste Vorstellung davon, was dort vor sich gehen würde, und ahnte schon gar nicht, dass es mein Leben verändern sollte. Die Belehrungen verstand ich nicht so richtig, ebenso wenig die Übungen oder was ich da tun sollte. Aber die Erfahrung, in Schweigen dazusitzen, war so, als ob ich nach Hause gekommen sei, ich hatte das Gefühl, genau da zu sein, wo ich sein sollte. Meine Mutter blieb drei Tage lang, ich aber blieb zehn. Ich wollte nicht wieder weg; ich wollte nicht von diesem Ort des Zugehörigseins getrennt sein. Ich war wieder zu Hause, und es war so, als sei ich nie fort gewesen.«

Mit der wachsenden Popularität der Meditation wurde auch eine ungeheure Menge Bücher darüber geschrieben – was sie ist und was sie nicht ist, wie man sie macht und wie nicht. Man assoziierte die Meditation praktisch mit allem, angefangen bei den »Ich bin schlank/reich/verliebt«-Affirmationen über Visualisierungen, in weißes Licht getaucht zu sein, bis hin zum Sitzen im Lotossitz und der ausschließlichen Betrachtung des Nabels mit geschlossenen Augen. Doch nichts davon ist Meditation. Vielmehr deckt sie einen riesigen Bereich von Erfahrungen und Aktivitäten ab, wozu auch gehört, unser Herz für alle Wesen zu öffnen, die Wahrheit und das Freiwerden zu realisieren, unsere Atemzüge zu zählen, in eine Kerzenflamme zu schauen, verschiedene Töne und Klänge zu singen oder sich rhythmisch zu bewegen. Sie befähigt uns zur klareren Einsicht in unsere eigenen Grenzen, Beschränkungen und selbstbezogene Natur und dazu, die uns innewohnende Schönheit zu entdecken. Mit anderen Worten: Sie ist beides, eine Erfahrung und eine Praxis – eine Erfahrung des Einsseins, bei dem Wesen zu sein, das wir wirklich sind, und die Praxis, die uns befähigt, in diesem Zustand zu verweilen.

JOEL LEVEY

»Als allgemeiner Begriff bezieht sich Meditation in allen Weisheitstraditionen der Welt auf Übungspraktiken, die viele verschiedene Formen umfassen. Dabei geht es auch darum, Täuschung, Verwirrung und eine unrealistische Sicht der Wirklichkeit zu erkennen und davon befreit zu werden. Dies hilft uns, uns von den Kräften der Gewohnheit, der Sucht und der Abhängigkeit zu befreien, so dass wir zu unserem höchsten Potenzial erwachen können. Diese Praxis gestattet uns, in Harmonie und Übereinstimmung zu verweilen, im Gefühl der Ehrfurcht vor dem Mysterium und der Majestät der Welt, in der wir leben.«

Die Erfahrung der Meditation

Wie ist die Erfahrung der Meditation beschaffen? Wie fühlt sie sich an? Welchen Geschmack hat sie? Was hat sie für Auswirkungen? Verändert sie uns? Warum ist sie etwas Besonderes? Sollte jedermann meditieren? Wir werden uns im Verlauf dieses Kapitels ansehen, was die Meditationspraxis bedeutet, und dann später im Buch erkunden, wie man sie in all ihren vielen Formen und Schattierungen umsetzt, so dass sie zum integralen Bestandteil unseres Wesens werden kann. Als Erstes wollen wir jedoch so tief in die Erfahrung eintauchen, wie das geschriebene Wort es zulässt.

Ins Einsseins hineinschmelzen

Viele von uns machen die Erfahrung von Meditation, ohne dass es ihnen unbedingt bewusst ist. Sie kann spontan entstehen in Augenblicken, in denen unser Gefühl von einem getrennt existierenden Individuum anscheinend in ein Einssein mit allem Leben hineinzuschmelzen beginnt, so als lösten sich unsere Grenzen auf und würden wir eins mit allen Dingen – mit den Wolken am Himmel und den herumflitzenden Vögeln, mit den Bäumen, auf denen die Vögel sitzen, und den Blumen zu Füßen der Bäume und all dem Gestein und der Erde. Es ist ein Gefühl von einem nicht in sich festgefügten Ich oder Selbst, so als hätten sich all die Bestandteile, die dieses massive Gefühl von einem »Ich« bilden, aufgelöst, und als sei da einfach ein Hineinschmelzen in alles oder Einswerden mit allem. Doch es fühlt sich auch sehr geerdet an, so als seien wir mehr wir selbst als je zuvor.

Ich solchen Augenblicken gibt es keine Trennung zwischen uns und allem oder allen anderen, weil kein klar definiertes, gesondertes, vom Ego begrenztes und in Anspruch genommenes Wesen mehr existiert. Da ist kein »Ich« mehr, dem etwas gewahr ist – da ist einfach nur Gewahrsein. Debs Mutter hatte diese Erfahrung, als sie das Geschirr abspülte und draußen im Freien einen Vogel singen hörte; in diesem Augenblick wurde sie zu diesem Gesang und verlor jegliches Gefühl, davon getrennt zu sein. Deb hatte diese Erfahrung, als ein Wurm über ihren Fuß wanderte.

DEB

»Ich war barfuß und in Gehmeditation langsam über die Wiese geschritten. Ich hielt inne und stand sehr still und unbewegt, als sich dieser Wurm aus der Erde hervorschlängelte, über meinen Fuß wanderte und dann wieder im Gras verschwand. Ich hatte Würmer nie besonders gemocht, doch in diesem Augenblick empfand ich als Erstes tiefe Dankbarkeit, dass er mich für gefahrlos genug erachtete, um über mich drüber zu krabbeln, und dann wurde ich plötzlich zu ihm; zwischen uns gab es keinen Unterschied, keine Trennung. Auch ich verschwand ins Gras.«

Andere mögen eine solche Erfahrung bei einem Spaziergang in der freien Natur oder beim Sitzen in der Stille oder im Schweigen haben.

JANE FONDA

»Ich konnte meinen Geist nie zur Ruhe bringen. Als dann mein siebzigster Geburtstag näher rückte, dachte ich, es sei nun an der Zeit. Wenn man älter wird und die äußeren Dinge zu bröckeln beginnen, wird man aufgerufen, sich nach Innen zu wenden. Als mein Geist in der Meditation zu mehr Stille und Ruhe gelangte, entdeckte ich diesen hinter meiner Stirn schwebenden Ort, der gleichsam wie ein Kandelaber von meiner Schädeldecke herabzuhängen scheint und an dem alles zum Stillstand kommt. Es ist der Ort des Nichts, der unbewegten Stille. Ich bin mir bewusst, dass ich mich dort befinde, aber es ist nicht dasselbe wie Denken. Und ich kann auch nicht immer an diesem Ort verweilen; ich schätze mich glücklich, wenn ich drei oder vier Minuten lang dort bleiben kann. Da sind sechzig Leute im Saal, die still dasitzen, und ich fühle die Kraft ihrer Präsenz. Ich erkenne, dass wir alle das Gleiche sind, ebenso wie die im Hof miauende Katze, der tschilpende Vogel und der schwarz glänzende Fußboden. Ich erfahre alles als letztlich eins, es gibt kein Getrenntsein. Die Meditation verbindet mich mit dieser großen Innerlichkeit und Einheit, und zugleich findet eine gewaltige Ausdehnung in alles statt.«

Mögen die Momente des Einsseins oder des Verschmelzens auch flüchtig sein, so verändern sie doch radikal das Bewusstsein, erwecken sie uns zu einer Realität des Einsseins, der Verbundenheit und des Inter-Seins. Das hat Auswirkungen auf unser ganzes Verständnis und damit auch auf unsere Glaubensvorstellungen und Verhaltensweisen. In diesem Raum des stillen Sitzens begegnen wir uns selbst auf andere Weise, sind wir nicht mehr durch Begrenzungen gebunden, sondern Teil eines sehr viel größeren Ganzen.

DEBBIE FORD

»Meditation heißt, dass ich mich mit etwas Größerem verbinde, als ich es bin. Wir meditieren, um eine Bewusstseinsverlagerung herbeizuführen, um uns aus den Beschränkungen unseres individuellen Ichs zu holen und in ein größeres Selbst einzutauchen, wo wir alle eins sind. Das hört sich vielleicht wie ein Klischee an, weil wir wenig Ahnung haben, was es bedeutet, aber wenn du meditierst, fühlst du diese Verbindung. Du weißt, dass du, wenn du an einem Verhungernden einfach vorbeigehst, an dir selbst vorbeigehst. Du weißt, dass du, wenn du jemand anderen verurteilst, dich selbst verurteilst. An diesem Ort existiert Hoffnung, existiert Möglichkeit. Dort weißt du, dass wir hier sind, um diese Erfahrung des Menschseins zu machen. Meditation ist ein Prozess, der diese Reise nicht nur möglich, sondern auch ein bisschen sanfter macht.«

Die Erfahrung der Aufhebung von Grenzen und des Verschmelzens in die Ganzheit ist eine Erfahrung von großer Freude und unmittelbarer Vertrautheit. Sie bringt uns so voll und ganz in Erinnerung, *wer wir wirklich sind*, dass wir vergessen, es je vergessen zu haben. Sie ist einfach da und weitaus wirklicher als unsere normale Alltagsrealität. Das Bewusstsein wird in ein größeres Gewahrsein verlagert. Wir sehen die ganze Welt auf neue Art.

CHLOE GOODCHILD

»Wenn ich an Meditation denke, dann ist sie Selbst-Erinnerung; ein Erinnern an mich selbst hinter der Polarität all der Konflikte, mit denen ich an der Oberfläche des Lebens konfrontiert bin. Meditation beinhaltet das Verschwinden des gewöhnlichen Geisteszustands. Es ist eine direkte Begegnung mit der Weite, die im Innern und zwischen den und jenseits der Dinge existiert. Es ist ein Fokussieren, Zähmen und Nutzen des Geistes von der Art, dass du einfach in ihn hinein verschwindest.«

Wenn wir diese Erfahrung des Verschmelzens oder Ohne-Grenzen-Seins machen, geht damit nicht nur das Gefühl von tiefer Erleichterung und Erkenntnis einher, sondern sie ist auch etwas, das sich nur sehr schwer benennen oder in Worten ausdrücken lässt. Wir sind in jeder Zelle innigst mit ihr bekannt, aber wie erklären wir die Ausdehnung des erkennbaren Ichs oder Selbst hinein in alle Dinge? Ist es möglich, einem Wüstenbewohner den Duft einer Rose zu erklären? Doch da, wo uns die Meditation vielleicht keine Worte finden lässt, kann jetzt die wissenschaftliche Forschung für uns sprechen und erklären, was beim meditativen Vorgang geschieht.

SHANIDA NATARAJA

»Während der Meditation beobachten wir eine zunehmende Aktivität in dem mit konzentrierter Aufmerksamkeit und Achtsamkeit assoziierten Hirnbereich und eine abnehmende Aktivität im Bereich des Parietallappens, der über unseren Orientierungssinn in Zeit und Raum bestimmt. Zum Beispiel machen viele Menschen die Erfahrung, dass sie eigentlich nicht mehr wissen, wo die Grenze zwischen dem Selbst und Nicht-Selbst ist. Dann gibt es Gehirnzellen im Parietallappen, die uns die Fähigkeit verleihen, sich in Worten auszudrücken. Die abnehmende Aktivität in diesem Bereich erklärt die Unbeschreibbarkeit mystischer Erfahrungen und warum Menschen, die meditieren, sagen, dass es sehr schwer sei, ihre Erfahrungen in Worte zu kleiden.

Meditation bedeutet ein bestimmtes Gehirnwellenmuster, das eine optimierte Gehirnleistung herbeiführt und den Wechsel von der linken zur rechten Gehirnhälfte unterstützt. Die von der linken Gehirnhälfte ausgehende Weltsicht ist im Kern sehr fragmentiert – die Wahrnehmung eines isolierten Ego in einer bedrohlichen Welt. Die rechte Gehirnhälfte vermittelt ein abstrakteres und ganzheitlicheres Denken. Somit werden wir, wenn wir überwechseln, uns unserer wechselseitigen Verbundenheit mit allem Leben mehr bewusst und gewahr und ebenso dessen, wer wir sind und was uns ticken lässt, sowie unserer Schwächen und Stärken. Es stellt sich eine größere Akzeptanz des Selbst ein. Dieser entspringt wiederum eine größere Akzeptanz gegenüber anderen Menschen und größeres Mitgefühl für sie. Diese Vorteile sind das Ergebnis einer anderen Wahrnehmungsweise, die durch diesen Wechsel von der linken zur rechten Gehirnhälfte entsteht.«

Gewahrsein im gegenwärtigen Augenblick

Das stille Dasitzen kann leicht langweilig erscheinen, und manchmal fragen wir uns vielleicht: »Warum mache ich das? Warum richte ich meine Aufmerksamkeit auf mich selbst? Da habe ich mein ganzes Leben darauf verwandt, vor meinem Geist davonzurennen, habe mich auf jede Ablenkung eingelassen und bin jetzt aufgefordert, meine Aufmerksamkeit und Achtsamkeit auf dieses Ding zu richten, das einen in den Wahnsinn treibt?« Normalerweise verbringen wir unsere Zeit damit, im Bedauern zu leben, in den Gedanken daran, »was hätte sein können« oder »was gewesen wären, wenn«, oder in der Erwartung dessen, »was sein könnte« oder »was vielleicht sein wird«. Sich nur im gegenwärtigen Augenblick aufzuhalten kann sich ein bisschen irritierend oder widersprüchlich anfühlen; wir sind es nicht gewohnt, einfach innezuhalten und uns des Jetzt bewusst zu sein.

SEANE CORN

»Meditation war immer einfach (einfach? Ha, ich wollte, es wäre so einfach!) der Akt, meinen Geist dazu zu bringen, sich auf den gegenwärtigen Moment zu fokussieren, ohne sich von der Vergangenheit oder Zukunft beeinflussen zu lassen. Sie beinhaltet die Erkenntnis, dass wir das, nach dem so viele von uns suchen und streben, außerhalb von uns suchen, in vergangenen Beziehungen oder künftigen Ereignissen. Und dass das Ding, das wir zu verkörpern bestrebt sind, tatsächlich schon verkörpert ist.«

Natürlich können wir aus der Vergangenheit lernen. Oft stellt sich heraus, dass die schmerzlichste Erfahrung unsere beste Lehrerin ist, und wir sind äußerst dankbar dafür, dass sie uns so viel lehrte. Allerdings können Erinnerungen auch so bequem sein wie alte Schuhe, von denen wir uns nur widerwillig trennen. Es gibt keinen Grund, warum wir sie nicht anziehen und die Vertrautheit genießen sollten, aber wir müssen sie nicht jeden Tag tragen.

Wenn wir ständig entweder in der Vergangenheit oder in der Zukunft leben, beschneidet das unsere Fähigkeit, für das präsent zu sein, was jetzt geschieht.

MICHAEL CARROLL

»Letztlich bedeutet Meditation, im gegenwärtigen Augenblick zu ruhen und zu entdecken, wie wir voll und ganz menschlich sein können. Meiner Meinung nach bedarf es nur einiger Momente des Sitzens, um zu erkennen, dass wir ungeheuer viel Zeit damit verbringen, mit unserem Leben nicht in Kontakt zu sein; dass wir im Normalfall an unserer Erfahrung vorbeieilen, statt sie tatsächlich zu leben; dass wir proben, was wir sagen wollen, uns in Erinnerung rufen, was wir hätten tun sollen; dass wir hoffen, fürchten und alle möglichen inneren Dramen durchleben. Die Meditation schult den Geist im Erkennen dieses inneren Dramas, Geschnatters und dieser Panik; sie gibt uns die Möglichkeit, diese Scharaden zu beobachten. Und dabei können wir einen tiefgründigen Pfad zu unserem Leben entdecken, der bisher übersehen wurde.«

Die Entwicklung eines Gewahrseins vom gegenwärtigen Augenblick, auch als *Achtsamkeitsmeditation* bekannt, macht es möglich, dass die Vergangenheit wie auch die Zukunft von uns abfällt. Es kann ungeheuer befreiend sein, wenn nichts passiert außer genau dieser Augenblick; zu erkennen, dass nichts geschieht, dass von uns nichts weiter verlangt wird, als voll und ganz im Hier und Jetzt zu sein. Was für eine Erleichterung! Endlich können wir diese Wirklichkeit einfach so erfahren und wahrnehmen, wie sie ist, ohne Erwartung, Vorurteil oder Verlangen. Ed wurde einmal gefragt, ob er je eine andere Wirklichkeit erfahren habe. Er erwiderte: »Haben Sie diese je erfahren?« Haben Sie die Tautropfen auf einem Spinnennetz bemerkt, den Geschmack von Honig wirklich wahrgenommen oder Ihren eigenen Herzschlag gespürt?

❋ JON KABAT-ZINN ❋

»Achtsamkeit ist ein Gewahrsein, das entsteht, wenn wir unsere Aufmerksamkeit ohne Urteil auf den gegenwärtigen Augenblick gerichtet halten. Sie kultiviert den Zugang zu Kernaspekten unseres Geistes und Körpers, von denen unsere geistige Gesundheit abhängt sowie unser Gefühl von Wohlbefinden und unsere Fähigkeit, voll und ganz in dieser verrückten Welt zu leben. Wenn wir dort tief hineinblicken – was Zärtlichkeit, Güte und Freundlichkeit uns selbst gegenüber mit einschließt –, dann werden durch die Achtsamkeit die Dimensionen unserer Menschlichkeit wiederhergestellt. Da diese Dimensionen unseres Seins und unseres eigentlichen Wesens nie wirklich verloren gegangen sind, waren wir dann, wenn wir sie vermisst haben, einfach nur in anderes vertieft. Wenn unser Geist sich klärt und öffnet, klärt und öffnet sich auch unser Herz. Die ganze Welt ist schon in geringfügiger, aber bedeutsamer Weise eine andere.

Und achtsames Gewahrsein heißt, das helle Schimmern nicht zu übersehen, das vom Schnee ausgeht, der draußen vor dem Fenster vom Dach und von der Tanne herabhängt und dabei diese unglaublichen Gebilde formt. Es heißt, das Entzücken im Auge eines Kindes nicht zu übersehen, weil du gerade mit deinen eigenen Gedanken beschäftigt bist. Und es heißt, nicht so selbstbezogen zu sein, dass du nicht wahrnimmst, was um dich herum vorgeht.«

Wenn wir voll und ganz gegenwärtig sind, wird die Welt, in der wir leben, zu etwas Außergewöhnlichem, so als würden wir sie zum ersten Mal sehen, hören und berühren, weil wir ohne vorgefasste Vorstellungen und ohne Wünsche sind. Da ist einfach nur die Erfahrung. Wie ein Kind, das sich mit dem Unbekannten bekannt macht, sind wir einfach nur bei dem, was ist, fühlen uns dabei aber auch gedrängt, es besser kennenzulernen, es zu erforschen und zu verstehen, ja sogar zu ihm zu werden.

ANNE BANCROFT

»Meditation ist für mich das Erstaunen, dass das, was ich kontempliere, überhaupt da ist. Wie unglaublich es ist, dass der Frühling kommt und das Gras wächst oder dass eine Tasse Kaffe auf dem Tisch auf mich wartet oder dass der Tisch überhaupt existiert! Sie ist das Gewahrsein vom Wunder, dass da irgendetwas vorhanden ist. Und ich erfahre, *dass* es vorhanden ist, noch bevor ich dazu komme, *was* es ist. Es ist absolut wichtig, dass ich in meiner Kontemplation davon erfüllt bin, dass es ist. Aber wie auch immer das Mysterium seiner Seinshaftigkeit beschaffen sein mag, es besitzt auch eine konventionelle Existenz im Hier und Jetzt, eine Existenz in der Sprache. Daher hat der zweite Teil meiner Kontemplation mit dem Erfassen seiner Alltagsexistenz zu tun: ein Tisch, der sowohl ein Mysterium ist wie auch ein Tisch, der im Hier und Jetzt existiert.«

Eine solche Präsenz widersetzt sich unserem beschränkten Verständnis von der Welt; es führt uns heraus aus dem Bereich des rationalen, logischen Verstandes und hinein in einen Ort des reinen einfachen Seins, ohne Urteil oder Vorstellung davon, was es sein sollte. Ein Heraustreten aus dem Bereich des Denkens und konzeptuellen Geistes bedeutet jedoch nicht, dass wir in ein Nirgendwo oder Nichts eintreten; es bedeutet nicht, dass da keine Verbindung mit einer weltlichen Realität besteht. Wir verlieren nicht den Kontakt, wir werden nicht einfach nur umhergetrieben. Vielmehr bedeutet es das Eintreten in die geistige Gesundheit und – noch wichtiger – in eine noch umfassendere Verbundenheit.

CONSTANCE KELLOUGH

»Meditation zu definieren heißt, sie auf ein mentales Konzept zu reduzieren. Man kann Meditation ebenso wenig definieren, wie man Präsenz oder Gnade oder Gott definieren kann. Wir wissen, dass der Geist die Dinge immer definieren möchte, aber der

Geist ist von der Vergangenheit konditioniert und kann somit nur den projizierten Zustand erkennen und nicht das, was im Augenblick frisch und neu ist. Er sieht auch nur Fragmente, nicht das Ganze. Somit ist alles, was vom Geist erfasst werden kann, nicht die ganze Wahrheit. Um die Wahrheit zu finden, begeben wir uns in die Stille, denn die Stille ist nichts Persönliches. Wir können nicht sagen: ›Das ist meine Stille, und das ist deine Stille; ich habe diese Gegenwart, und das ist deine Gegenwart.‹ Wir können keinen Besitzanspruch auf die Stille erheben, weil sie alles und jedes ist. Sie durchdringt alles, was ist. Wenn wir vom Bewusstsein, das auf dem Getrenntsein und dem Ego basiert, zum Einheits-Bewusstsein übergehen können, dann wissen wir, dass der andere und wir ein und dasselbe sind.«

Wenn wir still im Augenblick verweilen ohne Anhaftung oder den Gedanken an ein Davor oder Danach, dann lädt dies ein tiefes Gefühl von Vollständigkeit und Vollendung ein, das Gefühl, dass es im Grunde nichts mehr gibt, wohin wir gehen müssen. Da ist nur Gewahrsein, hier, jetzt, im Augenblick, nirgendwo sonst. Der Gedanke, dass es irgendwo anders besser sein könnte, ist unmöglich – das Gras ist leuchtend grün genau da, wo wir sind.

Zufriedenheit, Glück und Mitgefühl

Vor ein paar Jahren nahmen wir an einem zehntägigen Meditationsretreat teil, das inmitten eines Palmenhains abgehalten wurde. Jeden Tag kam ein Thai-Mönch, um uns Belehrungen zu geben, und jeden Tag stellte er uns dieselbe Frage: »Seid ihr heute glücklicher, als ihr es gestern wart?« Dabei überzog ein breites Lächeln sein Gesicht, denn er wusste, dass wir mit zahlreichen Widrigkeiten konfrontiert waren, die dem Glücklichsein im Weg stehen, und dabei ging es nicht nur um die in unserem Geist. So schön der Palmenhain auch war, wir teilten unser Leben mit Moskitos, Raupen und Schlangen, schliefen auf Holzplanken und bekamen nach der Mittagszeit kein Essen mehr. Wie sollten wir inmitten solcher Extreme Glück und Zufriedenheit finden?

Trotz des humorvollen Tons war die Frage des Mönchs jedoch ernst gemeint. Wir befanden uns in einem Meditationsretreat. Wenn wir uns nicht allmählich glücklicher und zufriedener fühlten, warum waren wir dann hier?

Zehn Tage lang fragte er uns täglich: »Seid ihr heute glücklicher, als ihr es gestern wart?« Dies hatte den Effekt, dass es ein Schlaglicht auf das Ausmaß warf, in dem wir mit unseren eigenen Sorgen, Zweifeln und Konflikten befasst waren; und auch darauf, wie sich Schwierigkeiten bedeutsamer anfühlen können als die Freude. Wie einfach es war, die physischen Unbequemlichkeiten für unser mangelndes Glücklichsein verantwortlich zu machen! Die Frage deckte auf, wie eine negative geistige Einstellung unsere Denkweise beherrschen und wie leicht die Selbstbesessenheit unbemerkt bleiben kann. Sie zeigte uns, wie schwer es war, dem Glücklichsein zu vertrauen, ja sogar, dass wir vergessen hatten, was Glück bedeutet.

Unser Mönch fragte uns nicht nur, ob wir glücklicher waren; er lehrte uns auch, dass der Sinn unseres Daseins darin besteht, zu dem inneren Frieden zu finden, der unsere tiefste Freude ist. Er sagte, dass es schon genug Schmerz und Leiden auf der Welt gibt; dass das Leben seiner Natur nach Veränderung beinhaltet und unerfülltes Verlangen und eine Sehnsucht danach, dass die Dinge anders sind, als sie sind, was alles Unzufriedenheit und Unbefriedigtsein mit sich bringt. Er betonte fortwährend, dass wir durch die Meditation zu tieferer Zufriedenheit finden können, zu einer Zufriedenheit, die von nichts und niemandem abhängig ist, sondern ganz natürlich aus unserem Innern aufsteigt.

S. H. DER 17. GYALWANG KARMAPA

»Meditation ist sehr wichtig und bedeutungsvoll in meinem Leben. Sie ist ein äußerst praktisches Instrument, aber wir brauchen ein klares Verständnis, warum wir meditieren. Im Allgemeinen soll sie die Fähigkeit schulen, unsere Achtsamkeit ohne Ablenkung einspitzig auf ein gegebenes Ding gerichtet zu halten. Sie ist für das Vorangehen auf dem Pfad unbedingt erforderlich, da sie größere Weisheit und Verwirklichung zum Ergebnis hat. Meditation kann auch in Hinblick auf all unsere Probleme von Nutzen sein, doch es muss guter Gebrauch von ihr gemacht werden. Wir sind alle gleich in unserem Wunsch, glücklich zu sein und nicht leiden zu wollen, hier gibt es keinen Unterschied zwischen uns, und so können wir einander und allen fühlenden Wesen helfen. Wenn wir aus dieser tieferen Gewahrseinsebene heraus leben können, hilft uns das, über die Anhaftung an unmittelbare Formen von Glück hinauszugehen und ein mehr universelles Glück zu finden.«

Ausgehend von diesem Ort innerer Heiterkeit können wir Mitgefühl erwecken. In allen Wesen existiert ein Reservoir grundlegenden Gutseins, aber obgleich dies ein Teil unseres Wesens ist, verlieren wir oft den Kontakt zu diesem natürlichen Ausdruck von Anteilnahme, Fürsorge und Freundschaft. Es ist, als seien wir in Treibsand geraten, würden in Situationen gezogen oder gedrängt, die nicht immer angenehm sind und sogar Leiden verursachen können. In der Meditation sehen wir uns so, wie wir sind, unsere Neurosen und alles, aber mit der sich vertiefenden Erfahrung vertieft sich auch unsere Wahrnehmung. Von der Sicht auf unsere im Wesentlichen selbstsüchtige und ichbezogene Natur gehen wir zur Erkenntnis über, dass wir integraler Bestandteil eines weitaus größeren Ganzen sind. Und wenn wir unser Herz öffnen, können wir auch Mitgefühl für unsere Fehlbarkeit und menschliche Fehlerhaftigkeit aufbringen. Mit dem Annehmen unserer selbst in Freundlichkeit und Güte dehnen sich dieses Mitgefühl und diese Akzeptanz auch auf alle anderen aus.

ROBERT THURMAN

»Meditation ist ein neutrales und sehr machtvolles Instrument. Wir haben die Wahl zu treffen, worüber oder worauf wir meditieren wollen. Die meisten Menschen lassen sich von einer Gesellschaftskultur leiten, die sie zum Kauf von Dingen zu bringen versucht oder sie mittels Nachrichten in Angst versetzt. Wenn wir im Fernsehen Werbung sehen, ist diese wie eine geführte Meditation auf die Unzufriedenheit. Wir müssen unsere Meditation in eine positive Richtung lenken. Das machen wir, wenn wir auf die Freiheit meditieren, darauf, zur tiefen Natur der Wirklichkeit durchzudringen. Mit anderen Worten: Wenn wir auf das Egoistischsein meditieren, werden wir noch egoistischer werden, aber wenn wir darauf meditieren, selbstlos zu sein, werden wir in höherem Maße anteilnehmend und altruistisch werden. Wenn wir uns selbst als mit allen anderen vollkommen integriert erfahren, werden wir ihnen gegenüber ganz natürlich mitfühlend, gütig und freundlich werden.«

So wirkt sich die Meditation dahingehend aus, dass sie uns aus dem Treibsand holt, heraus aus Missverständnissen und Leiden. Durch sie finden wir zu unserem Freisein von reaktivem, voreiligem und selbstsüchtigem Verhalten. Daher ist sie das mitfühlendste Geschenk, das wir uns selbst machen können. Ein von mehr Mitgefühl geprägtes Verständnis ist auch unabdingbar für unsere Weiterentwicklung als Menschheit, wenn wir nun von Unwissenheit zu Wachheit übergehen.

MATTHEW FOX

»Meditation hat eine beruhigende Wirkung auf das Reptiliengehirn. Wir Menschen haben drei wesentliche Gehirnteile: Da ist zum einen das Reptiliengehirn, das von seiner Entstehung her rund 420 Millionen Jahre alt ist, unser Säugetiergehirn ist entstehungsgeschichtlich etwa halb so alt, und der zuletzt entstandene Teil ist der mit dem Intellekt und der Kreativität assoziiert Gehirnbereich. Das Reptiliengehirn besitzt eine herausragende Position, denn es ist für die Systeme zuständig, die unsere Atmung und Sexualität steuern; es bedeutet Aktion und Reaktion. Wir müssen das Reptiliengehirn »beruhigen«, damit das Säugetiergehirn funktionieren kann; dies ist der Gehirnbereich des Mitgefühls, der für Freundlichkeit, Güte, Verbundenheitsgefühle und Bindungen zuständig ist. Ich möchte meinen, dass Reptilien keine sonderlich guten Liebhaber sind, das ist nicht ihr Ding. Die Meditation ermöglicht uns einen netten Umgang mit dem Reptiliengehirn: ›Liebes Krokodil, gutes Krokodil.‹ Wenn wir das Krokodil besänftigen, kann sich das Säugetiergehirn durchsetzen. Meditation ist nicht nur für Mönche gedacht; sie stellt einen Überlebensmechanismus für uns alle dar, vor allem in diesen Zeiten, in denen alles so dicht gedrängt ist und wir Seite an Seite mit Menschen der verschiedensten Glaubensrichtungen und Traditionen leben. Wir müssen lernen, unser Reptiliengehirn zu beruhigen und zu besänftigen.«

Form und Leerheit

Wir leben in einer überaus real erscheinenden Welt: Ich sehe die Bäume, ich halte ein Glas in der Hand, ich trinke meinen Tee, die Schwerkraft verhindert, dass wir im Raum umherschweben, und sorgt dafür, dass die Ozeane nicht oben am Himmel angesiedelt sind. Unter diesem Gesichtspunkt lässt sich der Begriff »Form« auf alles Bedeutungsvolle, Begreifbare, Erkennbare und Reale anwenden. Leerheit hingegen scheint die Abwesenheit von irgendetwas Bedeutungsvollem, einen Zustand des Nichts zu implizieren, den wir unter allen Umständen zu vermeiden suchen. Oft wird dieser Zustand der Leerheit oder Leere mit Angst und

Einsamkeit, ja sogar Verzweiflung gleichgesetzt. Leere ist etwas, das wir irgendwo tief in uns drin fühlen, und wir verwenden eine Menge Zeit und Geld darauf, diese innere Leere zu füllen, Sinn und Bedeutung zu finden und uns verbunden zu fühlen.

Wenn wir Form und Leerheit in der Meditation erfahren, ergibt sich jedoch ein ganz anderes Bild. Wir erkennen die inhärente Begrenztheit unserer Vorstellung, Formen seien etwas Dauerhaftes, Festgefügtes und Reales, und die Beschränktheit der irrigen Meinung, Leerheit sei entweder etwas Bedeutungsloses oder aber das Nichts. Statt dauerhaft und fest gefügt zu sein, erscheint die Welt der Form als wandelbar und vergänglich. Leerheit erscheint nicht als sinnlos, sondern als voller Vielfalt und Reichtum und als etwas, das alles mit einschließt.

JACK KORNFIELD

»Die Leerheit ist immer vorhanden. Es ist die Leerheit in der Tasse, die sie wertvoll macht, weil wir unseren Tee oder Kaffee in diese Leerheit gießen können. Es ist der leere Raum im Zimmer, der uns die Bewegung darin ermöglicht. Alle Dinge gehen aus der Leerheit hervor. Form und Leerheit sind die beiden Seiten dieses Mysteriums der Existenz selbst. Wenn wir unser Augenmerk nur auf die Form gerichtet halten und an Dingen festhalten, dann leiden wir. Wenn wir loslassen und in der Weite des Gewahrseins ruhen, uns selbst wieder in die Leerheit begeben, aus der heraus die Dinge in Erscheinung treten, dann finden wir zu einem umfassenderen Gefühl von Leichtigkeit und Grazie und Flexibilität und Weisheit.«

Wenn wir in der Stille der Meditation sitzen, werden wir uns der Leerheit sehr bewusst und gewahr, des Raumes, in dem alles enthalten ist. Gleichzeitig ist da das Gewahrsein, dass Form beides ist: real und doch sich ständig wandelnd und sich auflösend. Alles Leben wird geboren, lebt und stirbt in einem unendlichen Kontinuum. S. H. der Dalai Lama schlägt vor, dass wir uns selbst so ansehen, wie wir zum Beispiel einen Tisch anschauen würden: »Wenn wir uns seine Wesennatur ansehen, seine verschiedenen Bestandteile untersuchen und alle seine Merkmale und Eigenschaften aussondern, sehen wir, dass kein Tisch als gemeinsame Basis dieser Teile und Eigenschaften gefunden werden kann.«

Wenn wir dieselbe Untersuchung bei unserer eigenen Person anstellen, stellen wir nicht nur fest, dass da kein definierbares, fassbares Ich oder Selbst existiert, sondern wir sehen auch, dass hier nichts als Eigentum besessen, dass nichts ergriffen werden kann. Was immer wir uns genau ansehen, sei es nun ein Blatt Papier oder ein achtzigjähriger Mann, wir müssen feststellen, dass sich unmöglich irgendwo ein eigenständiges, von irgendwelchen anderen Bedingungen unabhängig existierendes Selbst finden lässt. Doch während alles leer ist von einem getrennt existierenden Selbst, ist es doch auch voll von allem. In jedem einzelnen Ding sind alle Dinge enthalten – das Wetter, die Bäume, Menschen und Fische. Alle sind an der Erschaffung jedes anderen Dings oder Wesens beteiligt.

Das ist die Beziehung von relativer und absoluter Wirklichkeit, in der ein jedes im anderen enthalten ist: Leerheit ist in der Form und Form in der Leerheit, während alle Dinge zugleich sowohl Form als auch Leerheit sind.

DZOGCHEN PONLOP RINPOCHE

»Aufgrund der Leerheit ist alles möglich; wenn es nicht leer ist, ist nichts möglich. Die Leerheit umfasst alle Existenz und Nichtexistenz. Aber gleichzeitig ist alles hier. Ich hielt Belehrungen über die Leerheit, und jemand fragte mich: ›Heißt das, Ihr Stuhl ist auch Leerheit?‹ Ich sagte: ›Ja. Alles ist Leerheit.‹ Daraufhin fragte er: ›Wie können Sie dann auf dem Stuhl sitzen? Warum fallen Sie nicht durch ihn durch?‹ Ich erklärte, dass er die beiden Wahrheiten vermischte. Er setzte meinen relativen Körper auf einen absoluten Stuhl. Das hier ist eine Säule, und das ist der Rasen, und das ist ein Baum. Da sind wir uns alle einig. Die Säule kann helfen, das Dach zu stützen. Darüber gibt es keine Diskussion, keinen Streit. Bäume können uns Sauerstoff liefern; daran besteht kein Zweifel. Solange wir nicht allzu genau hinschauen, funktioniert das ausgesprochen gut. Sobald wir aber ganz genau und mit klarem Blick hinsehen, kann noch nicht einmal die moderne Wissenschaft etwas Dauerhaftes, Festgefügtes und Fassbares finden; da ist einfach nur Leerheit.«

Normalerweise beinhaltet die Anhaftung an Form die Vorstellung von der Existenz einer Getrenntheit: Ein voneinander getrennt existierendes Du und Ich und alle sowohl negativen wie positiven Emotionen gehen aus dieser Grundannahme von einer bestehenden Dualität aus. Wir identifizieren uns mit unseren Gedanken und Gefühlen und glauben, dass sie unser »Ich« ausmachen, so wie wir auch denken, dass unser Körper oder unsere Stimme unser »Ich« sind. Wir hängen sehr am Glauben an die Person, die wir zu sein meinen, so sehr, dass wir dieses massive, beständige Ich oder Selbst als von allen anderen getrennt existierend ansehen, weil diese »nicht-ich« sind. Betrachten wir aber dieses so massive Ich-Gefühl als vergänglich, sich ständig wandelnd und wechselseitig verbunden, dann bedeutet das, dass wir erkennen, dass es nicht nur kein beständiges, festgefügtes »Ich«, sondern auch kein beständiges, festgefügtes »Du« gibt.

ROBERT THURMAN

»Ich dachte, in mir gäbe es einen dauerhaften, beständigen Bob, hier drinnen sei eine bleibende, solide Bob-Person, aber wenn ich nach diesem Bob suche, kann ich nichts dergleichen finden. Bob ist ein Wort, ist nur ein Name. Ich bin leer von einem dauerhaften Bob, aber voll von unglaublich reichhaltigen Prozessen von Körper und Geist in Gestalt von mannigfaltigen Sichtweisen und Blickwinkeln. Die Tatsache, dass wir von jeglicher getrennt existierenden Essenz leer sind, bedeutet, dass wir ein voll und ganz wechselseitig bezogener Prozess sind. Das Material wie dieser Tisch, auf den ich jetzt meine Fingerknöchel legen kann, ist ebenso Leerheit wie die Luft zwischen meinen Knöcheln und dem Tisch, über den ich meine Hand halte. Die scheinbar so fest gefügten Knöchel sind ebenfalls Leerheit. Es gibt nichts absolut Beständiges, nichts dauerhaft festgefügtes Materielles, und es gibt auch nichts absolut Immaterielles. Wenn du nach dem beständigen Kern von etwas suchst, wirst du nur Leerheit oder Nicht-Dualität finden.«

Wir können den Geist mit dem Himmel vergleichen, der inhärent leer ist. Ob der Himmel nun Wolken, Regen, Tornados, Blitz und Donner, Sonnenschein oder Sterne beherbergt, so hört er doch nie auf, der Himmel zu sein. Hinter all den verschiedenen Manifestationen ist der Himmel einfach der Himmel, immer durchscheinend. Ebenso beherbergen wir alle Gedanken und Gefühle, doch wir sind sie nicht.

Der große indische Weise Ramana Maharshi lehrte mit Hilfe von Geschichten, und eine unserer Lieblingsgeschichten, die wir oft in unseren Workshops verwenden, ist die, die wir »Filmtheater« nennen. Wenn Sie ins Kino gehen, sehen Sie vor Beginn des Films eine leere Filmleinwand. Dann gehen die Lichter aus, und der Projektor wird eingeschaltet, der Film wird abgespielt, das Drama beginnt. Sie empfinden vielleicht Leidenschaft, fühlen sich traurig oder glücklich, wütend oder erhoben – sie empfinden all die Emotionen, die im Film zum Ausdruck kommen. Dann ist der Film zu Ende, der Projektor wird abgeschaltet, und da ist wieder die leere Leinwand. Maharshi sagt, dass sich die leere Leinwand mit unserem leerem Bewusstsein vergleichen lässt, während die Welt und alle unsere Gefühle die Dramen sind, die sich in unserem Geist abspielen.

TIM FREKE

»Meditation heißt einfach, sich des Bewusst-Seins bewusst zu sein. Es bedeutet zu erkennen, dass ich das Gewahrsein bin, das das Kommen und Gehen von Empfindungen und Gedanken beobachtet. Gewahrsein ist dieser weite leere Raum, in dem der Augenblick aufsteigt. Wenn ich dies erkenne, höre ich auf, mich nur als ein in der Welt existierender Körper anzusehen, und ich fange an, mir meiner wesentlichen Natur als einer Leerheit bewusst zu werden, die die Welt in sich birgt. Auf der Ebene von Tim befinde ich mich in der Welt, aber auf der Ebene meines tieferen Seinswesens, des unpersönlichen ›Ich‹ des Gewahrseins befindet sich die Welt in mir. Ich befinde mich also in diesem paradoxen Zustand, in dem ich erkenne, dass ich in der Welt, jedoch nicht von ihr bin. Wenn ich mich in der Identifikation mit meinem getrennt existierenden Ich oder Selbst verliere, erfahre ich Leiden und Selbstsüchtigkeit. Wenn ich mir aber meiner eigentlichen Wesensnatur als der weite leere Raum des Gewahrseins bewusst bin, erlebe ich ein tiefes Gefühl von Einssein mit allem und jedem. Gewahrsein ist die Leerheit, die meine Erfahrung in sich enthält; ich bin dieser weite Raum, in dem alles aufsteigt gleichsam wie in einem Traum. Es gibt keinen Unterschied zwischen der Präsenz von Gewahrsein und dem, dessen es sich gewahr ist. Sie sind nicht mehr voneinander getrennt, als der Raum von den Dingen getrennt ist, die er in sich enthält, oder ein Traum getrennt ist vom Träumer.«

Die Praxis der Meditation

Letztlich ist Meditation etwas Spontanes und Natürliches, so wie wenn wir abends ins Bett gehen und der Schlaf ohne Vorwarnung zu kommen scheint. Aber ihre Praxis befähigt uns zu einem leichteren und tieferen Eintritt in die Erfahrung. Die Praxis ist kein eigenständiges Ziel; vielmehr ist sie ein Mittel, ein Vehikel, so wie eine Fähre, die uns über einen Fluss trägt. Sie ermöglicht uns die Begegnung mit uns selbst, und sie ermöglicht uns, Freundschaft mit uns selbst zu schließen.

❊ MARIANNE WILLIAMSON ❊

»Es ist nicht so, dass mir die Meditationspraxis nur hilft, sie erhält mich aufrecht. Ohne Meditation könnte ich durchdrehen wie andere auch. Man muss daran arbeiten, um in einer Welt wie der unseren mit all der Verrücktheit, dem Chaos, dem Tempo und der Technologie bei Sinnen zu bleiben, und hier ist für mich die Meditation das machtvollste Instrument. Das ist so wie beim Fitnesstraining – du kommst nie an den Punkt, wo du mit deinem Körper tatsächlich so zufrieden bist, dass du mit dem Fitnesstraining aufhören kannst. Vielmehr musst du, wenn dir gefällt, was das Training für dich bewirkt, weitermachen, weil damit deine Fitness aufrechterhalten wird. Das Gleiche gilt für die Meditation. Wenn sie uns zu irgendeinem Ort gebracht hat, der sich gut anfühlt, bedeutet das nicht, dass wir damit aufhören können. Die tägliche Meditation ist ein tägliches Aufsuchen der Wahrheit über uns selbst. Beim Meditieren brennen wir uns durch die Schichten der Täuschung und der Angst, die unser Bewusstsein beherrschen. Und das müssen wir regelmäßig tun.«

Das Schöne an der regelmäßigen Praxis der Sitzmeditation ist die beständige Rückkehr zur ruhigen Stille in einer Welt, in der so viel Lärm und Ablenkung herrscht. So wie es auch Deb erlebte, wird dieses Gefühl oft mit dem Begriff des *Nachhausekommens* beschrieben – als würden wir an einen Ort zurückkehren, von dessen Existenz wir zuvor nichts wussten, der sich aber sogleich und aufs Innigste bekannt und vertraut anfühlt. Wir können loslassen und einfach hier sein.

❋ GANGAJI ❋

»Meditation kann bedeuten, dass man sich wirklich auf etwas fokussiert, oder auch, dass man überhaupt nicht fokussiert und einfach ruhig und still ist. Es geht nicht darum zu sagen: ›Ich werde meditieren.‹ Es geht mehr um: ›Ich werde für einen Augenblick hier präsent sein, ohne irgendetwas zu tun, ohne irgendeinem Gedanken zu folgen.‹ Und darin liegt Frieden. Die Geistesaktivität ergibt sich dieser gewaltigen Stille und diesem ungeheuer weiten Gewahrsein. Das ist keine gegen den Geist gerichtete Aktivität, es ist einfach nur so, dass der Geist gewöhnlich immer am Kreisen ist und dass dieses Kreisen nun aufhört.«

Freiheit bedeutet für uns gewöhnlich, aus Disziplin und Struktur entlassen zu sein. Doch die Durchführung, Routine und Ordnung einer regulären Sitzmeditation-Praxis schafft einen Raum, in dem wir zu wahrer Freiheit finden können. Eine angeleitete Übungspraxis gibt uns einen geerdeten Bezugsort, während die Wiederholung der Praxis zum einen als Spiegel fungiert, der uns die Orte spiegelt, an denen wir uns begrenzen, und uns zum anderen ständig an unsere wahre Natur erinnert und gemahnt.

❋ TAMI SIMON ❋

»Mir ist die formale Meditationspraxis sehr wichtig. Sie dient mir als ›Wahrheitssagerin‹, denn ohne sie kann ich mir leicht etwas vormachen. Ich gehöre zu den Menschen, die immer getrieben sind, Höchstleistungen zu bringen. Bevor ich mit dem Meditieren begann, war mir nicht bewusst, dass ich meistens versuchte Stress aufzubauen, zu drücken, zu drängen, um noch mehr zu tun. Durch die Meditationspraxis habe ich herausgefunden, dass ich in jedem gegebenen Moment tatsächlich die Wahl habe. Ich kann von diesem Bedürfnis, Druck zu machen, Abstand nehmen und in mir selbst ruhen. Wenn ich das mache, schaffe ich den Raum dafür, dass alle möglichen Dinge passieren und auch die Stimmen anderer Leute gehört werden können, ja dass ich durch mich eigentlich die ganze Welt vernehmen kann, statt eine vom Ego getriebene, von Egozentrik geleitete Existenz zu führen.«

Denken und Sein

Obschon die Meditation als Praxis beschrieben wird, die es uns ermöglicht innezuhalten, frei von ablenkendem mentalem Geschnatter zu sein, unsere Absorbiertheit und Selbstbesessenheit zu durchschneiden und in innerem Frieden zu sein, werden wir uns im Verlauf dieses Prozesses auch unserer scheinbar endlosen willkürlichen Denkmuster bewusst. Diese wunderbaren Augenblicke, in denen wir unser wahres Selbst erleben, sind unfehlbar durchsetzt von einem Geist, der, so der Vergleich, sich aufführt wie ein von einem Skorpion gebissener Affe. Mit anderen Worten: Die stillen Räume sind von geschäftigen Sphären umsäumt. Diese Geschäftigkeit muss jedoch nicht unbedingt eine Ablenkung von der Meditation bedeuten – sie kann stattdessen integraler Bestandteil der Erfahrung sein.

LAMA SURYA DAS

»Bei der Meditation geht es nicht darum, von allem wegzukommen, alles zu meiden, abzustumpfen oder die Gedanken zu stoppen. Wir lernen, nicht zu versuchen, von lästigen und nervigen Gedanken, Gefühlen und Empfindungen frei zu sein; wir lernen, wie man sich ihrer achtsam in der Unmittelbarkeit des Augenblicks gewahr wird, in dem sie sich flüchtig präsentieren. Wir können eine auf jedwedes Objekt gerichtete Achtsamkeit entwickeln: Klänge, Gerüche, Körperempfindungen, Wahrnehmungen. Alles kann nützlich sein – auch die Dinge, die wir absolut unangenehm finden.«

Da die Gedanken natürlicher Bestandteil der Geistesaktivitäten sind, haben wir kaum eine andere Wahl, als eine Möglichkeit zu finden, mit ihnen zu leben. Sie lassen sich unmöglich anhalten oder unterdrücken, aber wenn wir ihnen folgen, vervielfachen sie sich bald bis hin zum Chaos, und wir verlieren unsere innere Stille und sind entmutigt. Wir können stattdessen die Fähigkeit kultivieren, den Gedankenfluss einfach zu beobachten und sich seiner gewahr zu sein, ohne uns in den Bildern oder Dramen zu verfangen, zu denen sie uns führen.

DAN MILLMAN

»Viele haben es mit der Meditation versucht, wurden aber entmutigt und hörten nach einer Weile damit auf. Vielleicht weil sie ihnen langweilig erschien, oder, was wahrscheinlicher ist, weil sie entschieden, nicht gut darin zu sein, den ›Geist zur Ruhe zu bringen‹. Aber wir müssen den Geist ebenso wenig zur Ruhe bringen, wie wir das Sprudeln einer heißen Quelle zustöpseln müssen. Heiße Quellen sprudeln, das ist ihre Natur. Gedanken passieren. Emotionen passieren. Wetter passiert. Wir mögen bestimmte Gedanken, Emotionen oder Wetterbedingungen anderen vorziehen, aber all das lässt sich nicht durch unseren Willen beherrschen. Beim Sitzen beobachten wir einfach nur, werden wir zum Gewahrsein selbst, werden wir zum Zeugen, werden wir uns des Gedankenzeugs, der Emotionen, Bilder, Körperempfindungen, die da aufsteigen, bewusst. Aber wir reagieren nicht darauf; wir beobachten nur vorüberziehende Phänomene.«

Da unsere Aufmerksamkeit normalerweise stark nach außen gerichtet ist, ist jeder Augenblick von Ablenkungen und Aktivität erfüllt. Selten haben wir Raum, um uns nach innen zu wenden und damit auch zu sehen, wie voll von Gedanken und Emotionen unser Geist tatsächlich ist. Daher kann es uns ein bisschen verstören, wenn wir zum ersten Mal Zeuge der Geschäftigkeit und des Wirrwarrs in unserer Innenwelt werden. Und doch ist dieser Lärm ganz natürlich – es ist einfach nur der Lärm des Geistes bei der Arbeit.

SAKYONG MIPHAM RINPOCHE

»Obwohl unser Geist immer so ist, sagen wir vielleicht, wenn wir mit dem Meditieren anfangen: ›Meditation ist schrecklich. Die Dinge sind für mich schlechter geworden.‹ Nichts ist schlechter geworden; wir haben nur innegehalten und unseren Geist zur Kenntnis genommen. Das ist alles. Es ist so, als würden wir auf der Autobahn aus dem Auto steigen und merken, wie schnell der Verkehr dahinsaust.«

Da Meditation nichts vom Leben Getrenntes ist, stellen wir fest, dass sie alles einschließt, was auch das Leben mit sich bringt – jede Stimmung, jede Laune, jedes Gefühl und jeden ablenkenden Gedanken – alles steigt auf und zeigt sich. Eine Meditationssitzung stellt uns vor die Herausforderung, unseren Weg durch diese ausufernde Weitschweifigkeit hin zum inneren Frieden zu finden, der dahinter und jenseits davon existiert. Genauso wie wir hinter den Wolken oder tobenden Gewitterstürmen auf den Himmel blicken können, der dies alles in sich birgt. Wir finden unseren Weg, indem wir Beobachter sind und durch auf den gegenwärtigen Augenblick gerichtetes Gewahrsein.

JOSEPH GOLDSTEIN

»Ich erlebe, wie ich mich im Körper einrichte, werde mir des Atmungsvorgangs bewusst, der verschiedenen Energieempfindungen im Körper und dann dessen, was im Geist aufsteigt – Gedanken, Gefühle und Emotionen. Ich versuche, für alles gegenwärtig zu bleiben, statt mich in all den Filmen zu verlieren, die sich im Geist abspulen. Manchmal werde ich mir des Gewahrseins an sich gewahr. Es ist eine ziemlich erstaunliche Erfahrung, sich nicht in den Inhalten des Geistes zu verlieren, sondern einfach die Natur des Gewahrseins zu erleben.«

Es gibt jedoch immer Augenblicke, in denen es schwierig sein kann, der innere Beobachter zu bleiben. Das stille Sitzen schafft Raum für die Sicht auf unbeendete oder ungelöste, ungeheilte Angelegenheiten, die dann zuweilen unsere Meditationssitzung beherrschen können. Das bietet uns eine großartige Gelegenheit, genauer mit uns selbst zu arbeiten, um emotionale oder psychische Anliegen zu lösen und zu heilen.

SAKYONG MIPHAM RINPOCHE

»Wenn wir in dieser Gesellschaft einfach nur dasitzen und nichts tun, halten uns die Leute für merkwürdig. In Ländern wie Tibet, in denen es eine Meditationstradition gibt, wird das stille Sitzen als mutig angesehen. Die Leute schätzen es, wenn jemand meditiert. So jemand arbeitet mit seinem Geist, und das kann durchaus eine Herausforderung bedeuten. Meditation ist etwas Initiatives. Wir entwickeln eine Stabilität des Geistes mit der Absicht, diese zur Grundlage unserer Aktivität zu machen. Wir sitzen in der Stille und beobachten, wie Gedanken und Emotionen einem Wasserfall gleich durch unser geistiges Bewusstsein rauschen. Aggression, Eifersucht und Verlangen – all das kommt und geht.«

Die Praxis der Selbstbetrachtung schenkt uns die Gelegenheit, solche starken Gefühlsregungen in einem klareren Licht zu sehen. Bei der Achtsamkeitsmeditation zeigt uns das Gewahrsein, wie sich unsere Gedanken in unserer Umwelt spiegeln; dass wir nicht voneinander getrennt sind, dass alles, was einer Person geschieht, sich auf uns alle auswirkt. Wenn wir durch die Erkenntnis, dass Dauerhaftigkeit und Unwandelbarkeit eine Illusion sind, die Anhaftung an uns selbst aufgeben, vermögen wir negatives Denken zu heilen und können es in Anteilnahme, Fürsorge, Freundlichkeit und Güte uns selbst und anderen gegenüber umwandeln.

❊ BYRON KATIE ❊

»Für mich bedeutet Meditation, die stressbeladenen Gedanken, die all das Leiden in der Welt verursachen, infrage zu stellen. Schließlich kommen wir dahin zu erkennen, dass alles im Außen eine Spiegelung unseres eigenen Denkens ist. Unser Geist ist der Geschichtenerzähler, der Projektor aller Geschichten, und die Welt ist das projizierte Abbild der Gedanken, an die wir glauben. Wenn der Geist glaubt, was er denkt, benennt er, was nicht benannt werden kann, und versucht ihm durch den Namen Realität zu geben. Er glaubt, dass seine Benennungen die Realität sind, dass es da draußen eine von ihm getrennt existierende Welt gibt. Das ist eine Illusion. Die ganze Welt ist eine Auswirkung des Geistes. Innen und außen entsprechen sich immer – sie sind Spiegelungen voneinander. Wenn wir niedergeschlagen und verängstigt sind, scheint die Welt gefährlich oder in Gefahr zu sein; wenn wir das, was ist, lieben, wird alles in der Welt zum Geliebten. Wenn der Geist seine eigenen Gedanken zutiefst infrage gestellt und wahrgenommen hat, ergibt er sich sich selbst und erlebt eine Welt, die gütig und absolut gerettet ist. Der wohlwollende Geist projiziert eine wohlwollende Welt. Der Geist kann dem Leiden auf dieser Erde keine Gültigkeit mehr zubilligen, weil er in sich selbst dem Leiden ein Ende gesetzt hat. Er wird vollkommen liebend, vollkommen frei von Identifizierung.«

Religion, Kontemplation und Gebet

Der Buddha saß unter einem Bodhibaum und gelobte, er würde sich nicht rühren, bis er seinen Geist bezwungen hatte. Er war absolut entschlossen, zur Freiheit zu erwachen – voll und ganz und unwiderruflich erleuchtet zu sein, und dieser Entschluss war durch nichts zu erschüttern. Seine Methode, ein solches Erwachen zu verwirklichen? Sitzen in der Stille und im Schweigen. Die Weltreligionen kennen ihn auch als einen Meister der Meditation, und die, die ihr Leben gemäß seinen Lehren führen, sind aufgefordert, jeden Tag zu meditieren.

Auch andere Religionen besitzen im Kern eine Praxis der Meditation, der stillen Kontemplation oder des Gebets. Zum Beispiel sitzen die Quäker bei ihren Versammlungen in Stille beisammen. Es gibt keine spezielle Führungsperson, und wenn sich jemand während der Versammlung dazu bewegt fühlt, etwas zu sagen, dann steht er einfach auf und spricht in die Stille hinein. Debs Großeltern waren Quäker.

DEB

»Als Kind saß ich während der letzten Viertelstunde der Versammlungen bei ihnen, dann nämlich kamen die Kinder aus der Sonntagsschule und schlossen sich der Hauptgruppe an. Ich quetschte mich gewöhnlich direkt neben meinen Großvater und hatte sofort das Gefühl, mit dem Schweigen und der Stille zu verschmelzen. Eines Tages fühlte sich meine Großmutter dazu bewegt zu sprechen. Sie stand auf und sagte ziemlich nachdrücklich: ›Die Sonne scheint immer, auch wenn es ein wolkiger Tag ist!‹ Dann setzte sie sich wieder. Da ich noch ein Kind war, war ich höchst verlegen und hatte den Drang zu kichern, aber die Stille nahm einfach ihre Worte wie auch mein Lachen in sich auf.«

Obwohl sich die Religionen und Praxisformen unterscheiden mögen, ähnelt sich das Ergebnis oft sehr. Dieses Ergebnis besteht darin, dass sich das Ego oder individuelle Selbst in das größere Ganze oder das Wahre Selbst auflöst.

VATER THOMAS KEATING

»Für mich ist Meditation ein nicht-konzeptuelles Gebet, eine Beziehung mit Gott, die das Herz und weniger den Verstand betont. Sie setzt eine gewisse Vorbereitung all der anderen Fähigkeiten voraus, so dass sich unsere gesamte Persönlichkeit mit all unserem Wissen und unserer Liebesfähigkeit der transformativen Bestrebung aus Überzeugung anschließen möchte. Es ist die Suche nach höheren Bewusstseinszuständen oder der Gegenwart Gottes. Kontemplation ist eine Form von nicht-konzeptuellem Gebet, und sie betont das Sein statt dem Tun. Sie ist die innige Vertrautheit, die in der Praxis des Kultivierens der inneren Stille aufsteigt.«

Die wenigen Unterschiede, die zwischen Gebet und Meditation bestehen, sind subtil, und sie sind wichtig. Sie demonstrieren ein Anerkennen der vielen Formen, in denen sich unbewegte Ruhe und Stille manifestieren können.

MATTHEW FOX

»Die Essenz von Gebet sind Lobpreis und Danksagung. Wie der deutsche mystische Theologe Meister Eckhart sagte, würde es ausreichen, wenn das einzige Gebet, das du in deinem ganzen Leben sprichst, ein Danke wäre. Die Essenz von Meditation ist Stillsein, und aus dieser Stille entsteht eine neue Ebene von Gebet. Das funktioniert auch umgekehrt, da jedes gesunde Gebet Stille und Schweigen fördert und unterstützt. Es ist ganz und gar nicht so, dass Gebet und Meditation im Wettbewerb miteinander stehen. Beide brauchen sie Stille. Deshalb ist Meditation eine sehr wichtige Dimension des Gebets.

Wenn Sie sich Gott als ein Wesen vorstellen, das im Himmel residiert, wenn Sie meinen, dass Sie hier sind und Gott irgendwo da draußen, und dass Sie zu diesem Wesen namens Gott sprechen, oder dieses Wesen namens Gott um etwas bitten, so als sei es eine Art Weihnachtsmann, dann ist das Theismus. Ich sage lieber, dass alles in Gott und Gott in allem ist. Es ist so wie mit dem Fisch im Wasser und dem Wasser im Fisch. Was also ist in diesem Kontext Gebet? Es geht nicht darum, dass man um etwas bittet oder etwas auf ein anderes Wesen irgendwo da draußen projiziert. Das lehrte

Jesus, als er sagte, dass das Reich Gottes unter uns und in uns ist oder dass das Reich Gottes in der Welt ausgebreitet ist, wie im Thomas-Evangelium zu lesen steht. Es geht über den Dualismus hinaus. In diesem Kontext geht es beim Gebet also darum, dass man in der Gegenwart des Göttlichen schwimmt oder sich gleichsam auf einem Floß in einem reißenden Fluss befindet. Du steuerst nicht, du bleibst im Fluss, ergibst dich der Fahrt. Und du weißt, dass etwas Größeres als du durch dich hindurch wirkt, und dass es eine Reise ist. Es ist eine spirituelle Reise. Es ist Meditation in ihrer tiefsten Form.«

Die Meditationspraxis kann auch die Form einer Rezitation annehmen, sei es nun das Singen eines geheiligten Namens oder Wortes oder das Psalmodieren heiliger Schriftstellen, wobei die Worte jede Zelle unseres Seins durchdringen. Die auf dieses Psalmodieren folgende Stille kann sowohl bewegend wie äußerst tiefgründig sein.

RABBI TIRZAH FIRESTONE

»Meine Praxis besteht im Gebrauch von heiligen Worten, die ich dann aber als Sprungbrett in tiefere Bewusstseinszustände nutze. Da ich mit dem Hebräischen aufgewachsen bin und um die Macht eines jeden Buchstabens als mystisches Wesen weiß, haben die Worte selbst eine sofortige erhebende Wirkung. Meine Meditation beginnt mit dem Aussprechen dieser machtvollen Worte im Namen Gottes. Dann verfalle ich in Stille und Schweigen, und das bedeutet das Erreichen des Einsseins, in dem ich nicht länger Tirzah bin mit meinem geschäftigen Geist, meiner Einkaufsliste und all den Dingen, die ich tun muss. Dieses Eintauchen in eine unpersönliche Zone ist das, was ich den großen Geist nenne, das *mochin d'gadlut* oder das Erlangen des Einsseins, das, worum es bei allem Gebet im Judentum geht. Es geht darum, sich dorthin zu begeben. Zu hören. Still zu werden. Sich zu erinnern. Begib dich an diesen Ort.«

Wie immer die Form auch aussehen mag, schließlich geht es einfach nur darum herauszufinden, was für einen jeden von uns funktioniert. Es kann durch die Stille geschehen oder das Gebet oder die stille Wiederholung eines geheiligten Wortes, dadurch, dass wir dem Atem folgen oder achtsam gehen oder uns mit achtsamem Gewahrsein bewegen. Es kann auch eine Kombination von allem sein. Oder einfach ein Sitzen mit dem, was immer sich zeigt.

ELLEN BURSTYN

»Wo auch immer ich mich hinbegebe, stets habe ich einen kleinen Altar mit Kerzen und irgendeiner Art Ikone dabei. Manchmal gehören meine Ikonen der christlichen Tradition an – Jesus, Maria oder beide –, und manchmal entstammen sie dem Hinduismus – wie Ganesh – oder dem Sufismus. Vielleicht lese ich in der Schrift oder ich lese Gedichte, bevor ich zu meditieren beginne. Nachdem ich mich lange Zeit dem Sufismus gewidmet hatte, kam Jesus immer wieder zu mir zurück. Wann immer ich mich zum Meditieren niederließ, bei allem, was ich tat, stets kam Jesus und platzierte sich auf meinem mentalen Bildschirm oder setzte sich wie ein Yogi im Lotossitz vor mich hin. Was immer sonst noch geschah, Jesus war da. Also sagte ich mir schließlich: ›Sehen wir der Tatsache ins Auge, du bist eine Christin.‹ Dann hörte ich mit den anderen Praktiken mehr oder weniger auf, und nun sitze ich einfach mit Jesus. Ich schließe die Augen. Er kommt immer, setzt sich vor mich hin, und wir sitzen quasi Knie an Knie. Wir sitzen still beisammen, und ich atme in seiner Gegenwart. Manchmal stelle ich eine Frage, manchmal antwortet er mit Worten, und manchmal atmet er nur mit mir gemeinsam. Auf jede Frage scheint die Antwort immer Liebe zu sein, und immer bedeutet sie eine Vertiefung des inneren Friedens.«

Wie wir hierherkamen

Wie der Philosoph Sokrates einmal sagte, ist das unüberprüfte Leben es nicht wert, gelebt zu werden. Doch auch das Gegenteil ist richtig. Das ungelebte Leben ist der Überprüfung nicht wert.

SWAMI BEYONDANANDA

Alle haben wir eine Geschichte zu erzählen, alle haben wir eine einzigartige, sehr persönliche Vergangenheit. Manche sind traurig, andere fröhlich, manche beinhalten etwas, das wir überwunden oder bewältigt haben und das uns zu einem besseren Menschen machte: eine schwierige Kindheit, ein alkoholabhängiger Vater, eine Mutter, die uns allein aufzog. Aber worin besteht der Unterschied, der den einen Menschen zum Helden und den anderen zu einer Bedrohung für die Gesellschaft werden lässt? Was bringt den einen zur Meditation und den anderen zum Krieg? Was ist es, das uns dazu drängt, so etwas wie Meditation zu praktizieren, die doch scheinbar etwas so Untätiges oder sogar Selbstbezogenes ist? Warum sollte jemand auf einem Kissen sitzen, die Augen schließen und Atemzüge oder Mala-Perlen zählen oder die Wand anstarren wollen? Als Ed in einem Ashram in Indien lebte, zog ein junger Mönch ihn oft auf, indem er sagte: »Du sitzt immer in Meditation – warum stehst du nicht auf und machst was Konstruktives!«

Und warum sollte jemand für eine Ausbildung die weite Reise nach Indien, Thailand oder Japan antreten wollen? Was lässt uns nach Plätzen suchen, wo wir dann still dasitzen und unser Augenmerk auf das endlose Geschnatter unseres Geistes gerichtet halten? Ein Geist, der sich zuweilen gleichermaßen deprimiert, verängstigt, frustriert und bedeutungslos fühlen kann. Es wäre doch sehr viel leichter, dies alles zu ignorieren in der Hoffnung, dass es sich schon wieder verflüchtigen wird. Warum begeben wir uns auf die Suche nach etwas, das oft blödsinnig und unerklärlich zu sein scheint? Und wie kann das Dasitzen auf einem Kissen mit geschlossenen Augen uns oder sonst irgendjemandem von Nutzen sein?

Viele der Menschen, mit denen wir für dieses Buch sprachen, hatten es im Verlauf ihrer Biographie mit emotionaler Dysfunktion, Drogenmissbrauch, Krankheit oder Depression zu tun; manche waren selbstmordgefährdet, andere haben einige Zeit im Gefängnis gesessen. Wird ein solcher Hintergrund als Antrieb für die eigene Transformation genutzt, spricht man von einem *spirituellen Ausbildungslager*, da er trotz oder vielleicht gerade wegen der inneren Qualen zum Ansporn für einen echten und bedeutsamen Wandel wird. Die Meditation kann integraler Bestandteil eines solchen Wandlungsprozesses sein und als Katalysator fungieren, der uns das Übergehen von einem Zustand des Leidens zu einem des Gewahrseins, der Bewusstheit, der Heilung und der Klarheit ermöglicht.

Das bedeutet jedoch nicht, dass es unbedingt einer konfliktbeladenen Kindheit oder des exzessiven Drogenkonsums bedarf, um zu mehr Selbstbesinnung zu gelangen. Es ist ein Ansporn, doch dasselbe gilt auch für die Suche nach einem tieferen Verständnis des Lebens. Viele Menschen führen ein vollkommen ereignisloses Leben und sehnen sich trotzdem danach, einen tieferen Sinn in ihrem Leben zu finden oder sich intensiver mit der ewigen Frage zu beschäftigen: Warum bin ich hier?

ED

»Schon in frühen Jahren erkannte ich die Absurdität des Lebens, das so kapitalistisch geprägt ist; diesen materialistischen Traum, immer mehr und noch mehr Dinge zu erwerben. Es schien mir immer so idiotisch zu sein. Ganz gleich, wie viel die Leute hatten, sie schienen doch nie glücklich oder zufrieden zu sein. Da musste es doch noch irgendetwas anderes geben.«

Konfliktbeladene Kindheit

Emotionale Dysfunktionen manifestieren sich unter anderem oft dann, wenn man in der Kindheit misshandelt oder missbraucht wird oder mit nur einem Elternteil, in Armut oder ohne jede emotionale Stabilität aufwächst. Wenn etwas in dieser Art geschieht, haben wir gemeinhin drei Wahlmöglichkeiten: Wir können dasselbe Verhalten in unserem Erwachsenendasein fortführen; wir können unsere Gefühle ignorieren oder verleugnen, so dass wir ein Leben führen, ohne uns selbst wirklich zu kennen; oder wir können diese Erfahrung als Mittel zur Transformation nutzen.

Ed wuchs im New Yorker Stadtteil Bronx auf, in einer äußerst kleinen Wohnung und in sehr bescheidenen Verhältnissen.

ED

»Meine Mutter starb fünf Tage nach meiner Geburt, und so heiratete mein Vater nach alter jüdischer Sitte deren ältere Schwester, meine Tante Mildred. Dies tat er hauptsächlich, damit sie sich um seine Kinder kümmerte. Ich erfuhr erst mit neun oder zehn Jahren, dass meine eigene Mutter gestorben war. Wir waren in der Synagoge unseres Viertels, ein orthodoxer Tempel, in dem die Männer im Hauptraum und die Frauen, durch einen Vorhang getrennt, im Seitenteil des Raumes saßen. Ich saß bei den Männern, als ein älterer Mann auf mich zukam und eindringlich fragte: ›Warum bist du hier? Jetzt ist die Zeit, Gebete für die Toten zu sprechen. Lebt deine Mutter? Lebt dein Vater?‹ ›Ja‹, sagte ich. Da herrschte er mich an, ich solle hinausgehen. Als ich auf dem Weg nach draußen an meiner Tante Rose vorbeikam, rief sie: ›Wo gehst du hin?‹ Als ich wiederholte, was der Mann zu mir gesagt hatte, rief sie: ›Geh und setz dich wieder hin; du hast keine Mutter!‹ Ich was völlig fassungslos, geschockt und verwirrt. Wer war diese Person, die ich Mom nannte? Noch heute kann ich diese Szene vor mir sehen.

Wir lebten zu fünft in dieser winzigen Wohnung in der Bronx. Ich weiß nicht, wie wir das machten. Zwischen meinem Vater und meiner Stiefmutter-Tante Mildred war nichts von Liebe zu spüren, also wusste ich gar nicht, dass es in einer Familie so etwas wie Liebe geben kann. Mildred war in der Nachbarschaft als eine Frau bekannt, die ewig herumschrie. Wenn sie uns anschrie, war das bis zu nächsten Straßenecke zu hören. Ich betete immer, dass es niemand mitbekommen möge. Mein Vater arbeitete nachts in der Post, er ging zur Arbeit, wenn ich von der Schule heimkam. Das tat er wahrscheinlich, um nicht mit Mildred zusammen sein zu müssen, aber das bedeutete auch, dass ich ihn nur selten zu Gesicht bekam und noch seltener die Gelegenheit hatte, mit ihm zu reden. Beim Essen kämpften wir immer darum, uns Gehör zu verschaffen; es war ein Gefühl von ständigem Chaos. Ich hatte nie ein Spielzeug. Eines Tages bekam ich eine Spielzeugpistole samt Halfter geschenkt, und Mildred tauschte sie um für eine Schulmappe. Ich wollte nichts weiter als draußen auf der Straße spielen, aber ich wurde für alles bestraft, was ich nach Aussage eines Nachbarn getan hatte, auch wenn es gar nicht stimmte. Mit am meisten genierte ich mich dafür, dass Mildred mit ihrem grauen Haar schon so alt zu sein schien, und zu jener Zeit in den 1940er und frühen 50er Jahren kleideten sich die Frauen wie ältere Damen. Die Leute sagten immer zu mir: ›Kleiner, ist das deine Großmutter?‹ Dann zuckte ich zusammen und erwiderte: ›Nein, sie ist meine Mutter.‹ Ich wusste nicht, dass sie es nicht war.

Als ich dann Anfang zwanzig war, war die Zeit von LSD und Flower Power angebrochen, und Tim Leary sagte uns, dass wir einsteigen und aussteigen und die Botschaft der *League for Spiritual Discovery* verbreiten sollten. Ich fand mich naiv und glücklich als Teil der Hippiegeneration wieder, die in einem absoluten Kontrast zu meiner Kindheit stand. Ich trieb mich im Studio 54 herum oder ging zu »Be-ins« mit Allen Ginsburg. LSD-Trips erweckten mein Bewusstsein, und ich hatte spirituelle Erfahrungen, aber nicht die geringste Ahnung, was sie bedeuteten. Erst als die Lehrer aus dem Fernen Osten in die USA kamen, begann ich die Dinge zu verstehen. Der Maharishi wurde von den Beatles hergebracht, nachdem sie ihm in Indien begegnet waren. Zur gleichen Zeit brachte der Künstler Peter Max Sri Swami Satchidananda von Sri Lanka nach New York. Swami Satchidananda sagte den Hippies, sie sollten clean werden, Yoga und Meditation praktizieren und ganz natürlich und ohne Drogen zur Freude finden. Er stellte unsere LSD-Trips infrage, und zu Tim Leary sagte er: ›Wenn eine Pille einen Heiligen aus dir machen könnte, könnte sie auch einen Arzt, einen Ingenieur, einen Rechtsanwalt oder einen Lehrer aus dir machen, denn es ist sehr viel schwieriger, ein Heiliger zu sein.‹

Ich lebte in einer Kommune im ländlichen Teil New Yorks, in der wir auch gemeinsam meditierten. Ich begann zu begreifen, dass es ein inneres Selbst gibt, das frei ist und nicht verunreinigt vom Chaos und von der Verwirrung und Konditionierung durch die Vergangenheit. Dann begegnete ich Swami Satyananda, einem Yogi aus Indien, und er bot mir an, mich in seinem Ashram, der Bihar School of Yoga, auszubilden. Es schien der einzige Weg zu sein, um meine Vergangenheit bereinigen, mich von ihr befreien und einen echten Sinn im Leben finden zu können.

So gelangte ich von meinem Hippieleben in New York zum Yoga-Ashram in Indien. Als ich dort ankam, war zu meiner Überraschung niemand besonders liebevoll oder auch nur nett. Tatsache ist, dass der Umgang mit den Leuten eher schwierig war –

sie waren ziemlich kalt, herrisch, unhöflich und unfreundlich, und ich fühlte mich häufig sehr unbehaglich. Ich fragte mich oft, was ich da eigentlich tat, doch im Grunde wusste ich es: Wenn ich diesen Test bestehen, wenn meine Meditationspraxis meinen Geist so stabilisieren konnte, dass diese Leute mich nicht negativ zu beeinflussen vermochten, dann würde ich frei sein. Ruhig und still in einer Höhle zu sitzen ist die eine Sache, aber können wir auch inmitten von Chaos, Schwierigkeiten und Konfusion im inneren Frieden sein? Der Ashram war einer meiner wichtigsten Lehrer, das Training, die Disziplin und die Stunden der Meditation waren die größten Geschenke.

Viele Jahre später machte ich eine Bruchlandung. Ich hatte dem Licht nachgejagt, hatte geglaubt, wir seien die Schönen und alles sei wunderbar. Aber ich hatte mich noch nicht meinem Schatten gestellt, wo die Überbleibsel meiner Vergangenheit begraben lagen. Ich lebte zu dieser Zeit in England, was eine größere Herausforderung war, als ich gedacht hatte, und was zu einem noch größeren Wandel in meiner geistigen Verfassung führen sollte. Ich musste ganz mit mir alleine sein, und so viele Jahre spirituellen Trainings ich auch hinter mir hatte, hier handelte es sich um eine andere Ebene der Konfrontation. Ich verlor den Halt und fiel in ein schwarzes Loch. Drei Dinge halfen mir durch diesen Teil meines Lebens: meine unermüdliche Frau, meine Therapeutin und Freundin Maura und die Meditation. Ich zog mich in die Stille und Ruhe in meinem Innern zurück, und langsam, langsam fand ich mich wieder.«

In England auf dem Lande aufzuwachsen mag sich nach Idylle anhören, aber für Deb bedeutete es eine emotionale Achterbahn. Ein zorniger, zuweilen gewalttätiger Vater führte zu einer zerrissenen Existenz sowohl zu Hause wie im Internat.

❋ DEB ❋

»Ich hatte kein herkömmliches Elternhaus, da wir ständig umzogen, an zahlreichen Orten lebten, und das sowohl vor als auch nach der Scheidung meiner Eltern. Als sie sich scheiden ließen, war ich sechs Jahre alt. Mein Vater war jähzornig, emotional unausgeglichen und weitgehend nicht vorhanden, und zwischen uns herrschte wenig Zuneigung. Als ich etwa fünf Jahre alt war, kaufte er ein neues Auto, und zur Feier des Tages fuhren wir in die Stadt, um Milchshakes zu trinken. Auf dem Rückweg, etwa eineinhalb Kilometer von zu Hause weg, übergab ich mich auf dem Rücksitz. Er war so wütend, dass er anhielt, mich aussteigen ließ, davonfuhr und mich dort allein stehen ließ. Es dauerte eine Weile, bis meine Mutter kommen und mich holen konnte.

Mit acht kam ich in ein Internat. Inzwischen war meine Mutter alleinerziehend, und so war es wahrscheinlich das Beste für mich, aber die Schule machte mir keine Freude, und auch nicht das zerrissene Leben, das das Internat mir aufzwang. Schlafsäle sind lieblose Stätten. Da gibt es keine Stabilität, keine Beständigkeit. Und ich empfand mich immer als anders, so als wäre ich überzählig. Ich las lieber oder schrieb Gedichte, statt auf Partys zu gehen. Ich hatte das Gefühl, dass mich niemand wirklich kannte oder verstand, so als wäre ich in meine innere einsame Welt eingesperrt, während rings um mich herum die wirkliche Welt weiterging. Nur meine Großeltern vermittelten mir ein gewisses Gefühl von Beständigkeit, da ich die Ferien oft bei ihnen verbrachte. Mein Großvater liebte das Wort; er verfasste die Charles-Dickens-Enzyklopädie und war der Lektor von Winston Churchill beim Cassell Verlag. Er schien meine innere Qual zu verstehen, und wir schrieben gemeinsam Gedichte, aber er starb, als ich dreizehn war. Mit fünfzehn ging ich von der Schule ab, da diese Schulbildung für mich keinen Sinn zu haben schien. Ich suchte nach etwas, das sich nicht in einem Klassenzimmer finden ließ. In dieser Zeit nahm mich meine Mutter zu dem bereits erwähnten Meditationsretreat mit. Plötzlich hatte ich etwas gefunden, das Sinn ergab, das alles an seinen rechten Ort rückte und das mir schließlich ein Gefühl von Zugehörigkeit vermittelte.«

Extreme Armut, die häufig mangelnde Bildung, Wut, Gewalttätigkeit, Hoffnungslosigkeit und das Gefühl von Wertlosigkeit nach sich zieht, kann ebenfalls eine wesentliche Ursache von Störungen sein. Aber sie kann auch ein Ansporn sein, zu einem tieferen Sinn im Leben zu finden.

DEEPESH FAUCHEUX

»Meine Kindheit war sehr chaotisch und von Unsicherheit geprägt, weil meine Familie so arm war. Wir lebten im mexikanisch-amerikanischen Ghetto in Houston, wo es schon gefährlich war, einfach die Straße entlangzugehen. Ich suchte in der katholischen Kirche Zuflucht. Dort fand ich Spektakel und Ritual und bekam Einblick in eine so farbenprächtige und bedeutsame Geschichte, dass die Kirche mir wie ein Leuchtturm im Unwetter erschien. Dies war so völlig anders als alles, was ich kannte, und ich verbrachte dort meine ganze Zeit. Einer der zerstörerischsten Aspekte der Armut ist die Hoffnungslosigkeit; wenn du so weit unten bist, dann weißt du nicht, dass es ein Oben gibt. Die Kirche gab mir ein Oben, sie gab mir Hoffnung, Motivation, den Ausblick auf die Möglichkeit, dass es mehr gab als das bloße Überleben. Verglichen mit dem Chaos in meinem Zuhause und meinem Viertel war die Kirche ein Schutzraum, wo ich Zuflucht fand. Sie vermittelte mir eine völlig andere Sicht auf die Welt, sehr viel umfassender, sehr viel tiefgründiger. Niemand sonst von meiner Familie war dort, aber ich liebte es. Die ganze Atmosphäre der Kirche, besonders mein Dienst als Ministrant bei der Morgenmesse um halb sieben war sehr kontemplativ, da waren all diese alten Leute, die ihren Rosenkranz beteten. Ich lernte Latein, mit der Zeit kannte ich die Bibel in- und auswendig. Ich ging in eine katholische Schule, und nach meinem ersten Jahr an der Universität trat ich dem dazugehörigen Priesterorden bei.

Dieses erste Jahr war wunderbar. Es war nur der Kontemplation und dem Schweigen gewidmet. Im folgenden Jahr wurden wir an die Universität zurückgeschickt, und ich wohnte zwar in einem abseits gelegenen Haus, teilte aber den Unterricht mit all den anderen Studenten. Es waren die stürmischen Zeiten des Zweiten Vatikanischen Konzils unter Papst Johannes XXIII. mit seiner ganzen Kirchenreform, und der Aufenthalt im Priesterseminar gestaltete sich sehr schwierig. Die jüngeren und älteren Priester traten im Esssaal unter dem Tisch einander gegen die Schienbeine. Sie bekämpften sich buchstäblich in doktrinären Angelegenheiten, und die Alten konkurrierten um das Herz und den Geist all der Jungen im Seminar, zu denen auch ich gehörte. Wir hatten das Gefühl, mitten zwischen der alten konservativen Kirche und dem neuen Aufruhr festzusitzen. Die Bürgerrechtsbewegung lenkte uns ab, und schließlich liefen wir in Scharen davon.

Rückblickend wird mir klar, dass ich in jenen frühen Tagen vom meditativen Zustand in der Kirche angezogen wurde, der durch den Weihrauch, das Psalmodieren, das Ritual und die im Kloster praktizierten spirituellen Übungen des Heiligen Ignatius ausgelöst wurde. Dieser veränderte Bewusstseinszustand gab mir den nötigen Mut, um die Grenzen zu überschreiten, die mir von der Welt meiner Kindheit aufgezwungen worden waren.«

Wenn wir bei unseren Eltern Gewalttätigkeit und emotionales Chaos erleben, kann uns das ebenfalls wütend und zornig werden lassen, oder es kann uns dazu veranlassen, dass wir uns nach innen wenden, nach dem Warum fragen und nach Antworten suchen. Bei manchen war in dem Moment, in dem sie es brauchten, der richtige Mensch zur Stelle, um Antworten zu geben.

❋ JACK KORNFIELD ❋

»Ich habe in meiner Familie viel Schmerz erlebt. Mein Vater war gewalttätig und misshandelte uns, und wir hatten alle Angst vor seinen unvorhersehbaren Wutausbrüchen und Prügeleien. Zudem hatte ich wie die meisten jungen Menschen das tiefe Gefühl, dass es auf der Welt noch mehr gab als den Materialismus und die oberflächliche Ebene von Erfolg, die in unserer Kultur gepflegt werden. Als Collegestudent begegnete ich einem wunderbaren alten chinesischen Professor, der zuweilen im Schneidersitz auf dem Vorlesungspult saß und über Laotse und Buddha und Östliche Weisheit dozierte. Seine Belehrungen berührten mein Herz und ließen mich spüren, dass es zwar das Leiden gibt, dass dem Leiden aber auch ein Ende gesetzt werden kann. Was für eine Offenbarung!

Er lehrte uns, dass es einen Weg gibt, mit den Schwierigkeiten des Lebens zu arbeiten, dass wir sowohl unser Innenleben wie auch unsere Beziehungen in der Welt transformieren können. Das inspirierte mich dazu, nach Asien zu gehen und ein Kloster zu finden. Ich schloss mich dem Friedenscorps an und bat darum, mich in ein buddhistisches Land zu schicken, weil ich in ein Kloster gehen wollte, vielleicht in Nepal oder in Thailand. Ich hatte das Glück, im Nordosten Thailands nahe der Grenze zu Laos zu landen, in einer Gegend, in der es noch einige von den alten großen Waldklöstern gab, die tief im Urwald im Mekong-Flusstal lagen. Dort fand ich außergewöhnliche Meditationsmeister und Gemeinschaften von Praktizierenden.«

Die augenfällige Unehrlichkeit vieler Erwachsener kann bei manchen Menschen zu einer gewaltigen Desillusionierung und dahin führen, anderswo nach einem Sinn zu suchen. Wenn das richtige Rollenvorbild in Erscheinung tritt, werden sie alles tun, um ihm nachzueifern.

❋ JAMES GIMIAN ❋

»Als Teenager hatte ich das Gefühl, es gebe da diesen großen Fehler: Die Leute schienen den Film auf der Leinwand für die Wirklichkeit zu nehmen, wohingegen ich sah, dass alles von einer Qualität der Leerheit durchdrungen war. Ich versuchte alles – von der intellektuellen Nachforschung bis hin zu Drogen –, um herauszufinden, was sich hinter diesem Schleier der Erscheinungen verbarg, der mich sowohl faszinierte wie auch verwirrte. Ich verbrachte den Großteil meiner Zeit damit, die Autoritätsfiguren in meinem Leben vom Podest zu holen, weil sie diese Art von Erfahrung der Leerheit nicht aufwiesen, oder anders ausgedrückt, weil ihr Verhalten nicht ihren Worten entsprach. So wie sie sich präsentierten, das, was sie sagten, hielt ihrem Verhalten, wenn sie von der Bühne runter waren, nicht stand. Somit wurden alle ihre Worte bedeutungslos und konnten nichts Tiefgründiges und Substanzielles vermitteln. Doch sie schienen an sie zu glauben und erwarteten, dass auch die anderen in ihrem Umfeld dies taten.

Schließlich begegnete ich einem Meditationslehrer, bei dem ich keinen Unterschied erkennen konnte zwischen dem Menschen, den ich vor mir auf der Bühne sah, und dem Menschen, der er war, wenn er nicht auf der Bühne stand. Wenn die Meditation die Methode war, so zu werden, folgerte ich daraus, dann war sie das, was ich in meinem Leben zu tun hatte.«

Drogen und Sucht

Der Gebrauch halluzinogener Drogen zur Veränderung des Bewusstseinszustandes war im Lauf der Menschheitsgeschichte integraler Bestandteil von vielen verschiedenen Kulturen. Die Drogen können, wie Aldous Huxley schrieb, »die Pforten der Wahrnehmung« jenseits der Realität öffnen, mit der wir jeden Tag konfrontiert sind; sie können Aspekte unseres Geistes spiegeln, von denen wir vordem kein bewusstes Gewahrsein hatten, und das Verlangen entzünden, mehr wissen zu wollen. Aber andere Drogen, wie Barbiturate, Kokain oder Meth, können dazu führen, dass unser Wesen in einen finsteren inneren Ort gezogen und auf die schlüpfrige Straße der Sucht gezogen wird. Der Weg aus der Sucht heraus ist hart und schwierig, er kann aber auch ein mächtiger Lehrer sein, der uns zur Wahrheit bringt von *wer wir sind.*

DEBBIE FORD

»Ich kann meine Angst nicht loswerden; ich bin einer der größten Angsthasen auf diesem Planeten. Wie soll ich mich selbst lieben, wenn ich mich zu Tode ängstige? Ich heiße das Licht willkommen, das aber nicht da ist, um unsere menschliche Existenz zu verleugnen. Wie sollten wir uns sonst weiterentwickeln? Können Sie sich vorstellen, dass wir alle wie die Frauen in dem Film *Die Frauen von Stepford* mit diesem eingefrorenen Lächeln im Gesicht herumlaufen? Nein, wir sind hier, weil wir leiden; wir haben Schmerzen, weil es uns an etwas mangelt, weil wir etwas vermissen. Gott sei Dank, dass es uns an etwas mangelt, dass wir etwas vermissen! Es bringt uns dazu, uns zu öffnen. Es macht, dass wir uns erweitern und ausdehnen.

Ich bin durch eine Menge Schmerz und Leiden hierher gekommen. Ich dachte wirklich, das seien alles meine Geschichten und Dramen und Beschränkungen und Unsicherheiten und Sorgen und Ängste. Die Drogensucht brachte mich an den Tiefpunkt meines Lebens. Ich benutzte die Drogen, um ein Loch in meinem Innern zu stopfen, und ich habe an die vierzehn, fünfzehn Jahre heftigen Missbrauch betrieben. Ich fand eine Menge Methoden, alle möglichen verschiedenen Arten von Drogen – Kokain, Valium, Methaqualon. Ich war nicht zimperlich und nahm, was gerade da war, sogar Zucker und Coca Cola. Ich jagte auch dem Erfolg hinterher – mit neunzehn eröffnete ich meinen ersten Klamottenladen. Ich war auch süchtig nach Geld, nach Fantasievorstellungen und nach Männern.

Schließlich musste ich irgendeinen Sinn in meinem Leben finden. Ich begann mich zu fragen: ›Wer bin ich? Was mache ich hier?‹ Ich wusste, dass Drogen nicht funktionieren, weil mein Leben so außer Kontrolle geraten war. Ich war in vier Entzugskliniken. Am Ende war es die Meditation, die mich erkennen ließ, dass ich nicht meine Geschichte bin. Ich bin nicht mein Schmerz, nicht mein Leiden, nicht meine dünnen Beine, nicht meine Fehler. Ich sah, dass ich größer bin als all das, dass ich mit dieser kollektiven Seele, mit diesem kollektiven Herzen verbunden bin. Ich bedanke mich für jeden Tag meiner Drogensucht. Ich bedanke mich bei all meinen Süchten. Das Loch, die Leere, die ich im Innern fühlte, sie machten mich zu dem, was ich heute bin.«

Wenn wir mit persönlichen Schwierigkeiten oder mit Verlust konfrontiert sind, suchen wir oft nach einer Fluchtmöglichkeit oder nach einem Weg, dem Schmerz auszuweichen. Drogen können dieses Bedürfnis erfüllen. Aber so wie sie den Schmerz nehmen, können sie auch den Kontakt mit unserer eigenen Realität kappen und uns eine abwärts führende Spirale hinabschicken.

KRISHNA DAS

»Als mein Lehrer Neem Keroli Baba 1973 starb, habe ich es verloren. Er war meine Quelle des Glücks, und jetzt war er nicht mehr da. Elf Jahre lang war ich verloren. Ich wurde kokainsüchtig; ich war vollständig den Drogen verfallen; ich war wie ein ausgebranntes Gemäuer. Sehr lange Zeit war ich sehr selbstzerstörerisch und verletzend. 1984 begann ich wieder Verbindung mit mir selbst aufzunehmen und zu erkennen, dass es okay war, am Leben zu sein. Ich begann mit einer Therapie und mit anderen Dingen und versuchte, meine Bürde ein bisschen leichter zu machen, aber es dauerte noch zehn Jahre, bis ich durch das Chanten wirklich Heilung zu finden begann.

Das Chanten ist eine Meditationsform, da man sich hier einer Konzentrationsübung widmet. Wenn du beim Chanten über etwas nachzudenken beginnst, hast du nur eine Wahl, nämlich die, die Gedanken loszulassen und zum Klang zurückzukehren. Genau aus diesem Grund fing ich damit an. 1994 stand ich in meinem Zimmer in New York, und plötzlich wusste ich: Wenn ich nicht anfing mit Leuten gemeinsam zu chanten, wenn ich nicht meinen Hintern hochkriegen und in die Öffentlichkeit gehen würde, würde ich nie an die dunklen Nischen meines Herzens herankommen und sie nie bereinigen können. Ich wusste, dass das Chanten das einzige Werkzeug war, das mir zur Verfügung stand. Als Folge davon lässt es sich nun im Vorderzimmer leichter leben.«

Eine Kombination aus zerrütteten Familienverhältnissen und Drogenmissbrauch kann uns zu ständiger Rebellion, Wut und Verweigerung führen. Und sie kann uns an einen Ort bringen, wo wir uns nicht in alte zerstörerische Gewohnheiten flüchten können – ins Gefängnis.

NOAH LEVINE

»Es war vielleicht das zwölften Mal, und ich dachte, ich würde nun wahrscheinlich für wirklich sehr lange Zeit ins Gefängnis kommen wegen Raubüberfall, Drogen, was immer Sie wollen – ich hab's getan. Mich quälten die Gedanken daran, wie viel schlimmer das Leben nun werden würde, und die Gedanken an all das Leiden in der Vergangenheit – die Scham, die Schuldgefühle und das Bedauern, die Reue, die Wut, die Rachegefühle und der Groll – all das tobte sich in meinem Kopf aus. Ich war siebzehn Jahre alt, und es kam anders. Sie sagten: ›Wir werden dich nur behalten, bis du achtzehn bist, und dann lassen wir dich gehen. Aber wenn du noch einmal erwischt wirst, schicken wir dich ins Gefängnis für Erwachsene.‹ Ich war etwa vier Monate lang im Jugendgefängnis, dann steckten sie mich in eine Art betreutes Wohnen für Jugendliche, um mich von der Straße fernzuhalten.

Ich gestand mir selbst ein, wie sehr ich mich und alle anderen hasste, und musste mir auch den Schmerz dieses Hasses eingestehen. Ich hatte genug vom Leiden und wusste, dass die Flucht, die Betäubung, die Gier und der Hass mich hatten Schiffbruch erleiden lassen. Nichts davon hatte funktioniert, um auch nur zu irgendeinem Gefühl von Glück zu finden. Tatsache war, es hatte der ohnehin schwierigen Erfahrung menschlicher Existenz noch mehr Leiden hinzugefügt. Ich hatte, was mein Ego anging, einen eingebauten Rationalisierungs-, Verdrängungs- und absoluten Identifikationsmechanismus. Aber bei meinem letzten Gefängnisaufenthalt passierte etwas, ich hatte einen Durchbruch und erlebte das, was Alkoholiker einen ›Moment der Klarheit‹ nennen: Zum ersten Mal in meinem Leben übernahm ich Verantwortung für meine Handlungen.

Solange ich allen anderen die Schuld gab und mich in dieser Rebellionsmanier als Opfer fühlte, solange ich in dieser Verdrängungs- und Schuldzuweisungsphase steckte, gab es keine Hoffnung für mich. Ich konnte mich nicht ändern, weil ich festsaß. Aber als ich mich 1988 für mein drittes Schwerverbrechen mit einer Gefängnisstrafe von sieben Jahren konfrontiert sah, schrie etwas in mir auf: ›Das ist nicht die Schuld aller anderen! Du bist der, der Drogen nimmt! Du begehst all diese Verbrechen! Du bist der, der immer und immer wieder dasselbe macht und erwartet, dass es anders wird!‹

Mit dieser Erkenntnis kam mir noch etwas anderes in den Sinn, nicht mehr als eine Ahnung: ›Ich hab mich da reingebracht, dann kann ich vielleicht auch etwas tun, um mich aus dieser geistigen Verfassung wieder rauszubringen.‹ Mein Vater rief an und sagte: ›Du sitzt ja schon wieder. Warum versuchst du es nicht mit Meditieren?‹ Ich wusste keine Antwort darauf, keinen Grund, es nicht zu probieren. Als ich Meditationsanleitungen erhielt, gab mir das ein bisschen Hoffnung. Das unmittelbare Ergebnis war Erleichterung, was die Zukunft und Vergangenheit anging. Immer ein Atemzug auf einmal. Ein halber Atemzug auf einmal. Selbst dieser halbe Atemzug war eine willkommene Entlastung.

Ich glaube, ich habe in diesen ersten paar Jahren die Meditation so eingesetzt wie viele Leute das Gebet, so eine Art Stoßgebet, das erst dann zum Einsatz kommt, wenn die Dinge wirklich schlecht stehen. So etwas wie: ›Oh Gott, bitte hol mich hier raus. Rette mich dieses Mal, ich werde ein guter Mensch werden, ich verspreche es.‹ Wenn ich unter Stress geriet, wenn ich Angst hatte, wenn ich in der Nacht nicht schlafen konnte, wenn mein Geist zu laut und ausfallend wurde, *dann* richtete ich meine Aufmerksamkeit wieder auf den Atem. Ich war nicht sehr diszipliniert, was die tägliche Praxis anging. Das änderte sich erst dann, als mir klar wurde, dass meine Probleme sehr viel tiefer reichten als meine Vergangenheit als Drogensüchtiger. Ich war wieder frei, und binnen einiger Jahre hatte ich alles, was ich dachte, dass es mich glücklich machen würde. Ich hatte ein Motorrad, ein tiefergelegtes Auto, eine wunderschöne Freundin und eine große Wohnung, und ich dachte: Jetzt werde ich glücklich sein! Aber mir war noch immer elend zumute, und mein Ego beherrschte noch immer die Show. Und ich wusste noch immer nicht, wie man nicht stiehlt, ich wusste nicht, wie man die Wahrheit sagt, und ich wusste überhaupt nichts über Großzügigkeit oder Demut und Bescheidenheit. Ich besaß noch immer diese gestörte Überlebensmentalität.

Der Wendepunkt kam, als ich in Schwierigkeiten geriet, weil ich überall in der Stadt Graffiti gesprüht hatte – ein 20.000-Dollar-Schaden. Dafür kam ich beinahe ins Gefängnis. Das führte mich an einen Punkt, an dem ich mir endlich sagte: ›Das Einzige in meinem Leben, das je für mich funktioniert hat, ist die Meditation. Sie ist der einzige Ort, an dem ich je wirklich Erleichterung und Trost gefunden habe.‹ Die Meditation zeigte mir, wie verwirrt ich war. Sie erinnerte mich daran, einfach nur im gegenwärtigen Augenblick zu verweilen. Und sie brachte langsam eine Transformation mit sich, während ich lernte, wie man die Wahrheit sagt, großzügig ist, freundlich ist, wie man vergibt. Ich glaube, dass alle ernsthafte spirituelle Praxis ein revolutionärer Akt ist. Der Begriff ›revolutionär‹ bedeutet umwälzen, umdrehen. Mich hat sie ganz gewiss umgedreht.«

Stress und Krankheit

Wir neigen dazu, unseren physischen Körper für ziemlich selbstverständlich zu halten und unsere physische Gesundheit für noch selbstverständlicher. Als Folge davon kann es alarmierend, ja beängstigend für uns sein, wenn da etwas schiefläuft. Wir fragen uns: »Warum passiert mir das?«, so als seien wir im Innern eines Fremden umhergewandert, um nun plötzlich zu entdecken, dass unser Körper seine eigene Meinung hat. Wird an unsere Sterblichkeit gerührt, ist das jedoch oft eine Zeit, die uns am meisten transformiert, ist dies der Augenblick, der uns zu einer bedeutungsvolleren Wirklichkeit erweckt.

MARC IAN BARASCH

»Ich war der Chefredakteur des *New Age Journal* und befand mich somit auf dem Gipfel der Welt. Ich war nicht nur einfach ein erfolgreicher Zeitschriftenredakteur, ich war ein *New Age*-Chefredakteur! Ich verfügte über eine Menge Ehrgeiz und viel Arroganz und hatte das Gefühl, dass mir mit diesem Job die Welt zu Füßen lag, dass ich an einem ganz besonderen Ort angekommen sei. Wenn du eine Machtposition innehast, neigst du dazu, dir die Leute nach ihrem Nutzen anzuschauen; im Falle eines Chefredakteurs brauchst du jemanden, der dir pünktlich eine gute Geschichte liefert, und wenn jemand das macht, magst du ihn oder sie, und wenn jemand das nicht macht, dann magst du ihn oder sie nicht. Und dann bekam ich Krebs. Plötzlich befand ich mich in einer ganz anderen Position und musste hinnehmen, dass ich Menschen wirklich brauchte. Wenn so etwas passiert, dann wirst du damit konfrontiert, wie viel Liebe du anderen gegeben hast, denn das ist es, was du dann zurückbekommst. Ich stellte fest, dass eine Menge Beziehungen, von denen ich gedacht hatte, sie würden auf Freundlichkeit und Mitgefühl basieren, in Wirklichkeit auf Luft gründeten, denn die Leute liefen in die andere Richtung. Wenn Leute vortraten, war das wie ein Edelstein im Schmutz, ein Rubin im Staub.

Ich musste lernen, mich in einem Zustand zu lieben, auf den ich nicht stolz war: arbeitslos, krank, nicht imstande schnell wieder zu genesen und wieder auf den Zug aufzuspringen. Es war sehr demütigend, erkennen zu müssen, dass ich ganz unten angekommen war und nichts hatte, worauf ich mich stützen konnte, keine Ressourcen, nichts. Wie kannst du dir, wenn du aus einer Position des Stolzes fällst, Gleichmut und Großzügigkeit bewahren? Ich lernte der Bedingtheit von menschlicher Existenz und menschlichem Leiden sehr viel mehr Wertschätzung entgegenzubringen. Um meiner eigenen körperlichen und geistigen Gesundheit willen musste ich nicht nur eine gesündere Geschichte kreieren, sondern die Geschichte dann auch ganz aufgeben und einfach nur zusehen, was das Leben bringen würde. Ich wusste nicht, ob ich aus dem Zustand, in dem ich mich befand, je wieder auftauchen würde, und musste daher einfach da sein, wo ich war, und das wurde meine Meditation und Heilung. Einfach bei dem zu sein, was war.«

Ärzte sind dem Gedanken der Meditation gegenüber aufgeschlossen, da sie ständig die Ergebnisse von Stress und Krankheit bei ihren Patienten und bei sich selbst vor Augen haben. Ergebnisse, für die es keine medizinischen Heilverfahren gibt, wie sie wissen.

JOAN BORYSENKO

»Ich kam während des Medizinstudiums zur Meditation und war damals vermutlich so um die zweiundzwanzig. Meinen ersten Meditationskurs machte ich aus physiologischen Gründen, weil ich wie eine Tragödin meine Gefühle immer sehr heftig empfinde. Ich hatte Bluthochdruck und irgendeine Störung des Immunsystems, Bronchitis und Migräneanfälle und ein entzündliches Magendarmsyndrom – ich war also die meiste Zeit krank. Die typischen selbstbezogenen Geschichten, die ich mir damals erzählte, unterschieden sich nicht von denen, die ich mir heute erzähle, und zwar Dinge wie: Du bist eine Schwindlerin, du machst den Mund auf, und nichts kommt raus, alle anderen sind hier in Harvard, weil sie es verdienen, aber du bist aufgrund eines bizarren Irrtums hier, du gehörst nicht hierher, das werden sie bald herausfinden; wenn du nicht perfekt bist, wenn du nicht alles perfekt machst, wird dich niemand lieben. Es ist hart, Perfektionistin zu sein, weil nie irgendetwas gut genug ist; ich war entweder wütend auf mich selbst oder auf andere und warf ihnen vor, mich nicht genug zu lieben.

Eines Tages sah mich mein Laborpartner an und sagte: ›Weißt du, du bist wegen der Kraft deines Geistes so krank. Du glaubst tatsächlich das, was dir durch den Sinn geht, und du fabrizierst ständig wirklich Angst einflößende Geschichten, auf die dein Körper reagiert.‹ Ich war entgeistert. Dann sagte er: ›Vor ein paar Jahren, als ich zu meditieren und Yoga zu praktizieren begann, stellte ich fest, dass ich mir meine Geschichten nicht mehr so abkaufe wie früher. Ich wette mit dir, dass deine Krankheiten zurückgehen werden, wenn du das Gleiche machst.‹ Ich versuchte es, und er hatte Recht. Ich habe mein Verhältnis zu den Geschichten völlig verändert. Seither habe ich mit dem Meditieren nicht mehr aufgehört, und jetzt glaube ich an mich selbst!«

Während Ärzte der Meditation aufgeschlossen gegenüberstehen mögen, neigen Naturwissenschaftler dazu, bei allem skeptisch zu sein, was sich auf der materiellen Ebene nicht beweisen lässt. Aber auch Wissenschaftler werden krank, und Krankheiten können zu drastischen Meinungsänderungen führen.

SUSAN SMALLEY

»Ich war Humangenetikerin und befasste mich mit Evolutionsbiologie und menschlichem Verhalten. Ich war eine Frau, die als Wissenschaftlerin sehr egozentrische, sogar zynische, engstirnige Auffassungen vertrat, die wirklich glaubte, dass man nur mit Hilfe der Wissenschaft zu neuen Kenntnissen gelangen kann. Und ich wurde zu einer Frau, der klar ist, dass die Wissenschaft zwar einen wichtigen und machtvollen Weg zu neuen Kenntnissen bietet, dass diese aber mit der Entdeckung von Wissensinhalten oder Wahrheiten auf der subjektiven Ebene ausbalanciert werden müssen. Ich sehe jetzt beide Wege als die beiden Seiten einer Medaille an.

Vor sieben Jahren hätte ich noch, wenn Leute über Meditation oder Yoga sprachen, die Augen verdreht; ich dachte nicht, dass dies auch nur irgendwie von Wert wäre. Aber dann hatte ich ein persönliches Scharmützel mit dem Tod. Ein Melanom zwang mich dazu, dem Tod ins Augen zu sehen, was sehr beängstigend war. Die Sache war dann nicht ganz so schlimm, es reichte aber aus, um mich alles, woran ich immer geglaubt hatte, infrage stellen zu lassen; nämlich dass die Biologie alles heilen wird und die Wissenschaft das Instrument ist, um alles zu verstehen. Ich glaubte immer noch nicht, dass es einen anderen Wissensweg gäbe, aber ich erkannte, dass ich vielleicht doch nicht so viel wusste, wie ich zu wissen meinte.

Ich nahm Urlaub von der Universität und tauchte buchstäblich darin ein, alles auszuprobieren, was mir möglich war. Ich begann meine Gewohnheiten zu studieren. Was tat ich so den ganzen Tag? Ich begann mit Kleinigkeiten, wie keine Uhr mehr zu tragen, anders zu heizen, machte eine Menge Dinge, um mir meiner Lebensmuster bewusst zu werden. Und ich nahm eine Yogastunde, die erste meines Lebens. Ich begann zu meditieren, und das wurde zum zentralen Punkt von allem. Ich verbrachte sechs Stunden am Tag mit Meditieren und Yoga, während meine Kinder in der Schule waren. Das war ein großer Einbruch in das konzeptuelle Gerüst meiner Welt und führte zu einer sehr tiefgründigen Erfahrung, die etwa einen Monat anhielt. Es war eine Erfahrung vom Einssein des Universums, wie ich es jetzt nenne, oder der vollkommenen wechselseitigen Verbundenheit, bei der ich allen Neid, alle Gier, alle Angst verlor – sie verschwanden einfach. Ich hatte nur dieses tiefe Gefühl von Verbundenheit, Liebe und Güte.

Ich sah wirklich die Natur wechselseitiger Abhängigkeit, das Einssein des Universums, und das veränderte meine Weltsicht. Ich begriff nicht mehr, wie irgendjemand einem anderen Hass oder Wut entgegenbringen konnte, weil wir alle Teil desselben sind. Das ist so, als würdest du dir die linke Hand abschneiden und so tun, als wäre sie kein Teil von dir. Ich gelobte mir, mein Leben aus der Perspektive der Erinnerung daran, dass wir diese sehr tiefe Verbundenheit haben, zu leben.«

Wir nehmen unseren physischen Körper als etwas Selbstverständliches hin, bis plötzlich ein Teil davon nicht mehr da ist. Das kann uns entweder in Verzweiflung stürzen oder aber zu unserer Wirklichkeit erwecken, wie Robert Thurman es erlebte, als er ein Auge verlor.

ROBERT THURMAN

»Der Verlust meines Auges ließ mich erkennen, dass ich in zwei Hälften gespalten war. Ich war ein Harvard-Playboy mit einer reichen Frau und einer wunderschönen Tochter; ich liebte das Theater und das Trinken, das Auf-dem-Tisch-Tanzen und das Reisen nach Mexiko; gleichzeitig las ich mit ernsthaftem Interesse Bücher über das Erwachen und die Erleuchtung. Das ging jahrelang so. Ich war auf elitäre Art ein seltsamer Protestant, obschon ich nicht religiös war. Ich fuhr Motorradrennen und kleine Sportwagen und war gerade beim Reifenwechseln, als mir dabei ein Eisenteil ins Auge geschleudert wurde. Drei Tage lang war ich nicht bei Bewusstsein, und als ich aufwachte, hatten sie mir ein Auge entfernt. Es war ein ziemlicher Schlamassel, der mir aber zum großen Vorteil gereichte. Der Verlust des Auges ließ mich erkennen, dass alles vergänglich ist. Wie mein Lehrer später sagte, verlor ich ein Auge, gewann aber tausend dazu. Ich gewann tausend Augen mit der Sicht auf den tiefgehenden Wert der Vergänglichkeit, auf das, was wir in Tibet die Unmittelbarkeit des Todes nennen, was meint, dass der Tod jetzt hier bei uns gegenwärtig ist. Und diese Einsicht formte alle meine nachfolgenden Erfahrungen.«

Ganz ähnlich erlebte auch Ken Green den Verlust eines Teils seines Körpers – seines Nervensystems. Über ein Jahr war er gelähmt. Dies wirkte sich tiefgreifend auf sein Verständnis von der Meditation aus und führte zu einer tiefen spirituellen Erfahrung.

KEN GREEN

»Mein Leben verlief mit den üblichen Aufs und Abs. Und dann kletterte ich eines Tages auf die Leiter, um ein paar Dachziegel zu reparieren, und stürzte über viereinhalb Meter in die Tiefe. Ich überlebte, war aber schwer verletzt: neun gebrochene Rippen, Lungenkollaps, ein zerrissener Zwerchfellnerv, ein verletztes Zwerchfell und eine ganze Palette von Schnitt- und Risswunden und geschädigten Muskeln. Ein paar Monate später schien ich auf dem Weg der Heilung zu sein, aber mein Körper war so traumatisiert, dass ich das Guillian-Barré-Syndrom (GBS) bekam, eine seltene neurologische Autoimmunkrankheit, die nach einem erlittenen physischen Trauma eintreten kann. So etwas passiert gewöhnlich Alpha-Typen, war also auf einen Kontrollfreak wie mich genau zugeschnitten. Die Antikörper geraten außer Kontrolle und greifen an, die motorischen Axone werden ihrer isolierenden Myelinschicht entkleidet. Mein ganzes peripheres motorisches Nervensystem schaltete ab, während das sensorische Nervensystem und all seine Inputsignale vollkommen intakt blieben. Die Außenwelt rauschte herein, aber ich hatte nicht die Fähigkeit, körperlich darauf zu reagieren. Ich war eingeschlossen und unfähig, irgendetwas zu bewegen, mit Ausnahme meiner Augenlider und meines Penis.

Binnen vierundzwanzig Stunden verwandelte ich mich von einem rennenden, springenden, überaus aktiven Mann in einen an allen Gliedern gelähmten Menschen, von einer voll funktionierenden zu einer absolut nicht mehr funktionierenden Person. Es war sehr beängstigend. War ich vordem unabhängig gewesen, wurde ich nun in ein geschlossenes System geschleudert, in eine Welt ohne Ausgang, in der ich vollkommen abhängig war. Ich konnte nicht atmen, nicht sprechen, nicht gestikulieren, nicht weinen oder schreien. Wenn die Schwester mich umdrehte und mein Daumen dabei eingeklemmt wurde, spürte ich den Schmerz, konnte ihm aber keinen Ausdruck geben. Ein Jahr lang war ich vollständig gelähmt, darauf folgte eine sehr langwierige, mühselige Wiederaufbauphase.

Diese Zeit meines Lebens war auch eine Zeit echten spirituellen Erwachens. Der Schock, keinerlei Kontrolle mehr zu haben, wurde zur einmaligen, unerwarteten und unkonventionellen Gelegenheit, im gegenwärtigen Moment präsent zu sein. Ich hatte kaum eine andere Wahl, als mich zu ergeben. Wenn ich mich auf meinen Körper als Gefängnis konzentrierte, wurde er zum Grab; wenn ich mir gestattete, in Selbstmitleid zu versinken, wurde er zu einem Bereich des Bedauerns – und stets von einer übermächtigen Woge niederdrückenden Raums begleitet. Aber wenn ich losließ und meinen Geist sich ausdehnen ließ, wurde eben diese Einkerkerung sofort zu meiner Befreiung. Meine Praxis bestand darin, mich immer wieder dafür zu entscheiden, nicht in meinem Körper festzusitzen, nicht in diesem begrenzten Raum des Schmerzes zu verweilen, sondern hinauszutreten und mich jenseits von ihm auszudehnen. Da ich nicht atmen konnte, folgte ich meinen Gedanken hinaus in die Weite das Raumes. Der Gedanke wurde zum Atem.

Ich war sehr vereinsamt in meinem Körper, obwohl sich wundervolle Leute meiner annahmen. Aber indem man die Meditation Augenblick um Augenblick, Tag um Tag lebt, wird aus der Vereinsamung eine Einsamkeit, die sehr schön und zärtlich ist. Das Gefühl der Vereinsamung entsteht, wenn man sich selbst leid tut und sich isoliert fühlt. Einsamkeit aber ist das Feiern des Reichtums der Welt, ohne irgendein Feedback zu erwarten. Als ich gelähmt im Krankenhaus lag, konnte ich nur aus dem Fenster blicken. Ich konnte einen kleinen Streifen blauen Himmel sehen, aber dieser Streifen war meine Reise zum Mond und zu den Sternen, und wenn ich einen Vogel vorüberfliegen sah, wurde ich der Vogel und konnte fliegen.«

Überwältigende Erfahrung

Abgesehen von den qualvollen Erfahrungen einer traumatischen Kindheit, von Drogensucht oder Krankheit können wir auch durch unerwartete und nicht aktiv gesuchte Erfahrungen des Erwachens die Fähigkeit erlangen, uns mit unserem inneren Selbst zu verbinden; Augenblicke, die uns aus unserem normalen, rational gesinnten Ich herausholen und Einblicke in eine andere Dimension der Wirklichkeit gewähren.

Nicht viele von uns verfügen, so wie der Astronaut Edgar Mitchell, über die Erfahrung, die Erde von oben gesehen zu haben. Der Eintritt in die ungeheure Weite des Alls war es, die ihn zu einer tiefen Transformationserfahrung führte:

❈ EDGAR MITCHELL ❈

»Wir kamen nach Hause, nachdem wir auf dem Mond gewesen waren. Wir flogen in der Ekliptikalebene und schwebten praktisch seitwärts und zugleich rotierend durch den Weltraum. Dadurch sollte das Raumfahrzeug in einer allgemeinen Balance gehalten werden. Während wir rotierten, hatten wir im Zwei-Minuten-Takt vom Fenster aus einen 360-Grad-Panaromausblick auf das All. Meine Aufgabe war die Landung der Landefähre auf dem Mond gewesen, und deshalb konnte ich mich nun zurücklehnen und den Anblick genießen. Er war ziemlich beeindruckend, vor allem weil die Sterne und Galaxien und all die Himmelskörper im Weltraum zehnmal heller strahlen als vom höchsten Berg der Erde aus gesehen.

Ich tauchte in die unermessliche Weite des Weltraums ein. Plötzlich merkte ich, dass die Moleküle in meinem Körper und die Moleküle des Raumfahrzeugs und die Moleküle der Körper meiner Partner prototypischer Natur und vielleicht in irgendeiner uralten Generation von Sternen fabriziert worden waren. Dies war kein bloßer intellektueller Gedanke, sondern eine zutiefst eindrückliche Erfahrung. Ich erkannte die Verbundenheit aller Dinge, von der all die Mystiker alter Zeiten sprechen, und diese Erfahrung wurde von einem Gefühl der Ekstase begleitet. Es war ein überwältigendes Erleben, wie ich es noch nie zuvor gehabt hatte. Es war absolut beseligend.

Als ich wieder auf die Erde zurückgekehrt war, begann ich mit Mystikern und heiligen Männern des Ostens und mit spirituell gesinnten Leuten aus aller Welt zu sprechen. Ich studierte praktisch alle Disziplinen, Techniken und Übungspraktiken der Meditation, die es gibt. Ich wollte wissen, was sich bei dieser transzendenten Erfahrung abgespielt hatte. Die einzige Antwort, zu der ich gelangte, war die, dass ich mich mit dem Urgrund meines Seinswesens in Resonanz, in einer tiefen Quantenresonanz befunden hatte. Ein Theologe würde sagen, der Urgrund unseres Seinswesens ist Gott. Ich würde sagen, er ist ein Feld grenzenloser Energie und unendlichen Potenzials und dass wir uns, wenn wir solche Erfahrungen machen, in Quantenresonanz mit dieser tiefen Wirklichkeit befinden. Und wenn wir dahin gelangen, mit dieser tiefen Wirklichkeit in Resonanz zu sein, dann haben wir dieses Gefühl von tiefem Frieden und das Empfinden, dass alles wirklich okay ist.«

Eine Transformationserfahrung kann auch aus uns selbst heraus entstehen, von nichts weiter abhängig als unseren Träumen und auftauchenden Einsichten.

BYRON KATIE

»Eines Morgens im Februar 1986 verliebte ich mich in mich selbst. Ich hatte mich nach Jahren der suizidalen Depression selbst in ein Rehabilitationszentrum eingeliefert. Etwa eine Woche später, ich lag auf dem Fußboden meines Zimmers (ich fühlte mich zu unwürdig, um in einem Bett zu schlafen), krabbelte eine Küchenschabe über meinen Fuß, und ich öffnete die Augen. Zum ersten Mal in meinem Leben sah ich ohne Konzepte, ohne Gedanken oder eine innere Begleitgeschichte. All mein Wüten, alle Gedanken, die mich beunruhigt hatten, meine ganze Welt, *die* ganze Welt, waren verschwunden. Da war kein ›Ich‹ mehr. Es war, als sei etwas anderes erwacht. *Es* öffnete seine Augen. *Es* blickte durch Katies Augen. Und es war frisch, es war intelligent, es war neu, es war noch nie hier gewesen. Nichts war wiedererkennbar. Und es war so entzückt! Gelächter wallte aus seiner Tiefe auf und strömte einfach hervor. Es atmete und war in Ekstase. Es war von Freude berauscht und absolut gierig nach allem. Nichts war von ihm getrennt, nichts war für es unannehmbar. Alles war sein ureigentliches Selbst. Zum ersten Mal erlebte ich – es – die Liebe seines eigenen Lebens. Ich – es – war *erstaunt!*

Dies waren die ersten Augenblicke, nachdem ich als es – oder es als ich – geboren worden war. Von Katie war nichts mehr übrig. Es gab buchstäblich noch nicht einmal mehr ein Fitzelchen Erinnerung an sie – keine Vergangenheit, keine Zukunft und auch keine Gegenwart. Und in dieser Offenheit war eine solche Freude. Nichts war süßer als dies, so mein Gefühl; es gibt nichts als das. Wenn du dich mehr als alles, was du dir vorstellen kannst, liebtest, dann würdest du dir das geben: ein Gesicht, eine Hand, Atem. Aber das ist nicht genug: eine Wand, eine Zimmerdecke, ein Fenster, ein Bett, Glühbirnen. Oh! Und auch das! Und das auch! Ich hatte das Gefühl, wenn meiner Freude mit Worten Ausdruck gegeben würde, würde es das Dach des Rehabilitationszentrums wegsprengen – weg vom ganzen Planeten. Ich habe immer noch dieses Gefühl.

Ich lebe in ständiger Meditation, und sollte sich ein Gedanke je als weniger denn als Gutheit zeigen, dann wüsste ich, dass er auf andere Leute als Konfusion überfließen würde, und diese anderen Leute sind ich. Meine Aufgabe ist es, mich selbst dahingehend zu erleuchten und die verblühte Rose, den Verkehrslärm, die Abfälle auf dem Boden und den Verschmutzer, der mir meine Welt gibt, zu lieben. Ich hebe den Abfall auf, mache den Abwasch, fege den Boden, putze dem Baby die Nase und stelle alles infrage, was mich das Gewahrsein von meiner wahren Natur kosten würde. Es gibt nichts Gütigeres als das, nichts.

Nach zehn Jahren der Depression und Verzweiflung begann mein wahres Leben, da war ich dreiundvierzig. Ich erkannte, dass mein Leiden nicht das Ergebnis von mangelnder Beherrschung war; es war ein Ergebnis der Auseinandersetzung mit der Realität. Ich entdeckte, dass ich litt, wenn ich meinen Gedanken glaubte, und dass ich nicht litt, wenn ich ihnen nicht glaubte, und dass dies für jedes menschliche Wesen gilt. So einfach ist Freiheit. Leiden ist eine Wahlmöglichkeit. Ich fand eine Freude in mir, die seither nie verschwunden ist, nicht einen einzigen Augenblick lang. Diese Freude existiert in jedermann, immer. Wenn du deinen Geist um der Liebe zur Wahrheit willen befragst, wird dein Leben immer erfüllter von Glück und Güte.«

Die Menschen, die in diesem Kapitel zu Wort kommen, und auch alle anderen Menschen in diesem Buch haben ihre geistige Gesundheit und Freiheit dadurch gefunden, dass sie einfach in der Stille verweilten. Dies macht die Meditation zum besten und billigsten Heilmittel, das es für viele von unseren am meisten verbreiteten Krankheiten gibt!

Der einzige Ausweg findet sich im Innern

Willst du schnelle Abhilfe, versuch langsamer zu werden.

LILY TOMLIN

Stellen Sie sich vor, Sie sind ein Höhlenmensch und mit Ihren Stammesmitgliedern auf der Jagd nach Nahrung. Sie haben einen riesigen Bären entdeckt, und bei der Aussicht auf die nun kommende Hatz beginnt das Adrenalin durch Ihren Körper zu schießen. Sie umzingeln das Tier, kommen ihm näher, und Ihr Herzschlag beschleunigt sich, Ihr Atem geht schneller, Ihre Magenmuskeln verkrampfen und Ihre Konzentration vertieft sich. Der Adrenalinpegel in Ihrem Körpersystem steigt rapide an, während der Angriff nun kurz bevorsteht. Die nächsten Augenblicke entscheiden darüber, ob Sie kämpfen, um das Tier zu erlegen, oder um Ihr Leben rennen müssen.

Stellen Sie sich jetzt einen Tag vor, an dem alles zu viel zu sein scheint, um es noch bewältigen zu können. Vielleicht hat Ihr Kind Zahnschmerzen und Sie die ganze Nacht lang wach gehalten, Sie haben gleich am Morgen eine wichtige Besprechung, stecken aber im Verkehrsstau fest, die Konferenz dauert länger als geplant, und Sie müssen das Mittagessen ausfallen lassen, um noch einen Bericht zu schreiben. Ein ärgerlicher Kunde kommt und fordert besseren Service, während Ihre Mutter am Telefon ist und Hilfe bei ihrem Auto benötigt. Bei all dem haben Sie vielleicht nicht bemerkt, dass Ihr Herzschlag sich beschleunigt hat,

Ihr Atem schneller wurde, Ihre Magenmuskeln sich verkrampften und Ihr Sorgen- und Angstpegel gestiegen ist. Adrenalin schießt durch Ihren Körper, aber in diesem Fall gibt es keinen Bären zu bekämpfen und nichts, wohin man rennen müsste.

Wenn auch beide Szenarien letztlich gut ausgehen, so wird der Körper, wenn wir auf die Umstände zunehmend gestresst reagieren bis hin zum Verlust des inneren Gleichgewichts, dies als lebensbedrohlich interpretieren und irgendwann Alarm schlagen. Ist die Belastung durch die Anspannung und körperliche Erschöpfung so überwältigend, dass wir überfordert sind und außer Kontrolle geraten, gleicht das einem voll unter Druck stehenden Dampfkochtopf. Wie Simon, ein Teilnehmer an einem unserer Workshops, es ausdrückte: »Ich werde nicht gestresst, ich wache schon gestresst auf.« Und obwohl wir die Einzigen sind, die die Hitze herunterdrehen können, haben wir leider oft das Gefühl, nicht die Macht dazu zu haben.

PETER RUSSELL

»Wenn ich in Konzernen arbeite, frage ich immer, wie viele Teilnehmer durch den Verkehr in Stress geraten. Die meisten sagen, dass sie durch Verkehrsstaus ganz entschieden gestresst werden. Aber im Stau zu sitzen ist der am wenigsten stressige Teil beim Autofahren! Wir brauchen nichts zu tun, niemand verlangt etwas von uns, es ist ein Moment, in dem wir uns vollkommen entspannen können. Warum machen wir ihn also zum stressigsten Teil? Weil wir das Gefühl haben, nicht mehr die Kontrolle zu haben? Wir werden zu spät zur Besprechung kommen, und wenn wir uns verspäten, wird man uns kritisieren, oder wir werden eine gute Gelegenheit verpassen, oder wir werden erst spät nach Hause kommen. Die Stimme, die möchte, dass wir die Dinge kontrollieren, ist es, die uns stresst, nicht der Stau. Eigentlich können wir, statt uns stressen zu lassen, die Zeit nutzen, uns entspannen und darüber freuen, dass wir im Stau stecken!«

Zu den physischen Symptomen von Stressreaktionen gehören Störungen des Verdauungssystems wie Appetitlosigkeit oder Heißhunger, Entzündlichkeit des Magen-Darm-Trakts, Durchfall, Magengeschwüre und Magenverstimmung; ebenso Kopfschmerzen, hoher Blutdruck, Herzklopfen, Hyperventilation, Schlaflosigkeit, Rückenschmerzen, Nesselsucht oder Ekzeme, übermäßiges Schwitzen und nervöse Reaktionen wie Zähneknirschen. Gleichzeitig wird im Körper das Hormon Kortisol freigesetzt, das das Immunsystem unterdrückt. Somit können auch Krankheiten, die durch eine Immunschwäche entstehen, angefangen bei der gewöhnlichen Erkältung bis hin zu Krebs, direkt oder indirekt durch Stress verursacht werden.

Im selben Maß, wie der Stress zunimmt, nimmt unsere Fähigkeit zur angemessenen Anpassung ab. Dies führt dazu, dass wir überreagieren, die klare Sicht auf Prioritäten verlieren, durcheinandergeraten oder desorganisiert sind, deprimiert sind oder aus keinem ersichtlichen Grund herumtoben und wüten. Es kann sein, dass wir stärker und häufiger unter Angst und Panik, Gereiztheit und Frustration, Ängstlichkeit und Unsicherheit, Stimmungsschwankungen, Rastlosigkeit und Nervosität, Gedächtnisverlust, Paranoia und Konfusion leiden oder ein Suchtverhalten entwickeln. Und all das sind nur einige der möglichen Auswirkungen.

❋ JEFF SALZMAN ❋

»Ich war der Typ, der mit zweiundvierzig Jahren alles Geld beisammen hatte, das er jemals würde ausgeben können. Ich hatte den wunderschönsten Ehemann, den man sich vorstellen kann, und lebte in einem Strandhaus in Florida. Ich hatte meine Bibliothek und wirklich nichts, worüber ich mir hätte Sorgen machen müssen. Also starrte ich schließlich auf den Strand, und nur eine Sache war noch übrig: die Tatsache, dass ich eines Tages sterben würde. Ich begann mir Sorgen über das Sterben zu machen und Sorgen über mein Herz. Das passiert, wenn man im Grunde ein Neurotiker ist, und ich bin's. Ich besorgte mir ein Blutdruckmessgerät. In den folgenden drei oder vier Wochen maß ich meinen Blutdruck vierzig bis fünfzig Mal am Tag. Ich hatte diese großen, ausgeklügelten Tabellen und sah, dass mein Blutdruck stieg. Mit anderen Worten: Ich entwickelte eine Zwangsneurose, und diese spitzte sich im Laufe der nächsten vier Jahre zu, bis ich mich permanent in einem leichten Panikzustand befand, ständig schwitzte, einen superhohen Blutdruck und Herzrhythmusstörungen hatte. Ich versuchte es mit einer Menge Dinge, darunter auch Prozac, aber das machte alles nur noch schlimmer. Ich war nie selbstmordgefährdet, fragte mich aber, ob ich dieses Leben aushalten konnte. Ich konnte nicht schlafen; ich konnte mich auf nichts konzentrieren. Es war unmöglich, mit irgendjemandem ein sinnvolles Gespräch zu führen, weil ich nicht wirklich gegenwärtig war. Ich war bis zum Anschlag gestresst, aber das hatte ich ganz und gar mir selbst zu verdanken.«

Eine solche Erfahrung zeigt, wie leicht sich ein beschränktes Denkmuster zu einer ausgewachsenen Neurose entwickeln kann. Nicht bei mir, denken wir, ich lasse mich nicht derart stressen. Vielleicht nicht, aber versuchen Sie es einmal damit: Stellen Sie sich vor, dass Sie etwas Zahnpasta aus der Tube quetschen wollen, aber vergessen haben, den Deckel abzunehmen. Was passiert? Deb machte das einmal in einem ihrer unachtsamsten Augenblicke (dergleichen passiert!), und die Zahnpasta fand bald einen anderen Weg aus der Tube – durch den unteren Tubenrand und auf ihre Kleidung. Nun stellen Sie sich vor, Sie sind die unter Druck stehende Zahnpastatube und fangen an, in psychische oder emotionale Not zu geraten. Aber Sie nehmen den Deckel nicht ab, das heißt, Sie erkennen nicht, was passiert, und nehmen sich nicht die Zeit, um sich zu entspannen und sich um Ihre Angelegenheiten zu kümmern. Stattdessen üben Sie immer weiter Druck auf sich aus, noch mehr zu tun. Was passiert also mit dem mentalen oder emotionalen Stress, den Sie in sich aufbauen? Schließlich muss er einen Weg hinaus finden, und wenn er nicht oben heraus kann – indem er anerkannt, zum Ausdruck gebracht und befreit wird –, wird er einen anderen Weg finden, um sich Geltung zu verschaffen.

Er wird den schwächsten Punkt finden – sei es der Weg über Ihr Verdauungssystem, Ihre Nerven, Ihr Immunsystem, Ihr Verhalten, Ihr emotionales Gleichgewicht oder Ihr Schlafverhalten. Wird er unterdrückt oder ignoriert, kann er zu Krankheit, Depression, Sucht oder Angststörungen führen; nach außen projiziert wird er zu Feindseligkeit, Aggression, Vorurteil oder Angst. Aber all das findet in unserem eigenen Herrschaftsbereich statt.

LINDSAY CROUSE

»Sie besitzen sehr viel Überzeugungskraft, aber wir müssen einen Weg finden, um uns von all diesen Botschaften unerfüllten Verlangens abzugrenzen. Sonst haben wir keine Chance, unseren Kopf klarzukriegen. Diese Art von ständiger Geschäftigkeit, an der wir teilhaben, ist eigentlich eine Art gegen uns selbst gerichtete Aggression, weil wir keinen Frieden haben. Wichtiger noch, wir konstruieren die Welt gemäß unserer Art zu denken. Wenn wir zum Beispiel verliebt sind, laufen wir mit unserem oder unserer Liebsten tanzend und singend und feiernd im Regen herum und werden vollkommen durchnässt. Wenn wir hingegen an anderen Tagen die Tür aufmachen und sehen, dass es regnet, geben wir zumeist einen Kraftausdruck von uns. Es liegt nicht am Regen selbst. Regen besitzt keine Eigenschaft, die uns entweder glücklich oder aber unglücklich machen sollte. Das kommt von uns. Wenn also unsere Sicht auf die Welt aus unserem Innern kommt, dann ist die Welt ein Spiegel unseres Denkens und Fühlens und Handelns und Redens. In diesem Fall brauchen wir eine Auszeit, um intensiv darüber nachzudenken, wie wir uns verhalten wollen.«

Gründe für Stress

Stress wirkt sich auf uns alle aus. Eine Untersuchung des Center for Disease Control und des National Institute for Occupational Safety and Health hat ergeben, dass in den USA jedes Jahr 300 Milliarden Dollar insgesamt oder 7.500 Dollar pro Arbeitnehmer für stressbedingte Abwesenheit oder geminderte Produktivität ausgegeben werden, während die konservativsten Schätzungen besagen, dass 70 bis 90 Prozent der Krankheiten – mit einem entsprechend hohen Prozentsatz von Arztbesuchen – durch Stress mitbedingt oder verursacht werden. Von daher stellt er ein großes Problem dar. Dazu kommt, dass es kein medizinisches Heilverfahren gibt, um Stress zu lindern. Rezeptpflichtige Medikamente können unsere Arbeitsbelastung nicht verringern oder unsere Lebensumstände verändern.

Stress leitet sich vom lateinischen *strictus* ab, was fest zusammengezogen bedeutet. Untersuchungen zeigen, dass Unzufriedenheit bei der Arbeit, Umzüge, Scheidungen und finanzielle Schwierigkeiten an der Spitze der Liste der bekannten Stressfaktoren oder der Dinge stehen, die uns in Anspannung versetzen. Aber da wir alle auf solche Umstände unterschiedlich reagieren, kann etwas, das für den einen eine aufregende Herausforderung ist, für den anderen schwächend oder eine Überforderung sein. Zum Beispiel kann eine Scheidung für den einen ein gewaltiger Stressfaktor und für den anderen eine willkommene Erleichterung sein! Der Unterschied liegt in unserer Reaktion auf das potenziell Stress erzeugende Ereignis, denn wir mögen zwar wenig oder gar keine Kontrolle über die Umstände haben, unsere Reaktion darauf haben wir jedoch in der Hand. Reagieren wir auf Stress negativ, kann das weitere negative Konsequenzen nach sich ziehen.

❈ JOHN GRAY ❈

»Stress tritt auf, wenn für uns etwas zur Herausforderung wird und wir nicht wissen, wie wir da hingelangen sollen, wo wir hinkommen wollen. Das heißt, wir haben ein Bedürfnis, dem wir nicht entsprechen können, und fangen deshalb an zu kompensieren. Dann beginnen wir falsche Bedürfnisse zu kreieren wie etwa: ›Wenn ich in meiner Beziehung die Liebe, die ich brauche, nicht kriegen kann, was kann ich dann kriegen? Na gut, ich kann Eiscreme bekommen.‹ Menschen streben oft verzweifelt nach Geld oder irgendetwas anderem in der Außenwelt, weil sie den Stress erleben, auf emotionaler Ebene nicht zu bekommen, was sie brauchen. Dann machen sie andere Dinge zu etwas Wichtigem, was man Kompensation nennt.«

Mit anderen Worten: Ursache für den Stress sind nicht so sehr die äußeren Umstände, dass wir zum Beispiel zu vielen Anforderungen gegenüberstehen und nicht ausreichend Zeit haben, um sie zu erfüllen. Vielmehr geht es um unsere *Wahrnehmung von den Umständen als einer Überforderung* und um unsere *Wahrnehmung von unserer Fähigkeit, mit ihnen zurechtzukommen,* sobald wir das Gefühl haben, dass uns etwas abverlangt wird, das unsere wahrgenommene Leistungsfähigkeit übersteigt. Wenn wir glauben, dass wir nicht damit zurechtkommen, beginnen wir den Boden unter unseren Füßen zu verlieren; wenn wir glauben, wir kommen damit zurecht, werden wir jegliches Hindernis bewältigen können.

Was wir glauben, färbt jeden unserer Gedanken, jedes unserer Worte und jede unserer Handlungen. Wie der Zellbiologe Bruce Lipton in seinem Buch *The Biology of Belief* schreibt, werden unsere Reaktionen auf Reize aus der Umwelt tatsächlich von Wahrnehmungen beherrscht, aber nicht alle unsere erlernten Wahrnehmungen sind präzise. Nicht alle Schlangen sind gefährlich! »Ja, die Wahrnehmung ›beherrscht‹ die Biologie, aber … diese Wahrnehmungen können wahr oder falsch sein. Deshalb wäre es stimmiger, wenn wir diese beherrschenden Wahrnehmungen als Glaubensvorstellungen bezeichneten. Glaubensvorstellungen beherrschen die Biologie!«

Glücklicherweise können wir unsere Glaubensvorstellungen, Überzeugungen und Wahrnehmungen transformieren. Wenn wir meinen, dass unsere Arbeit, unsere Familie oder unser Lebensstil uns Stress verursachen und dass alles in Ordnung wäre, wenn wir an diesen Dingen etwas ändern würden, dann betrachten wir die Situation aus einem falschen Blickwinkel. Vielmehr wird der Stress in Wirklichkeit von unserem Glauben verursacht, dass irgendetwas »da draußen« die Ursache für unseren Stress ist. Und obwohl eine Veränderung unserer Umstände sicherlich hilfreich sein kann, wird der größte Wandel unfehlbar dadurch bewirkt, dass wir in unserem Glaubenssystem und in unserer Wahrnehmung von unseren Fähigkeiten eine Veränderung vornehmen. Das wird zu einer Entspannungsreaktion führen und dazu, dass sich all das wieder zu normalisieren beginnt, was durch die Stressreaktion aus dem Gleichgewicht geraten ist.

Die Entspannungsreaktion

Die meisten von uns meinen, Entspannung bedeute, die Füße hochzulegen, ein Bier zu trinken, sich einen guten Film anzusehen, mit dem Hund Gassi zu gehen oder vielleicht ein Fitnesscenter aufzusuchen. Solche Aktivitäten sind gewiss hilfreich, befassen sich jedoch nur allzu oft mit den oberflächlichen, unmittelbaren Aspekten von Stress. Eine Weile fühlen wir uns dadurch besser, bis uns der nächste Abgabetermin oder Verkehrsstau wieder in den Abgrund stürzt. Für nachhaltigere Veränderungen müssen wir die unbewussten Stressebenen da lockern und freisetzen, wo sich aufgestaute Spannungen und Widerstände auf unser Verhalten und unsere Gesundheit auswirken.

❋ TAMI SIMON ❋

»Wenn ich mich gestresst fühle, setze ich mich zum Meditieren hin und frage mich: ›Wo fühle ich es in meinem Körper?‹ Oft spüre ich es in meinem Bauch oder an einer Stelle, wo ich festhalte. Ich geh nach innen, suche nach diesem Ort der Spannung und sage: ›Okay, du musst an nichts festhalten, der Stuhl stützt dich, die Erde stützt dich, dieser Kontext ist völlig frei und offen, du musst nicht klammern.‹ Dann kann ich mich sozusagen in die Erde sinken lassen. Ich spüre meine Füße schwer werden, meine Hände sich öffnen, meinen Rücken schwer werden und nach unten sacken, und meine Energie beginnt sich abzusenken. Es ist eine tiefe Entspannung. Ich halte mich nicht mehr in meinem Oberstübchen auf, sondern sinke in meinen Körper und in den Boden.«

Wenn die Entspannungsreaktion einsetzt, können wir mit Konfliktsituationen umgehen, ohne gleich die rote Fahne schwenken zu müssen, ohne dass Adrenalin freigesetzt wird, ohne Angst, Besorgnis oder Hoffnungslosigkeit empfinden zu müssen. Das bedeutet, unsere Physiologie bleibt im Gleichgewicht: Der Stoffwechsel wird nicht heruntergefahren, der Herzschlag beschleunigt sich nicht, der Blutdruck bleibt normal, und die Aktivität des Nervensystems ist ausgeglichen. Gleichzeitig wird unser Geist aktiviert, die Konzentration, die Effizienz, die Gedächtnisleistung und die Kreativität werden gesteigert. Auf emotionaler Ebene bedeutet das, dass wir über größere Toleranz, Unbeschwertheit, Großzügigkeit, Selbstvertrauen und Selbstwertschätzung verfügen.

Im gestressten Zustand verlieren wir leicht den Kontakt zu Mitgefühl und Freundlichkeit, da wir uns übermäßig auf den Wettbewerb und das eigene Überleben konzentrieren; im entspannten Zustand verbinden wir uns mit einem tieferen Gefühl von Sinn und angeborenem Altruismus. Die Macht der Gedanken ist groß: Wenn wir gestresst oder überfordert zu sein meinen, leiten wir sehr wahrscheinlich die Stressreaktion ein; denken wir hingegen unbeschwerte und entspannende Gedanken, leiten wir die Entspannungsreaktion ein. Das macht einen gewaltigen Unterschied bei der Kommunikation und in unseren Beziehungen. Im gestressten Zustand können uns zum Beispiel schon kleine Begebenheiten gereizt sein lassen oder uns zu viel sein – ein Kind, das unser Gespräch unterbricht, oder ein Kollege, der zu einer Besprechung zu spät kommt – und dazu führen, dass wir aufgebracht und angespannt sind. Im entspannten Zustand können wir solche Störungen als das ansehen, was sie sind, ohne dass wir uns davon reizen lassen. Wir bleiben ausgeglichen und urteilslos, sind eher besorgt, warum der Kollege wohl zu spät kommt, als dass wir uns auf die Unannehmlichkeiten fixieren.

Je bewusster wir uns unserer Reaktionen, Wahrnehmungen und Verhaltensweisen sind, desto besser erkennen wir die Stressreaktion und können die Entspannungsreaktion einleiten. Die Achtsamkeit lässt es uns wahrnehmen, wenn sich die Atemfrequenz erhöht oder die Unterleibsmuskeln zusammenkrampfen, wenn Kopfschmerzen im Anmarsch sind, wir cholerisch werden oder Hoffnungslosigkeit und Verwirrung zunehmen. Ein solches Gewahrsein erkennt auch, wo die Selbstwahrnehmung unsere Verhaltensweisen einschränkt und uns somit für dauerhaften Druck anfällig macht und wie wir uns davon befreien können.

❋ CYNDI LEE ❋

»Ich hatte diese Adrenalinschübe, so als wäre ich wegen irgendetwas nervös – so eine Art kleine ängstliche Besorgnis –, und dann begann ich sofort Angst zu haben. Die blies sich dann in meinem Geist zu voller Größe auf. Indem ich mich in der Meditation damit befasste, lernte ich zu erkennen, dass ich gar nicht ängstlich besorgt war, dass ich nicht in den Tragödinnenmodus verfallen musste, dass ich es einfach sein lassen, es aufsteigen und vorüberziehen lassen konnte.«

Praxisübung
Den Stress reduzieren

Wir verwenden sehr viel mehr Energie darauf, einen Stresszustand aufrechtzuerhalten, als darauf, einen entspannten Zustand herbeizuführen. Diese Praxisübung befähigt uns zur Auflösung von Stress verursachenden inneren Mustern.

Wenn Stress aufkommt, werden Sie sich Ihrer Reaktionsmuster auf gedanklicher Ebene gewahr. Werden Ihre Gedanken zunehmend von Ärger, Egozentrik, Angst oder Hilflosigkeit geprägt?

Wenn Ihre Reaktion normalerweise darin besteht, dass Unterbrechungen Sie derart reizen, dass Sie schließlich anfangen zu schreien, machen Sie ein paar tiefe Atemzüge und wiederholen Sie im Stillen: »Meine Arbeit ist gut im Fluss. Nichts kann diesen Fluss stören. Ich kann mir problemlos ein paar Minuten nehmen, um mich anderen Dingen zuzuwenden.«

Das Wichtigste ist, dass Sie die Stimme im Innern nicht »Ich kann nicht«, sondern »Ich kann« sagen lassen. Wiederholen Sie eine Affirmation, um Ihre Wahrnehmungen und Glaubensmuster zu verändern und Ihre Stärken zu fördern, so zum Beispiel: »Mit jedem Atemzug bin ich entspannter und gehe mit Leichtigkeit durch meinen Tag.«

Wenn Sie sich zunehmend hilflos fühlen und das Empfinden von Unzulänglichkeit wächst, wenden Sie sich Gedanken zu wie: »Ich bin absolut fähig, alles zu erfüllen, was von mir verlangt wird; ich habe alles Wissen in mir, das ich brauche, um dies zu tun; ich bin sehr einfallsreich und fähig, dieser Herausforderung zu begegnen.«

Entstressen

Tiefgehende Entspannungstechniken und auf den Atem gerichtete Gewahrseinsmeditation sind ganz wesentliche Komponenten, wenn es darum geht, die Entspannungsreaktion aktivieren zu können; stille, ruhige Gelassenheit ist das wirksamste und wirkungsvollste Heilmittel für einen geschäftigen und überarbeiteten Geist.

DZOGCHEN PONLOP RINPOCHE

»Wenn wir den Druck des Lebens auf uns lasten spüren – und bei all dem Wirbel und Chaos um uns herum ist das Leben im Allgemeinen sehr betriebsam –, können wir sehr angespannt werden und unser Herz verschließen. Wir schalten auf Autopilot, begeben uns in einen Zustand des Selbstschutzes und der Selbsterhaltung. Wenn sich unser Geist ein bisschen entspannen und ruhiger und weiter werden kann, sehen wir, dass es nichts zu fürchten gibt. Es ist wie bei einem Krieger. Der größte Krieger ist immer der, der ruhig und gelassen bleibt – wenn er ausrastet, würde er die Schlacht wahrscheinlich verlieren. Wenn unser Geist gestresst und angespannt ist, denken wir, dass jeder uns angreift oder uns übervorteilt oder ausnutzt, und wir können nichts mit objektivem oder liebevollem Blick sehen. Meditation hilft uns, nicht in Panik zu geraten oder auszurasten, sie bringt uns zurück zu diesem ruhigen stillen Grund. Wenn wir auf diesem ruhigen und friedlichen Boden stehen, können wir unsere Emotionen und Ängste klar sehen und auch, wie wir mit ihnen arbeiten können; wir beurteilen und etikettieren weniger.«

Helen, eine unserer Schülerinnen, hatte eine sehr kritische, zornerfüllte Chefin, eine Frau, die jeden Tag anrückte und sofort an allem etwas auszusetzen hatte, was Helen tat: die Art, wie sie sich kleidete, ihre Frisur und so weiter. Helen wurde ein nervöses Wrack, fühlte sich unzulänglich, schämte sich und entwickelte echte Abneigung gegen diese Frau. Sie wollte kündigen, aber in ihrer Gegend waren Arbeitsstellen rar. Dann begann sie Meditation zu praktizieren und die Entspannungsreaktion zu entwickeln. Das schenkte ihr größere Objektivität und stärkeres Gewahrsein, was zu tieferem Mitgefühl führte. Sie begann zu sehen, was für eine unglückliche und traurige Person sich hinter dem harten Äußeren ihrer Chefin verbarg. Sie beobachtete, wie diese herumging und mit den Leuten sprach, sah die Einsamkeit in ihrer Körperhaltung, hörte die Niedergeschlagenheit in ihrer Stimme. Wann immer die Chefin sich an sie wandte, wiederholte Helen im Stillen: »Mögest du glücklich sein, möge es dir wohl ergehen«, und schickte ihr Gedanken des Mitgefühls und der Anteilnahme. Das minderte ihre Stressreaktion und brachte ihre Reaktionen auf der Gefühlsebene ins Gleichgewicht. Bald ließ sie die Kritik ihrer Chefin an sich abperlen und konnte ohne Angst mit ihr reden.

Helen erkannte, wie sehr ihre von Stress geprägten Reaktionen darauf zurückzuführen waren, wie sie ihre Chefin und ihre eigene Reaktion auf sie wahrnahm – insbesondere auf ihre Überzeugung, dass die Schuld bei ihr selbst lag. Auch sah sie, wie unglücklich diese Frau war und wie all ihre Kritik und Wut auf ihrer Traurigkeit beruhten und nicht auf irgendetwas, das sie, Helen, persönlich getan hatte. Die Meditation hatte sie so gut geerdet, dass sie ihre Macht und Kraft nicht länger weggab, sondern stetig bei sich selbst bleiben konnte. Während durch Stress Anspannung und Chaos entstehen, geht es beim Entstressen darum, sowohl in unserem Geist als auch in unserem Leben zu mehr Gleichgewicht und Stabilität zu finden.

JOAN BORYSENKO

»Vor langer Zeit stieß ich auf eine Definition von Meditation, nach der sich das Wort in seiner Wurzelbedeutung von ›richtiges Gleichgewicht‹ herleitet. Das klang für mich persönlich stimmig, weil meine Achtsamkeit oft so zersplittert, in ihrer Ausrichtung so egozentrisch, narzisstisch oder selbstbesorgt ist, dass da nicht viel inneres Gleichgewicht oder Ausrichtung vorhanden ist auf das, was ist. Vielmehr stecke ich in einem Zustand von Ungleichgewicht fest. Das richtige Gleichgewicht besteht dann, wenn mein Geist nicht das Garn endloser Filme und Täuschungen spinnt oder er es vielleicht doch tut, aber ich nicht so sehr daran glaube. Meditation findet statt, wenn ich das Zeug vorüberziehen sehen kann und der Teil von mir, der gewöhnlich dazwischentritt und sagt ›Das ist eine gute Geschichte‹ oder ›dieser Mistkerl‹ oder ›Ich bin schuld und fürchterlich‹, sich zurücklehnt und das alles nur als eine weitere Geschichte ansieht, ohne Anhaftung daran. Das vermittelt mir das köstlichste Gefühl von Weite und innerem Frieden.«

Sich Zeit zu nehmen, um still zu sein, wenn die Stressreaktion einsetzt und das Adrenalin unsere Reaktionen zu beeinflussen beginnt, lehrt uns, einfach nur bei dem zu sein, was ist, statt uns übermäßig damit zu identifizieren oder zuzulassen, dass der Stress unser Verhalten verändert. Meditation ist bei stressbedingten Schwierigkeiten so offensichtlich effektiv, dass nun laut einem Bericht von *Earthlink News* vom 7. Oktober 2007 auf verschiedenen Militärbasen ein spezielles Training angeboten wird, das sich *Warrior Mind Training* (Kriegergeist-Training) nennt.

»Die Explosion von Übungsgranaten löste bei Kade Williams, der bei der Army den Rang eines Specialist hatte, Panikattacken aus, und er wurde im Schlaf von Alpträumen gequält. Die Spuren von posttraumatischem Stress hatten den Veteranen des Afghanistankrieges verletzlich gemacht, und er brauchte verzweifelt Hilfe. Aber still mit geschlossenen Augen auf dem Boden zu sitzen … das schien denn doch ein bisschen abstrus zu sein. Bis er es ausprobierte. ›Ich bin der Erste, der zugibt, dass ich mich geirrt habe‹, sagt Williams. Er nimmt nun regelmäßig am Unterricht teil und praktiziert dreimal in der Woche allein. Er sagt, dass er sich zum ersten Mal seit seiner Rückkehr aus Afghanistan sicher fühlt.«

Dieses Beispiel zeigt, dass uns die Meditation den Raum lässt, einfach nur zu beobachten und Zeuge zu sein, statt von automatischen Reaktions- und Verhaltensmustern beherrscht zu werden. Wir können aus der Angst und dem Chaos heraus- und in das Gewahrsein vom umfassenderen Bild eintreten.

SYLVIA BOORSTEIN

»Bei der Achtsamkeitsmeditation, der Praxis des Gewahrseins von Augenblick zu Augenblick, können wir klar einschätzen, was passiert, nicht nur da draußen, sondern auch: Wie ist meine innere Reaktion darauf? Wenn ich meine Reaktion von der Verwirrung frei halten kann, die häufig aufkommt, sobald ich eine erschreckende und beängstigende Erfahrung mache, und wenn ich sagen kann: ›Hoppla, ich habe mich gerade erschreckt, ich bin gerade in Verwirrung geraten, lass mir einen Moment Zeit, und ich sehe zu, ob ich diese Verwirrung für mich klären kann‹, dann kann ich meinen Geist für einen Augenblick ruhen lassen und still auf das schauen, was sich abspielt. Bei der Meditation geht es darum, den Handlungsablauf der Geschichte zu stoppen. Ich sage vielleicht: ›Oh, mein Leben verläuft nicht so, wie ich es wollte, dies oder das passiert nicht, Zorn steigt auf, und ich fühle mich unwohl wegen dieses Zorns.‹ Und dann sage ich mir: ›So ist es, was immer es ist, so ist es.‹ Und dann kann ich mich hinsichtlich »was immer es ist« entspannen. Das bedeutet nicht, dass das Leben ohne Auseinandersetzungen oder Enttäuschungen oder Sorgen oder Ärger verläuft; es bedeutet jedoch, dass all dies geschieht, ohne dass man großes Aufhebens davon macht. Es ist einfach das, was abläuft; das ist alles; es muss nicht kompliziert sein.«

Eines der großen Geschenke der Meditation ist die Fähigkeit, unseren inneren Frieden und einen Zustand des Gleichmuts zu bewahren, und dies können wir in jede Situation einbringen. In der Praxis bedeutet das die Erkenntnis, dass es viele Situationen gibt, in denen wir keine Kontrolle über das Geschehen haben, das Resultat nicht beeinflussen können; dass es aber, ganz gleich was geschieht, möglich ist, das innere Gleichgewicht aufrechtzuerhalten. Das gilt sowohl für unsere Gedanken und Gefühle wie auch für unser Verhalten und Handeln. Wie ein Sprichwort sagt, können wir dem Wind nicht die Richtung weisen, aber wir können unsere Segel nach ihm ausrichten.

Ein solcher Gleichmut gibt uns die Stärke und das Gefühl, in einer Welt, die ständig Forderungen an uns stellt und Herausforderungen schafft, nicht zu erschüttern zu sein. Wir wissen nie, was passieren wird oder wann – nichts ist vorhersagbar, dauerhaft, sicher, beherrschbar oder verlässlich. Alles ist jeden Augenblick dem Wandel unterworfen. Wir können diese Tatsache ignorieren und mit der Täuschung von Dauerhaftigkeit und Vorhersagbarkeit leben, oder wir können die Veränderlichkeit und Unvorhersehbarkeit mit Gewahrsein und Würde akzeptieren.

Das einzige Werkzeug, das wir brauchen

Nicht nur in der Armee wird die Meditation nun eingesetzt, um die Symptome und Auswirkungen von Stress zu lindern, sondern auch in vielen Stressmanagement- und Schmerzkliniken, in Konzernen und anderen Geschäftsunternehmen. »Stressbewältigung durch die Praxis der Achtsamkeit« (*Mindfulness-Based Stress Reduction, MBSR*) wird nun in vielen Krankenhäusern und medizinischen Zentren angeboten und von Wissenschaftler- und Ärzteteams auf der ganzen Welt erforscht. Seit ihrer Einführung haben diese Programme enorm an Anerkennung gewonnen.

JON KABAT-ZINN

»Seit 1979, als die erste Klinik eröffnet wurde, haben sich die Dinge sehr verändert. Damals war es zum Beispiel undenkbar, dass das National Institute of Health (NIH) in dereinst fünfundzwanzig Jahren ein eintägiges Symposium mit dem Titel ›Achtsamkeitsmeditation und Gesundheit‹ auf seinem Campus in Bethesda, Maryland abhalten würde. Aus der Sicht jener Zeit war dies derart unwahrscheinlich, dass etwa die Aussage, der Urknall würde sich nicht mehr ausdehnen und anfangen, in sich zu kollabieren, einen höheren Wahrscheinlichkeitsgrad besaß. Und doch ist es 2004 geschehen. Das NIH gibt gegenwärtig Millionen Dollar aus für Forschungsversuche in zufällig ausgesuchten Kliniken und für die verschiedenen klinischen Anwendungsmöglichkeiten der Achtsamkeitsmeditation.

Im Laufe der Jahre haben über achtzehntausend Menschen die MBSR-Klinik am UMass Medical Center durchlaufen und weitere Tausende haben im ganzen Land an anderen Programmen der ›Stressbewältigung durch die Praxis der Achtsamkeit‹ teilgenommen. Ob sie nun von ihren Ärzten darauf verwiesen wurden oder nicht, die Leute kommen mit ungeheuer viel körperlichem wie auch emotionalem Schmerz und Leid. Durch die Kultivierung von Achtsamkeit entwickeln sie ein funktionaleres Verhältnis zu diesem Leiden, wenden sich ihm zu, öffnen sich ihm und schließen tatsächlich bis zu einem gewissen Grad Freundschaft mit ihm, statt darauf zu bestehen, dass es aufhört; im Verlauf dieses Prozesses verwandelt sich der Schmerz dann oft oder hört sogar ganz auf. Es ist wirklich äußerst erstaunlich. Auch nach so vielen Jahren kann ich mich immer noch nicht daran gewöhnen. Ich glaube, man kann zu Recht sagen, dass die Teilnehmer nach acht Wochen Achtsamkeitstraining davongehen und anschließend jahrelang auf verschiedene Weise weiterhin Achtsamkeit in ihrem Leben kultivieren. Meist werden sie Ihnen sagen, dass sie nun mit ihrer eigenen Schönheit mehr in Berührung sind, als sie es seit ihrer Kindheit je waren.«

Das MBSR-Programm wurde zum Beispiel wissenschaftlich untersucht, um zu beweisen, dass die Teilnehmer eine stärkere Reaktion auf die Grippeimpfung aufweisen, weil sie über ein stärkeres Immunsystem verfügen. Wie wir an früherer Stelle bemerkten, steigt mit zunehmendem Stress die Zahl der Arztbesuche und nimmt diese entsprechend ab, wenn Meditation praktiziert wird.

JOAN BORYSENKO

»Wir haben untersucht, ob Menschen, die die Gesundheitsfürsorge in hohem Maße in Anspruch nehmen, dies weniger tun, wenn sie meditieren. Das Ergebnis der Studie lautet: Ja, so ist es. Und das ist eine ungeheure Sache. Wenn wir die Bevölkerung gesund erhalten könnten, würde das alles ändern. Es stünde mehr Geld für Erziehung und soziale Programme zur Verfügung. Gemeinsam mit Herbert Benson leitete ich eine Körper-Geist-Klinik, und es war wirklich bemerkenswert, wie schnell die gestressten Leute mit zahlreichen physischen Symptomen sich von diesen Symptomen befreien konnten und weniger ängstlich, weniger deprimiert und fröhlicher waren. Wir führten Nachfolgestudien durch und fanden heraus, dass es nach sechs Monaten den Leuten noch besser ging. Das Interessante daran war, dass die meisten viele Male am Tag meditierten – sie nahmen sich immer mal wieder zehn Minuten Zeit, zählten rückwärts von zehn bis eins, machten tiefe Atemzüge, fanden zu diesem Ort der Stille und des Gleichgewichts und widmeten sich anschließend wieder ihren Geschäften.«

Abgesehen vom Stressabbau können Meditation und tiefe Entspannung auch sehr eindrucksvolle Auswirkungen auf schwere Krankheiten haben, die oft die Folge eines stressigen Lebens sind. Die Entspannungsreaktion verändert unsere Chemie und bringt sie ins Gleichgewicht, was dann zur Verbesserung der Funktionstüchtigkeit unseres gesamten Körpers beiträgt.

NIRMALA HERIZA

»Ich arbeite regelmäßig mit meinen Patienten, um Stress zu mildern und auf der Mikroebene zu managen. Als Folge davon beginnen sich bestimmte biochemische Funktionen wie etwa die Kortisolausschüttung zu beruhigen. Das wirkt sich stabilisierend auf das Herz-Kreislauf-System aus, was dazu führt, dass sich auch Herzschlag und Blutdruck stabilisieren und damit das Risiko der Verschlechterung eines schon bestehenden Herzleidens oder die Entwicklung eines solchen gemindert wird. Bei allen meinen Herzpatienten leite ich einen Prozess der Verhaltensänderung ein, indem ich sie ihre subjektiven Reaktionen auf verstörende oder nervende Situationen beobachten und sie auch lernen lasse, wie sie zum Objekt der Störung auf Distanz gehen können. Bei all jenen, bei denen eine akute oder chronische Krankheit diagnostiziert wurde, setze ich die tägliche Meditation ein. Zum Beispiel gibt es im Kontext der subtilen Meditationsaktivität Entspannungsmechanismen, die im Rahmen der Behandlung von Krebs, HIV und Aids speziell für die Anzahl der weißen Blutkörperchen förderlich sind und helfen, die Immunfunktion wiederherzustellen und zu stärken.«

Wir neigen zu der Annahme, dass wir beim Auftreten einer gravierenden Krankheit, wie zum Beispiel einer Herzerkrankung, einige große Veränderungen in unserer Lebensweise vornehmen müssen, wenn wir wollen, dass es uns wieder besser geht. Tatsächlich sind im Verein mit einer fettreduzierten Ernährungsweise und mit körperlicher Betätigung, wie zum Beispiel einer täglichen Yogapraxis, Meditation und tiefe Entspannung die entscheidenden Elemente, die nachweislich eine Herzkrankheit rückgängig machen können.

DEAN ORNISH

»Manchmal sagen Leute, die einen Herzinfarkt hatten, dies sei das Beste, was ihnen je widerfahren sei. ›Sind Sie verrückt?‹, frage ich dann. ›Nein‹, erwidern sie, ›aber genau das war nötig, um allmählich die Veränderungen vorzunehmen, die mein Leben um so vieles fröhlicher und sinnvoller gemacht haben.‹ Veränderungen sind hart, aber wenn der Schmerz groß genug ist, wird der Gedanke an sie verlockender und werden wir fast alles probieren. Wenn wir diese Veränderungen vornehmen, legt sich der Schmerz, und zwar nicht nur der körperliche Schmerz wie der bei einer Angina pectoris oder bei Rückenschmerzen, sondern auch der Schmerz auf tieferen Ebenen, der schwieriger zu messen, aber sehr oft bedeutsamer ist. Wenn wir uns auf etwas konzentrieren können, was wir bei der Meditation ja tun, verbessert das unsere innere Kommunikation und gibt uns mehr persönliche Kraft und Geistesfrieden.

Wenn Leute bis zum Anschlag gestresst sind, sagen sie vielleicht: ›Meine Zündschnur ist kurz, und ich explodiere leicht – aber wenn ich regelmäßig meditiere, wird meine Zündschnur wieder länger. Die Situation ändert sich nicht, aber meine Reaktion darauf schon.‹ Meditation gibt uns ein stärkeres inneres Gefühl von Wohlbefinden. Es dämpft unser sympathisches Nervensystem. Es stärkt unser parasympathisches Nervensystem, und wir können uns entspannen. Unser Geist beruhigt sich. Unsere Atmung wird langsamer und tiefer. Unser Stoffwechsel kommt ins Gleichgewicht.«

Krankheit und Wohlbefinden

Stress kann sich auf physischer, psychischer und emotionaler Ebene ebenso schwächend auswirken wie eine Krankheit. Aber die Verbindung zwischen Stress und Meditation und Entspannung lässt sich leichter nachvollziehen, als zu verstehen, wie Meditation einem schwerkranken Menschen helfen soll, der vielleicht Krebs oder Aids hat. In solchen Zeiten neigen wir zu Selbstmitleid, Hilflosigkeit und Abhängigkeit von Pflegepersonen und Ärzten, und es ist weniger wahrscheinlich, dass wir imstande sind, uns selbst zu helfen. Doch Meditation ist zweifellos eine wirkungsvolle Medizin, die nicht nur stressbezogene körperliche Probleme mindert, sondern uns auch aus einer negativen Grundstimmung herausholt, so dass wir das Geschehen akzeptieren und im Frieden damit sein können.

JOAN BORYSENKO

»Wir bauten gleich zu Anfang der Epidemie eine Aids-Klinik auf, noch bevor der HIV-Virus isoliert wurde. Es war wirklich sehr bemerkenswert zu beobachten, wie die Leute vom Gefühl, ein passives Opfer zu sein von etwas, das sie umbringen würde, dazu übergingen zu fragen: ›Was kann ich über mich selbst in Erfahrung bringen?‹ Ich erinnere mich insbesondere an Mark, an diesen achtundzwanzigjährigen gut aussehenden Schwulen mit einem großartigen Job und einem großartigen Leben, der mich ansah und sagte: ›Ich hätte nie gedacht, dass ich so etwas sagen würde, aber ich kann mir nicht vorstellen, wie mein Leben ohne Aids aussehen würde, denn sonst wäre ich nie auf diese Ebene der Selbstentdeckung, diese Ebene von innerem Frieden gelangt.‹«

Die folgenden Worte stammen von unserem Freund Mark Matousek. Er erinnert sich an eine Zeit, in der er seine Sorgen und Ängste in eine machtvolle innere Stärke umwandelte.

MARK MATOUSEK

»Das Bewusstsein meiner Sterblichkeit führte mich zur Meditation. Süchtige sprechen davon, aus Angst zur Nüchternheit getrieben worden zu sein, ich wurde aus Angst zum Sitzen getrieben. Als ich mit achtundzwanzig die Diagnose einer damals tödlich verlaufenden Krankheit bekam, war ich um meines psychischen Überlebens willen gezwungen, mich einem inneren Leben zu widmen. Ich musste einfach feststellen, ob es über diesen Sprengsatz in meinem Körper hinaus noch etwas Metaphysisches gab, ein Leben jenseits oder an der Seite des Körpers. Während ich saß und meinen Atem und meine Gedanken beobachtete, während ich lernte, schlechte Momente *durch*-zusitzen, schien sich in der Stille ein unsichtbarer, metaphysischer Muskel zu entwickeln. Wenn ich vor dem Schmerz und der Angst davonlief, machte es all das Schlimme nur noch schlimmer; wenn ich aber inmitten all dem innehielt, meinen Sitz einnahm und die Gefühle tief durch mich hindurchbrennen ließ, wenn ich dem speziellen Alptraum des Tages mit so wenig Reaktion wie nur möglich seinen Lauf ließ, dann nahm die Klarheit langsam den Platz der Hysterie ein. Das Sitzen war ein Weg, den Schmerz zu durchstöbern, bei schlechtem Wetter mit dem Grund meines Seins in Kontakt zu kommen, die Stille zu berühren. Es war ein Moment der Ewigkeit inmitten des Räderwerks der Zeit, ein Ort sich zu entleeren, zu trauern, sich wieder aufzufüllen, sich des Gesichts hinter der Maske zu erinnern, einfach indem man Halt machte und still war.

Das war vor über zwanzig Jahren. Meine Gesundheitskrise ging vorüber, aber die Praxis blieb. Die Meditation ist an meiner Seite, gemahnt mich an Schönheit, Wahrheit, Zerbrechlichkeit, Kummer; eine Stimme, die flüstert: ›Denk daran zu lieben.‹ Wäre meine äußere Welt nicht bedroht gewesen, ich hätte nie nach einer inneren Ausschau gehalten.«

Krankheit bietet uns einen sehr klaren Prozess an, der schrittweise vorangeht und uns die Möglichkeit schenkt, Schichten persönlicher Transformation zu beleuchten und zu durchqueren. Dieser Prozess wird gefördert, wenn wir die Meditation als heilendes Instrument einsetzen.

JOAN BORYSENKO

»Der Riss in der Mauer leitet einen Veränderungsprozess ein, der entweder zur Verzweiflung oder zur Transformation führen kann. So wie der Tag, an dem du eine Aids-Diagnose bekommst – das ist es dann, dein Leben wird gespalten, klafft weit auseinander, und die Welt, wie du sie kennst, hat ein Ende. Das ist das erste Stadium des Veränderungsprozesses. Die zweite Phase ist ein Schwellendasein. Du hältst dich an der Schwelle von etwas auf, weißt aber nicht, was es ist. Es ist oft als das ›Stadium von nicht mehr und noch nicht‹ beschrieben worden: Du kannst dein altes Leben nicht zurückbekommen, weißt aber noch nicht, wie dein zukünftiges Leben sein wird. Wenn du mit Weisen verschiedener spiritueller Traditionen sprichst, werden die meisten sagen, dass es sehr wichtig ist zu wissen, dass wir nicht wissen. Nur wenn wir uns mit dem Unbekannten wohl fühlen, können wir das Leben, so wie es frisch im Augenblick auftaucht, erkennen, statt ständig unserer Ego-Tagesordnung hinterherzurennen.

In diesem Stadium des Nicht-Wissens können drei Dinge passieren. Erstens kannst du verzweifeln und aufgeben, in Depression verfallen oder dich langsam mit Drogen und Alkohol umbringen. Zweitens kannst du dich so abschotten, dass du glaubst, dass du im Wesentlichen unverändert bist; du kannst es also verdrängen. Und drittens kannst du in diesem Stadium der Wildnis umherwandern und lernen, bei dem zu sein, was ist. Du findest einen Ort des inneren Gleichgewichts und der Akzeptanz und machst als Folge davon einen Wandel durch.

Das dritte Stadium des Veränderungsprozesses ist die Rückkehr. Wir kehren transformiert zur Gesellschaft zurück. Wir kehren vielleicht nicht als etwas ganz Wunderbares zur Außenwelt zurück, aber der innere Wandel hat stattgefunden. Leute, die in der Wildnis herumwandern, erkennen oft, dass sie eine Wahl zwischen Verzweiflung und Hoffnung, zwischen statischem Verharren und Transformierung haben, und entscheiden sich dann zum Meditieren, um die Erfahrung zu vertiefen.«

Diese Ebene tiefgreifender Veränderung wirkt sich auf uns alle jeweils unterschiedlich aus, aber es gibt oft einen gemeinsamen Faden, der sich durchzieht: Dankbarkeit für die Krankheit. Auf diese Weise sprach zum Beispiel der Schauspieler Michael J. Fox darüber, wie er mit der Tatsache umgeht, dass er Parkinson hat. Er sagte, er sei ewig dankbar für das, was ihn die Krankheit gelehrt habe. Wenn er die Wahl hätte, so sagte er, wollte er nicht ohne sie sein. Ganz ähnlich erinnert sich Matthew Fox an einen Freund, der Aids hatte und dies als größtes Geschenk ansah.

MATTHEW FOX

»Ich hatte einen Freund, der an Aids starb. Er war ein Profibaseballspieler, heterosexuell, sehr gut aussehend, und er sagte: ›Ich war ein ziemlicher Aufreißer. Ich legte jede Frau flach, die ich kriegen konnte. Aber dieses Aidsding ist das Beste, das mir je passiert ist, weil es mich lehrte, wie kostbar das Leben wirklich ist.‹ Er ging in die Highschools und warnte die Kids vor Aids und sagte ihnen, sie sollten Kondome benutzen, und weil er sehr athletisch war, hörten die Schüler, vor allem die Jungs, wirklich zu. Er sagte: ›Ich weiß, ich sterbe, aber Aids ist das größte Geschenk meines Lebens.‹ Wie erstaunlich, so etwas zu sagen. Er war circa erst siebenundzwanzig, als er starb, aber er war ohne jedes Selbstmitleid oder so etwas. Was er gelernt hatte, seine Weisheit in Bezug auf das Leben, das teilte er mit anderen. Diese Art von spiritueller Reife, die er dieser Krankheit zu verdanken hatte, war schön zu sehen. So geschieht Heilung. Es geht nicht darum, dass man dem Tod entkommt oder eine körperliche Krankheit überwindet. Es geht darum, dass man zu einer sehr viel reicheren, umfassenderen und weiseren Lebensweise findet, auch wenn es nur ein kurzes Leben sein sollte.«

Der von vielen Menschen geliebte amerikanische spirituelle Lehrer Ram Dass hatte vor ein paar Jahren einen Schlaganfall. Er erzählte uns, wie überaus unabhängig er immer gewesen war und dass nun eine seiner ersten Lektionen darin bestand zu lernen, wie sehr er von anderen abhängig war. Das war anfangs sehr hart, aber er kam dahin, dies als eine der vielen Segnungen zu betrachten. Er sprach auch über den Einfluss, den sein Lehrer auf seine Heilung hatte.

RAM DASS

»Als ich den Schlaganfall hatte, hatte ich ein Bild von meinem Meditationslehrer Neem Keroli Baba in meinem Krankenhauszimmer, und ich sprach mit ihm: ›Du hast immer ein Auge auf mich gehabt. Was hast du denn gemacht, bist du zum Mittagessen gegangen?‹ Ich dachte darüber nach, wie ich einerseits seine Gnade besaß, andererseits den Schlaganfall hatte, aber dann begann ich beides zusammenzubringen. Es dauerte etwa eine Woche, bevor sie sich vereinten und der Schlaganfall zur Gnade wurde, wenn auch zu einer herben Gnade. Ich bin nun sehr viel stiller, was auch eine große Gnade ist! Die Meditation gibt mir eine Handhabe für den Schlaganfall; sie lehrt mich, dass ich nicht mein Körper bin, sondern dass ich Gewahrsein bin. Sie befreit mich von der Identifikation mit den Beschränkungen, die mir der Schlaganfall auferlegt.«

An Krebs zu sterben ist selten etwas Gnadenvolles; weitaus häufiger ist es schmerzhaft und verlangt emotional viel ab. Als Denise erfuhr, dass sie Krebs im Endstadium hatte, nutzte sie in dieser extrem harten Zeit ihr Meditationstraining als Quelle ungeheurer Stärke, wie sich ihr Partner Fleet Maull erinnert.

FLEET MAULL

»Als man Denise sagte, dass sie noch etwa sechs Monate zu leben habe, rastete sie nicht aus. Sie sagt nur: ›Okay, was als Nächstes?‹ Meditation ist beides, die Stabilität der Praxis des achtsamen Gewahrseins und die Fähigkeit, standfest zu bleiben, weil sie darin schult, nicht wankend zu werden, auch wenn es um dein Leben geht. Sie tat sich nicht selbst leid; sie machte sich keine Sorgen. Die Meditation hatte sie gelehrt, nicht auf körperlicher Ebene davonzulaufen und sich nicht in Fantasien zu ergehen und abzuschweifen, sondern mitten im Feuer sitzen zu bleiben. Sie war imstande, voll und ganz mit ihrem Herzen und ihrem Geist präsent und für alles offen zu sein.«

Körper und Geist heilen

Normalerweise ist es so: Je gestresster wir sind, umso schneller, kürzer und flacher werden unsere Atemzüge, und umso stärker vernachlässigen wir unsere körperlichen Bedürfnisse. Mit anderen Worten: Wir sitzen in unserem Kopf fest und sind immer weniger geerdet, während sich Stress und Anspannung ansammeln und in unserem Körper festgehalten werden. Eine Heilung, sei es auf physischer oder psychischer Ebene, wird dann möglich, wenn wir anfangen aufmerksam und achtsam zu sein und diese Stellen im Körper, an denen wir festhalten, kennenlernen.

MIRABAI BUSH

»Ich habe gelernt, dass so starke Emotionen wie Wut oder Eifersucht im Körper erfahren werden. Ich nehme sie in Form von Körperempfindungen wahr, als Hitze oder ein Zusammenziehen. Jetzt weiß ich, dass es an der Zeit ist innezuhalten, zu atmen, auf das zu achten, was vor sich geht, wenn solche Empfindungen ihren Anfang nehmen. Ich habe wirklich gelernt, mir die Zeit zu nehmen und nichts zu tun, sobald diese starken Emotionen aufsteigen. Wenn ich sofort handle, treffe ich vielleicht die richtige Entscheidung, ich könnte mich aber ebenso leicht auch falsch entscheiden und etwas tun, das anderen oder auch mir selbst Schaden zufügt.«

Geist und Körper befinden sich kontinuierlich in inniger Kommunikation, der Körper bringt die verleugneten oder unterdrückten Teile des Geistes durch Störungen auf physischer Ebene zum Ausdruck. Wie wir denken, so sind wir geworden; an dem, wie wir geworden sind, können wir sehen, wie wir gedacht haben. Wenn wir mit Körpergewahrsein meditieren, können wir allmählich unsere emotionalen und psychischen Muster aufdröseln, können wir hören, was die Orte des Festhaltens uns sagen, welche Themen ignoriert werden und was nötig ist, um auf tieferer Ebene zu einer Befreiung zu gelangen. Wie Christine Evans in Debs Buch *Your Body Speaks Your Mind* beschreibt:

> »Ich versuche, mich einfach urteilslos wahrzunehmen. Ich bemerke, dass mir übel wird, wenn mein Exgeliebter anruft. Ich bemerke, dass ich traurig werde, wenn mein unterer Rückenbereich massiert wird. Ich bemerke, dass der Bereich zwischen den Schulterblättern schmerzt, wenn ich müde oder angespannt bin. Ich bemerke, dass die Übelkeit, das Würgen und Sichübergeben damit zu tun haben, dass ich nicht akzeptiere, wie ich mich wirklich fühle, und dass ich glaube, ich dürfe dieses Gefühl nicht haben, was immer es ist.«

Ein Wandel zum Positiven setzt dann ein, wenn wir erkennen, dass körperliche Schwierigkeiten die Art und Weise sind, wie der Körper mit einem zugrunde liegenden Ungleichgewicht umgeht, mit Energien, die eine Traumatisierung erfahren haben. Heilung hingegen bedeutet die Auflösung dieses Ungleichgewichts. Doch es ist nicht so leicht, unsere Verletzlichkeiten, unsere unterdrückten emotionalen Traumata und unseren psychischen oder physischen Schmerz zu akzeptieren. Gewöhnlich reagieren wir auf einen solchen Schmerz damit, dass wir mit allen uns zugänglichen Mitteln dafür sorgen, dass er möglichst schnell verschwindet. In der Stille der Meditation aber können wir uns sacht in den Schmerz hineinbegeben, können wir ihn sich ausagieren lassen, indem wir unseren Widerstand, die Schichten des Selbstschutzes, der eingewurzelten Denk- und Verhaltensmuster, der strengen Kontrolle über unsere Gefühle, all der Wege und Möglichkeiten und all der Dinge, an denen wir festgehalten haben, aufgeben.

❋ PETER RUSSEL ❋

»Wir wollen keinen körperlichen Schmerz fühlen; wir nehmen lieber Schmerzmittel, um ihn loszuwerden. Aber Schmerz ist ein Ruf nach Aufmerksamkeit, er ist ein Alarmmechanismus des Organismus, der besagt: ›Ich bitte um deine Aufmerksamkeit!‹ Wir sagen dann gewöhnlich: ›Nein danke, ich werde dir meine Aufmerksamkeit nicht schenken, ich werde das nicht fühlen, ich werde dich mit chemischen Substanzen unterdrücken.‹ Ich schlage vor, das Gegenteil zu tun. Das zu tun, worum der Schmerz bittet, und zu antworten: ›Okay, hier hast du meine Aufmerksamkeit. Wie fühlt sich das Unwohlsein an?‹ Wenn wir unsere Aufmerksamkeit auf eine bestimmte Körperstelle richten, erhöht das dort die Blutzufuhr und bringt Heilung. Indem wir einfach sitzen und unsere Achtsamkeit auf den Schmerz gerichtet halten und ihn wirklich zulassen und bei ihm sind, wird er sich allmählich verändern und entspannen.«

Wenn wir uns unserer selbst einfach so gewahr werden, wie wir sind, führt das zu einer tieferen Selbstakzeptanz. Wir können nichts akzeptieren, dessen wir uns nicht gewahr sind, und wir können uns keiner Sache gewahr werden, wenn wir nicht Aufmerksamkeit und Achtsamkeit walten lassen, wenn wir nicht beobachten und zuhören. In diesem Sinne ist Meditation eine Form von Medizin und Heilung – ist sie ein Prozess hin zur Ganzwerdung. Das ist nicht das Gleiche wie das Kurieren, also die Wiederherstellung eines bestimmten Teils. Die Heilung von jedweder Form von Schmerz bedeutet vielmehr, alle verschiedenen Aspekte von uns selbst zu einem geeinten Ganzen zusammenzubringen und in der Folge transformiert zu werden.

Die Meditation stellt für uns den Raum her, um sehen zu können, wie der Geist funktioniert, wie Gedanken und Dramen kommen und gehen. Doch statt uns in der Geschichte zu verlieren und uns dann schlecht zu fühlen, können wir größere Objektivität entwickeln. Wenn wir uns nicht mehr mit unserer Geschichte, der Diagnose oder Prognose, den Details oder den Dramen identifizieren müssen, sind wir frei, uns in unser wahres Potenzial hinein auszudehnen.

TAMI SIMON

»Drastisch gesagt wäre ich ohne die Meditation vielleicht nicht mehr am Leben. Ich weiß nicht, ob Meditation andere retten kann, mich jedenfalls hat sie gerettet. Ich war von einer existenziellen Sehnsucht und Verzweiflung befallen. Ich war mir nicht sicher, ob ich auf diesen Planeten gehörte, ob es auf Erden je einen Platz für mich gebe, ob ich einen Weg fände, als Mensch hineinzupassen, ob ich je Entspannung finden würde. Ich war verzweifelt und völlig ausgeflippt. Als ich mit dem Meditieren anfing, empfand ich zum ersten Mal eine gewisse Synchronisierung in meinem Wesen, eine gewisse Verwurzelung oder Verankerung, hatte ich das Gefühl von unglaublicher, grenzenloser Freude und Möglichkeit. Plötzlich hatte ich einen Grund für meine Existenz, und in gewisser Hinsicht war in diesem Augenblick mein Leben gerettet.«

Teil II

Transformation von innen heraus

Auf dem Kompost Rosen züchten

Lasst uns nicht im Zorn zurückblicken oder in Angst nach vorne schauen, sondern lasst uns in Gewahrsein umherschauen.

JAMES THURBER

Nicht lange nachdem Nelson Mandela freigelassen worden war, stellte Bill Clinton ihm die Frage, ob er an jenem Tag, an dem er nach siebenundzwanzig Jahren Gefängnisaufenthalt davonfuhr, Wut und Zorn empfunden habe. »Haben Sie sie nicht gehasst?«, fragte er. »Sie müssen doch so etwas wie Wut und Zorn empfunden haben?« »Sicher habe ich das«, erwiderte Mandela. »Ich habe Wut und Angst und Hass empfunden. Aber mir wurde klar, wenn ich sie noch weiterhin hasste, nachdem ich erst einmal in diesen Wagen eingestiegen war und dieses Tor passiert hatte, würde ich mich immer noch im Gefängnis befinden. Ich ließ los, weil ich frei sein wollte.«

Eine solche Selbstakzeptanz, wie Mandela sie an den Tag legte, ist selten. Normalerweise befreien wir uns von unseren negativen Gefühlen nicht so leicht; wir neigen eher dazu, sie zu unterdrücken oder zu verleugnen. Aber diese Teile von uns zu ignorieren ist gefährlich, denn werden sie verleugnet, führen sie zu Schuld- und Schamgefühlen, Depression, mangelnder Beziehungsfähigkeit, Wut und Zorn, Traurigkeit, Besorgnis und Angst. Werden sie hingegen erkannt, bergen sie große Kraftressourcen in sich. In der Finsternis vergangener Erfahrungen, Konflikte und

Traumata finden sich tiefes Gefühl und tiefe Einsicht. »Unsere Blockaden und Komplexe bergen, unglücklicher- oder glücklicherweise, unseren Reichtum in sich«, schreibt Pema Chödron in *Dharma als Lehre, Dharma als Erfahrung*. »Unsere Neurosen und unsere Weisheit sind aus demselben Stoff gemacht. Wenn du die Neurose rausschmeißt, schmeißt du auch die Weisheit raus.«

Der Anstoß, der uns zu mehr Selbstbesinnung und Gewahrsein führt, ist oft das Ergebnis eines verwundeten Selbstgefühls, wie einige der im vorhergehenden Kapitel aufgeführten persönlichen Geschichten zeigen. Von diesem Ort aus entsteht der Drang, in ein ausreichend starkes und geheiltes Selbst hineinzuwachsen, so wie ein Unkraut, das sogar durch Beton wächst, um ans Licht zu gelangen. Die Hindernisse, mit denen wir im Verlauf unserer Entwicklung konfrontiert sind – die Drachen in unserem Geist –, stehen für jene Teile von uns, die wir weggeschoben, verdrängt oder ignoriert haben. Wenn wir vor ihnen davonrennen oder uns vor ihnen verstecken, verstärkt das nur unseren Widerstand und macht uns das zum Opfer unserer eigenen Beschränkungen.

DENNIS GENPO MERZEL

»Statt Opfer meines Menschlichseins zu sein, stehe ich dazu und entscheide mich bewusst dafür, ein menschliches Wesen zu sein. Und deshalb kann ich es akzeptieren, wenn ich leide, wenn ich Wut, Eifersucht oder Selbsthass empfinde, weil dies Eigenschaften eines menschlichen Wesens sind.«

Kann die Meditation uns helfen, unser essenzielles Menschlichsein zu akzeptieren und willkommen zu heißen? Wir sahen, dass sie ein angemessenes Heilmittel für Stress und Krankheit ist, aber gilt das auch für Konfliktzustände auf der psychischen Ebene, zum Beispiel bei Wut oder Angst? Und wie gehen wir mit den Problemen und Themen um, die zu unserem Schatten gehören und die unweigerlich während einer solchen Praxis der Selbstbetrachtung aufkommen?

❃ MICHELLE LEVEY ❃

»In der unmeditativen Kultur, in der die meisten von uns aufwachsen, besteht die Reaktion auf Leiden in Verweigerung: Nimm eine Pille, lenk dich irgendwie ab, geh Einkaufen, trink was, setz dich vor den Fernseher – all die vielen Methoden und Wege, die wir haben, um uns zu betäuben. Die Meditation fordert, dass wir innehalten, uns hinsetzen und bei unserem inneren Selbst bleiben, statt uns abzulenken, den Dingen aus dem Weg zu gehen und uns zu betäuben. Das Samenkorn zur Heilung unseres psychischen Stresses und unserer Geistesplagen findet sich im Innern, am gleichen Ort, an dem sich auch das Leiden findet. Irgendwann müssen wir aufhören, vor dem Schmerz davonzurennen, und einfach bei ihm bleiben.«

Wenn wir in Meditation sitzen, können wir anfangen, uns der Teile unseres Seins zu erinnern, die durch Verleugnung, Verweigerung und Unterdrückung verloren gegangen sind, und wir können sie uns wieder aneignen. Die Meditation lädt uns ein, diesen Orten oder Zuständen, vor denen wir uns versteckt haben, ganz offen zu begegnen, egal für wie unerfreulich, hässlich oder wenig liebenswert wir sie halten. So lange sie in ihren finsteren Winkeln und Nischen bleiben, so lange werden sie auch unser Verhalten beherrschen. Eine wirkliche Umwandlung können wir nur dadurch herbeiführen, dass wir die wahre Natur dieser unterdrückten Aspekte erforschen, und indem wir akzeptieren, dass sie Bestandteil unseres Lebendigseins sind. Das alles mag ein bisschen einschüchternd klingen, aber das Ergebnis ist Erleichterung, Befreiung und größere Freiheit.

❃ DAVID SHINER ❃

»Die Meditation hat mich gelehrt, einfach nur gegenwärtig zu sein und alles zu fühlen, was da ist, den Schmerz zu fühlen und nicht vor ihm davonzurennen. Und sie schenkte mir die Fähigkeit, darüber zu lachen. Ich bin ein Clown und zeige daher ständig unsere tiefsten Schwächen und unseren Schmerz auf, um Gelächter zu erzeugen. Ein Clown sucht scheinbar nach seinem Platz im Leben. Was bedeutet das alles, wo passe ich hinein? Es ist das Dilemma der existenziellen Frage: Was mache ich hier und wer bin ich? Das berührt das Publikum auf einer sehr tiefen und ursprünglichen Ebene, weil jeder Mensch tief im Innern ebenso fühlt.«

Mit der Wut herumhängen

Wut ist ein schwieriger Ausgangsort, da keiner von uns zugeben möchte, dass wir die Beherrschung verlieren, gereizt oder gemein sein können; wir ziehen es vor, uns für ganz wunderbar, tolerant, heiter und gelassen zu halten. Aber auch wenn wir gelegentlich böse, wütend und sauer werden, können wir doch ein netter Mensch sein – das eine schließt das andere nicht aus. Die Schwierigkeit liegt darin, dass die Wut, wenn sie aufsteigt, dazu tendiert, unser Verhalten zu beherrschen und zu kontrollieren und alles außer sich selbst als falsch zu verurteilen.

ED

»Die Wut war mir eine große Lehrerin, weil sie mich immer in den Hintern trat und mir zeigte, wo mein Verhalten unangemessen war. Eines Abends kam ich nach Hause, und unsere Nachbarin hatte ihr Auto so geparkt, dass sie die Einfahrt zu unserem Haus blockierte. Das hatte sie schon häufiger gemacht, und es war ziemlich gefährlich, weil wir nicht von der Straße herunterfahren konnten. Dieses Mal verlor ich die Nerven und schrie sie an, sie solle ihr Auto wegfahren. Das löste bei ihr Wut aus, und sie kam zu meinem Wagen gerannt und versuchte mich zu schlagen. Ich wünschte nur, ich hätte nicht so reagiert, wie ich es getan hatte!«

Wut kann in Form von Gereiztheit, Frustration, Tobsucht oder Hass in Erscheinung treten; unterdrückte Wut kann zu Depression oder Bitterkeit werden. Wut kann einen gewaltigen emotionalen Niederschlag nach sich ziehen, und wir haben keine Kontrolle über die Konsequenzen – ein einziges Zündholz kann einen ganzen Wald niederbrennen. Die Wut übernimmt und lässt im Verlauf des Geschehens wenig Raum für Gewahrsein, unser Herz kann nicht mehr erreicht werden, und wir verlieren den Kontakt sowohl zu unseren eigenen Gefühlen als auch zu dem Menschen, auf den wir so wütend sind.

MAURA SILLS

»Ich habe mich der Wut hingegeben; ich habe Menschen verletzt. Mir ist das ebenfalls geschehen; auch ich bin verletzt worden. Ich sehe Leute ihre Wut ausagieren und glauben, das sei okay; aber sie sind sich nicht bewusst, wie sich das auf andere auswirkt. Ich stamme aus einer Familie, in der Ärger, Wut und Zorn vorherrschten; so haben wir uns aufeinander bezogen. Ich glaubte, wenn Leute mit meiner Wut Schwierigkeiten hatten, sei es deren Problem, und ich hätte das Recht, mich so aufzuführen, wie ich wollte. Aber wenn wir Wut zum Ausdruck bringen, erzeugen wir mehr Schmerz und Leiden in uns und in der Welt. Ich will damit nicht sagen, dass sie immer falsch ist, aber was wir mit ihr tun, kann sehr viel Schaden anrichten.«

Der Versuch, die Wut auszulöschen, ist vergleichbar mit dem Versuch, mit unserem eigenen Schatten zu boxen: Es funktioniert nicht. Wenn wir die Wut loswerden wollen, müssen wir sie entweder rauslassen, was wahrscheinlich emotionalen Schaden anrichtet, oder wir unterdrücken sie, wodurch sie einfach nur unter dem Deckel gehalten wird, bis sie später zum Ausbruch kommt und noch mehr Schaden anrichtet. Wenn wir ihr ständig ausweichen, wird sie uns hinterherlaufen. Doch gibt es ein Mittelding zwischen Wut rauslassen und Wut unterdrücken. Es gibt einen

Punkt, an dem wir unseren Gefühlen eine Stimme geben können, aber mit Gewahrsein und Akzeptanz. Wenn es uns gelingt, die vielen Gesichter der Wut zu beobachten und zu erkennen, bevor sie zum Ausbruch gelangt, werden wir nach und nach präsent bleiben können, wenn sie aufsteigt, werden wir unser Herz offen halten, atmen und zuschauen können, wie unsere Emotionen aufsteigen und uns durchziehen. Wir betrachten, wie die Wut unseren Geist erfüllt und ihr Gedöns veranstaltet, und wir atmen einfach weiter und sehen zu, wie sie sich verzieht.

DEEPESH FAUCHEUX

»Enten kennen keine Wut. Enten kämpfen um ein Brotbröckchen und schwimmen dann einfach davon. Aber Menschen kauen alles, was ihnen passiert, immer wieder durch. Dieses Durchkauen der Geschichte – was soundso mir angetan hat, sie hat mir Unrecht getan, warum respektiert er mich nicht – führt dazu, dass die Energie weiterhin als Wut und Groll begriffen wird, statt dass wir sie einfach nur als Energie sehen. Die Meditation schenkt uns die Fähigkeit, das Aufsteigen der Dinge zu beobachten und nicht von ihnen mitgerissen zu werden. Sie schafft eine Lücke zwischen dem Einsetzen und dem Wahrnehmen einer Reaktion. Wir kommen dahin, die Energie einfach als Energie aufsteigen zu fühlen, indem wir uns von der Geschichte, die damit einhergeht, abkoppeln.«

Wir müssen die Wut nicht unbedingt als »meine« Wut anerkennen, sondern können sie einfach als Wut sehen, als etwas, das kommt und geht. Wenn wir uns mit ihr identifizieren, wird sie zu etwas Massivem, Realem, Gerechtfertigtem; wenn wir uns nicht mit ihr identifizieren, erkennen wir, dass sie nicht das ist, *wer wir wirklich sind*, sondern nur ein vorübergehendes Bedürfnis des Egos, sich zu behaupten. Wenn wir uns die Wut zu eigen machen, bleibt sie kleben und bleibt länger da als nötig, wie eine am Klebestreifen festsitzende Fliege, die in der Falle herumfliegt. Benennen wir die Wut hingegen als das, was sie ist, können wir ihre Vergänglichkeit erkennen. Okay, wir sind wütend geworden! Wenn wir nun Schuldgefühle entwickeln, häufen wir in einer an sich schon schmerzlichen Situation nur noch mehr Leid an. Wir benennen die Wut, sehen sie als Ego in Aktion, erkennen die Leidenschaft an und beobachten, wie ihr destruktives Wesen unter dem Scheinwerferlicht versickert.

ROBERT THURMAN

»Wir werden wütend, wenn jemand Kaffe über uns verschüttet oder wenn jemand sagt, dass wir ein Trottel sind, statt sich über unsere Großartigkeit auszulassen. Wir fühlen, wie die Hitze vom Solarplexus hochwallt, und haben dann die Wahl, um uns zu schlagen oder zehn tiefe Atemzüge zu machen oder den Raum zu verlassen, weil die Emotionen zu stark sind. Wenn Sie darüber meditiert haben, wie fruchtlos und nutzlos und absolut zerstörerisch Wut in jedem Falle ist, was auch immer, dann werden Sie vielleicht immer noch wütend werden, aber mit jedem Mal ein bisschen weniger. Wenn ich nicht meditiere, verliere ich leicht die Nerven. Ich war als junger Mensch ausgesprochen hitzköpfig und bin noch nicht ganz kuriert. Ich gebe auch nicht vor, ein Heiliger zu sein, bin jetzt aber sehr viel freier.«

Sich unter die Schicht der Wut begeben

Wut ist eine komplexe Emotion, unter ihr verbergen sich oft widersprüchliche Gefühle, zum Beispiel Verletztheit, Unsicherheit oder Angst, die sich Gehör zu verschaffen suchen. Die Wut hat die Kraft, als Verteidigungsmechanismus zu fungieren und diese anderen Emotionen zu überdecken, was dazu führt, dass wir den Kontakt mit uns selbst verlieren und darum ringen zu artikulieren, was wir wirklich fühlen.

RABBI ZALMAN SCHACHTER-SHALOMI

»Wir müssen erkennen, dass sich unter der Wut Angst, Schmerz und Leid verbergen, und wir können der Wut nicht Herr werden, wenn wir uns nicht auch mit dem befassen, was sie speist. Wir vergessen, wie wir konstruiert sind. Das Reptilienhirn ist für unsere Sicherheit zuständig, es reguliert die Mechanismen von Angriff und Selbstverteidigung. Wenn wir uns nicht sicher fühlen, erhebt der Dinosaurier seinen Kopf und brüllt. Hinter der Wut steckt also immer die Frage, wie sicher sich das Reptil fühlt.«

Wenn wir wütend werden, kann das in Wirklichkeit ein Schrei nach Aufmerksamkeit oder nach Kontakt sein, weil wir unsere Verbundenheit miteinander verloren haben; es kann ein Ausdruck von Trauer oder Einsamkeit sein, von der Sehnsucht, zu lieben und geliebt zu werden; es kann Ausdruck des Gefühls sein, abgelehnt zu werden. Oft sagt die Wut eigentlich: »Ich liebe dich« oder »Ich brauche dich«, aber stattdessen werfen wir uns Schimpfworte an den Kopf.

MATTHEW FOX

»Unter der Wut entdecken wir oft Leid und Kummer. Diese Gefühle sind so wichtig, aber unsere Gesellschaft lehrt uns nicht, damit umzugehen. Deshalb sind so viele junge Leute zornig – weil niemand sie unterweist, wie sie ihren Kummer fühlen oder ihn in konstruktive Bahnen lenken können. Das Arbeiten mit Leid und Kummer ist somit ein sehr wichtiger Teil, will man die Wut verstehen.«

Wenn wir die Wut unterdrücken oder so tun, als sei sie nicht da, werden all diese anderen Gefühle ebenfalls unterdrückt oder verleugnet. Eine ehrliche Kommunikation ist nur dann möglich, wenn wir die wahre Emotion hinter dem Ausdruck von Wut erkennen. Hier ist die Meditation sehr wichtig, denn wenn die Wut sich verflüchtigt, kommen unsere tieferen Gefühle zum Vorschein. Somit lädt uns die Meditation nicht nur ein, die Wut zu beobachten, sondern sie auch kennenzulernen und sich mit ihr anzufreunden.

❋ RAM DASS ❋

»Auch nach dreißig Jahren des Meditierens sehe ich immer noch Wut aufsteigen. Aber jetzt kann ich in solchen Fällen sagen ›Hallo, alter Freund‹ und sie auf eine Tasse Tee einladen. Die Meditation hat mir geholfen, negativere Aufenthaltsorte, wie etwa die Wut, zu überwinden, weil sie mir die Chance gibt, meine Identifikation mit ihr mit meinem Gewahrsein zusammenzubringen. Das gibt mir einen Hebel an die Hand, um mich nicht mit diesen Zuständen zu identifizieren. So bin ich zum Beispiel liebevolles Gewahrsein und bin mir als solches der Wut gewahr.«

In der stillen Weite der Selbst-Betrachtung sehen wir uns klarer und können uns so akzeptieren, wie wir sind. Meditation ist kein Allheilmittel; sie lässt nicht alle unsere Schwierigkeiten verschwinden oder verwandelt unsere Schwächen plötzlich in Stärken, aber sie ermöglicht es uns, in einer umfassenden Akzeptanz von *wer wir sind* zu ruhen. Das macht uns nicht vollkommen, nur umfassender menschlich.

❋ JUDITH SIMMER-BROWN ❋

»Als ich mit dem Meditieren begann, dachte ich zunächst, damit würden alle Dinge wie Wut und Zorn verschwinden, doch ich musste feststellen, dass ich noch immer der gleiche Mensch mit den gleichen Gewohnheiten bin. Ich neige noch immer zu Ärger und Wut; ich bin noch immer reizbar. Der Unterschied ist nun, dass ich mir Raum lassen kann, das Gefühl zu fühlen. Es ist sehr stark Bestandteil dessen, wer ich bin, aber ich bin nicht getrieben, darauf zu reagieren, ich bin seinen Zwängen nicht mehr auf gleiche Weise unterworfen. Ich habe ein sehr viel umfassenderes Gefühl von Resonanz auf meinen eigenen Schmerz – eine

Vertrautheit mit meinen Mustern – und von Resonanz auf andere Leute und ihren Schmerz. Es hat mich zu einem sehr viel geduldigeren und freundlicheren Menschen gemacht.«

Die Wut nutzen, um einen Wandel herbeizuführen

Wut kann unsagbaren Schaden anrichten, doch das hängt davon ab, wie wir sie verwenden. Wenn wir über eine Ungerechtigkeit oder unfaire Behandlung wütend werden, kann das der entscheidende Moment sein, der uns aus unserer Apathie oder Angst herauskatapultiert; es kann der Ansporn sein, der uns Veränderung fordern lässt, sei es bei uns selbst oder bei anderen. Das bedeutet, dass wir die Kraft der Wut für eine Transformation, statt zur Zerstörung einsetzen.

KEN GREEN

»An Leidenschaft oder auch an ein bisschen Ärger ist nichts auszusetzen, solange wir die Neurose nicht neurotisch oder selbstsüchtig werden lassen. Als ich gelähmt war, war ich zuweilen stinksauer, war ich wirklich frustriert, aber das wurde zum Feuer, das den Funken der Veränderung entfachte. Problematisch wird es dann, wenn das Feuer die Dinge niederzubrennen beginnt. Eine Mahlzeit zu kochen ist wundervoll – einen Wald niederzubrennen hilft niemandem.«

Leidenschaft und Kraft, die durch die Beobachtung einer Ungerechtigkeit genährt werden, können uns zu heroischen oder mitfühlenden Taten bewegen, zum Kämpfen für Gerechtigkeit und Grundrechte, für das, was angemessen und human ist. Die Energie der Wut und des Zorns kann uns dazu anregen, vergangene Seinszustände oder Seinsweisen aufzugeben, beschränkende Glaubensvorstellungen, Überzeugungen und zerstörerische Verhaltensweisen zu durchbrechen. In Augenblicken wie diesen können wir die Kraft der Wut einsetzen, um anderen zu nützen und sie zu inspirieren.

DEEPESH FAUCHEUX

»Der vietnamesische Mönch und Meditationslehrer Thich Nhat Hanh erzählte, wie er mit einer Gruppe junger Mönche und freiwilligen Helfern ein zerbombtes Dorf wieder aufgebaut und die Leute aus den Wäldern herbeigerufen hatte, damit sie feierten, zurückkamen und wieder dort lebten. Doch die Amerikaner kamen zurück, bombardierten das Dorf erneut und töteten viele Dorfbewohner und freiwillige Helfer. Thich Nhat Hanh war wutentbrannt. Er schlug die Hände vors Gesicht und weinte. Später schrieb er ein wunderbares Gedicht darüber, in dem es heißt: ›Nein, ich weine nicht, ich halte mein Gesicht in beiden Händen, um die Einsamkeit warm zu halten … zwei Hände, die mich davor bewahren, dass meine Seele mich in Wut verlässt.‹ Als wir über dieses Gedicht sprachen, sagte er: ›Ich musste diese Energie der Wut nicht herausstoßen. Ich musste diese Energie nutzen, um zu helfen, mein Land wieder aufzubauen.‹ In diesem Sinne ist Wut eine Energie, die sowohl transformieren als auch transformiert werden kann.«

Bei der Angst sein

Wut und Zorn sind etwas Heißes und Lautes, Angst und Furcht sind subtiler und durchdringend und besitzen verschiedene Gesichter und Maskierungen. Einerseits ist die Angst eine natürliche Reaktion auf körperliche Gefahr, sie kann aber auch von uns selbst erzeugt werden, so zum Beispiel die Angst vor Versagen, vor Dunkelheit, die Angst davor, die Beherrschung zu verlieren, anders oder einsam zu sein. Wir haben Angst zu lieben, weil wir fürchten zurückgewiesen zu werden, wir haben Angst, großzügig zu sein, weil wir befürchten, dann selbst nicht genug zu haben;

wir haben Angst, anderen unsere Gedanken oder Gefühle mitzuteilen, weil wir uns irren oder dumm erscheinen könnten, und wir können kein Vertrauen haben, weil wir von Selbstzweifeln und Unsicherheit beherrscht sind.

Die Angst scheint real zu sein, selbst wenn sie der realen Grundlage entbehrt, und sie steigt nur auf, wenn das Ego bedroht oder untergraben wird – dann klammern wir uns an das Bekannte und Vertraute. Eine solche Angst erzeugt Paranoia, Sorge, psychische Störungen und Befürchtungen.

SHANIDA NATARAJA

»In den meisten Fällen ist das Leiden in der Welt eine Folge von Angst: Angst vor Menschen, die anders denken als wir, Angst vor Veränderung und letztlich die Angst vor dem Tod. Das kommt daher, dass die linke Gehirnhälfte eine konzeptuelle Landkarte von der Welt speichert; sie beinhaltet unsere persönliche Weltsicht, die über unser Identitätsgefühl und unser Verhältnis zu anderen und unserer Umwelt bestimmt. Ganz offensichtlich brauchen wir diese konzeptuelle Landkarte, um in der physischen Welt agieren zu können; ist sie aber zu starr, schränkt sie sowohl unsere Erfahrungen wie auch unsere persönliche Weiterentwicklung ein. Wer immer die Stichhaltigkeit unserer Anschauung anzufechten oder unser Identitätsgefühl zu bedrohen scheint, wird von unserem Ego missachtet, und wir reagieren mit Intoleranz. Unsere moderne Gesellschaft legt sehr viel Wert auf die Eigenschaften, die der linken Gehirnhälfte zugeordnet sind, wie etwa zu streben, zu erreichen und zu erwerben. Daher ist es uns gewöhnlich gar nicht bewusst, dass dieser Mangel an Toleranz, den diese Weltsicht mit sich bringt, die Quelle unseres Leidens ist.«

Die unmittelbare Auswirkung von Angst ist die, dass wir dicht machen, dass wir unsere Energie nach innen ziehen und insbesondere unser Herz verschließen. Lassen Sie Ihren Körper nur mal für einen Augenblick die Haltung von Angst und Furcht einnehmen. Wie ist Ihre Körperhaltung? Die meisten Menschen ziehen die Schultern ein, kreuzen die Arme vor der Brust oder nehmen eine ähnlich zusammengezogene Haltung ein, um das Herz zu schützen. Die Angst bewirkt, dass wir eine Verteidigungshaltung einnehmen. In diesem Feld des Selbstschutzes befindet sich das Herz außer Reichweite, und es ist unmöglich, Liebe oder auch nur Freundlichkeit zu empfinden. Versuchen Sie einmal »Ich liebe dich« zu sagen und es wirklich auch zu meinen, während Sie Ihre Arme fest vor der Brust verschränkt halten.

Wenn wir die Angst erkennen, wenn sie aufsteigt, und einfach bei ihr sind, statt auf sie zu reagieren, mindern wir ihre Macht. Versuchen wir sie zu stoppen oder zu unterdrücken, führt das zu noch mehr Widerstand und Anspannung. Kommt Angst auf, dann können wir den Atem nutzen, um aufgeschlossen zu bleiben, können wir bewusst in unsere Herzgegend atmen und die Angst bei ihrem Namen nennen. Sagen Sie es sanft und weich. Beobachten Sie, was mit dem Körper passiert, während die Angst sich festzusetzen versucht. Solange wir den Körper offen halten und in einem Zustand der völligen Akzeptanz verweilen, wird es für die Angst sehr schwer sein, sich aufzubauen und einzurichten.

GAY UND KATHLYN HENDRICKS

»Wenn wir Angst haben, ist es die einzige wirkliche Lösung, die Angst anzuerkennen und zu fühlen, bis sie dahinschwindet. Angst ist etwas Natürliches. Der Körper hat Hunderttausende von Jahren auf ihre Perfektionierung verwandt. Werden Sie gut darin, zwischen wirklichen und eingebildeten Bedrohungen zu unterscheiden. Lassen Sie sich die Angst fühlen. Sie ist etwas Normales; sie ist etwas Menschliches. Atmen Sie mit ihr. Tanzen Sie mit ihr. Und fordern Sie vor allem nicht das Universum heraus, indem Sie die Faust gegen die Angst schütteln und sagen, dass Sie ihre Existenz nicht anerkennen werden. Wenn Sie das tun, gehen Sie auf Kollisionskurs mit den Naturkräften, so als ob

Sie die Faust gegen den Donner erhöben und sagten, dass Sie nie wieder auf ihn hören werden.«

Solange wir die Angst verdrängen, leugnen oder ignorieren, wird sie uns gefangen oder emotional eingefroren halten, so dass wir nicht weiterkommen können. In diesem Zustand haben wir Angst vor der Liebe, vor der Spontaneität. Wir sind unfähig, Schönheit wertzuschätzen, stattdessen werden wir wütend oder verstecken uns hinter selbst errichteten Mauern. Angst bestärkt das Gefühl von Getrenntsein und Isolation; sie erzeugt Einsamkeit und Feindseligkeit. Wenn wir die Monster aus der Finsternis ans Licht bringen, erkennen wir sie als das, was sie sind. Es ist die Natur der Angst, uns zurückzuhalten. Sie hält uns in einem Zustand der Beschränkung, der Begrenzung und der Verschlossenheit des Herzens. Dieser Zustand wird transformiert, wenn wir den Mut haben uns umzudrehen, der Angst ins Gesicht zu sehen, sie zu akzeptieren, sie kennenzulernen und unsere Verteidigungsmechanismen, Widerstände und fixen Ideen aufzugeben.

JOSEPH GOLDSTEIN

»Ich bin mit der Angst sehr vertraut. Es gab Zeiten in meiner Meditation, in denen eine nicht rationale, eine nicht mit aktuellen Umständen verbundene Angst aufstieg. Es war vielmehr eine Urangst, die an die Oberfläche kam. Beim Arbeiten damit lernte ich, dass ein Schlüsselelement der Praxis darin besteht, das Angstgefühl selbst total zu akzeptieren. Wir denken vielleicht, dass wir achtsam und gewahr sind, doch gewöhnlich schwingt der Wunsch mit, dass die Angst verschwinden soll, da sie eine sehr unangenehme Emotion ist. Wir können uns sehr leicht vormachen, dass wir etwas akzeptieren, doch in Wirklichkeit wollen wir einfach nur, dass es vorbei ist. Erst als ich zu einer echten Akzeptanz gelangte – die sich im Gedanken ausdrückte, dass es auch okay wäre, wenn die Angst den Rest meines Lebens bestehen bliebe –, begann der Knoten der Angst sich zu lösen.

Eine so radikale Akzeptanz lockerte das ganze psychische Muster. In diesem Augenblick wurde sämtliche im Innern eingesperrte Angst vollkommen weggespült. Natürlich ist es nicht so, dass die Angst nie wieder aufsteigt; vielmehr hat sich mein Verhältnis zu ihr geändert und ist nun von mehr Akzeptanz geleitet. Vor diesem Geschehen hatte ich eine ganze Geschichte um die Angst aufgebaut: ›Sie ist so tief, sie reicht so weit zurück, ich werde dreißig Jahre Therapie brauchen, um das aufzulösen.‹ Nach diesem Augenblick der Akzeptanz sah ich sie tatsächlich nur als eine aufsteigende Wolkenformation, die sich zusammenballt und wieder auflöst, wenn sich die Bedingungen verändern.«

Während wir auf die Angst schauen und sie fühlen und bei ihr sind, müssen wir zugleich tiefer gehen und ihre Quelle ausfindig machen. Was löst diesen Wunsch aus, sich zurückzuziehen, zusammenzuziehen, dicht zu machen? Was macht die Angst so beängstigend? Was ist da noch, das sich vielleicht als Angst maskiert, das in uns den Wunsch weckt, es ungesehen und uneingestanden wegzustoßen? Können wir dies ans Licht bringen, es als das sehen und fühlen, was es wirklich ist?

GANGAJI

»Ich wuchs im Süden auf und wurde daher zutiefst konditioniert, ein Rassist zu sein. In der Meditation wurde meine Konditionierung sichtbar, aber ich konnte auch entdecken, was sich dahinter verbarg. Ich sah, dass es Angst war. Bei der Angst geht es um das Überleben. Wenn du dich unter diese Schicht begibst und die Angst erfährst, ohne zu versuchen, sie zu verändern, wenn du sie einfach sein lässt, dann wird sie still. Wenn du dein Herz für die Angst öffnest, statt zu versuchen, sie zu bekämpfen oder zu verleugnen oder zu überwältigen, dann stellst du fest, dass sie einfach nur Energie ist. Es findet eine ganz natürliche Zerlegung unserer rassistischen und nationalistischen, unserer sexistischen oder religionsbedingten Anschauungen statt. Dann bleibt nur noch übrig, was weder zerlegt noch aufgebaut noch konstruiert werden kann.

Wenn der Geist sich dem weiten Raum in der Meditation nähert, in dem es kein Ego, keine Definition von irgendetwas gibt, dann ist da ein Augenblick der Wahrheit, in dem es nur noch eine Bereitschaft gibt, sich zu ergeben. Es ist ein Augenblick der Begegnung mit dem Tod dessen, wie wir uns selbst definiert haben, wie wir definiert haben, wer ich bin, wer du bist, was Meditation ist, was Einssein ist, und es ist das Loslassen von allem.«

Die Angst einladen

ED

»Als wir den Strand entlanggingen, sahen wir am anderen Ende einen hohen Kran stehen, der das Interesse einer großen Menschenmenge auf sich zog. Wir schlängelten uns durch die Reihen im Sand liegender, halbnackter, glänzenden Leiber und sahen beim Näherkommen hoch über uns jemanden, der sich zum Bungeespringen bereit machte. Fasziniert schauten wir zu, wie er hinuntersprang, wieder hochschnellte, wieder fiel, bis er schließlich nicht weit über dem Strand zum Stillstand kam. Das ist nichts für mich, dachte ich, das könnte ich nie. Doch gleichzeitig fühlte ich mich zum Kran hingezogen und wusste, dass ich es tun, mich in dieser Weise mit mir selbst konfrontieren musste.

Der Typ vor mir in der Schlange war nervös, also beruhigte ich ihn und sagte, dass er nichts weiter tun müsse als atmen und er würde okay sein. Und so war es. Er ging hinauf und sprang. Dann war ich an der Reihe, und hinauf ging's. Plötzlich begannen mir die Knie zu zittern, ich konnte nichts dagegen tun, obwohl ich innerlich entschlossen war, ruhig und gelassen zu bleiben – ich wollte es nicht vermasseln! Als ich, mit einem an meinen Fußknöcheln befestigten langen Gummiseil, am Rand der Plattform stand, wollte sich mein Körper einfach nicht bewegen. Es gab keine innere Programmierung, nichts in meinem Gehirn, das erkannte, wie ich mit der Situation zurechtkommen sollte. Ich wusste, ich musste springen, musste mich auf diese Art herausfordern, aber mein Körper und mein Geist sagten beide Nein. Jedes Mal, wenn ich springen wollte, stand mein Körper still. Nichts rührte sich.

Unter mir begannen ein paar hundert Stimmen ›Spring! Spring! Spring!‹ zu rufen. Die Minuten verrannen, und es fühlte sich an wie eine Ewigkeit. Und dann ergab sich in mir etwas, ließ den Widerstand los, setzte die Angst frei, und ich sprang. Und unter der Schicht der Angst entdeckte ich ein gewaltiges Reservoir an reiner Freude!«

Erinnern Sie sich an Fälle, in denen Sie der Angst begegneten und sich durch sie hindurch bewegten, an die vielen Male, in denen die Angst aufstieg und Sie weitermachten? Die Angst mag das Herz verschließen, aber die Furchtlosigkeit geht aus der Herzensfülle hervor, aus dem Aufgeben von Widerstand. Die Angst hält uns davon ab, uns unseren Dämonen zu stellen und voll am Leben teilzunehmen, aber die Furchtlosigkeit gibt uns den Mut, von einem Kran hinab ins Unbekannte zu springen.

JOHN MILTON

»Stellen wir uns vor, wir stehen im Kontext eines ›Stroms des Menschseins‹, der durch viele Generationen und Familien hindurch geflossen ist, dann haben wir Zeiten großer Schwierigkeiten erlebt, so etwa die der Höhlenbären und der Säbelzahntiger. Diese Erinnerungen werden über unsere Ahnenlinien auf uns übertragen, uralte Ängste, die als Urangst vor dem Dunklen, dem Unbekannten, dem Ausgeliefertsein hochkommen können. Wir müssen bereit sein, durch diese Angst hindurchzugehen, sie zu akzeptieren und ihre Wahrheit zu ehren, uns in sie hinein zu entspannen. Wenn das geschieht, wenn wir dem, was ist, vollkommen vertrauen, wird die Möglichkeit, sich vollkommen in das Jetzt zu ergeben, möglich. Aber wir müssen dieses Tor der Angst durchqueren, um dieses totale Vertrauen entwickeln zu können.«

Mit anderen Worten: Furchtlos zu sein bedeutet nicht, dass wir die Angst stoppen oder verleugnen müssen; Furchtlosigkeit ist kein Zustand ohne jede Furcht. Vielmehr ist sie die Erfahrung, die Furcht voll und ganz zu fühlen, sie zu benennen, sie kennenzulernen, sie bei der Hand zu nehmen und sich sogar mit ihr zu befreunden.

»Es gibt eine Welt der Liebe, und es gibt eine Welt der Angst, und sie stehen direkt vor dir«, sagte der Sänger Bruce Springsteen zu David Hepworth in *Springsteen: The »Q« Interview*. Und er sagte weiter:

»Und sehr oft fühlt sich die Angst sehr viel realer und gewiss sehr viel dringlicher an als das Gefühl der Liebe. In der Nacht, in der mein Sohn geboren wurde, kam ich einem Gefühl von wirklicher, reiner, bedingungsloser Liebe sehr nahe, da waren überhaupt keine Mauern mehr. Plötzlich war das, was da geschah, so immens, dass es alle Angst einfach ausstampfte. Aber ich verstand auch, warum wir so viel Angst haben. Wenn die Welt der Liebe hereinstürmt, kommt auch eine Welt der Angst mit herein. Wenn du dich dem einen öffnest, musst du auch das andere akzeptieren.«

Die Angst verschließt das Herz und setzt der Liebe Widerstand entgegen, wohingegen die Liebe ein offenes Herz bedeutet, das die Angst umarmt. Versuchen Sie also jetzt die Haltung der Liebe einzunehmen. Beobachten Sie, wie Ihre Körperhaltung offen wird, wie Sie sich ausdehnen, Ihre Arme sich einladend dem Außen in Akzeptanz entgegenstrecken. Die Angst mag noch da sein, aber die Liebe kann die Angst willkommen heißen – sie kann jegliche Negativität in die Arme schließen. Beobachten Sie, wie Ihre Atemzüge tiefer, voller werden. Die Furcht schließt die Liebe aus, wohingegen die Liebe die Angst zärtlich umfängt und hält. Sie ist wie der Himmel, der alles in sich birgt. Strecken Sie die Arme weit aus und versuchen Sie »Ich habe Angst« zu sagen und es auch wirklich zu meinen.

Es ist nicht unbedingt leicht, die Angst zuzulassen und sich mit ihr zu befreunden; sie ist ein machtvolles Gefühl und erfordert Verständnis und Geduld. Die Angst kommt – wir atmen und lassen los. Die Angst kommt – wir sehen, wie der Geist Bestärkung und Zärtlichkeit braucht. Die Angst kommt – wir ersetzen sie durch Liebe. Wenn wir das tun, laden wir die ängstlichen und besorgten Teile unserer Selbst dazu ein, einander kennenzulernen und sich sogar gemeinsam zum Teetrinken hinzusetzen.

PETER RUSSELL

»Normalerweise drängen wir unsere Emotionen weg, oder wir halten an etwas fest, das wir nicht mögen. Loslassen bedeutet für uns, etwas loszuwerden; wir denken, wenn wir es sofort wegschubsen könnten, würde es sich auch nicht mehr auf uns auswirken. Wir müssen aber das Gegenteil tun, wir müssen es voll und ganz zulassen. Wir müssen das, was geschieht, zulassen und die Erfahrung emotional in uns aufnehmen. Und dann können wir es sein lassen. Das ist die Meditation: einfach etwas so akzeptieren, wie es ist, ohne zu versuchen es zu verändern. Dann kann der Wandel eintreten und die Heilung geschehen.«

Solange wir die Angst, Wut, Eifersucht oder irgendeine andere Emotion verleugnen oder ablehnen, akzeptieren und umfangen wir uns nicht so, wie wir sind. Ob ein Gedanke oder Gefühl positiv oder negativ ist, ist egal; sie sind so oder so integraler Bestandteil unseres Seins. Die Ablehnung eines Teils bedeutet, sich dem Ganzen zu verweigern.

BYRON KATIE

»Die Arbeit besteht nicht darin, dem Geist Einhalt zu gebieten, sondern darin, den Geist einzuladen – jeden einzelnen Gedanken einzuladen –, nach vorne ins Licht zu kommen. Ich sehe alle

Gedanken als das Geliebte an. Warum sollten wir das Geliebte loswerden wollen? Warum sollten wir das Geliebte aus seiner Existenz befördern wollen? Ich lade jeden einzelnen Gedanken ein, zu mir zu kommen, als sei er mein liebstes Kind. Die ganze Welt ist eine Auswirkung des Geistes. Innen und außen entsprechen sich immer: Wenn du Angst hast, scheint die ganze Welt gefährlich zu sein; wenn du liebst, was ist, wird alles in der Welt zum Geliebten. Wenn der Geist sich nicht selbst bekriegt, gibt es keine Trennung.«

Meditation ermuntert uns dazu, die Angst zu fühlen und kennenzulernen, so dass sie nicht länger der Feind ist. Wenn wir das tun, sehen wir allmählich die positiven Aspekte der Angst, die Geschenke, die sie mit sich bringt, die unerwarteten Einsichten und blitzartigen Momente des Verstehens, die uns zu einem tieferen Gewahrsein führen. Wenn wir die Angst nicht länger verleugnen, verurteilen, wenn sie uns nicht mehr wütend macht oder Furcht einjagt, dann ist da ein Ort in uns, der all diese Gefühle kommen und gehen lässt und sich an ihrer Gegenwart erfreut, weil sie uns zu unserer Wirklichkeit erwecken.

DAVID SHINER

»Wir wachsen in unserer Gesellschaft mit so viel Angst auf. Der Prozess der Meditation schält unseren Widerstand langsam weg, so dass wir uns tiefer in die Angst hineinbegeben können. Da ist eine größere Verletzlichkeit und auch eine Akzeptanz der Verletzlichkeit. Statt sie wegzuschieben und in den vom Geist geschaffenen Mauern der Angst zu leben, können wir anfangen, diese ungeheure Verletzlichkeit zu akzeptieren und uns klarzumachen, dass sie uns nichts antun wird, dass sie tatsächlich eine gute Sache ist. Ich kann tiefer fühlen. Ich kann tiefer in meine Kreativität hineingehen. Ich kann den Entscheidungen trauen, die ich treffe. Da ist Dankbarkeit.«

Praxisübung
Begegnen Sie Ihrer Angst und lernen Sie sie kennen

Atmen Sie stetig, bleiben Sie offen, benennen Sie die Angst.

Begeben Sie sich dann unter oder hinter oder in die Mitte der Angst, um ihre Quelle ausfindig zu machen.

Da mögen Traurigkeit, das Gefühl von Verlust, von Unzulänglichkeit und Zärtlichkeit sein.

Gehen Sie immer tiefer, beobachten Sie einfach und setzen Sie frei.

Wenn Sie das tun, wird die Angst allmählich unaufhaltsam, ohne irgendwo anzudocken, durch Sie hindurch fließen.

Sie werden imstande sein, sie zu sehen, sie zu kennen und immer weiter über sie hinauszugehen.

Die Schattenseite des Mondes

ED

»Eines meiner schmerzlichsten Kindheitserlebnisse betrifft eine Auseinandersetzung zwischen meinem Vater und mir. Er war im Schlafzimmer und hatte die Tür hinter sich geschlossen, und ich hatte vor seiner Tür gespielt und ihn gestört. Als er mich ärgerlich anherrschte, still zu sein, rief ich, wie Kinder das so machen: ›Ich habe nicht darum gebeten, geboren zu werden!‹ Ich hatte keine Ahnung, was für eine gewaltige Reaktion das auslösen würde. Mein Vater kam aus dem Zimmer gestürzt und war kurz davor, mich zu schlagen. Erst später begriff ich, dass er sich für die Schwangerschaft meiner Mutter verantwortlich gefühlt haben musste, und damit auch für ihren Tod kurz nach meiner Geburt. Bei uns beiden steckte so viel Macht im Schattenaspekt unseres Geistes.«

Im Schatten, dem inneren Ort der Unterdrückung, ist eine gewaltige Menge Energie gespeichert. Wenn wir uns damit zu verbinden beginnen, fühlen wir uns vollständiger, so als wäre endlich etwas, das verloren gegangen war, wieder gefunden worden. Wenn wir mit Traumata und Kummer über Fehler oder Missbrauch in der Vergangenheit in Berührung kommen, mit Orten der Scham oder des Verlassenseins, dann beinhaltet diese Berührung ein umfassenderes Wissen von uns selbst. Die Konfrontation mit dem Schatten und seine Heilung bringt uns zu einer tieferen Akzeptanz unseres Menschlichseins und zu unserem Verbundensein mit allen anderen, vor allem mit denen, die leiden.

SEANE CORN

»Wenn ich in der Meditation meinem Schatten von Angesicht zu Angesicht begegnete, dann wusste ich, dass meine Seele mir sagte: ›Liebes, wenn du eine Heilerin sein möchtest, musst du dich selbst heilen, musst du dich direkt in dieses Feuer begeben. Das ist dein Schatten, und das ist es, was dich von der Selbstliebe abhält. Du wirst dieser Welt keinen Dienst erweisen können, wenn du dich da nicht direkt hineinbegibst und herausfindest, wer dieses kleine Mädchen in dir ist.‹ Ich muss die Prostituierte in mir lieben, ich muss die Verarmte in mir lieben, ich muss die Ungebildete in mir lieben, ich muss all die verwundeten Teile in mir lieben, damit ich eine andere Person umfangen und halten kann, die in realer Hinsicht verwundet ist. Die lichtesten Menschen, denen ich je begegnet bin, mussten die dunkelsten Seiten ihrer Seele ausgraben und offenlegen. Meine größten Lehrer waren die Fixer und die Nutten, die sich selbst aus diesen Situationen herausziehen konnten und sich dann umdrehten, um einen anderen aus diesem Sumpf zu ziehen.

Die Meditation hilft mir, mit meinem Schatten in Kontakt zu kommen, und es ist ein riesiger Schatten! Wenn ich mich mit den Teilen von mir, die mir Angst einjagen, verständigen kann, dann kann ich mich vor ihnen verbeugen, wenn ich ihnen begegne, dann kann ich sie verstehen: ›Oh, ich begreife, du bist mein Lehrer. Du bist hier, um mir auf psychischer Ebene einen Tritt in den Hintern zu geben und mein Herz für die Wahrheit zu öffnen.‹ Mag die Schattenenergie auch schmerzhaft und unangenehm sein, mein Herz wird sich doch vor ihr verbeugen und sich ihr ergeben, weil sie da ist, um mich zu lehren, was ich wissen muss.«

Wenn der Schatten nicht auf diese Art gesehen oder ihm nicht in dieser Weise begegnet wird, kann er ungebeten in unser Leben platzen und explodieren. Unser Verhalten kann, ausgelöst durch Wut, Stress oder einen emotionalen Konflikt, außer Kontrolle geraten, und wir verlieren den Bezug zur Realität. Hier ist die Meditation von überaus großem Nutzen. Sie gibt uns nicht nur geistigen Halt, sondern sie liefert uns auch die Weite, damit wir der Show, die sich entfaltet, zusehen können, ohne dass wir in sie hineingezogen werden und ohne dass wir unser Herz verschließen.

ANDREW HARVEY

»Gewöhnlich sehen wir unseren Schatten nicht, weil wir so große Angst davor haben, ihn uns einzugestehen und ihn anzuerkennen, dass wir dicht machen, sobald er auftaucht. Die Meditation beruhigt uns so weit, dass wir die Art und Weise begreifen können, in der sich unser Geist in Wut, Eifersucht, Gewalttätigkeit, Traurigkeit, Verlassenheitsgefühl und all das Zeug begibt, das wie Sumpfgas aus dem Innern hochsteigt. Sie hilft uns, uns im Frieden unseres inneren Wesen zu erden, so dass wir die Enthüllung des Schattens in seiner Tiefe aushalten, dass wir ihn annehmen, voll und ganz akzeptieren können, ohne dadurch zerschmettert oder zerstört zu werden. Vielmehr sind wir nun genau deshalb nobler, großzügiger und mitfühlender.«

Die dunkle Nacht

Das Eintreten in die dunklen Orte kann geschehen, wenn wir in die sogenannte dunkle Nacht der Seele geworfen werden, in eine Zeit der Qual, der Pein und des Verlustes von Verbundenheit. Solche Zeiten werden in allen Traditionen der Mystik als integraler Bestandteil des spirituellen Weges beschrieben, als eine Erfahrung der inneren Verwirrung und des emotionalen Aufruhrs, die zu einem tieferen Erwachen und Sichöffnen führt. Wenn wir es zulassen, dass wir uns einer solchen dunklen Zeit ergeben, findet eine große Reinigung und Heilung statt. Viele spirituelle Lehrer, Heilerinnen und Heilige dieser Welt haben diese Dunkelheit erfahren und sind diesen Pfad gegangen, denn es kommt eine enorme Weisheit zum Vorschein, wenn wir diesen verborgenen Teil von uns selbst kennenlernen. Eds eigene Erfahrung ist ein Beispiel dafür.

❋ ED ❋

»Ich dachte, ich hätte meine Hausaufgaben gemacht. Ich habe mich bei meinem Guru in Indien geschult und wurde ein Swami, ein hingebungsvoller Yoga-Mönch und Adept der Meditation. Ich hatte das Licht gesehen und geglaubt, ich sei vollkommen erwacht. Kein Ego mehr! Kein getrenntes Ich mehr! Aber ich musste ins weltliche Leben zurückkehren. Kurz nach meiner Rückkehr in die Vereinigten Staaten wurde ich zu einer Party eingeladen. Ein Joint wurde herumgereicht. Ich hatte schon sehr lange kein Hasch mehr geraucht, aber ich fühlte mich so gut, so glücklich in meinem Leben, dass ich dachte, warum nicht einen Zug nehmen, das kann mir nichts anhaben. Schließlich hatte ich die Sadhus – die heiligen Männer – in Indien auch Hasch rauchen sehen. Ich nahm also einen Zug und dann noch einen. Das erinnerte mich an das göttliche Gefühl von Liebe und Spiritualität, es gab mir das Gefühl, gottgleich und erleuchtet zu sein. Dann verspürte ich den Wunsch, noch mehr zu rauchen. Es war so gut, dass ich dachte, warum nicht ab und zu etwas rauchen – da ist nichts dabei.

Und flugs war meine alte Sucht wieder da, und ich glitt langsam wieder in eine mir schon vertraute Täuschung und Verblendung hinein.

Einmal dachte ich, meine Schlüssel seien weg. Sofort glaubte ich, jemand hätte sie gestohlen, der Kerl, der mich mit Stoff versorgte, hätte sie mir aus dem Mantel genommen und würde in mein Haus kommen und mich bestehlen. Als ich immer paranoider wurde, wusste ich, dass ich sofort auf Entzug gehen und schlichtweg aufhören musste. Aber als ich aufhörte, kam alles, was die Sucht unterdrückt hatte, hoch, um mir gegenüberzutreten. Die Angst übernahm die Herrschaft, und ich trat in die dunkelste Zeit meines Lebens ein. Nachdem ich dreißig Jahre lang nach dem Licht gestrebt hatte, war ich mit einer ungeheuren Finsternis konfrontiert, einem überwältigenden Schatten. Ein riesiger Abgrund tat sich auf, und ich konnte nichts weiter tun als aufpassen, dass ich nicht hineinfiel.

Wochenlang war ich in einer wirbelnden Masse von Verlorenheit, Terror und Sinnlosigkeit verloren. Die Angst war mein ständiger Begleiter; ich fühlte mich hilflos. Ich konnte kein Ich von festem Bestand ausmachen. Ich konnte weder körperlich noch emotional irgendetwas fühlen; ich war leer und betäubt. Ich verlor vollkommen den Faden. Wo war ich? Ich konnte mich nicht mehr daran erinnern, was ich gerade gesagt hatte, oder dem folgen, was ein anderer sagte. Meine Rettung war, dass ich, dank der Meditation, ›den Beobachter‹ entwickelt hatte und somit ein Gewahrsein vom Geschehen aufrechterhalten konnte. Solange ich mich nicht ganz aufgab, existierte ein Weg da hindurch, das wusste ich.

Schließlich rief ich eine gute Freundin an, eine Therapeutin, obwohl ich das ›Ich‹, das Hilfe brauchte, gar nicht finden konnte. Sie verstand mich. Sie führte mich an den Rand des Abgrunds und ermöglichte es mir, dort zu stehen und hineinzublicken, ohne hineinzuspringen. Ich begann die Knoten der Verwirrung aufzudröseln und mit den tiefen, verborgenen Gefühlen von Wut und Verlust in Kontakt zu kommen, in diesen unterdrückten Orten Stärke zu finden, und langsam kehrten meine Kräfte zurück. Schließlich gelang mir ein Durchbruch. Wie am Ende eines Wirbelsturms begannen Stille und Ruhe einzukehren. Ich war dankbar dafür, wieder am Leben zu sein, und ein tiefes Gefühl von Präsenz, das sich wie Gnade anfühlte, senkte sich über mich herab. Danach schrieb ich: ›Wenn das Ego zerbricht, enthüllt sich die Wahrheit des wahren Selbst; wenn das Herz aufbricht, kann das Licht durchscheinen.‹«

Eine solche Erfahrung zu durchleben mag hart erscheinen, aber wie Ed dankbar feststellte, konnte er »den Beobachter« aufrechterhalten, und das ist das große Geschenk, das uns die Meditation macht: imstande zu sein zu beobachten, gewahr zu sein, ohne vollkommen verloren zu gehen. Dieses Gewahrsein erlaubt uns, uns mit dem anzufreunden, was wir finden. Das heißt nicht, dass eine sofortige Heilung stattfindet, aber wir sind imstande, uns zu einem gesünderen Ort zu begeben und uns auf einer anderen Ebene wiederzufinden.

Zur Ganzheit finden

Die Heilkraft der Meditation liegt in der Erkenntnis, dass wir uns selbst nicht länger ausweichen können. Wenn wir meditieren, sitzen wir bei unserem *wer wir sind*; wir können nirgendwo hinrennen oder uns verstecken. Das ist eine andere Herangehensweise als alles, was wir davor kannten, aber es schafft die Chance zu einer sehr viel tiefer reichenden Heilung. Was immer in unserem Innern vorgeht, es ist da, um gesehen zu werden. Und wenn wir einfach nur beobachten und uns nicht einmischen, sind wir frei vom emotionalen Aufruhr, der solche Zustände zu begleiten pflegt.

❋ JOSEPH GOLDSTEIN ❋

»Mit Hilfe der Meditation können wir mit tief verwurzelten Problemen, wie zum Beispiel Wut oder Angst, auf äußerst machtvolle und pragmatische Weise umgehen. Es ist ein himmelweiter Unterschied, ob wir uns in diesen durch Konditionierung tief eingebrannten Mustern verlieren oder ob wir uns nicht damit identifizieren. Angst steigt auf, Wut steigt auf, Hass oder Gier oder was auch immer, und normalerweise verlieren wir uns in dieser Energie, werden wir von ihr mitgerissen und agieren sie dann aus. Das ist der Grund für so viel Schmerz in der Welt. Meditation ist der Boden unter unseren Füßen in der Mitte zwischen Unterdrücken und Ausdruck, wo das Gewahrsein für die Emotion, das Gefühl, offen ist; es ist eine vollständige Ehrlichkeit, die nichts unterdrückt. Wir lassen die Emotion aufsteigen; wir schauen sie an und sind bei ihr in all ihrer Totalität. Aber aufgrund der Kraft des Gewahrseins und der Nicht-Identifikation sind wir nicht zum Handeln getrieben. Wir haben den Raum, um eine Wahl zu treffen. Will ich darauf reagieren? Ist es ein ungesunder Zustand, den ich aufgeben will, oder ist es ein gesunder Zustand, der des Handelns wert ist? Meditation schafft den Raum dafür, dass Gefühle und Emotionen aufsteigen können, statt unterdrückt zu werden, und dass wir sie direkt als das sehen können, was sie sind.«

Die Meditation führt uns auch über uns selbst hinaus und lässt uns ein umfassenderes Bild sehen, von dem wir nur ein Teil sind. Das Gefühl von einem »Ich« als einer von anderen getrennten Wesenheit wird durch das Gewahrsein von anderen und unserer essenziellen Verbundenheit ersetzt. Unsere eigene Geschichte ist nicht mehr das Allerwichtigste und Leiden nicht mehr etwas, das nur wir kennen. Was wir erleben und erfahren, wird auch von allen anderen erlebt und erfahren.

NOAH LEVINE

»Wenn wir uns selbst beobachten, kommen wir zur Erkenntnis, dass so wie wir leiden und glücklich sein möchten auch alle anderen Lebewesen leiden; sie teilen diese Gefühle mit uns. Wenn wir in Meditation sitzen, bei unserem Leiden sind und tief in die Akzeptanz gehen, wenn wir allmählich unsere Identifikation mit dem ›Ich‹-Teil des Leidens lösen und einfach nur Leiden sehen, dann öffnet sich unser Herz für das Leiden als ein universales Prinzip und wendet sich in einer heilsamen Reaktion diesem Leiden zu. Wir gehen über uns selbst hinaus und hin zur nächsten Person oder quer über den Planeten zu jenen, die dieselbe Pein in ihrem Herzen oder ihrem Körper verspüren.

Je mehr wir die Natur des Geistes und der Realität beobachten, desto besser erkennen wir, dass Angst oder Wut oder Trauer vollkommen natürlich und doch völlig unpersönlich sind. Sie sind einfach die normale Reaktion des Geistes auf bestimmte Umstände. Sie sind nicht das Selbst; sie sind einfach das, was passiert, wenn wir in bestimmte Situationen geraten: Wut steigt hoch, Angst kommt hoch, Traurigkeit stellt sich ein. Die Meditation ermöglicht uns, dies weniger persönlich zu nehmen und, was vielleicht noch wichtiger ist, geschickter darauf zu reagieren; sie ermöglicht uns, es einfach so zu akzeptieren, wie es ist, und ihm mit mehr Anteilnahme und Mitgefühl zu begegnen.«

Auf diese Weise sind wir nicht länger Opfer der Wünsche und Begierden des Geistes und haben mehr Kapazität für eine Wahl. Die Wut ist nicht länger unkontrollierbar; die Angst hat weniger Macht. Wir sind frei, diese Emotionen zu nutzen, wenn es angemessen ist, aber sie beherrschen nicht länger unser Leben, bestimmen nicht länger unser Verhalten. Emotionen dieser Art mögen ein Teil sein von dem, wer wir sind, aber sie sind nicht das, was oder wer wir in unserem Wesenskern sind.

MICHAEL BERNARD BECKWITH

»Wenn wir immer mehr erwachen, werden wir auch zunehmend geschickter beim Navigieren auf dem emotionalen Terrain von Wut, Angst, Sorge, Zweifel – all der vom Ego beherrschten Wahrnehmungen, die uns dazu bringen, solche Gefühle für real und gerechtfertigt zu halten. Alle möglichen Emotionen kommen hoch, aber wir sind das, was sie beobachtet. Wir werden uns unseres Gewahrseins gewahr. Wir erkennen, dass wir einen Körper haben, aber nicht unser Körper sind. Wir beobachten den denkenden Geist, aber wir sind nicht die Gedanken, die ihn durchziehen. Unsere Essenz bleibt der unwandelbare Beobachter dieses Panoramas.«

Eines der größten Geschenke der Meditation an uns ist die Erkenntnis, dass nichts ewig bleibt, dass alles vergänglich ist, einschließlich der Emotionen, die wir nicht mögen oder mit denen wir uns gerne identifizieren. Wenn wir uns angesichts der Wut oder Angst oder des Kummers zurücklehnen und Atem holen können, bevor die Emotion die Herrschaft übernimmt, können wir zusehen, wie sie – oft so schnell, wie sie gekommen ist – vorübergeht; denn nichts bleibt so, wie es ist, auch nicht diese Gefühle, die sich so gewaltig, so wichtig oder überwältigend ausnehmen. Mit der Zeit wird das, was für uns jetzt so absolut wichtig ist, seine Bedeutung verlieren. Wenn wir das wissen, können wir das Problem umso leichter loslassen.

JOAN BORYSENKO

»Wir gelangen in diesen Zustand des Paradoxen, in dem wir erkennen, dass die zerstörerischen Emotionen keinesfalls unter Kontrolle zu halten sind, wir sie jedoch als das akzeptieren können, was sie sind. ›In diesem Augenblick bin ich voller Wut, in mir kocht es, mir wird heiß, und ich sehe Bilder vor mir, wie ich diese Person erwürgen möchte.‹ Aber fünf Minuten später ändert sich diese Realität, wir müssen also diesen vorübergehenden Zustand nicht verwechseln mit dem, *wer wir wirklich sind*. Vielmehr akzeptieren wir, dass es Zeiten gibt, in denen wir wütend werden und uns vielleicht sogar in dieser Wut verlieren, vor allem wenn wir ihr Widerstand entgegensetzen. Aber wir können sie einfach annehmen. Da ist sie. Da ist die Traurigkeit. Da ist sie.«

Wenn wir beobachten, wie die Gedanken kommen und gehen, die Emotionen wie Wellen aufsteigen und verebben, das Gefühl von physischem, emotionalem oder mentalem Schmerz aufkommt und wieder verschwindet, dann erkennen wir allmählich, dass dies für alles gilt. Da ist ein wunderbares Gefühl von Rhythmus, das uns wissen lässt, dass auch die dunkelsten Zeiten vorübergehen werden, wenn wir lange genug warten, und dass wir darauf vertrauen können, dass sie vorübergehen werden. Nur wenn wir festhalten und uns ans Leiden klammern, bleibt es bestehen und schafft noch mehr Leiden. Wenn wir das wissen, können wir mit jedwedem Schmerz, der präsent sein mag, in Meditation sitzen, ihn einlassen und ihn sein lassen.

JEFF SALZMAN

»Ich meine, dass die Meditation gelegentlich etwas Beruhigendes hat, zumeist aber geht es um den Blick auf den Vulkan an Energie, der sich in meinem Körper und Geist erhebt. Ich kann in Meditation sitzen und vom Schmerz unbewegt bleiben, ich lasse ihn einfach hochkommen und wieder verschwinden, ohne mich auf ihn einzulassen. Du siehst alles in deinem Innern vorüberziehen, von dem du glaubtest, dass es etwas Massives und Beständiges sei, etwas, das da sei, um dich fertigzumachen, und dass du sterben würdest, wenn du dich ihm ergibst; und dann ergibst du dich ihm trotzdem und stirbst nicht. Stattdessen wirst du innerlich weiter und größer und fähiger, und dies nimmt Gestalt an und kann auf jede Situation angewandt werden. Dann hat dich nichts mehr so im Griff wie vorher.«

Die Meditation schafft einen übergreifenden Raum, wo Schmerz, Trauer, Wut, Angst, Verletztheit, Verwirrung, Zweifel oder all die anderen Emotionen auftreten und gesehen werden und hindurchziehen können. Jede von ihnen spielt eine Rolle und hat einen Grund für ihr Dasein, aber wir müssen nicht ewiglich auf dieselbe Weise fühlen. Vielleicht ist da eine Lektion zu lernen, der Schmerz kann auch etwas Segensreiches haben. Wie es Jalaluddin Rumi, der persische Dichter des dreizehnten Jahrhunderts, in seinem Gedicht »Das Gasthaus« so beredt zum Ausdruck brachte:

Das menschliche Dasein ist ein Gasthaus.
Jeden Morgen ein neuer Gast.
Freude, Depression und Niedertracht –
Auch ein kurzer Moment von Achtsamkeit
Kommt als unverhoffter Besucher.
Begrüße und bewirte sie alle!
Selbst wenn es eine Schar von Sorgen ist,
die gewaltsam Dein Haus
seiner Möbel entledigt,
selbst dann behandle jeden Gast ehrenvoll.
Vielleicht bereitet er dich vor
Auf ganz neue Freuden.
Den dunklen Gedanken, der Scham, der Bosheit –
Begegne ihnen lachend an der Tür
Und lade sie zu Dir ein.
Sei dankbar für jeden, der kommt,
denn alle sind zu Deiner Führung
geschickt worden aus einer anderen Welt.

Wenn wir Gefühle wie Wut, Angst, Scham oder Schuld verleugnen, werden sie uns folgen, wo immer wir auch hingehen; wenn wir an ihnen festhalten, ist es das Ego, das sich am Bedürfnis nach irgendeiner Form von Anerkennung festhält. Können wir ohne Anhaftung beobachten und Zeuge sein, wird der Schmerz anerkannt, und ist er erst einmal anerkannt, braucht er keine Aufmerksamkeit mehr. Wenn wir uns in dieser Weise mit unseren Geistesinhalten anfreunden, zeigt uns das, dass auch hinter den dunkelsten Schmerzen und Schwierigkeiten das Glück zu finden ist, von dem uns unser Thai-Mönch ständig sagte, dass es vorhanden sei. Wir müssen nur den Mut aufbringen hinzuschauen.

JACK KORNFIELD

»Die Achtsamkeitsmeditation öffnet unser Weisheitsauge, und wir sehen, dass Gewinn und Verlust, Vergnügen und Schmerz, Freude und Leid, Geburt und Tod allesamt der Tanz des Lebens selbst sind. Sie lehrt uns, uns vor diesen Veränderungen und Zyklen nicht zu fürchten und Vertrauen in die Fähigkeit zu haben, im Gewahrsein selbst zu ruhen, statt in den wechselnden Erfahrungen. Wenn wir dem Gewahrsein vertrauen, wenn wir ruhen im Wissen, gelangen wir zu einem Ort des Wohlbefindens jenseits der wechselnden Gegebenheiten der Welt. Und das ist es, was unser Herz glücklich und frei macht.«

Wir gehören zueinander

Strebe nicht nach Vollkommenheit in einer sich
wandelnden Welt.
Vervollkommne stattdessen deine Liebe.

MEISTER SENGSTAN

WILLIAM SPEAR

»Eine Frau machte sich zum Madison Square Garden auf, um S. H. den Dalai Lama zu treffen, und sie brauchte meinen Arm, um sich darauf zu stützen. Sie war sehr hinfällig – drei Monate später starb sie an Aids. Doch jetzt ging sie sehr langsam neben mir her, ihren Arm auf den meinen gelegt. Wir traten aus dem Hotelzimmer in den Flur, wo ein Zimmermädchen neben dem Putzwagen stand. Das Zimmermädchen sagte ›Guten Morgen‹, und die Frau erwiderte ›Guten Morgen‹ und lächelte, während wir zum Aufzug gingen. Als wir in den Aufzug stiegen, sagte der Mann, der ihn bediente, ›Guten Morgen‹, und auch sie sagte ›Guten Morgen‹. Wir fuhren zum Parterre hinab, kamen am Empfang vorbei – ›Guten Morgen‹, ›Guten Morgen‹ – und gingen hinaus zu einem wartenden Wagen. Der Fahrer öffnete die Tür und sagte ›Guten Morgen‹, und sie sagte ›Guten Morgen‹. Wir gingen zur Sicherheitsschleuse am Madison Square Garden, wo ein hochgewachsener Polizeibeamter uns die Tür öffnete: ›Guten Morgen‹, ›Guten Morgen‹. Wir gingen nach hinten in den Bereich, wo sich S. H. der Dalai Lama aufhielt, und ein Mann ließ uns ein: ›Guten Morgen‹, ›Guten Morgen‹. Dann standen wir vor S. H. dem Dalai Lama, und sie sagte ›Guten Morgen‹ zu ihm mit genau derselben Schwingung, Zielbewusstheit und Offenheit, wie sie es zu jeder der anderen Personen gesagt hatte. Mir wurde klar, dass sie auf jedem Schritt ihres Weges absolut präsent gewesen war. Sie war auf dem Weg, S. H. den Dalai Lama zu sehen, als sie aus der Tür ihres Hotelzimmers trat, und er war im Zimmermädchen, im Mann, der den Aufzug bediente, im Mann am Empfang. Die Liebe zu unserer Familie kann ausgedehnt werden auf die, die wir grüßen, auf die Menschen, die an der Ampel stehen oder sich im Supermarkt aufhalten, auf die Menschen beim Bäcker, auf alle. Und wie dehnst du deine Liebe und Freude auf sie aus? Mach's einfach.«

Das können wir, weil wir nicht alleine hier sind. Wir alle, ein jeder und eine jede von uns, wirken uns sowohl direkt als auch indirekt aufeinander aus. Alles und jedes hängt von allem anderen ab, es gibt keinen bestimmbaren Ort, wo wir unabhängig voneinander anfangen und enden. Jede Zelle unseres Körpers existiert in einer Beziehung der Co-Abhängigkeit zu jeder anderen Zelle, so wie wir jeweils in Beziehung zueinander, zu den Pflanzen, zum Regen, zum Sonnenschein und zur Luft, die wir atmen, existieren. Um etwas so Simples wie die Buchseite, auf der diese Worte geschrieben stehen, möglich zu machen, bedarf es der Einbeziehung aller Naturelemente und Hunderter von Leuten. Wie Mutter Teresa uns gemahnt: »Wenn wir keinen Frieden haben, dann ist das so, weil wir vergessen haben, dass wir zueinander gehören.«

Doch Beziehungen schaffen unsagbare Probleme! In einsamer Glückseligkeit, mit weit geöffnetem Herzen dazusitzen und Liebe auf alle Wesen zu verströmen ist relativ leicht, aber sobald wir mit einem anderen Menschen in direkten Kontakt kommen, stehen alle guten Absichten auf dem Prüfstand. Unsere Fähigkeit, offen und liebevoll zu bleiben, unsere Selbstlosigkeit und Großzügigkeit, all das und mehr wird sofort mit den Wünschen und

Bedürfnissen eines anderen Menschen konfrontiert, mit seiner Fähigkeit, uns zu akzeptieren und zu lieben oder nicht. Beziehungen sind also nicht nur ein integraler Bestandteil des Lebendigseins; sie sind auch die wichtigsten und uns am meisten herausfordernden Lehrer, die wir je haben werden!

Wie kann uns hier die Meditation eine Hilfe sein? Kann sie uns zu mehr Freundlichkeit, Akzeptanz und dankbarer Wertschätzung befähigen? Kann sie Einfluss auf die Intimität nehmen? Kann sie es möglich machen, dass die Beziehungen nicht nur harte Zeiten überleben, sondern in ihnen sogar gedeihen?

SAKYONG MIPHAM RINPOCHE

»Die meiste Zeit sind wir uns nicht bewusst, was wir tun oder sagen oder dass wir unsere Partner möglicherweise verärgern. Wir sind uns nicht gewahr, was sie fühlen, wir sind nicht fähig, ihnen wirklich zuzuhören. Der Geist kann eng werden, dann ist da weniger Raum, und jede kleinste Sache wird lästig oder unangenehm. In Wirklichkeit lässt sich der Geist mit der Weite des Himmelsraums vergleichen, er kann alles in sich beherbergen, aber wir schränken ihn ein und machen ihn eng wie einen schmalen Fluss oder eine Schlucht. Durch die Meditation wird der Geist gesünder, stärker und größer, und er enthält mehr. Der Trick besteht darin zu erkennen, dass die Meditation nicht irgendeine Art außerplanmäßige Aktivität ist, etwas, das wir so nebenbei tun, sondern dass sie tatsächlich das Hauptereignis ist.«

Alles ist akzeptabel

Unsere Beziehung zu uns selbst schafft die Grundlage für alle unsere anderen Beziehungen. Somit ist es unbedingt erforderlich, dass wir uns mit uns selbst anfreunden und uns so akzeptieren, wie wir sind, dass wir allem Wertschätzung entgegenbringen, was wir erlebt haben, all dem, was in die Entwicklung unseres einzigartigen Selbst eingeflossen ist. All die physischen blauen Flecken und Beulen, die psychischen und emotionalen Farben, Strukturen, Formen und Muster – all das sind Zeugnisse unserer Geschichte, der Reise, die wir unternommen haben, um an den Ort zu gelangen, an dem wir uns jetzt befinden. Wie wir im vorhergehenden Kapitel sagten, können wir unmöglich zur Ganzheit gelangen, wenn wir auch nur einen unserer Aspekte, insbesondere aber die dunklen Ecken oder versteckten Monster, wegschieben.

»Nichts an uns sollte inakzeptabel sein, keiner der dunklen, unangenehmen, hinterlistigen, hässlichen und pathologischen Aspekte«, schreibt William Bloom in *First Steps*. »Wenn wir sie nicht akzeptieren können, können wir sie auch nicht transformieren. Wenn es Aspekte in uns gibt, die wir nicht akzeptieren können, ist der ganze Prozess der spirituellen Erkundung und Transformation von Anfang an fehlerhaft.«

Das ist kein bequemer Ausgangspunkt, da viele von uns glauben, unliebenswert und unattraktiv zu sein, inakzeptable Dinge gesagt oder getan zu haben oder sich erst beweisen zu müssen, bevor sie geliebt werden können. Eine Überzeugung, die aus unserer Erziehung kommen mag, vielleicht dem entspringt, was uns gesagt, was uns beigebracht wurde, oder die unserem eigenen Unzulänglichkeitsgefühl zu verdanken ist. Aber da müssen wir anfangen, wenn wir in einer ehrlichen Beziehung zu uns selbst und darüber hinaus zu anderen und zu unserer Welt leben wollen.

KATHLYN HENDRICKS

»Alle Menschen haben irgendetwas in sich, das sie für unliebenswert halten, sie meinen, dass irgendetwas an ihnen nicht liebenswert ist. Wir müssen dieses Unliebenswerte in die Meditation einbringen, statt es getrennt zu halten, statt zu meinen, es würde zu etwas Liebenswertem, wenn wir nur lange genug meditieren. Wenn wir gleich jetzt bei diesem Unliebenswerten sein können, wird es sich verändern. Wenn wir lernen, uns selbst zu lieben, werden sich unsere Interaktionen mit anderen ändern.«

Es gibt ein ganz besonders großes Hindernis, das es uns so schwer macht zu akzeptieren, dass wir so, wie wir sind, liebenswert sind. Das ist die Tatsache, dass viele von uns mit dem Gedanken und der Vorstellung aufwuchsen, wir seien von Grund auf und von Natur aus schlecht. Das kann zu einem tiefen inneren Schamgefühl führen. Zum Beispiel bekam Ed oft zu hören, dass aus ihm nie etwas werden würde. Ein solches Gefühl von Scham ist zerstörerisch; es nagt an unserem Selbstwertgefühl, an unserem Selbstvertrauen und an unserer Fähigkeit, Liebe zu geben oder zu empfangen. In diesem Fall ist es überaus wichtig zu erkennen, dass wir keine Schuld tragen. Wir sind in unserem Wesenskern nicht schlecht, und es gibt nichts, weshalb wir uns schämen müssten. Dieses Etikett der Schlechtigkeit kann uns kalt lassen, wir können uns selbst nähren und anfangen, uns seinem Einfluss zu entziehen.

DEBBIE FORD

»Ich hatte das Gefühl, schlecht zu sein, auch wenn ich nichts Schlechtes getan hatte. Und viele Jahre dachte ich, das ginge nur mir so. Dann fand ich heraus, dass neunzig Prozent der Weltbevölkerung dieses Gefühl hat. Dass sich die Menschen wegen etwas schlecht fühlten oder zeitweise das Gefühl haben, schlecht zu sein. Wir können unser Herz für diese kollektive Erfahrung öffnen und die Scham heilen. Das lässt Mitgefühl entstehen. Wenn wir Mitgefühl haben, können wir das menschliche Selbst mit all seiner Scham, seiner Angst, seiner Verweigerung, seinen Süchten und Unsicherheiten umfangen. Wir haben dann Mitgefühl für all die Methoden und Wege, auf denen wir versuchen Liebe zu bekommen, Liebe zu behalten, Zustimmung zu erhalten oder dazuzugehören. Wir können uns jeden Tag sagen: ›Es ist okay, ich verstehe. Ich liebe dich. Wir erlauben uns selbst, uns über den Wahnsinn unserer menschlichen Natur zu erheben.‹«

Diese Zustände, diese Orte der Verunsicherung und das Verborgene in uns zu akzeptieren bedeutet, dass wir sagen: »So ist das, das ist jetzt so, daraus wachse und entwickle ich mich.« Uns selbst zu lieben bedeutet, dass wir zärtlich und sanft zu uns sind, wenn uns etwas missglückt; dass wir Güte, Freundlichkeit und Großzügigkeit aufbringen, wenn Fehler gemacht werden. Es bedeutet, dass wir jedes Mal wieder aufstehen, wenn wir fallen, und nichts und niemanden verurteilen. Eingeständnis und Anerkennung sind das Erste – das Anerkennen, dass das ist, was ist; dass das ist, wer wir sind. Danach kommt die Selbstakzeptanz, was bedeutet, dass wir wir selbst sein können, ohne peinlich berührt zu sein. Anerkennung und Akzeptanz haben nichts mit richtig oder falsch zu tun, sondern einfach nur mit dem, was ist.

Wenn wir uns mit uns nicht wohl fühlen, werden wir unfehlbar in anderen etwas finden, worüber wir uns beklagen, werden wir etwas anderes als uns selbst finden, das Schuld daran hat, wie wir sind. Doch wie können wir, wenn wir unseren Geist mit all seinen verborgenen Ängsten und Unsicherheiten kennen, wenn wir diese endlosen Dramen und Komplexitäten des Ego vor Augen haben, uns selbst verurteilen oder überrascht darüber sein, was ein anderer sagt oder tut? Wie ein befreundeter Therapeut einmal sagte: »Nichts, was irgendeiner meiner Klienten sagt, kann mich überraschen, denn ich kenne meinen eigenen Geist.«

WILLIAM SPEAR

»Wenn ich meditiere, muss ich immer mit Hindernissen rechnen – Urteile, Verzerrungen, Anhaftungen, meine Geschichte –, all die Dinge, die in mir vorgehen, wenn ich wach bin, treten auch in meiner Meditation auf. Sobald ich sie wahrnehme, fälle ich Urteile, so wie wir alle. Sie gehen aus dem Geschnatter unseres Ego und der Dinge hervor, die uns voneinander trennen, statt uns zusammenzubringen; der Dinge, die uns den Zugang zu unserem eigenen Herzen verweigern, statt die Tür weiter aufzumachen. Die Meditation gibt mir die Gelegenheit, mich in der urteilslosen

Einstellung zu üben, die ich in meinen Beziehungen zu leben bemüht bin, nicht nur in der Beziehung zu mir selbst und meinen Lieben, zu den Klienten oder den Leuten in den Hilfscamps, sondern auch in der Beziehung zum Postboten, zu der Frau im Lebensmittelladen und zu der Person, die neben mir an einer roten Ampel steht.«

Uns wurde vielleicht beigebracht, dass Selbstliebe etwas sehr Egozentrisches, Unbescheidenes oder Selbstsüchtiges ist, aber wie sollen wir andere wahrhaft lieben, wenn wir uns selbst nicht lieben können? Wie kann ein offenes Herz sich selbst diskriminieren und sich von sich abwenden? Hier kann die Meditation sehr großes Verständnis und große Güte mit sich bringen. Sich selbst kennenzulernen, sich mit sich selbst anzufreunden und sich selbst wertzuschätzen muss nicht schwer sein. Vielmehr kann es eine Reise unendlichen Entzückens sein, da wir uns von der Bürde der Scham, Schuldzuweisung und des Schuldgefühls befreien und uns selbst mit Verständnis und Güte in die Arme nehmen. Dann können wir mit dem Leben spielen, ja sogar tanzen.

Du schaust in mich hinein

Eine intime Beziehung bedeutet, dass wir bereit sind, unsere Verteidigung aufzugeben und uns von einem anderen Menschen so sehen zu lassen, wie wir sind, mit all unseren Verletzlichkeiten und Schwächen. Und das kann erschreckend sein! Kürzlich berieten wir ein Ehepaar, das Probleme hatte. Der Ehemann brachte ständig bedeutungslose und sinnlose Gründe dafür vor, warum die Beziehung seinem Gefühl nach nicht funktionierte. Ohne es zu merken, brachte er seine Angst davor zum Ausdruck, einem anderen Menschen Einblick in seine verborgenen konfliktbehafteten Bereiche zu gewähren. Intimität bedeutet »Du schaust in mich hinein«. Doch so sehr wir uns auch Intimität wünschen mögen, und so gerne wir Dinge mit anderen teilen wollen, ein solches Hineinsehen dringt bis in unsere dunklen Ecken vor, zu unseren Zweifeln, zu unserem Misstrauen, zu dem, was wir an uns nicht mögen, und zu unserem Unzulänglichkeitsgefühl.

Deshalb kann die Intimität Ängste und Besorgnis auslösen und sogar dazu führen, dass wir uns vor den Gefühlen abschotten. Statt das so herbeigesehnte Zusammensein zu erkunden, kann alles allzu überwältigend werden und uns dazu bringen, dass wir uns in unser Eckchen zurückziehen und zögern, die Hände wieder auszustrecken. Wenn wir aus derartiger Nähe gesehen werden, kann in uns das Gefühl aufkommen, vollkommen entblößt, emotional nackt dazustehen und sich nirgends verstecken zu können. Dann ziehen wir eine unsichtbare Wand hoch und versuchen so, uns davor zu schützen, derart ausgeliefert zu sein, möglicherweise zurückgewiesen oder verletzt zu werden. Diese Wand mag vielleicht ein Schutz sein, sie schottet uns aber auch von unserem eigenen Herzen und unseren eigenen Gefühlen ab.

Einer der großen Vorteile einer Liebesbeziehung besteht darin, dass sie für all diese Ängste, die zuvor nie ans Tageslicht kamen, einen sicheren Ort bereitstellt, um eingestanden, anerkannt, gekannt und umfangen zu werden. Mit anderen Worten: Die Liebe bringt alles hoch, was nicht Liebe ist. Dies gilt insbesondere dann, wenn eine Beziehung die Flitterwochen hinter sich hat und in eine Phase der tieferen Vertrautheit eintritt. Inmitten all der guten Dinge können nun Verletzungen aus der Vergangenheit, Unsicherheit oder Selbstzweifel hochkommen und eine Beziehung belasten, Verwirrung und Disharmonie schaffen. Doch solche Momente laden dazu ein, sich selbst zu umarmen und in diese Orte der Angst hineinzuatmen, damit wir ohne Abwehrhaltung in die Beziehung hineingehen können. Das bedeutet nicht, dass wir vollkommen sein müssen, bevor wir den Schritt in die Intimität wagen – die Monster packen nicht einfach zusammen und machen sich über Nacht davon. Es bedeutet einfach nur, dass das *wer wir sind* in diesem Augenblick offen ist und bereit zu teilen.

❋ DEB ❋

»Ed und ich dachten, wir hätten nichts voreinander zu verbergen, aber als das Vertrauen wuchs, legte es all diese Ecken bloß, in die wir nicht geschaut hatten. Uralter Schmerz wurde plötzlich wieder lebendig und erzeugte eine emotionale Achterbahn. Mein Vater hatte ein sehr ungezügeltes Temperament und verlor leicht die Beherrschung. Im Verlauf meiner Kindheit und Jugend habe ich unbewusst meine eigene Wut irgendwo im Innern weggesteckt und aufgestaut. Meine erste Ehe fand ihr Ende, als mein Mann anfing Ärger und Wut zu zeigen. Zunächst weigerte ich mich, darauf zu reagieren, aber dann konnte ich mich eines Tages nicht mehr beherrschen. Der Anblick meiner eigenen Wut brachte mich zum Ausflippen, und das war's, ich war weg. Als ich Ed heiratete, entdeckte ich, dass es in mir einen ganzen Raum mit angestauter Wut gab, dem ich mich nun zum ersten Mal stellen konnte. Ed gab mir die Erlaubnis, wütend zu sein; er war bereit, die Wut aufzufangen. Ich konnte sie entlassen, ohne dafür angeklagt zu werden.«

❋ ED ❋

»Da ich ohne Mutter aufwuchs, hatte ich immer das Gefühl, dass niemand mich wirklich kannte. Ich kaschierte das durch extrovertiertes Verhalten. In der Schule gehörte ich zu den beliebtesten Jungs, weil ich alle Tanzwettbewerbe gewann. Aber ich wurde ein Mönch, um mich davor zu schützen, dass mir irgendjemand allzu nahe kam. All das, um zu verbergen, dass ich voller Ängste war! Als Deb und ich eine intime Beziehung eingingen, gab es anfangs viele Momente, in denen ich mich völlig entblößt fühlte. Ich kam mir vor wie der unliebenswerteste Mensch auf der Welt und fragte mich, wie ihr nur irgendetwas an mir liegen konnte.

Dass eine Person, die ich liebte, mich wiederlieben konnte, war ungeheuer beruhigend.«

Intimität kann nicht erzwungen oder aus dem Hut gezaubert werden, sie entwickelt sich, indem man Widerstände aufgibt, sich selbst und dem anderen gegenüber weicher und offener wird. Die Liebe fordert von uns, dass wir nicht versuchen, ungute Gefühle sofort zum Verschwinden zu bringen, sondern dass wir beim Unbehagen, bei der Verlegenheit, der Scham bleiben und sanft und liebevoll annehmen, was immer sich zeigt.

Mit den Köpfen gegeneinander anrennen

Kurz nachdem wir geheiratet hatten, fuhren wir nach Indien und verbrachten unsere Flitterwochen in Ashrams und Klöstern. Wir hatten auch eine Privataudienz bei S. H. dem Dalai Lama in seiner Residenz in McLeod Ganj, in den Ausläufern des Himalaya.

ED

»Nachdem wir so an die dreißig Minuten miteinander gesprochen hatten, fühlte ich mich von diesem sanften, unkomplizierten und liebevollen Mann so bewegt, dass ich einfach dableiben und von ihm lernen wollte. Ich wollte nicht mehr weggehen! Ich war in das Mitgefühl und die Weisheit, die dieses wunderbare Wesen ausstrahlte, vollkommen verliebt. Schließlich sagte ich zu ihm: ›Ich möchte nicht mehr weggehen; ich möchte einfach hier bei Ihnen bleiben!‹ Ich dachte, er würde sagen, ja, wie wundervoll, ich sehe deine Aufrichtigkeit. Stattdessen aber lächelte er nur und sagte: ›Wenn wir die ganze Zeit zusammen wären, würden wir uns streiten!‹«

Also entspannen wir uns! Denn wenn sogar S. H. der Dalai Lama, der jeden Tag viele Stunden meditiert, sich streiten kann, können wir das auch! Es wird unvermeidlich Zeiten geben, in denen eine Beziehung in Schwierigkeiten gerät, in denen unterschiedliche Ansichten aufeinanderprallen und Egos zusammenstoßen, in denen Geschichten und alte Vorgeschichten auftauchen und stören oder in denen Bedürfnisse nicht erfüllt werden. Doch das wahre Problem liegt im Festhalten an den Meinungsverschiedenheiten und an den nachfolgenden Schamgefühlen, Schuldzuweisungen und am feindseligen Schweigen. Es wird immer Zeiten geben, in denen alles fließt, und Zeiten der Uneinigkeit. Eine Meinungsverschiedenheit oder die Tatsache, dass wir wütend werden, macht uns noch nicht zu einer Person, die wesensmäßig wuterfüllt ist, dies ist nicht alles, was wir sind. Das Wesen dessen, wer wir sind, ist nach wie vor im Grunde gut. Wir mussten vielleicht einfach etwas klarstellen und haben es nicht sehr geschickt angestellt.

ROBERT GASS UND JUDITH ANSARA

»Wir können uns in der Geschichte verlieren, die gewöhnlich mit einer Schuldzuweisung verknüpft ist – ich habe dieses Empfinden, weil das passiert ist oder du das gesagt hast. Daher haben wir gelernt, die Geschichte einfach fallen zu lassen. Selbst wenn wir nicht in der Situation sind, in der wir gerne sein würden, kauen wir nicht ständig durch, wie wir da hineingeraten sind oder wie wir da wieder rauskommen; wir hören einfach auf, weil wir sonst anfangen könnten, aneinander herumzuzerren. Im Normalfall sagt einer von uns: ›Trägt dieses Gespräch zu unserem Wohl bei?‹ Wir stellen erst die Verbindung wieder her und reden dann über das, was uns getrennt hat, statt vom Ort der Trennung aus aufeinander loszugehen in der Meinung, das würde uns wieder verbinden.«

Wir regen uns ständig auf, weil wir möchten, dass der andere anders ist, als er ist. Mit am härtesten in einer Beziehung ist es zu akzeptieren, dass wir den Partner oder die Partnerin nicht in den

Menschen verwandeln können, der er unserem Wunsch nach sein soll. Wir können nur unsere Haltung ihm gegenüber ändern. Statt das Augenmerk auf das zu richten, was nicht stimmt, uns auf die Fehler und Schwächen zu konzentrieren oder auf das, was unserer Meinung nach zu einem glücklicheren Zustand führen würde, können wir den anderen so nehmen, wie er ist, und für ihn da sein, während er seinen eigenen Weg entdeckt.

❋ MARY TAYLOR ❋

»Bevor ich Meditation praktizierte, war ich sehr viel stärker geneigt, den Etiketten zu glauben, die ich den Dingen anheftete. Sicher, ich etikettiere die Dingen immer noch, aber ich durchschaue sie jetzt rascher. Ich sehe meinen Mann als das an, was er ist, und nicht mehr als den Menschen, den ich mir vorgestellt oder als was ich ihn abgestempelt hatte oder als mein Wunschbild von dem, wie ein Ehemann sein sollte. Nun kann ich ihn als den feiern, der er ist, statt als den, der er nicht ist. Niemand wird je so sein, wie wir ihn oder sie haben wollen, noch nicht einmal wir selbst.«

Schwierigkeiten in einer Beziehung können uns auch die vielen Wege aufzeigen, wie unser Ego versucht Recht zu haben, was zuweilen sehr erheiternd sein kann. Als wir uns in Indien im Ashram einer Yoga-Gemeinde aufhielten, waren wir in einem sehr einfachen Zimmer untergebracht und praktizierten jeden Tag Yoga und Meditation. Das hört sich sehr idyllisch an, aber wir waren erst ein paar Monate verheiratet, und die Streitigkeiten häuften sich. Einmal hatten wir eine große Auseinandersetzung (wir wissen nicht mehr, worum es ging – erinnern wir uns denn je an den Grund?), und einer der Lehrer kam außen an unserem Zimmer vorbei und hörte uns. »Und wie ist das Wetter?«, rief er. Da sahen wir unsere im Kampf verstrickten Egos durch seine Augen und brachen sofort in Gelächter aus. Ein andermal sprachen wir mit unserem Meditationslehrer über einige unserer Eheprobleme. Er sah uns ziemlich verwundert an. »Warum nicht einfach lachen?«, fragte er. Und er hatte Recht. Wenn wir die Absurdität zweier Egos erkennen, die mit den Köpfen zusammenprallen und sich gegenseitig auszutricksen versuchen, ist das sehr amüsant. Bei einer Auseinandersetzung geht es so oft ganz einfach nur um zwei unterschiedliche Sichtweisen auf dasselbe Ding: Die eine sieht eine weiße Zimmerdecke, der andere sieht eine flache Zimmerdecke, aber es bleibt dieselbe Zimmerdecke.

Befindet sich eine Beziehung auf ihrem Höhepunkt, dann ist das so, als würden zwei getrennte Partner miteinander verschmelzen und eins werden. Das funktioniert ganz wunderbar, solange Harmonie herrscht. Wenn aber Uneinigkeit, wenn Zweifel, Selbstsucht, Vorwürfe oder Angst hochkommen, dann neigen wir dazu, uns in unser vereinzeltes Selbst zurückzuziehen, und die Verständigung kommt zum Stillstand. In solchen Zeiten beginnen die jeweiligen Egos sich gegenseitig anzugreifen und aufeinander einzuschlagen im Versuch, diesen Ort der Vereinigung wiederzufinden. Sich gegenseitig zu übertrumpfen oder die Schuld zuzuweisen führt aber zu noch tieferer Trennung und verstärktem Konflikt. Die Heilung entsteht durch das Erkennen des sehr viel tieferen Verlangens nach Einheit.

Im Grunde sind die Menschen, mit denen wir Schwierigkeiten haben, unsere Lehrer. Denn ohne einen Widersacher – oder die, die in uns so starke Reaktionen wir Ärger oder Wut auslösen – haben wir keinen Anreiz, liebende Zugewandtheit und Mitgefühl zu entwickeln. Wir sollten ihnen also dafür dankbar sein, dass sie uns Akzeptanz, Toleranz und Gleichmut lehren; wir können den Partnern, Verwandten, Freunden oder Kollegen, die uns auf die Palme bringen, unseren Dank dafür aussprechen, dass sie uns die Möglichkeit geben, Geduld zu üben. Was für ein Geschenk!

Verantwortung übernehmen

Wir hatten eine Ehesegnungszeremonie in Samyé Ling, einem buddhistischen Kloster in Schottland. Dort sprachen wir mit Akong Rinpoche, dem Abt, und fragten ihn, welchen Ratschlag er für Leute habe, die in einer Beziehung leben. Dies war sein Rat: Wenn zwei Leute sich streiten oder uneins sind, sollten sich beide Zeit nehmen, für sich allein meditieren und darüber nachdenken, was ihr Anteil an der Situation ist. Statt sich darüber zu beklagen, was der andere uns antut, sollten wir uns unser eigenes Verhalten und seine Auswirkungen anschauen. Insbesondere sollten wir unsere eigenen Einstellungen, Motive und Hintergedanken und deren Auswirkungen auf unseren Partner erforschen. Wie behandle ich diesen Menschen? Was tue ich ihm an, dass er ein solches Verhalten an den Tag legt? Wie kann ich ihn freundlicher behandeln? So wird das Gewicht von den Vorwürfen und Schuldzuweisungen genommen, erklärte Akong Rinpoche, und wir sehen, an welcher Stelle wir vielleicht selbst für die Disharmonie verantwortlich sind; wir gehen vom Machtkampf zur Selbstverantwortung über.

LINDSAY CROUSE

»Die Zeit, die wir uns in Meditation befinden, ist die Zeit, in der wir die Welt loslassen, Abstand nehmen von der Art und Weise, in der wir gewöhnlich über die Welt denken, und genau das hilft uns bei einem Streit oder bei Schwierigkeiten. Wir haben die Kraft, mit mehr Geduld noch ein bisschen länger auszuhalten und nachzudenken, bevor wir reagieren. Selbst wenn wir nur ein paar Minuten länger durchhalten, ist es das schon wert. Wenn mein Mann und ich eine Auseinandersetzung haben oder wir uns wirklich uneins sind, wissen wir, dass wir beide die Verantwortung dafür tragen, dass wir einander nicht die Schuld dafür geben können. Wir begeben uns in getrennte Zimmer und bleiben dort still sitzen, auch wenn es nur für ein paar Minuten ist, bis wir sagen können: ›Es tut mir leid.‹ Dieses stille Sitzen lässt uns Abstand von unseren verletzten Egos gewinnen.«

Wenn wir uns eine Auszeit nehmen, lässt uns das Raum, um loszulassen. Allzu oft klammern wir uns an Schwierigkeiten und machen aus einer Mücke einen Elefanten; wir spulen das Ärgernis im Geiste immer wieder ab, bis es uns noch mehr zu schaffen macht. Das Ego will nicht loslassen! Aber was für eine Erleichterung, wenn es dann doch loslässt und wir in einen Zustand des Gleichmuts zurückkehren können. Die andere an der Auseinandersetzung beteiligte Person will vielleicht nicht loslassen, aber wir können mit uns selbst arbeiten und jedwede Verärgerung aufgeben.

SUSAN SMALLEY

»Kürzlich wurde mir geschildert, wie man auf lustige visuelle Art etwas loslassen kann: Krümme deinen Zeigefinger zu einem Haken und stell ihn dir als einen ›Gedanken‹ vor, der dich ergreift oder ärgert oder dir auf irgendeine Weise zu schaffen macht. Hake deinen anderen Zeigefinger darin ein und stell dir vor, dass dies die Art und Weise ist, in der du dich auf diesen ärgerlichen Gedanken beziehst. Das heißt, durch dieses Verhaken hältst du an etwas fest. Nun stell dir vor, dass du deinen Finger wieder gerade ausstreckst. Sofort können all die Dinge oder Leute, an denen du hängst, an denen du festhältst, die bei dir Stress und Unbehagen auslösen, freigesetzt werden, einfach dadurch, dass du den Finger ausstreckst und das Problem oder die Person aus deinem geistigen Bewusstsein entlässt.«

Bei Schwierigkeiten oder Missverständnissen machen wir unseren Partner leicht zu unserem Feind. Das ist gewöhnlich die Folge unseres eigenen Verlangens, gesehen oder gehört oder geliebt zu werden. Wenn wir uns in einem hitzigen Streit befinden, würden wir in Wirklichkeit oft gerne sagen: »Ich brauche Liebe.«

Aber es ist sehr viel leichter, den anderen ins Unrecht zu setzen, als einzugestehen, dass wir unerfüllte Bedürfnisse haben. Nur wenn wir es uns eingestehen, dass wir ihm die Schuld geben, statt zu unseren eigenen Gefühlen zu stehen, kann unser so genannter Feind wieder unser Freund werden.

JOHN GRAY

»Wenn wir verletzt sind, dann meinen wir, die von uns geliebte Person sei der Gegner. Ich habe das sehr gut an meiner eigenen Ehe gesehen. Meine Gefühle wurden ständig verletzt, weil ich dachte, meine Frau würde mich beherrschen oder mich kritisieren oder mich ablehnen. Immer hatte ich irgendeinen Grund für den Schmerz, bis ich allmählich sah, dass die Quelle meines Schmerzes eigentlich der *Glaube* war, dass sie mich nicht liebte. Und so läuft das ab: Als Erstes glaube ich, dass jemand mein Feind ist, der es gar nicht ist. Zweitens wird der Schmerz immer größer, je mehr ich diese Lüge glaube, obwohl ich mir den Schmerz ganz und gar selbst auferlegt habe. Dann entziehe ich meine Liebe. Dafür scheint es immer einen guten Grund zu geben, aber der Person, die wir lieben, die Liebe zu entziehen ist der allergrößte Schmerz. Wenn wir uns dazu entscheiden mit dem Lieben aufzuhören, entsteht daraus ein riesiger Konflikt, da unsere Erfüllung, unsere Freude im Leben, darin liegt, die Liebe durch uns hindurchströmen zu lassen. Heute sehe ich meine Frau nicht mehr als meine Feindin an, da mir klar geworden ist, dass alles, was sie tut, einem Ort der Liebe entspringt. Diese mag fehlgeleitet sein. Sie weiß vielleicht nicht, was ich brauche. Aber ihre Absicht ist es, zu lieben.«

Die Meditation befähigt uns nicht nur zu der Erkenntnis, dass wir für unsere eigenen Gefühle verantwortlich sind, sie macht uns auch klar, dass alle unsere Erfahrungen eine Wahl sind, die wir in diesem Augenblick treffen. Sie sind nicht ein Ergebnis von etwas, das ein anderer gesagt oder getan hat. Wenn wir in der Hitze des Gefechts einen Schritt zurücktreten und erforschen, warum jemand uns auf eine bestimmte Weise fühlen und empfinden lässt, dann wird schnell offensichtlich, dass es sehr wenig mit der anderen Person und weitaus mehr mit einem inneren Zustand von uns zu tun hat.

JOSEPH GOLDSTEIN

»Es gibt ein grundlegendes Verständnis, das uns in jedweder Dimension einer Beziehung hilft: Jeder und jede von uns ist für seine oder ihre eigenen Emotionen ganz und gar verantwortlich. Vor einiger Zeit hatte ich eine Beziehung mit einer Frau, und als wir einen kleinen Streit hatten, sagte sie zu mir: ›Hör auf, mich dazu zu bringen, dich zu verabscheuen.‹ Ich fing an zu lachen, was natürlich nicht zur Verbesserung der Situation beitrug, aber niemand *bringt uns dazu*, etwas zu fühlen. Was wir fühlen und wie wir uns auf dieses Gefühl beziehen, liegt ausschließlich bei uns. Im Allgemeinen geben wir anderen die Schuld für unsere Gefühle; wir glauben, die anderen seien für unseren Geisteszustand verantwortlich. Wenn wir alle die Verantwortung für unsere eignen Emotionen übernähmen, würden sich die meisten unserer persönlichen Beziehungen sehr viel problemloser gestalten.

Wenn wir den Standpunkt einnehmen, dass andere Leute für unsere Gefühle verantwortlich sind, übergeben wir alle Macht an sie. Und wir haben keine Kontrolle über das Tun anderer Leute – über ihren Geist, ihre Einstellung, ihr Verhalten. Aber wenn wir begreifen, dass es völlig bei uns liegt, was und wie wir fühlen, dann können wir uns diese Macht wieder aneignen. Dann liegt es bei uns, wie wir reagieren, egal was ein anderer macht, dann liegt es bei uns, wie wir uns darauf beziehen. Niemand kann uns zwingen, etwas Bestimmtes zu fühlen.«

Das große K: Kommunikation

Verantwortung zu übernehmen heißt auch, dass wir willens sind, jemandem wirklich Gehör zu schenken. Wir werden oft gefragt, was es unserer Meinung nach ist, das unsere Beziehung trotz vieler Aufs und Abs so lange hat funktionieren lassen. Wir sind uns beide einig, dass es *Kommunikation* ist. Wenn wir uns über unsere Gefühle nicht austauschen, wenn wir sie nicht miteinander teilen können, bleiben wir eingesperrt in voneinander getrennten Welten.

KRISHNA DAS

»Wir definieren uns als einzelne, voneinander getrennte Wesen, und wenn wir voneinander getrennt sind, müssen wir eine Mauer um uns errichten. Wir müssen uns und unsere Gefühle schützen, so dass kein anderer an sie herankommen kann. Wir haben Probleme, weil diese Mauer nicht nur schützt, sondern uns auch aus unserem eigenen Herzen ausschließt, und so sind wir weiterhin isoliert und leiden.«

Wie wir miteinander reden, wie ehrlich wir sind, wie viel wir mit anderen teilen können, wie viel wir zurückhalten, wie sehr wir in der Lage sind, unseren Gefühlen Ausdruck zu geben, wie sehr wir fähig sind, die Gefühle unserer Partnerin wahrzunehmen, was wir denken, dass sie fühlt, was sie denkt, dass wir fühlen, oder was wir denken, das gesagt oder nicht gesagt wurde – all das summiert sich zur Notwendigkeit, ehrlich und offen miteinander zu kommunizieren. Ohne diese ehrliche und offene Kommunikation gedeihen versteckter Groll, geheime Gefühle und das »Ich habe Recht und sie hat Unrecht«-Syndrom. Wenn unsere Gefühle nicht klar mitgeteilt werden oder wenn da irgendeine Art von Täuschung oder Widerstand existiert, wird das wie Treibsand unsere Beziehung herunterziehen. Das bedeutet in der Praxis oft, dass wir zwischen den Zeilen lesen müssen. Denn wir sind nicht immer imstande auszudrücken, was wir meinen.

❋ GAY HENDRICKS ❋

»Es gibt einige Fähigkeiten, die in einer Beziehung wirklich wichtig sind, wie zum Beispiel beim Reden ehrlich zu sein und aufgeschlossen zuzuhören. In der Grundschule verwenden wir alle Zeit darauf, die Hauptstädte der Welt auswendig zu lernen, statt dass wir lernen, wie wir miteinander kommunizieren können. Wie wir fähig werden zu sagen ›Ich bin verletzt‹ oder ›Ich bin wütend‹ oder ›Im Moment habe ich Angst‹. Und wie man solche Sätze auch wirklich hört, ohne zu kritisieren, ohne jemandem die Schuld zu geben; wie man feinfühlig zuhört. So wie ein Mann in einem unserer Workshops sagte: ›Mir wird klar, dass ich früher den Leuten nie wirklich zugehört habe. Ich habe nur beobachtet, wie ihr Mund sich bewegt, bis ich an der Reihe war, etwas zu sagen.‹

In der Meditation nimmt man auf tiefe Weise wahr und öffnet sich für das, was tatsächlich vor sich geht. Das bringt uns in tieferen Kontakt mit unserer wahren Absicht. In den Anfängen meiner Beziehung mit Katie ertappte ich mich dabei, dass ich ihr zuhörte mit der Absicht, mit ihr zu streiten, oder mit dem Wunsch, ihr zu beweisen, dass sie Unrecht hatte. Dann wurde mir klar, dass ich ihr stattdessen vielleicht mit dem Vorsatz zuhören könnte, ihren wahren Wesenskern hervorzulocken. Als wir anfingen, uns auf diese tieferen Absichten einzulassen, kamen wir auf eine ganz neue Ebene, weil da nun im Kern eine gemeinsame Resonanz ist. Ich stelle fest, dass die Meditation meine direkte Erfahrung von dieser Resonanz verstärkt. Sie ist das Wasser, die meine Fähigkeit zu lieben lebendig werden lässt.«

In jedem von uns steckt eine sehr tiefe Sehnsucht, sich zu verbinden und wirklich gehört zu werden. Kommunikation bedeutet, zu geben und zu empfangen, sich auszutauschen, miteinander zu teilen und zuzuhören. Zuhören heißt, ganz und gar gegenwärtig zu sein, ohne verborgene Motive, ohne Ratschläge zu erteilen, ohne Vorwürfe zu machen oder jemanden zu beschämen, ohne vorgefertigte Vorstellungen, ohne den Wunsch, einen anderen kurieren oder besser machen zu wollen, ohne seine Geschichte mit der unseren zu vergleichen oder ohne unsere Meinung von unserer Geschichte beeinflussen zu lassen. Dann können wir hören. Wie schwer das sein kann! Aber wenn wir wirklich gehört werden, wenn die Geschichte, mit der wir in unserem Innern leben, zur Kenntnis und in Empfang genommen wird, dann ist da ein großes Loslassen, eine Befreiung, und das ist ungeheuer heilend. Wir sind nicht mehr allein in unserem Schmerz – jemand hat uns gehört, noch jemand weiß.

JACK KORNFIELD

»Es gibt viele Formen von Meditation, doch im Kern geht es immer darum, dass wir wieder eine Verbindung zu uns selbst herstellen und spüren, dass wir eins sind mit allem Leben. Das lässt uns aus der Weisheit und dem Mitgefühl heraus leben, statt aus der Angst und der Verwirrung. Das wichtigste Element der Meditation besteht darin, dass sie uns dazu bringt, langsamer zu werden, innezuhalten und aufmerksam zu sein. Dann ermöglicht die Fähigkeit zu tiefer Achtsamkeit, zu gütigem und mitfühlendem Hören ein Gespräch mit dem Herzen.«

Die gemeinsame Reise

Vor Jahren nahmen wir an einer Hochzeitszeremonie in Karma Dzong, einem tibetischen Zentrum in Boulder, Colorado, teil. Chögyam Trungpa, der die Zeremonie leitete, sagte zu dem Brautpaar: »Wenn ihr euch mit nur einem anderen Menschen befreunden könnt, dann könnt ihr euch mit der Welt befreunden.«

Wenn wir gegenüber einem anderen Menschen ehrlich sein und ihn er selbst sein lassen können, dann können wir gemeinsam mit einem tieferen Ort in Berührung kommen. Wut und Verletztheit entstehen, wenn wir unsere Zartheit und Empfindsamkeit beschützen wollen, indem wir sie mit einem falschen Draufgängertum zudecken. Gemeinsam zu reisen heißt, willens zu sein, unsere Gefühle zu fühlen, sie nicht hinter einer Fassade zu verstecken, sondern in unserer Wehrlosigkeit mutig und ehrlich zu sein.

Haben wir uns einer Beziehung verpflichtet, bedeutet das, wir sind bereit, uns unsere eigenen Probleme anzuschauen, zu sehen, wie sie sich auf unseren Partner auswirken oder ihn beeinflussen. Somit verpflichten wir uns auch unserer eigenen Weiterentwicklung. Eine Beziehung gründet sich nicht nur auf das Maß der Liebe, die wir füreinander empfinden, sondern – vielleicht noch wichtiger – auch darauf, wie sehr wir bereit sind, mit den Neurosen des jeweils anderen zu leben, denn das ist die Alltagsrealität. Die Liebe fällt nicht einfach perfekt und unversehrt vom Himmel. Sie muss in jedem Moment bekräftigt werden, wir müssen uns immer wieder an sie erinnern.

Eine solche Verpflichtung bedeutet auch die Bereitschaft, in harten Zeiten bei der Beziehung zu bleiben. Anders als beim »Flucht oder Kampf«-Syndrom, bei dem wir entweder etwas ausfechten oder uns davonmachen, geht es hier darum, anwesend zu sein, uns umeinander zu kümmern und miteinander Freundschaft zu schließen. Wir haben zum Beispiel zu Beginn unserer Ehe die Vereinbarung getroffen, dass jeweils nur einer von uns ins Wanken geraten darf, damit der andere da sein kann, um die Verletzlichkeit zu bewahren.

❋ ED ❋

»Zu wissen, dass Deb da war, als ich mich meinen Dämonen stellen musste, bedeutete mir viel. Es war meine Rettung. Unsere Bindung gab uns die Stärke, einander so zu akzeptieren, wie wir waren, mit all unseren unterschiedlichen Bedürfnissen, Gedanken und Gefühlen. Das Spiegeln, das Konfrontieren und das Kommunizieren – all das ist eine ständige Herausforderung! Wir versuchen ehrlich zu sein, wenn wir das Gefühl haben, getestet zu werden. Wir schauen es an, benennen und akzeptieren es.

Unsere Beziehung ist eine fortwährende Verpflichtung, Freundschaft mit uns selbst zu schließen, so dass wir auch füreinander Freunde sein können. Es ist ein fortwährendes Sichbewegen mit dem Fluss und ein fortwährendes Aufgeben des Widerstands gegen diesen Fluss.«

Die lohnendste Art und Weise, miteinander eine Beziehung einzugehen, ist die, gemeinsam zu meditieren. Meditation ist das essenzielle Element einer gemeinsamen Reise, nicht nur, weil sie uns erlaubt, auf derselben Wellenlänge zu sein, sondern weil sie uns auch Raum lässt, die wechselseitigen Unterschiede zu akzeptieren und zu lieben und den anderen ohne irgendwelche Täuschungen so zu sehen, wie er ist. In dieser miteinander geteilten Stille löst sich das »Ich gegen dich« auf und verflüchtigen sich die Machtkämpfe und Versuche, dem anderen immer um eine Nasenlänge voraus zu sein. Überflüssiges, Trennendes und Feindseliges fallen ab. Das gemeinsame Meditieren erinnert uns an unsere Prioritäten und unsere gegenwärtige Realität. Wir begegnen uns an einem tieferen Ort, unterhalb der Egospiele, wo wir uns mit *wer wir wirklich sind* verbinden können.

GAY HENDRICKS

»Zu den Dingen, die die Leute zum Streiten bringen, gehört das Gefühl, sich an unterschiedlichen Orten zu befinden oder nicht auf gleicher Wellenlänge zu sein. Wenn wir aber gemeinsam meditieren, gelangen wir auf die gleiche Wellenlänge. Das ist gleichsam so, wie wenn Stürme den Ozean aufwühlen und das Boot auf der Oberfläche herumgeworfen wird, wenn wir uns aber ein paar Meter in die Tiefe begeben, ist da kein Sturm, ist alles ruhig. Und wenn wir wieder an die Oberfläche steigen, sehen wir vielleicht, dass alles gar nicht so tragisch ist. Ganz praktisch gesehen gelangen wir, wenn wir gemeinsam meditieren, an diesen Ort, an dem sich nicht so schnell Fehler finden lassen oder dies nicht so wichtig ist.

Wenn wir uns all die Krisen- oder Unruheherde auf der Welt oder all die Streitereien zwischen den Leuten anschauen, geht es immer darum, dass man sich darauf konzentriert, was falsch ist oder in Ordnung gebracht werden muss. Es müsste aber darum gehen, jenen Ort, jenen Zustand, der nicht in Ordnung gebracht werden muss, zu finden. Wir streiten vielleicht um die Definition von Wasser, ob Wasser so oder so ist oder ob es zu zwei Dritteln aus Sauerstoff besteht und so weiter, während wir doch eigentlich nur einen Schluck Wasser zu trinken brauchen, um zu wissen, was Wasser ist. Wenn Paare Zeit miteinander haben, geht diese unweigerlich für die Angelegenheiten ihres Lebens oder ihrer Beziehung drauf. Geheiligte Zeit miteinander zu haben ist ein wirklicher Weg zur Vertiefung in die Liebe hinein und zum Schaffen von Harmonie.«

Wir müssen nicht nach Liebe suchen oder versuchen sie zu entwickeln oder darum beten, dass sie uns gezeigt wird. Wir brauchen sie nicht zu beschützen; wir müssen nicht Sorge haben, dass sie ausgenutzt wird oder dass wir verletzt werden. Wir müssen keine Angst haben, dass wir sie verlieren oder so viel von ihr geben, dass nichts mehr übrig bleibt. Die Liebe könnte nicht geschehen, wenn sie nicht bereits integraler Bestandteil unseres Wesens wäre. Wie können wir etwas verlieren, das wir wirklich sind? Wie können wir mit nichts dastehen, wenn die Liebe die Quelle allen Lebens ist? Je mehr wir lieben, desto mehr wird uns gegeben, um es zu lieben. Wir können die Liebe nie verlieren, wir können sie nur aus dem Blick verlieren; wir können nur meinen, wir hätten sie verloren, aber sie ist immer bei uns.

DEB

»Die indische Regierung lud Ed ein, bei einer Yoga-Konferenz in Pondicherry einen Vortrag zu halten. Ed sprach über die Schönheit und ehrfurchtgebietende Macht bedingungsloser Liebe, die sich in der Meditation manifestiert, als ein Mann im Publikum die

Hand hob. ›Bitte Sir‹, sagte er, ›was ist das für eine Liebe, von der Sie sprechen? Wo kann ich sie finden? Wie komme ich zu dieser Liebe?‹

Ed erwiderte: ›Sie erwachen in Liebe, Sie essen in Liebe, Sie baden in Liebe, und Sie gehen in Liebe. Liebe ist Ihre Natur; sie ist das, was Sie wirklich sind.‹

›Oh, Sir‹, sagte der Mann, ›Sie haben all die richtigen Antworten!‹«

Die Perle in der Auster

Ohne Vergebung ist eine menschliche Gesellschaft und Existenz unmöglich.

BISCHOF TUTU

Wir nahmen an einer Konferenz teil, bei der es um Einsichten in die Probleme der Menschen ging. Ein Mann stand auf, um zu beschreiben, wie sein Vater ihn als Kind misshandelt hatte. Unter anderem hatte er ihn bedroht, indem er ihm ein Gewehr an den Kopf hielt. In der Tat eine schwere Misshandlung, und der Mann sprach mit Wut und Bitterkeit darüber. Er sagte sehr nachdrücklich, er würde seinem Vater nie verzeihen können. Nach seiner Rede breitete sich für einige Momente geschockte Stille aus. Dann stand in den hinteren Reihen ein Mann auf und sagte: »Wenn Sie nicht verzeihen können, können Sie nicht tanzen.«

Was hier mit wenigen Worten so beredt ausgedrückt wurde, beschreibt genau die emotionale Warteschleife, die eintritt, wenn keine Vergebung, kein Verzeihen stattfindet. Unsere Fähigkeit zu tanzen – uns emotional zu bewegen, zu geben, zu lieben, sich lebendig und frei zu fühlen – stagniert. Aller Schmerz, aller Kummer und alle Verletztheit werden an diesem reglosen oder erstarrten Ort der Emotion festgehalten. Wir können nicht weitergehen, wenn ein Teil von uns in der Vergangenheit eingesperrt ist, und wir können nicht in der Gegenwart leben, da uns die Erinnerung an die Vergangenheit ständig davon wegzieht. Wir werden ein Opfer unserer selbst.

Überall um uns herum sind die Zeichen für einen Mangel an Vergebung sichtbar: zerstörte Familien, Selbsthass, Schuld- und Schamgefühle, die zu Depressionen führen, Krieg führende Länder, Unmengen von Angst und Wut, Bitterkeit, Vorurteile, Selbstgerechtigkeit und Engherzigkeit.

DEB

»Eine Zeitlang arbeitete ich in einem Pflegeheim, in dem ich viele Bewohner erlebte, die sich an Vorfälle aus der Vergangenheit klammerten: im Zorn gesprochene Worte, verzerrte Erinnerungen daran, wie ihnen Kinder Unrecht getan hatten, indem sie anderer Meinung waren und dann verärgert fortgegangen waren. So viel Bitterkeit. Sie konnten nicht loslassen, noch nicht einmal jetzt, da sie dem Sterben so nahe waren. Sie konnten ihre Meinungsverschiedenheiten mit ihren Kindern nicht lösen und wieder mit ihnen zusammenkommen, weil die Verletztheit und Wut mit den Jahren so massiv, festgefügt und unbeweglich geworden waren, dass sie sie gleichsam wie Gefängnisstäbe umstellten.«

Wenn etwas passiert, das Schuld- und Schamgefühle über unser eigenes Verhalten oder Verletztheit und Wut über das eines anderen aufkommen lässt, dann wird – wenn da kein Einfühlungsvermögen oder keine Vergebung ist – die durch den Vorfall ausgelöste Emotion im Innern eingesperrt, in der Zeit festgehalten und blockiert unsere Fähigkeit, glücklich zu sein. Wir lernen damit zu leben, dass wir diesen dunklen Ort ignorieren, ohne uns darüber klar zu sein, was für eine ungemein einschränkende Auswirkung das hat, wie sehr neben dem Schuldgefühl oder der Wut auch unsere Freude und Freiheit zurückgehalten werden. Wenn das Ego verwundet ist, deutet es mit dem Finger auf die andere Person und betrachtet diese als die Ursache des Leidens. Es erkennt nicht, wie sehr es durch sein Festhalten an verletzten Gefühlen sich selbst noch mehr Leid schafft.

❈ GANGAJI ❈

»Die Geschichten oder Definitionen von uns als Opfer sind mit am schwersten aufzugeben. Wir haben alle die Erfahrung gemacht, von jemandem verletzt worden zu sein, von unseren Eltern, von einem Freund, von einer Geliebten, vielleicht auch von unseren Lehrern. Es geht nicht darum, die Verletztheit zu leugnen, es geht darum, sich für die Verletztheit zu öffnen und ihr zu begegnen. Dann wird diese zu etwas, das die Tiefe unseres Herzens verstärkt. In diesem Augenblick geschieht die Vergebung ganz natürlich.«

Die Macht der Vergebung reicht weit. In Südafrika hat Bischof Tutu Verständnis, Einfühlungsvermögen und Vergebung in die Tat umgesetzt und es mit seiner Kommission für Wahrheit und Versöhnung Kriegsverbrechern ermöglicht, ihre Verbrechen einzugestehen und sich damit von ihren Schuld- und Schamgefühlen zu befreien. Nelson Mandela konnte nach siebenundzwanzig Jahren Gefängnis denen vergeben, die dafür verantwortlich waren. In Kambodscha bemühte sich Bhikshu Mahagoshananda um Vergebung in seinem Land.

❈ JACK KORNFIELD ❈

»Mahagoshananda war der große Friedensstifter von Kambodscha, der viele Male für den Friedensnobelpreis nominiert wurde. Unzählige Jahre durchwanderte er die Kriegszonen des Landes und brachte Flüchtlinge in ihre Dörfer zurück. Dabei rezitierte er die Verse: ›Hass wird nie durch Hass beendet, einzig durch Liebe wird er geheilt. Das ist das uralte, ewige Gesetz.‹ Indem er kambodschanische Bauern und Dorfbewohner, deren Leben zerstört war, Schritt um Schritt auf liebevolle Weise durch die Kriegszone in ihre eigenen Dörfer zurückführte, brachte er einem gewaltigen Teil des Landes Versöhnung und Vergebung und Heilung.«

Vergebung ist besonders zwingend, wenn wir erkennen, dass wir uns von dem Menschen, dem verziehen werden muss, an sich nicht wesentlich unterscheiden. Marian Partington ist eine alte Freundin von Deb. Ihre Schwester in England wurde von den Serienmördern Fred und Rosemary West brutal ermordet. Marian schreibt auf der Website forgivenessproject.com:

> »Ich fing an, in buddhistische Meditationsretreats zu gehen. Und in einem dieser Retreats gelobte ich den Versuch zu machen, den Wests zu vergeben. Als ich nach Hause kam, stieg unwillkürlich eine überwältigende, zutiefst körperlich empfundene mörderische Wut in mir hoch: Es machte … Wuuuusch! Stieg vom Bauch hoch in den Schädel. Ich wollte schreien, mir die Haare ausreißen, mich in den Boden krallen. Bei mir nahm also das Vergeben seinen Anfang mit einer mörderischen Wut. Bis dahin hatte ich mich nicht für einen Menschen gehalten, der einen Mord begehen könnte, aber in diesem Augenblick hätte ich töten können. Mit anderen Worten: Ich unterschied mich nicht von den Wests.«

Der von vielen geliebte vietnamesische Mönch Thich Nhat Hanh bekam oft Briefe von Vietnamesen, die mit Booten aus dem Land geflüchtet waren. Es konnte geschehen, dass diese verzweifelten Menschen auf hoher See von Piraten angegriffen und auch noch ihrer wenigen Habseligkeiten beraubt wurden. Bei einem solchen Vorfall wurde ein zwölfjähriges Mädchen von einem Piraten vergewaltigt und so gepeinigt, dass es sich anschließend ins Meer stürzte und ertrank. Die verzweifelten Eltern schrieben an Thich Nhat Hanh und baten um Rat. Dieser meditierte tagelang darüber, bevor er antwortete: Wenn er in demselben Dorf, unter den gleichen leidvollen Lebensumständen aufgewachsen wäre wie dieser Pirat, hätte er vielleicht auch ein so verschlossenes Herz, dass er einem jungen Mädchen Schmerz zufügen könnte. Er schrieb ein Gedicht, »Bitte, nenne mich bei meinem wahren Namen«, in dem es heißt:

Ich bin das zwölfjährige Mädchen,
Flüchtling in einem kleinen Boot,
das von Piraten vergewaltigt wurde
und nur noch den Tod im Ozean sucht.
Und ich bin auch der Pirat,
mein Herz ist noch nicht fähig,
zu erkennen und zu lieben.

Die hier angeführten Geschichten von Vergebung sind zutiefst inspirierend, aber sind wir imstande, bei uns zu Hause dasselbe zu tun? Können wir unseren Feinden vergeben, denen, die uns verletzt haben, oder auch nur uns selbst?

Anderen vergeben

Es ist nicht leicht, anderen Menschen die Verletzung, die sie uns zugefügt, oder das Leid, das sie uns angetan haben, zu verzeihen. Doch wir sind es, die den Schmerz fühlen, nicht sie, und je länger wir daran festhalten, desto mehr Leiden schaffen wir für uns selbst. Wie viele Male haben wir das Tonband abgespult, haben die Details durchgekaut, wer was zu wem gesagt hat, wie das alles passiert ist, über die verborgenen Motive gegrübelt, die Ungerechtigkeit und die Vorwürfe oder die Schuld und Scham? Wie viele Male haben wir das getan, und hat es uns je geholfen, uns geheilt zu fühlen, fröhlicher oder glücklicher zu werden? Wie oft müssen wir das noch tun, bis wir erkennen, dass dies alles zu nichts weiter führt, als dass es unser Unglücklichsein verlängert?

»Der Grundgedanke des Verzeihens ist ganz einfach«, schreibt Ken Wilber in seinem Buch *Mut und Gnade*. »Wenn wir darauf beharren, uns ausschließlich mit diesem kleinen Ich hier drinnen zu identifizieren, dann kann es nicht ausbleiben, dass andere es kränken, beleidigen und verletzen... Das Ego lebt ganz seinem Groll und versucht nun, andere dazu zu bringen, dass sie ihr Unrecht eingestehen. ›Du hast mir wehgetan. Sag, dass es dir leidtut.‹ … Das Ego versucht es erst gar nicht mit dem Verzeihen, denn damit wäre sein Dasein insgesamt infrage gestellt.«

Wir wollen die Dinge hier nicht allzu vereinfacht darstellen. Rational betrachtet kann das Verzeihen unmöglich erscheinen. Wir sind verletzt und wollen Rache, es ist die Schuld der anderen Person, warum also sollten wir vergeben? Unser Tun erscheint untadelig. Aber wenn wir zu einem inneren Zustand der Heilung und des Abschlusses gelangen wollen, müssen wir uns mit diesem Verlangen auseinandersetzen, an der Geschichte festzuhalten – die Details immer wieder zu durchleben oder Rache nehmen zu wollen. Denn das bewirkt nicht nur weiteres Leiden, sondern erhält auch die Trennung voneinander aufrecht und beschränkt unsere Fähigkeit, zu vertrauen oder zu lieben.

Zu vergeben bedeutet, unsere Gefühle voll und ganz einzugestehen und anzuerkennen: wie wütend und aufgebracht wir sind, wie misshandelt oder verraten wir uns fühlen, wie verbittert oder empört wir sind, wie unfair das Leben ist, wie sehr wir uns im Stich gelassen fühlen oder wie traurig wir sind. Es ist absolut in Ordnung, diese Gefühle zu haben. Wir kennen und fühlen den Schmerz, aber der Wunsch, das Leiden nicht länger fortzusetzen, ist stärker. Uns liegt genug an uns selbst, um die Wut oder die Traurigkeit nicht länger mit uns herumschleppen zu wollen. Wir sind bereit, uns wieder unsere Würde anzueignen.

Wenn wir den Schmerz oder die Motivation verstehen, die sich hinter einem Akt des Verrats oder der Gewalt verbergen, kann es helfen, den emotionalen Aufruhr in Einfühlungsvermögen zu verwandeln. Denn wenn jemand einem anderen Leid verursacht, dann tut er das ausnahmslos, weil er selbst leidet. Ist Ihnen je aufgefallen, dass es Ihnen fast unmöglich ist, irgendjemandem Leid zuzufügen oder jemanden zu verletzen, wenn es Ihnen gut geht und Sie sich ausgesprochen wohl fühlen? Sie werden sich sogar die Zeit nehmen, eine Spinne aus der Badewanne zu holen oder eine Fliege durchs Fenster davonfliegen zu lassen. Aber wenn Sie verärgert sind oder sich sehr gestresst fühlen, werden Sie nicht zögern und die Spinne durch das Abflussrohr hinunterspülen. Mit anderen Worten: Unsere innere Qual schwappt nach außen und lässt alles und jedes leiden, das uns in die Quere kommt.

Bei einer Veranstaltung in England erlebten wir, wie Jo Barry, die Tochter eines Politikers, der bei einer politischen Konferenz durch eine IRA-Bombe ums Leben kam, mit Pat Magee auf die Bühne trat, dem Mann, der die Bombe gelegt hatte. Man hätte eine Stecknadel zu Boden fallen hören können, als die beiden darüber sprachen, wie sie dahin kamen, einander zu verstehen. Jo schreibt darüber auch auf der Website von forgivenessproject.com:

> »Ich wollte Pat treffen, um dem Feind ein Gesicht zu geben und ihn als reales menschliches Wesen zu sehen. Als ich ihn dann im Verlauf der vergangenen Jahre kennenlernte, habe ich meinem Gefühl nach einen Teil der Menschlichkeit wiedererlangt, die ich mit der Explosion der Bombe verloren hatte. Wenn ich sage: ›Ich vergebe dir‹, ist das beinahe herablassend – es sperrt uns in ein ›wir-und-sie‹ – Szenarium ein, bei dem ich weiterhin Recht habe und er Unrecht hat. Diese Einstellung verändert gar nichts. Aber ich kann die Erfahrung machen, mich einzufühlen, und in diesem Augenblick existiert keine Verurteilung. Manchmal hatte ich bei meinen Begegnungen mit Pat ein so klares Verständnis von seinem Leben, dass es nichts zu vergeben, nicht zu verzeihen gibt.«

Wenn wir uns in eine andere Person hineinversetzen, können wir uns in ihren Schmerz einfühlen, und das führt zu einem tieferen Verständnis. Das kann uns dann befähigen, Schichten von Wut zu akzeptieren und freizusetzen und auch nicht zu urteilen, wenn wir mit Ungerechtigkeiten konfrontiert sind.

❋ MARSHALL B. ROSENBERG ❋

»Ich arbeitete in San Francisco mit acht Vätern, die ihre Töchter sexuell belästigt hatten. Ich arbeitete mit ihnen und mit ihren Töchtern. Einmal sagte einer der Männer zu seiner Tochter: ›Nun, du hast es ja drauf angelegt!‹ Ich sprang auf und sagte: ›Auszeit!‹ Dann stürzte ich aus dem Raum, weil ich den Kerl verprügeln wollte, als er das sagte und ich dabei den Gesichtsausdruck seiner zwölfjährigen Tochter sah. Als mir bewusst wurde, was für ein Urteil ich über diesen Mann fällte, nahm ich mir etwas Zeit und meditierte im Flur, bevor ich in den Raum zurückkehrte.

Ich wollte, dass er sich in seine Tochter hineinversetzte, dass er den Schmerz wahrnahm, den er ihr mit dieser Beschuldigung zufügte. Als ich zurückkam, sagte ich zu ihm: ›Ich habe sehr viel Schmerz empfunden, als ich Sie das sagen hörte, denn ich sah das Gesicht Ihrer Tochter. Und ich wünsche mir Verständnis von Ihnen dafür, wie schmerzlich es für sie sein muss, die Schuld zugeschoben zu bekommen.‹

Wenn wir uns in einen anderen Menschen hineinversetzen, dann gibt es nichts zu vergeben. Wir müssen nur dann vergeben, wenn wir glauben, dass das, was der andere getan hat, falsch, schlecht, unangemessen oder was auch immer ist. Fühlen wir uns jedoch in ihn ein, erkennen wir, dass er das Gleiche macht wie alle Menschen in jedem Moment, nämlich das, was nach seinem Wissen das Beste ist. Wenn also jemand etwas tut, das mir wirklich überhaupt nicht gefällt, ich mich aber in ihn hineinversetze, dann gibt es in diesem Augenblick nichts zu vergeben.

Wenn ich weiß, dass ich mit einer bestimmten Gruppe arbeiten werde, der gegenüber ich Vorurteile hege oder auf die ich eine gewisse Wut habe, dann ist mir bewusst, dass ich davor meditieren muss. Ich meditiere darüber, was es in mir ist, das mich so wütend macht und mich diese Leute in meiner Vorstellung verurteilen lässt. Dann versuche ich mir bewusst zu machen, dass diese verurteilende Denkweise eine tragische Verzerrung von allem Lebendigen in mir ist, die eintritt, wenn Bedürfnisse nicht erfüllt werden. Ich übertrage diese Botschaften in eine Sprache des Lebens, denn wenn ich mit dem Leben verbunden bin, kann ich nicht wütend, deprimiert oder beschämt sein oder Schuldzuweisungen machen. Dann kann ich besser mit der Situation umgehen.«

Wir haben alle ein bestimmtes Maß an Licht und Dunkelheit, an Gut und Böse in uns. Wir haben alle das Potenzial, einander zu verletzen, so wie wir auch das Potenzial haben zu lieben. Die Gier, der Hass und die Unwissenheit können großen Schaden anrichten, aber in jedem Wesen steckt auch das Potenzial zu Güte, Freundlichkeit, Großzügigkeit und Selbstlosigkeit. Vielleicht hat es sich noch nicht manifestiert, aber es ist vorhanden. In der Stille der Meditation verbinden wir uns mit diesem latent vorhandenen Potenzial und können mit unserer grundlegenden Gleichheit und unserem grundlegenden Gutsein in Kontakt kommen. Die Meditation des Vergebens, die im vierten Teil des Buches im Kapitel »Sitzmeditation« beschrieben wird, ist eine Praxis, die uns befähigt, die Geschichte zu erkennen, loszulassen und dann darüber hinauszugehen.

Die Unwissenheit erkennen

DEB

»Ich arbeitete sehr lange an meiner Beziehung zu meinem Vater. Mit achtzehn begab ich mich in Therapie, arbeitete mich durch Schichten von Ablehnungs- und Bedürfnisproblemen, konfrontierte mich mit ihm, sprach mit ihm, sprach nicht mit ihm, vergab ihm, vergab ihm nicht. Ich hielt meine Beziehung zu ihm aufrecht in der vagen Hoffnung, dass er sich eines Tages ändern würde, dass er tatsächlich imstande sein würde, etwas Nettes zu sagen, etwas Bestätigendes oder Liebevolles. Ich erwartete nicht, dass er ›Ich hab dich lieb‹ sagen würde, aber doch einfach etwas Positives, etwas irgendwie Anerkennendes. Ich wartete auf diesen Tag, aber unterdessen wurde ich nach wie vor emotional missbraucht.

Als ich Mitte dreißig war, kam ich schließlich an den Punkt, wo ich keine Bestätigung mehr von ihm brauchte. Ich war mit einer tiefen Akzeptanz meiner selbst in Berührung gekommen. Und als dieses Bedürfnis aufgehoben war, konnte ich in ihm den verletzten und verwirrten Mann sehen, der er eigentlich war, ein Mann, der keine Ahnung hatte, wie man gibt oder liebt. Ich sah, dass sein Schmerz weitaus größer war als der meine, auch wenn er sich dessen nicht bewusst war. Als ich seinen Schmerz von dem meinen trennte, war es mir schließlich möglich, seine Grenzen und Unwissenheit als das zu erkennen, was sie waren, und loszulassen. In der Folge konnten wir unsere Beziehung wieder aufbauen.«

Beim Vergeben geht es nicht darum, das Leiden zu verleugnen oder die Tiefe unserer Gefühle zu ignorieren. Vergeben ist nicht dasselbe wie Vergessen, was uns einfach unsere Gefühle in einem abgelegenen Winkel deponieren lässt, von wo sie dann für gewöhnlich zu einem späteren Zeitpunkt wieder auftauchen und erneut Schmerz verursachen. Vergebung nimmt auch nichts vom Ernst und der Schwere dessen weg, was passiert ist – eine abscheuliche oder schlimme Tat ist genau das, sie ist für sich genommen nicht akzeptabel. Vergebung rechtfertigt das Geschehen nicht, rückt es nicht wieder gerade.

Was wir vergeben und verzeihen, ist die Unwissenheit, die zu einem solchen Verhalten führte, die Unwissenheit über unsere wesensmäßige wechselseitige Verbundenheit – dass ich das, was ich dir antue, auch mir antue. Eine solche Unwissenheit bedeutet, dass unsere Handlungen von Gier und Hass beherrscht werden können. Als Jude war Ed völlig konsterniert, als sein Lehrer Swami Satchidananda sagte: »Du musst sogar Adolf Hitler vergeben.« Aber dann fügte er hinzu: »Du vergibst nicht die Handlung, aber du vergibst die Unwissenheit, von der sie durchdrungen war. Du vergibst dem Wesen im Innern und hoffst, dass es lernen und sich ändern wird.«

Wenn wir der Unwissenheit und dem inneren Schmerz, die zu weiterem Schmerz führen, ein solches Verständnis entgegenbringen und hoffen können, dass der andere Mensch den Schaden erkennt, den sein Mangel an Bewusstheit und Gewahrsein verursacht hat, dann können Vergebung und Mitgefühl auf authentische Weise entstehen.

JAMES TWYMAN

»Vor zweieinhalb Jahren wurde meine Frau in Chicago ermordet. Wir waren natürlich von der Trauer und Wut überwältigt, die ein solch ungeheurer Verlust auslöst. Bis auf den heutigen Tag sind die beiden Männer, die die Tat begangen haben, nicht gefunden worden, und so hat die Wut keinen wirklichen Adressaten. Es gibt niemanden, auf den ich wütend sein kann. Doch ging meine Wut sehr rasch in Mitgefühl über. Nicht, dass ich nicht wollte, dass der Gerechtigkeit Genüge getan wird, nicht, dass ich nicht wollte, dass diese Leute gefunden werden und sich dem stellen müssen, was sie getan haben. Aber ich begann Mitgefühl für das zu empfinden, was passiert sein muss, dass diese beiden Männer eine solche Gewalttat begehen konnten. Was mussten sie durchgemacht haben, um so etwas zu tun? Was für Traumata hatten sie erlitten, um so verletzt, so krank zu sein, dass sie Linda das antun konnten?

Ich fühle noch immer sehr viel Wut in mir und brauche noch sehr viel Heilung auf ganz einfache menschliche Weise, um über das Geschehene hinwegzukommen. Aber in einem umfassenderen Sinn existiert die Erkenntnis, die mir gestattet, mich in ein tiefes Vergeben gegenüber diesen Menschen und ihrer Unwissenheit zu begeben. Auch wenn ich mich durch meine menschlichen Emotionen noch hindurcharbeiten muss, so konnte ich doch auf einer sehr realen Ebene die Erfahrung von Vergebung machen.

Gewalt und Vorurteil werden immer durch den Glauben verursacht, dass wir voneinander getrennt existieren. Je weiter wir voneinander getrennt und umso unterschiedlicher wir zu sein scheinen, gleich ob es sich um Länder, Rassen, Geschlechtszugehörigkeit oder sexuelle Vorlieben handelt, desto fruchtbarer ist der Nährboden für ein solches Verhalten. Wenn ich den Teil von mir annehme, der auch ein Vergewaltiger oder Mörder sein könnte, und wenn ich diesen Teil von mir akzeptiere und liebe, dann kann ich auch anderen leichter vergeben. Wenn uns klar wird, dass wir nicht verschieden, sondern im Wesenskern dasselbe sind, entsteht ein fruchtbarer Nährboden für Respekt und Integration. Schließlich erkennen wir, dass die Gewalt, die ich gegen einen anderen ausübe, in Wirklichkeit gegen mich selbst gerichtete Gewalt ist.«

Wenn wir glauben, wir würden voneinander getrennt existieren, seien absolut unabhängig und mit nichts und niemandem verbunden, dann werden unsere Handlungen von Egozentrik und Eigeninteresse geleitet sein, und umso mehr werden wir verletzt werden oder einen anderen schädigen und verletzen. Erkennen wir diese Wahrheit, dann können wir die uns trennenden Grenzen aufheben, unser gemeinsames Menschsein achten und ehren und unser Verbundensein Realität werden lassen.

RAMA VERNON

»Die Meditation gehört zu den wenigen Dinge, die uns zur Vergebung befähigen, denn ohne sie können wir nicht die Natur dessen erkennen, was vergeben werden muss. Wenn ein echtes Vergeben da ist, hat im Innern unseres Wesens eine Heilung stattgefunden. Wir haben uns selbst vergeben, dass wir an die Trennung geglaubt haben. Ganz gleich, was diese Person auf uns projiziert hat, ganz gleich, was diese Person getan hat, wenn wir sie als uns selbst ansehen können, fällt alles ab, was die Trennung verursacht hat.«

Um Vergebung bitten

Wenn wir wissen, dass wir im Grunde nur dann einem anderen Leid zufügen, wenn wir selbst leiden, können wir sehen, wie wir immer dann über jemanden hergefallen sind, Schmerz verursacht und jemanden verletzt haben, wenn der Schmerz in uns selbst unsere Gefühle und Handlungen beherrschte. Um Vergebung zu bitten erfordert Mut, Demut und den Stolz hinunterzuschlucken. Niemand gibt gerne zu, im Unrecht zu sein, aber wenn wir es tun, ist da Raum für ungeheure Heilung. Ein einziges Wort kann so viel ausmachen. Wenn wir sagen, dass es uns leidtut, wird das nicht die Welt verändern, aber es wird jemandem helfen, sich sehr viel besser zu fühlen.

MAURA SILLS

»Ich weiß, dass wir vergeben müssen, aber wir müssen auch um Vergebung bitten. Die Wahrheit ist, dass wir Schaden zufügen und verletzen und verletzt werden, einfach deshalb, weil wir Menschen sind. Ich weiß nicht, ob ich in meinem Leben mehr geholfen als Schaden angerichtet, ob ich so viel gelitten wie ich Hilfe geleistet habe. Ich bitte also um Vergebung für alles, was ich wissentlich und unwissentlich, bewusst oder unbewusst getan habe. Und ich vergebe dir aufrichtig für alles, was du wissentlich oder unwissentlich getan haben magst, das sich auf mich ausgewirkt hat. Wir verstricken uns in all dieses Leiden und all diese Verwirrung. Wenn wir um Vergebung bitten und auch vergeben können, sind wir mit Blick auf das, was wir tun und wie wir sind, ein wenig demütiger.«

Mit unserer Bitte um Vergebung zeigen wir auch, wie viel uns an jemandem liegt. Durch das Eingeständnis unserer Schwäche und unseres Versagens befähigen wir die verletzte Person zur Heilung. Auch wenn wir glauben, dass wir im Recht sind und es nichts gibt, weshalb wir um Verzeihung bitten müssten, hat doch ein Missverständnis Schmerz verursacht, und wo Schmerz ist, können wir Heilung bringen. Durch unsere Bitte um Vergebung kann der andere erkennen, was sein Anteil am Konflikt ist. Das reißt die Barrieren ein, und alle Beteiligten können sich wieder als eins begegnen. Spielt es in diesem Augenblick noch eine Rolle, wer Recht hat und wer Unrecht?

Manchmal ist es nicht möglich oder angemessen, sich mit dem anderen in Verbindung zu setzen, um ihn um Vergebung zu bitten. Er mag gestorben sein oder sich weigern mit uns zu reden, oder wir wissen nicht, wo er sich aufhält. Das muss an der Sache nicht unbedingt etwas ändern. Wir können ihn in unsere Meditation einbeziehen und uns hier von aufgestauten Gefühlen wie Scham, Bedauern oder Wut befreien. Sollten wir dann die Möglichkeit haben, ihn wiederzusehen, werden sich unsere Gefühle für ihn verändert haben; und das kann wiederum ihm bei seiner Heilung helfen.

Uns selbst vergeben

RABBI ZALMAN SCHACHTER-SHALOMI

»Jede Nacht sage ich vor dem Einschlafen: ›Ich vergebe allen, auch mir selbst.‹ Ich will vor dem Einschlafen nicht noch einen Haufen Dinge übrig haben, die nicht verziehen und vergeben sind. Das ist so, wie wenn man vor dem Zubettgehen noch den Abwasch macht. Und am Sabbat gehe ich dann die ganze Woche durch und vergebe alles, was geschehen ist, gleich ob ich es getan habe oder ein anderer.«

Gewöhnlich konzentrieren wir uns darauf, einem anderen Menschen zu vergeben: Er hat mir dieses Unrecht angetan, und ich bin verletzt, wütend und aufgebracht. Das ist die stärkere Position, da wir die Misshandlung erfahren haben oder zum Opfer gemacht wurden, wohingegen der andere die schmutzige Tat verübt hat. Doch als wir kürzlich in einem unserer Workshops fragten, welche Teilnehmer gewisse Schuld- oder Schamgefühle mit sich herumtragen wegen irgendetwas, das sie in der Vergangenheit getan hatten und das sie *sich selbst* nicht vergeben konnten, hoben mindestens zwei Drittel die Hand. Wir wollen Heilung und Vergebung, aber es kann uns sehr schwerfallen, sie uns selbst zuteilwerden zu lassen.

So beschreibt es auch Treya Wilber in *Mut und Gnade*.

> »Mir selbst verzeihen heißt aber, mich selbst akzeptieren. Schluck! Dann müsste ich mich ja von einem alten Freund verabschieden – der Selbstkritik.
>
> Wenn ich mir all das vorstelle, was ein gutes Verhältnis zu mir selbst verhindert, dann sehe ich, gleichsam als Hintergrund all meiner Probleme und alles andere überragend, einen Skorpion, der den Schwanz über den eigenen Rücken gekrümmt hat – bereit, sich selbst zu stechen. Das ist die Kritiksucht mir selbst gegenüber, mit der ich mich fertigmache, mit der ich mich nicht liebenswert finde, das Grundgefühl hinter allen anderen Problemen, die ewigen Klagen gegen mich selbst, die mich das Licht nicht sehen lassen – und die Wunder, die nur in diesem Licht zu sehen sind. Hmmm. Die härteste Nuss.«

Wir versuchen möglichst nicht in unsere dunklen Ecken zu schauen, aber die angehäuften Schuld- und Schamgefühle oder die Selbstabneigung können zu vertrauten Krücken für das Ego werden, die Einfluss auf unsere Aktivitäten und unser Verhalten nehmen. Schuldgefühle wegen etwas, das wir getan haben, bleiben noch lange in uns bestehen: Ich bin ein so schlechter, hoffnungsloser, nutzloser, schrecklicher, liebloser, verletzender, nicht liebenswerter Mensch, der alles falsch macht. Wir glauben sogar, dass das Schuldgefühl unsere Buße sei, dass wir damit unser Unrecht irgendwie wiedergutmachten, doch in Wirklichkeit bewirkt es nichts weiter als noch mehr Leiden. Dem Schuldgefühl folgen die Vorwürfe: Wie konnte ich so etwas nur tun? Wie kann ich mir je wieder selbst über den Weg trauen? Wie kann irgendeiner je wieder Vertrauen in mich setzen?

Doch das ist im Grunde wie ein Nebelschleier, der unseren Geist verdunkelt und der uns von der Erkenntnis abhält, dass wir mehr sind als dieser Vorfall. Was immer wir auch getan haben, es ist nicht wir als Ganzes. Wir können die Geschichte ablegen, ohne zu vergessen oder zu verdrängen, was passiert ist. Wir können sagen: »Ich habe einen Fehler gemacht, aber ich bin nicht das Schuldgefühl, ich bin nicht der Fehler, ich bin nicht das Versagen, es ist passiert, aber das ist nicht das, wer ich jetzt bin, und es ist nicht alles von mir, ist nicht das, was ich insgesamt bin.«

Uns selbst zu vergeben ist ein kontinuierlicher Prozess: Wir müssen uns immer wieder vergeben, wenn wir uns kritisieren oder uns vorwerfen, hilflos, nutzlos, im Unrecht oder dumm zu sein; wenn wir uns in Selbsthass und Selbstverleugnung ergehen; wenn wir glauben, dass wir die schlimmen Dinge, die uns widerfahren, verdienen, dass wir irgendetwas falsch gemacht haben müssen, wenn wir so misshandelt werden; wenn wir denken, dass wir es hätten besser wissen müssen, dass alles unsere eigene Schuld ist, dass wir es herausgefordert haben; wenn wir uns selbst ablehnen, im Stich lassen, unsere Bedürfnisse und Gefühle ignorieren oder verleugnen. Immer wenn wir uns in solchen Gedanken der Selbstablehnung verstricken, können wir einfach sagen: »Ich vergebe dir.« Wir brauchen nicht noch mehr Schuld- oder Schamgefühle oder Selbstvorwürfe zu produzieren – die Welt hat schon genug davon.

❋ MICHAEL BERNARD BECKWITH ❋

»Beim Vergeben geht es im Grunde um dich selbst, denn du befreist dein eigenes System von Giften, von Feindseligkeit und Hass. Ich bezeichne die Meditation der Vergebung als tägliche Entgiftung, bei der du dich am Ende eines Tages überprüfst, um zu sehen, ob du noch an irgendetwas festhältst – etwas, das jemand zu dir gesagt hat, das jemand über dich gesagt hat, etwas, das du getan hast und auf das du nicht gerade stolz bist –, und du arbeitest mir dir selbst, um das auszuräumen; du entgiftest dich von diesen speziellen Gedankengebilden, damit sie nicht deine Beziehungen, deine Kreativität oder deine Gesundheit beeinträchtigen.

Letztlich muss das Vergeben eine Lebensweise sein. Es befähigt uns zur spirituellen Weiterentwicklung, weil wir in die Tiefen unseres Seinswesens vordringen müssen, um vergeben zu können, wenn jemand uns oder einer geliebten Person etwas Schreckliches angetan hat oder wenn wir jemandem etwas angetan haben. Wir müssen uns zu einem von der Welt unberührten Ort im Innern begeben. Und wenn wir dahin kommen, verändert das unser Leben auf immer.«

Vergebung in jedem Moment

Wenn wir nicht vergeben, ist das so, als würden wir schweres Gepäck mit uns herumschleppen, das uns niederdrückt. Wir kommen damit nicht voran, können es aber auch nicht einfach stehen lassen, weil es unsere Geschichte enthält. Oder es ist so, als hielten wir an brennenden Kohlen fest, aber wir sind es, die verbrannt werden. Wenn wir die Vergangenheit loslassen, die Geschichte und die Einzelheiten, die Unwissenheit und die Selbstsüchtigkeit, dann öffnen wir uns für die Gegenwart, für das, wer wir jetzt sind. Wir müssen nicht im Drama leben, die Geschichte am Leben erhalten, das Leiden aufrechterhalten. Wir können zur geistigen Gesundheit und Güte zurückkehren und diese geistige Gesundheit in diesen Augenblick einbringen.

❃ JEAN HOUSTON ❃

»Vergeben heißt, etwas ›wegzugeben‹ auf eine Weise, dass es uns von den Dingen befreit, die uns in Angst, Hass und in die große Illusion vom Getrenntsein haben einsteigen lassen. Diese Illusion, dass wir voneinander getrennt sind und nicht Teil einer dynamischen Einheit des Seins, hat uns die negative Fähigkeit verliehen, den anderen als Fremden zu betrachten. Aber wir können gemeinschaftlich zu kreativen Mitteln und Wegen übergehen, dazu, dass wir in jedem Menschen die versteckte Gottheit entdecken und sein Potenzial zur Veränderung sehen. Vergebung setzt in uns das frei, was uns davon abhielt, zu lieben und uns in einem radikalen Sinn der Liebe auf andere, auf alle Geschöpfe einzulassen.«

Wenn wir meditieren, können wir zur Vergebung gelangen und uns selbst Mitgefühl entgegenbringen. Wir können uns befreunden mit dem, *was* und *wer wir sind*, im Wissen, dass wir die Vergangenheit nicht ändern können, aber unserer Einstellung dazu schon. Wenn wir über unsere Beschränkungen, unser Ego, hinaussehen, passiert allmählich etwas Bemerkenswertes. Die Grenzen, die uns von der Intimität abgehalten und in Isolation gehalten haben, Grenzen, die im Laufe der Jahre aufgebaut und aufrechterhalten wurden, um uns vor Verletzungen zu schützen, beginnen zu fallen wie altes bröckelndes, herabstürzendes Gemäuer. In der Meditation wissen wir um unsere wechselseitige Verbundenheit; wenn keine Trennung da ist, besteht auch keine Notwendigkeit, beschützt zu werden.

❊ JACK KORNFIELD ❊

»Es gibt auf das Herz ausgerichtete Meditationspraktiken, die bewusst Dankbarkeit, Mitgefühl und Vergebung kultivieren. Alle diese Formen von Meditation können das Bewusstsein, mit dem wir durch die Welt gehen, transformieren. Und wenn diese sich ausbreiten, können wir eine zersplitterte und schrecklich geteilte Gesellschaft in eine Gesellschaft umwandeln, in der die Menschen Respekt, Würde und Mitgefühl als den ihnen allen gemeinsamen Grund empfinden.«

So gesehen ist Vergebung wirklich etwas Revolutionäres. Sie befreit uns vom Schmerz der Vergangenheit, so dass wir frei sind, in der Gegenwart zu leben. Sie verwandelt Angst und Hass in Liebe und Akzeptanz, so wie sich die Auster die Reizung eines Sandkorns zunutze macht, um die Schönheit einer Perle zu produzieren. Sie ermöglicht uns allen, in Güte und Anteilnahme zu leben.

Blüten reifen zu süßen Früchten heran

Wenn wir die Reise zu unserem Herzen vollenden,
werden wir uns selbst im Herzen aller anderen finden.

VATER THOMAS KEATING

Da gibt es die Geschichte, dass zu Lebzeiten des Buddha eine Gruppe von Mönchen den Wunsch hatte, sich fern von den Massen seiner Anhänger in ein stilles Retreat zu begeben. Der Buddha sagte ihnen, es gebe da eine wunderschöne Lichtung im Wald, da könnten sie hingehen und sicher sein, dass sie ungestört blieben. Die Mönche fanden den Weg zur Lichtung und ließen sich dort nieder, um zu meditieren. Sie wussten aber nicht, dass die Lichtung von einer Horde Baumgeister bewohnt wurde, die sehr darüber verstimmt waren, dass diese Mönche daherkamen und es sich hier gemütlich machten. Wenn Baumgeister wollen, können sie wirklich äußerst unheimlich, hässlich, sehr übelriechend und unglaublich laut sein, ihr Gekreische ist wild und schrill. Sie taten alles, um den Mönchen einen Schrecken einzujagen und sie zum Verlassen der Lichtung zu bewegen. Und es funktionierte. Da kein Frieden einkehrte, konnten die Mönche unmöglich meditieren, eilten zum Buddha zurück und baten ihn, sie anderswo hingehen zu lassen. Aber nein. Stattdessen lehrte der Buddha sie die Metta-Meditation – *metta* in Pali, *maitri* im Sanskrit –, eine Meditationspraxis, die das Kultivieren von Freundlichkeit, Güte, Liebe, Wohlwollen zum Inhalt hat und das

Wohlergehen und Glück aller fühlenden Wesen, uns selbst und unsere Feinde eingeschlossen. Dann schickte er die Mönche wieder zurück in den Wald mit den Worten: »Das ist der einzige Schutz, den ihr brauchen werdet.«

Die Mönche, die dachten, der Buddha sei nicht ganz dicht, begaben sich äußerst widerwillig zurück zur Lichtung, setzten sich nieder und begannen zu praktizieren, was sie gelehrt worden waren. Und es funktionierte! Die Baumgeister, die zunächst über die Rückkehr der Mönche alles andere als erfreut waren, hatten keinen Einfluss mehr auf sie. Trotz aller Mätzchen blieben die Meditierenden einfach sitzen und strahlten liebende Güte und Zugewandtheit aus. Um es kurz zu machen: Schließlich eroberten die Wellen des Mitgefühls, die von den Mönchen ausgingen, das Herz der Geister, und die übellaunigen Widerlinge wurden Schüler, statt die Mönche davonzujagen.

Aber wer sind die Baumgeister? Die Geschichte besagt, dass sie all das sind, was in unserem Geist vor sich geht: all die Zweifel, Unsicherheiten, Ängste, der Ärger, die Wut, die negativen Gedanken – die Liste nimmt kein Ende. Eben all das, was uns ablenkt. Und der Buddha wies darauf hin, dass *metta* (im Deutschen häufig mit »liebende Güte« übersetzt) die Fähigkeit hat, alle möglichen Monster und Gespenster zu überwinden, uns zu einer echten Öffnung des Herzens zu führen und zu beweisen, dass die Liebe mächtiger ist als jede gegnerische Kraft. Statt zu versuchen, die Negativität zu beseitigen, kultivieren wir ihr Gegenteil: Wir sehen und erkennen den Schmerz und bringen ihm Liebe und Güte entgegen.

Freundlich, gütig, liebevoll zugewandt sein

Hört sich das nicht nett an? Einfach nur gütig und liebevoll sein – wie großartig, wie cool, lassen wir die Freundlichkeit *in* sein. Aber in der Praxis ist die Sache nicht immer ganz so einfach, zum Beispiel, wenn jemand etwas Verletzendes sagt oder tut. Können Freundlichkeit und Güte noch fließen, wenn das Ego verärgert und verstimmt ist? Da gibt es die Geschichte von dem Mönch, der viele Jahre lang auf die Eigenschaft Geduld meditierte. Er war in alles versunken, was mit heiterer Gelassenheit und Toleranz zu tun hatte. Eines Tages ging jemand an ihm vorbei und sagte: »Friss Scheiße!« Sofort erwiderte der meditierende Mönch: »Friss selber Scheiße!« – Es kann sehr schwer fallen, unser inneres Gleichgewicht zu bewahren, und Mönche können es ebenso leicht verlieren wie wir.

Wenn wir unser Augenmerk auf die liebende Güte und Zugewandtheit richten, zeigt uns das all die Orte, die vom Ego und der Selbstsüchtigkeit eingeschränkt werden; es zeigt uns unsere Grenzen auf und konfrontiert uns mit unseren Beschränkungen. Wo kommen wir an unsere Grenzen? Wo ist unsere Fähigkeit, unsere Grenzen zu überschreiten und zu einer umfassenderen Rücksichtname und Aufmerksamkeit zu gelangen? Wie echt ist unsere Fähigkeit, Herzensgüte in eine schwierige Situation einfließen zu lassen?

MARC IAN BARASCH

»Ein Buch über Güte und Mitgefühl zu schreiben half mir sehr, mich auf andere zu konzentrieren, vor allem, da ich in vieler Hinsicht ein sehr selbstsüchtiger Mensch bin. Ich führte ein Interview mit einem Meditationslehrer und sagte: ›Ich weiß nur, wie man versucht, freundlich und gütig zu sein.‹ Er erwiderte: ›Ich denke, du hast verstanden!‹ Und ich dachte, großartig, ich habe eine Eins mit Auszeichnung bekommen. Aber dann sagte er: ›Und jetzt musst du dich daran gewöhnen.‹ Mir stellten sich die Nackenhaare auf. Ich meine, es ist ja gut und schön, dieses Verständnis zu haben, aber wie sehr durchtränkt und erfüllt es dein Leben? Das ist für mich die Kernfrage: Wie kann ich mich darauf besinnen, gütig und mitfühlend zu sein? Was bedeutet: Wie kann ich mich auf der Stelle in jemanden einfühlen, auch wenn dieser

Jemand auf mich absolut sauer ist, wenn dieser Jemand mir einen Strich durch die Rechnung macht oder mir im Wege steht? Wir müssen eine Lücke zwischen Aktion und Reaktion herstellen, und die Meditation ermöglicht uns, dies zu tun.«

Liebende Güte und Zugewandtheit in Aktion

Wir müssen bei uns selbst anfangen, wenn liebende Güte und Zugewandtheit zum integralen Bestandteil des Ausdrucks unseres Lebens werden sollen. Und genau das ist der schwierigste Ausgangsort – wie leicht es doch wäre, wenn wir ihn überspringen und direkt damit anfangen könnten, andere zu lieben! Aber solange wir uns selbst keine echt empfundene Anteilnahme, Güte und Liebe entgegenbringen können, bleibt unser Vermögen, diese Qualitäten anderen entgegenzubringen, beschränkt. Wenn wir uns nicht selbst wertschätzen, wird sich unsere Liebe zu anderen auf den Versuch gründen, bei ihnen die Liebe zu finden, die wir brauchen, und dann wird es keine echte und bedingungslose Liebe sein. Deshalb beginnt die Meditationspraxis der liebenden Güte, die im vierten Teil des Buches im Kapitel »Sitzmeditation« beschrieben wird, zunächst damit, dass wir lernen, diese Qualität auf uns selbst zu richten.

Uns selbst echte Anteilnahme und Fürsorglichkeit entgegenzubringen kann außergewöhnlich schwierig sein. Es bedeutet, sanft zu sein, wenn wir Fehler machen, und uns nicht selbst herabzusetzen, und sei es auf noch so subtile Art. Wir können jedes Mal, wenn wir etwas Unangebrachtes sagen, uns zum Narren machen oder uns wertlos fühlen, Akzeptanz, Güte und Freundschaft einbringen; wir können uns liebevoll akzeptieren, so wie wir sind.

❋ JOAN BORYSENKO ❋

»Hör auf dich selbst zu bestrafen. Leg die Peitsche nieder! Ein Großteil der Bestrafung, die wir anderen zukommen lassen, ist im Grunde eine Projektion dessen, wie wir uns selbst behandeln. Sei also sanft zu dir selbst!«

Wenn wir uns darauf konzentrieren, liebende Güte auf uns selbst zu richten, können wir darauf stoßen, dass wir tief in uns davon überzeugt sind, dass wir es nicht verdienen. Wir verdienen es nicht, dass es uns gut geht oder dass wir glücklich sind – so eine Art Selbstzerstörungsklausel. Wir müssen die Güte und Freundlichkeit immer wieder in diese Selbstablehnung und mangelnde Selbstachtung einladen. Es geht hier nicht darum zu überlegen, wo wir Verantwortung für unser Verhalten übernehmen müssen, sondern darum, das Menschlichsein in uns, das ein solches Verhalten überhaupt erst verursacht hat, liebevoll zu akzeptieren.

❋ DEBBIE FORD ❋

»Sei anteilnehmend und mitfühlend dir selbst gegenüber. Neunundneunzig Prozent an Misshandlung und Missbrauch finden im Innern statt. Wenn wir wollen, dass sich im Äußeren etwas ändert, müssen wir in unserem Innern anfangen. Lehre ich mich dies selbst, werde ich weicher und freundlicher zu dem, wer ich wirklich bin. Lehre ich es meinen Sohn, lernen seine Freunde es von ihm, indem sie ihn beobachten oder hier bei uns sind. Wir alle können aus der Selbstverleugnung und Selbstablehnung herauskommen und gütig und freundlich zu uns selbst sein.«

Um die Entwicklung dieser Qualität zu fördern, können wir spezielle Sätze wiederholen, wie zum Beispiel: »Möge es mir gut gehen, möge ich glücklich sein, mögen alle Dinge für mich gut laufen, möge ich im inneren Frieden sein.« Das Gute an diesen Sätzen ist, dass sie eine Selbstbestätigung darstellen und überall angewandt werden können, egal wo wir sind. Auf dem Weg zum

Arzt: Möge es mir gut gehen. Auf dem Weg zur Verabredung: Möge ich glücklich sein. Auf dem Weg zu einem Vorstellungsgespräch: Mögen alle Dinge gut für mich laufen. Unter Stress: Möge ich im inneren Frieden sein. Und wir können sie auch auf andere anwenden. Sie werden von Ihrer Chefin kritisiert: Möge es ihr gut gehen. Im überfüllten Zug: Mögen alle Wesen glücklich sein. Im Stau: Mögen alle Wesen im inneren Frieden sein. Jemand zeigt Ihnen den Stinkefinger, während Sie am Steuer sitzen: Möge er glücklich sein und keinen Unfall verursachen! Die Wiederholung dieser Sätze lässt unser Herz aufgeschlossen bleiben.

JAMES GIMIAN

»In unserem Alltag, im Hier und Jetzt, geraten wir oft an die Grenzen unserer Fähigkeit, offen und mitfühlend zu sein. Wenn wir es schaffen, unsere Aufmerksamkeit, Achtsamkeit und liebende Güte in diese überaus gewöhnlichen und schwierigen Momente einzubringen – wenn wir nicht davor wegrennen oder sie übertünchen, sondern einfach bei ihnen bleiben –, bringen wir echte Meditationspraxis in unser Leben hinein.«

Liebende Güte und Zugewandtheit für alle

Güte und Liebe sind nicht auf uns beschränkt; wir können sie auf andere, auf unsere Familie, Freunde und Geliebten ausdehnen so wie kleine Wellen in einem Teich. Das geht relativ natürlich und mühelos vor sich. Aber echte liebende Güte kann nicht bei den Menschen enden, die wir kennen und mögen; sie muss darüber hinausgehen und sich auch auf die erstrecken, die wir nicht mögen und die wir nicht kennen. Dazu gehören Menschen, mit denen wir Probleme haben, Menschen, mit denen die Verständigung gerade schwierig ist, wo negative Dinge aufgekommen sind, die die Beziehung auseinanderreißen, wo Wut, Feindseligkeit oder Abneigung bestehen.

Wenn es uns etwas ausmacht, dass sich jemand uns gegenüber feindselig, abschätzig, kritisierend oder verletzend verhält, dann liegt das oft daran, dass es in uns einen Haken gibt, wo sich die Negativität einklinken kann; dass es in uns einen Ort gibt, wo sie andocken kann, was dann alle unsere Gefühle von Unwürdigkeit, Unsicherheit, Zweifel, ja sogar Selbsthass auslöst. Dehnen wir aber Güte und Freundlichkeit auf eine solche Person aus, so wie wir das in der Meditation tun können, dann geschieht etwas Außergewöhnliches: Der Haken im Innern beginnt sich aufzulösen. Die Negativität kann nirgendwo mehr Fuß fassen.

DEB

»Vor vielen Jahren arbeitete ich bei einer Bildungsanstalt auf Hawaii, und aus irgendeinem Grund hatte es eine der Lehrerinnen auf mich abgesehen. Egal was ich tat, sie war anderer Meinung oder setzte mich ins Unrecht. Aus administrativen Gründen musste ich in ihren Unterrichtsstunden anwesend sein, und bald hatte sie alle Teilnehmer gegen mich aufgebracht. Mir wurde klar, dass sie bei mir Kindheitserinnerungen auslöste – Erinnerungen daran, wie man mich ignoriert oder missachtet hatte, und ich schrumpelte in ihrer Gegenwart zu einem kleinen uneffektiven Etwas zusammen. Dann stellte sich heraus, dass ich mit ihr und der Klasse zu einem Outdoor-Training fahren und eine ganze Woche in einer abgelegenen Hütte verbringen musste. Unter Spaß verstand ich etwas anderes. Nun hatte ich nur noch die Möglichkeit, mich bei meiner Meditation der liebenden Güte auf sie zu konzentrieren, und das tat ich auch jeden Tag.

Schon als wir bei der Hütte anlangten, hatte sich ihre Einstellung auf subtile Weise zu verändern begonnen. Sie gab mir nicht mehr für alles die Schuld, was schieflief. Im Verlauf der ersten Tage änderte sie sich noch mehr, sie erkannte mich langsam an, und am Ende der Woche bezog sie mich ebenso wie alle anderen ein und fragte mich sogar einmal nach meiner Meinung. Das Interessante daran war, dass sie nicht zu bemerken schien, dass sich etwas verändert hatte. Und mit ihr veränderte die ganze Klasse ihr Verhalten. Überrascht beobachtete ich das Geschehen. Ich hatte lediglich die Liebende-Güte-Meditation praktiziert, wodurch sich der Haken, an dem sie alle ihre Verurteilungen aufgehängt hatte, anscheinend aufgelöst hatte. Sie konnte ihre Negativität nirgendwo mehr festmachen, und so schien diese irgendwo zwischen uns auf den Boden zu fallen. Als sie keinen Platz finden konnte, schlich sie sich schließlich davon.«

Die negativen Reaktionen, die in solchen Momenten der Unstimmigkeit oder Meinungsverschiedenheit aufkommen, verursachen fortgesetztes Leiden und weitere Konflikte. Wenn wir Freundlichkeit und Güte auf unsere Widersacher ausdehnen, erstrecken wir sie im Grunde auf uns selbst, da sie uns vom inneren Schmerz befreien und in einen Zustand größerer Ausgeglichenheit versetzen. Wie einst ein burmesischer Lehrer zum Autor Andrew Harvey sagte: »Lass mich aus Mitgefühl mit mir selbst alle meine Gefühle von Wut und Groll gegenüber anderen loslassen.«

Wenn wir uns auf den Widersacher konzentrieren, können alle möglichen mit dem Geschehen verbundenen Gefühle aufkommen, was wer zu wem sagte und was jemand getan oder nicht getan hat. Um zur liebenden Güte zu gelangen, müssen wir alle diese Gefühle akzeptieren und zugleich die Geschichte samt ihren Details loslassen. Wer was tat oder wer was sagte, ist nicht von Bedeutung; wichtig ist die geteilte menschliche Erfahrung. Verletztheit und Uneinigkeit und Ärger und Wut kommen auf, wenn wir unsere essenzielle Einheit vergessen, an voneinander getrennten Orten herumlungern und mit gesenkten Hörnern aufeinander losgehen. Wenn wir die Geschichte loslassen, gelangen wir über das Beleidigtsein des Ego hinaus in den Raum hinein, den wir miteinander teilen.

Wir können Freundlichkeit und Güte auf Leute ausdehnen, die verärgert, wütend oder gereizt sind, egal ob ihre Gefühle etwas mit uns zu tun haben oder nicht. Auf diese Weise können wir verhindern, dass sich die Negativität auf uns auswirkt. Ob es sich nun um unsere Chefin handelt, den Busfahrer, unseren Partner oder unsere Kinder – wenn wir ihnen alles Gute wünschen, hilft uns das, cool zu bleiben.

ED

»Es war ein später Sonntagnachmittag auf dem Lande im englischen Norfolk, und wir waren auf der Heimfahrt von einem dreitägigen Liebende-Güte-Meditationsretreat, das wir geleitet hatten. Wir fuhren auf einer schmalen Landstraße, und ein anderes Auto kam uns in der Mitte der Fahrbahn entgegen. Wir wichen aus, so gut es uns irgend möglich war, trotzdem musste der andere seine Fahrt verlangsamen, um an uns vorbeikommen zu können. Der Fahrer war wütend und zeigte uns den Stinkefinger, obwohl er derjenige war, der auf der Mitte der Straße fuhr! Es wäre ein Leichtes gewesen, mit ›He, wir fahren auf unserer Spur, und wir sind im Recht, und du bist im Unrecht‹ zu reagieren. Aber wir lächelten nur und sagten: ›Möge es ihm wohl ergehen, möge er sicher fahren, möge er lange leben.‹«

Wenn wir Freundlichkeit und Güte auf unseren Widersacher ausdehnen, besteht der nächste natürliche Schritt darin, sie auf alle Wesen auszudehnen, wer immer und wo immer sie sein mögen. Das hört sich theoretisch gesehen ziemlich einfach an, kann aber verborgene Probleme mit Vorurteilen und Widerständen ans Licht bringen. Können wir Freundlichkeit und Güte wirklich so problemlos auch auf Terroristen, Mörder oder Diktatoren ausdehnen, so wie wir sie auf Pflegepersonen, Sozialarbeiter und unsere Lieben richten? Können wir über die jeweilige Persönlichkeit hinwegsehen und den Blick auf die Essenz unseres miteinander geteilten Daseins richten? Können wir einen Ort in unserem Herzen finden, wo alle Wesen gleich sind?

Vorurteile können äußerst tief reichen. Sie sind erst dann geheilt, wenn wir den Krieg in unserem Innern beenden und die

Teile von uns akzeptieren, die wir so inakzeptabel finden. Dann haben wir den Mut, auch jene zu akzeptieren, die anders sind als wir, die einen anderen Glauben haben, eine andere Hautfarbe oder eine andere Lebensweise. Wenn wir uns selbst tolerieren können, können wir auch anderen gegenüber tolerant sein und Freundlichkeit und Güte auf alle gleichermaßen ausdehnen.

Wie Mahatma Gandhi sagte: »Wir müssen den Kreis unserer Liebe erweitern, bis er das ganze Dorf umfasst; das Dorf muss seinerseits den Bezirk in seinen Schoß aufnehmen, der Bezirk die Provinz und so weiter, bis unsere Liebe die ganze Welt umfasst.«

Im Innern des Gehirns

Liebende Güte und Mitgefühl sind derart eindeutige Resultate der Meditation, dass sie sich mittlerweile wissenschaftlich verifizieren lassen. Die Forschung hat deutlich gezeigt, dass die Meditation die Schaltsysteme in dem mit Zufriedenheit und Glück assoziierten Hirnbereich verändert und so den »Wohlfühl«-Faktor stimuliert, während die gemessenen Wellenmuster der Gehirnströme Hinweise auf die unmittelbaren und positiven Effekte der Meditation geben. Buddhistische Mönche mit langjähriger intensiver Meditationspraxis ließen ihren Geist wissenschaftlich untersuchen, während sie meditierten. Als man sie bat, sich auf Mitgefühl zu konzentrieren, spiegelte sich in ihrem Gehirn ein bemerkenswert hohes Maß an Erzeugung von Klarheit und intensiver Freundlichkeit und Güte wider. Das Shamatha-Projekt, ein Forschungsprojekt, das sich über vier Jahre erstreckte, ergab ähnliche Resultate.

ALAN WALLACE

»Im Verlauf des Shamatha-Projekts führte ich zwei dreimonatige Retreats durch, die zum Ziel hatten, die Auswirkungen der Meditation zu beobachten. Wissenschaftler- und Psychologenteams nahmen Speichel- und Blutproben, überwachten Verhaltensänderungen, protokollierten Gespräche zwischen Teilnehmern und Psychologen und erstellten EEGs. Dies alles, um zu sehen, auf welche Weise sich die Meditationspraxis auf das Gehirn und die Physiologie, auf die kognitiven Vorgänge und die Qualität der Aufmerksamkeit auswirkte, und um festzustellen, ob die Meditation die Kontinuität von bewusster Konzentration, Klarheit, Selbstgewahrsein und Einfühlungsvermögen verbessern konnte und ob sie aus den Meditierenden sogar nettere Menschen machte.

Ich traf die Teilnehmer jeden Tag als Gruppe und einzeln einmal in der Woche. Ich bemerkte, dass sich ihr Aufmerksamkeits- und Achtsamkeitsvermögen entschieden verbesserte und sie die Konzentration über längere Zeit hinweg aufrechterhalten konnten. Ihre Klarheit steigerte sich, sie arbeiteten emotionale Probleme durch, und ihre Interaktionen waren mit der Zeit von mehr Sanftheit und Freundlichkeit geprägt; sie zeigten mehr Einfühlungsvermögen, Mitgefühl und Güte und sehr viel mehr Zufriedenheit und Glück als vorher.«

Nicht viele von uns sind in der Lage, so viel zu meditieren wie ein Mönch oder auch nur ein dreimonatiges Retreat zu absolvieren, aber die Forschungsdaten zeigen, dass die bereits erwähnte »Stressbewältigung durch die Praxis der Achtsamkeit« in nur acht Wochen merkliche Veränderungen im Gehirn herbeiführen kann. Andere Forschungen haben gezeigt, dass es auch messbare Verbesserungen im Wohlfühlbereich des Gehirns geben kann, wenn man zwei Wochen lang täglich dreißig Minuten meditiert. Das deutet darauf hin, dass wir ganz systematisch Qualitäten wie Freundlichkeit, Güte und Mitgefühl entwickeln können.

RICHARD DAVIDSON

»Indem wir uns die in der neurowissenschaftlichen Forschung entwickelten Methoden zunutze machen, können wir die Auswirkungen der Meditation auf das Gehirn verstehen. Die von uns untersuchten Übungspraktiken lassen sich in drei Hauptkategorien einteilen: eine ist die der fokussierten Achtsamkeit und Konzentration; die zweite bezeichnen wir als offene Beobachtungspraktiken oder Übungspraktiken, die ein umfassenderes Rundumgewahrsein kultivieren; und die dritte Kategorie beinhaltet Übungspraktiken zur Entwicklung von liebender Güte und Mitgefühl. Praxisübungen wie die der fokussierten Achtsamkeit und Konzentration nehmen die Gehirnregionen im Bereich des Frontallappens und Parietallappens in Anspruch. Eine Meditation zur Entwicklung von Mitgefühl und liebender Güte nimmt hingegen die Teile des Gehirns in Beschlag, die mit Emotionen und deren Regulierung befasst sind und die die Reaktionsfähigkeit bestimmter Arten von emotionalen Impulsen erhöhen.

Neuroplastizität ist die Erforschung der Fähigkeit des Gehirns, sich zu verändern, weiterzuentwickeln und neu zu vernetzen. Durch Geistestraining können wir das Gehirn tatsächlich dahingehend verändern, dass es seine Aktivität in Richtung größere Zufriedenheit umstellt. Die mit dem Glücklichsein assoziierten Mechanismen gehören zu den formbarsten Schaltsystemen im Gehirn und lassen sich durch direkte Erfahrung umwandeln. Da sich das Gehirn fortlaufend verändert, fragt sich, wie wir es zum Besseren verändern können.

Auf der Grundlage der uns verfügbaren Informationen würde ich sagen, dass es gewaltige Möglichkeiten einer radikalen Transformation gibt und wir jeden Grund zur Annahme haben, dass durch die Meditation hinsichtlich des Ausdrucks von zerstörerischen Emotionen beeindruckende Veränderungen herbeigeführt werden können. Die Auswirkung der Meditation auf die Schaltkreise im Gehirn bestätigt eindeutig die Möglichkeit einer solchen radikalen Veränderung, dass Wut und Angst transformiert werden können. Ganz sicher haben wir Hinweise darauf, dass eine auf die Entwicklung von Mitgefühl und liebende Güte ausgerichtete Meditation die Gehirntätigkeit in vielerlei Hinsicht positiv verändern kann.«

Mitgefühl erwecken

Wir haben bei uns zu Hause ein Zeitungsfoto von Bischof Tutu, auf dem er die Hände zum Gebet gefaltet hat. Darunter stehen seine Worte: »Bitte sorgt dafür, dass es in Mode kommt, mitfühlend zu sein.« Dieses Foto ist schon viele Jahre alt, aber seine Worte sind heute aktueller denn je. Wir können dafür sorgen, dass Mitgefühl in Mode kommt, Freundlichkeit und Güte cool sind, Rücksicht und Anteilnahme heiße Themen werden. Wir haben bereits bewiesen, dass Kriege nicht funktionieren, dass Kämpfen und Töten im Namen der Religion oder um die Oberherrschaft zu gewinnen oder um die Kontrolle zu erlangen, niemals ein Happyend haben. Akzeptanz, Güte, Großzügigkeit und Mitgefühl sind tatsächlich die einzige Wahl, die uns bleibt, um sowohl in uns selbst als auch in der Gesellschaft eine Umwandlung herbeizuführen.

MARC IAN BARASCH

»Wenn Sie eine Gesellschaftskultur haben, in der der Grundsatz gilt, den Bischof Tutu immer als *ubuntu* bezeichnet, was bedeutet: ›Ich existiere nur, weil du existierst, meine Existenz hängt von deiner Existenz ab, mein Wohlergehen hängt von deinem Wohlergehen ab‹, dann ist diese Kultur eine völlig andere als die amerikanische Gesellschaftskultur, welche besagt: ›Ganz offensichtlich muss Gott mich lieben, denn einem Sünder würde er nicht helfen voranzukommen, und wenn es dir nicht gut ergeht, dann muss mit dir irgendetwas nicht in Ordnung sein.‹

Es gibt einen Stamm, bei dem Sieben- oder Achtjährige ein Initiationsritual als Übergang vom Kind zum Mann beziehungsweise zur Frau vollziehen. In einem Zelt wird ein großes Fest gefeiert. Wenn das Kind sich dann gerade anschickt, etwas zu essen, hört es draußen ein Jammern, und eine Stimme klagt: ›Ich bin hungrig.‹ Die Erwachsenen sagen dann: ›Jemand weint‹, und das Kind muss von seinem Essen erst etwas der Person draußen vor dem Zelt abgeben, bevor es selbst einen Bissen zu sich nehmen darf.«

Solche vom Herzen ausgehende Eigenschaften wie Freundlichkeit, Güte oder Mitgefühl beziehen wir nicht von außen. Wir können in uns nichts finden, was dort nicht schon vorhanden wäre als Bestandteil unserer wahren Natur. Aber das Bedürfnis des Ego nach Greifen und Ergreifen, nach Gewinnen und Erwerben und seine Selbstsüchtigkeit begraben sehr leicht unseren angeborenen Altruismus. Wir sind alle fähig, die Fassung zu verlieren, die Perspektive zu verlieren, uns in heftigen Emotionen zu verfangen und Schaden anzurichten. Manche von uns mögen ihre Verrücktheit auf offensichtlichere und zerstörerischere Weise manifestieren, aber wir haben alle das gleiche Potenzial in uns. Indem wir um unsere Neigungen wissen, können wir anderen auf ehrlichere Weise Einfühlungsvermögen und Mitgefühl entgegenbringen.

PETER RUSSELL

»Was sich für uns im Einzelnen ganz persönlich manifestiert – unsere Geschichte, unsere Phobien, Ängste, Spannungen –, ist unterschiedlich, aber tief im Innern funktionieren wir alle gleich. Das, was in mir passiert, passiert auch in allen anderen. Das verleiht mir die Fähigkeit, mich einzufühlen in andere Menschen und ihre Kämpfe, ihre Ängste, ihre Verhaltensweisen. Tief im Innern sind wir alle gleich. Niemand von uns will leiden, kritisiert oder abgelehnt werden. Wir alle wollen frei von Schmerzen sein, wir alle wollen geliebt werden, wir gehen nur auf unterschiedliche

Weise vor. Der natürliche Geisteszustand ist Anteilnahme, aber er wird leicht von Egozentrik und Selbstschutz überschattet. Wenn ich nicht nur mit mir selbst beschäftigt bin, steigt spontan Mitgefühl auf, ich muss gar nichts dazu tun.«

Die Konzentration auf unsere Belange und Probleme beschränkt unsere Fähigkeit, bei anderen zu sein; wir sind zu sehr mit uns selbst beschäftigt, um die Probleme anderer wirklich wahrzunehmen. Aber wenn wir einen Schritt über uns selbst hinaus tun können, dann tritt die Fähigkeit, am Leiden anderer Anteil zu nehmen, unverfälscht und ungehindert hervor. Dabei geht es nicht nur im großen Stil um Krieg oder Armut, sondern auch um all den Kleinkram in unserem Dasein, in unserer Kommunikation und in unseren Beziehungen.

JOSEPH GOLDSTEIN

»Vor ein paar Jahren arbeitete ich mit jemandem, der eine ziemlich aggressive Persönlichkeit hatte. Es war äußerst hart, bei diesem Menschen präsent zu sein. Mir fiel es so schwer, dass ich emotional verschlossen und in Abwehrhaltung dasaß. Als mir bewusst wurde, wie ich auf die Energie dieses Menschen reagierte, veränderte sich etwas in mir. Statt instinktiv auf sein Verhalten zu reagieren, begab ich mich auf eine Ebene darunter und sah, was so offensichtlich war: das Leiden, das all diesem Unangenehmen zugrunde lag. Mein Herz öffnete sich in dem Moment, in dem ich bereit war, das vorhandene Leiden zu sehen, und ging von der Abwehrhaltung zur wirklichen Anteilnahme über. Indem ich mich für das Leiden wirklich öffnete, statt mich davor zu schützen, stiegen als natürliche Folge Freundlichkeit, Güte und Mitgefühl auf. So funktioniert Meditation. Sie hilft uns zu erkennen, dass unser tiefstes Glück nicht im Vergnügen liegt; Glück ist nicht die Anhäufung von angenehmen Gefühlen. Es ist die Qualität der Offenheit an sich.«

Vielleicht sagt dies niemand besser als S. H. der Dalai Lama selbst. Er berichtete von einem Mönch, der achtzehn Jahre lang bei den Chinesen im Gefängnis war und der ihm erzählte, dass es während dieser Zeit viele Augenblicke gegeben habe, in denen er in großer Gefahr gewesen sei. Als S. H. der Dalai Lama ihn fragte, worin diese Gefahr bestanden habe, erwiderte der Mönch, dass er Gefahr lief, sein Mitgefühl für die Chinesen, seine Schergen, zu verlieren. Das zeigt, welche Bedeutung das Mitgefühl für Buddhisten hat. Es ist für ihr Verständnis vom Sinn des Daseins von zentraler Bedeutung.

GREGG BRADEN

»Wir haben mehrere Reisen zu den Klöstern im Hochland von Zentralchina und Tibet unternommen. In einem Kloster bekamen wir die Gelegenheit zu einer Nachmittagsaudienz beim Abt, und ich fragte ihn: ›Was ist gemäß Ihrer Erfahrung, Ihrer Lehren und Ihrer Weltsicht der Stoff, der das Universum zusammenhält? Was ist es, das uns alle miteinander verbindet?‹ Ich richtete diese Frage an den Übersetzer, und der gab sie an den Abt weiter. Es folgte ein Geplänkel zwischen den beiden, wie diese Frage zu beantworten sei. Schließlich wandte sich der Übersetzer wieder mir zu und sagte nur ein Wort. Das war die Antwort, ein einziges Wort. Ich dachte, es sei eine Fehlübersetzung oder ich hätte ihn missverstanden. Also fragte ich noch einmal nach. Und wieder war die Antwort dasselbe Wort.

›Er sagt, die Kraft, die den Stoff im Universum zusammenhält, ist Mitgefühl.‹ ›Moment mal‹, sagte ich. ›Wollen Sie damit sagen, dass Mitgefühl eine Naturkraft ist, die überall im Universum existiert, oder wollen Sie mir sagen, dass sie eine Erfahrung ist, die wir in unserem Körper erzeugen?‹ Wieder ging es zwischen dem Abt und dem Übersetzer hin und her, und dann sagte der Übersetzer einfach ›Ja‹. Er sagte, dass wir die Fähigkeit haben, in unserem eigenen Wesen und Sein eben die Erfahrung zu erschaffen, die uns auf unsere Welt ausrichtet, uns auf sie abstimmt und uns auf sie einstellt. Sie öffnet die Tore zu wahrhaft wundersamen Erfahrungen von Heilung und Frieden, weil sie alle durch dieses Feld des Mitgefühls miteinander verbunden sind.«

Weises oder törichtes Mitgefühl

Das Herz zu öffnen, liebende Güte zu entwickeln und unseren Mitmenschen gegenüber Mitgefühl zu empfinden ist die eine Sache. Dies in Handlung umzusetzen eine ganz andere. Ständig verursachen wir Leiden: Wir verletzen uns selbst, wir verletzen einander, wir ignorieren wechselseitig unseren Schmerz und erzeugen weiteren Schmerz. Wir zerstören völlig achtlos unsere Welt und verschwenden kaum einen Gedanken an die Zukunft. Wie halten wir uns davon ab, auf Leute automatisch zu reagieren? Wie bewahren wir eine offene und liebevolle Haltung inmitten von Beleidigungen oder Konflikten? Sich hoffnungslos zu fühlen und sich von allem zurückziehen zu wollen ist so leicht. Unsere Anteilnahme und unser Mitgefühl stehen ständig auf dem Prüfstand, werden jedes Mal herausgefordert, wenn wir versucht sind uns abzuwenden, uns stattdessen aber entscheiden, offen zu bleiben.

❋ MICHAEL BERNARD BECKWITH ❋

Reverend James Lawson, ein Mitstreiter von Dr. Martin Luther King, erzählte mir von einem Erlebnis. Er und Dr. King saßen bei einer Veranstaltung im Publikum, als ein Mann an Dr. King herantrat und ihn fragte: ›Sind Sie MLK junior?‹ Als Dr. King dies bejahte, spuckte ihn der Mann an. Dr. King zog ein Taschentuch heraus, wischte die Spucke von seinem Anzug, reichte es dem Mann und sagte: ›Ich glaube, das gehört Ihnen.‹ Weder ohrfeigte er den Mann, noch beschimpfte er ihn; er sagte nicht, wie können Sie es wagen. Er hatte diese Fähigkeit, im Augenblick präsent zu sein. Die Sympathie sagt, ich weiß, wie du dich fühlst, und ich fühle das Gleiche. Die Empathie sagt, ich empfinde etwas für dich. Das Mitgefühl sagt, ich verstehe und ich bin hier, um der Linderung des Leidens zu dienen. Ich versuche nicht, deinen Schmerz zu fühlen oder ihn an deiner Stelle zu fühlen. Die mitfühlende Person steht in Gewahrsein da und stellt die Frage: Wie kann ich dienlich sein?«

In dieser Geschichte zeigte Dr. King ein tiefes Gewahrsein vom Leiden und wie man in der Situation mit angemessenem Mitgefühl handelt. Können wir das auch? Das ringsum herrschende Leiden ist gewaltig, und wir mögen uns angesichts dessen ohnmächtig fühlen. Wie viele von uns können nach Afrika gehen und den Hungernden Nahrung bringen oder für die Obdachlosen ein Zuhause schaffen? Wie gehen wir mit den Bettlern auf der Straße um oder mit den Bitten um Hilfe, die wir alle paar Tage im Briefkasten vorfinden? Wie kommen wir zu einer Entscheidung, wo wir am hilfreichsten sein können?

Damit das Mitgefühl effektiv wirksam sein kann, müssen wir den tieferen Grund für das Leiden entdecken und herausfinden, wo unsere Aktionen wirklich hilfreich sind oder wo sie unter Umständen eine bereits ungesunde Situation noch verstärken. Mit anderen Worten: Wir müssen unseren Blick mit Gewahrsein und Unterscheidungsvermögen auf die Situation richten.

Das ist als *mit Weisheit gepaartes Mitgefühl* bekannt, ein seiner Natur nach geschicktes Handeln, das die Gesamtsituation mit einem Blick erfasst und auf die Befreiung vom Leiden abzielt. Das Gegenteil davon ist *blindes* oder *törichtes Mitgefühl*, das nicht die Gesamtsituation berücksichtigt und das zwar wie mitfühlendes Handeln aussehen mag, seiner Natur nach aber ein ungeschicktes Vorgehen ist und das Leiden vielleicht sogar noch vermehrt. Einem hungernden Kind ein Bonbon anzubieten ist zum Beispiel fehlgeleitete Freundlichkeit, weil es Nahrung braucht und nicht Zucker. Törichtes Mitgefühl zeigt sich auch dann, wenn man Neurosen unterstützt oder stillschweigend duldet, ob bei uns selbst oder bei anderen. Eine Balance dieser beiden Qualitäten – Mitgefühl und weises Unterscheidungsvermögen – ist von wesentlicher Bedeutung, damit wir erkennen können, wo sich einfaches Mitleid als Freundlichkeit und Güte maskiert.

DENNIS GENPO MERZEL

»Wo weises Handeln ist oder ein Handeln, das dem mit Weisheit gepaarten Mitgefühl entspringt, werden wir im Angesicht von Ungerechtigkeit oder Grausamkeit angemessen reagieren. Wir können mit mütterlichem Mitgefühl handeln, einander umarmen, halten und lieben, und wir haben auch die Fähigkeit zu väterlichem Mitgefühl, das uns Grenzen setzen und sagen lässt: ›Das ist nicht in Ordnung, das ist nicht hinnehmbar, das ist inakzeptabel.‹ Wenn es an der Zeit ist, einen Schnitt zu machen, dann ist es so. Wenn es an der Zeit ist, Nein zu sagen, dann ist es so. Wenn es an der Zeit ist, einzubeziehen und zu umarmen, dann ist es das, was wir tun.«

Mit anderen Worten: Mitgefühl ist sowohl die bedingungslose, allumfassende Umarmung des Leidens als auch die Fähigkeit, Ignoranz nicht zu unterstützen. Das bedeutet, eine Situation und den Grund für das Leiden klar zu erkennen und auch einen Weg zu finden, die Wahrheit zu sagen, damit der Schmerz aufgelöst und weiteres Leiden vermieden werden kann.

Mitgefühl und Güte in schwierigen Zeiten

WILLIAM SPEAR

»Die Meditation ist ein wesentlicher Bestandteil meines täglichen Lebens, um mir bei meiner Arbeit zu helfen, seien es nun die Sterbebegleitung oder die Tätigkeit in Gegenden, die gerade durch einen Tsunami oder ein Erdbeben verwüstet worden sind.

Oft werde ich gefragt, wie ich mit all den Leichen fertig werde, mit den Menschen, die ihre Gliedmaßen verloren haben, den Kindern, die ihre Eltern verloren haben, oder mit den Frauen, die ihren eigenen Töchtern das Leben nahmen, um zu verhindern, dass sie vergewaltigt und grauenhaft misshandelt werden. Will man nicht total abstumpfen, ist die einzige Möglichkeit, dies alles mit anzusehen, immer und immer wieder die Verkrustungen im Innern zu entfernen, immer und immer wieder zu schmelzen, bis das Herz sich weit genug ausdehnen kann, um mitfühlend alles, was vor uns liegt, umarmen zu können. Wenn wir vor etwas stehen, das wir einfach nicht ertragen, und dann einen Weg finden können, um in unser Herz zu gelangen, können wir allmählich weicher werden. Wenn ich ein kleines Mädchen in den Armen halte, das gerade alles verloren hat, oder wenn ich Basketball mit Kerlen spiele, denen man mit der Kettensäge die Beine abgetrennt hat und die sich auf einem Rollbrett festgebunden auf dem Boden voranbewegen, oder wenn ich mit Menschen spreche, die gerade eine Krebs- oder HIV-Diagnose bekommen haben, dann versuche ich einfach mit offenem Herzen präsent und mitfühlend zu sein, auch wenn es unerträglich ist. Meine Meditationspraxis ist eine Praxis, die darin besteht, dass ich mein Herz fortwährend öffne, um bedingungslos präsent sein zu können.«

Schwierige oder traumatische Zeiten geben uns die Gelegenheit, Mitgefühl in die Praxis umzusetzen, bereit zu sein, den Schmerz und das Leid um uns herum wahrzunehmen. Wir können dann bei diesem Schmerz und diesem Leiden sein und müssen uns nicht abwenden oder so tun, als seien sie nicht da: die Opfer des Missbrauchs, das sinnlose Kämpfen, die Obdachlosen, die unendliche Selbstsucht und Gier. Statt uns in den Einzelheiten zu verfangen, dem Verhalten oder den Persönlichkeiten, können wir uns ein allumfassenderes Gewahrsein aneignen. Wie Ram Dass so schlicht sagt: »Echtes mitfühlendes Gewahrsein entspringt dem Gewahrsein, dass wir alle nicht voneinander zu trennen sind … dass wir alle Teil desselben Dings sind, dein Leiden ist mein Leiden.«

Es bedeutet auch, dass wir uns mit unserer eigenen Aggression befassen, die Gewaltbereitschaft in uns sehen, den Ärger, die Wut, die Gereiztheit, die Angst und Unsicherheit oder die Augenblicke, in denen unser Herz verschlossen ist; und dass wir in all diese verwundeten Bereiche in uns Gnade und Zärtlichkeit hineintragen, so dass der Krieg im Innern aufhören kann. Mitgefühl, das ist unsere Fähigkeit, beim Schmerz und Leiden eines anderen zu sein, und wir können das, weil wir unseren eigenen Schmerz gesehen und akzeptiert haben. Wenn wir Zeuge von Gräueltaten sind und die, die im Schmerz sind, so halten und umfangen wie uns selbst, dann entstehen immer tiefere Ebenen von Empathie.

ROSHI JOAN HALIFAX

»Kürzlich hielt ich mich im chinesischen Nanking auf und nahm an einer Gedenkfeier zum Jahrestag des Nanking-Massakers teil. Als 1937 die Japaner die Stadt besetzt hatten, wurden dort in nur wenigen Wochen dreihunderttausend Menschen hingemetzelt, das sind mehr Menschen, als durch die Atombomben ums Leben kamen, die auf Hiroshima und Nagasaki abgeworfen wurden. Hinzu kamen Tausende Chinesinnen, von kleinen Mädchen bis zu alten Frauen, die vergewaltigt wurden, viele davon vor den Augen ihrer Familienangehörigen. Die meisten von ihnen wurden danach umgebracht, aber nicht alle. Und eine der Überlebenden, eine alte Frau, gab bei dieser Versammlung in Nanking Zeugnis von ihrem Erleben ab.

Warum aber sollte ich, eine Amerikanerin, mir das Leid solcher Gräueltaten anhören? Weil ich alle Kriege als meinen Krieg ansehe. Meinem Gefühl nach sollten wir Zeuge von Grausamkeit sein, ganz gleich wie weit diese von unserem eigenen Leben entfernt zu sein scheint, weil sie in Wirklichkeit überhaupt nicht weit weg ist. Zu sitzen und beim tiefen Leiden von Nanking zu sein, bei meiner eigenen Reaktion auf die Berichte der Überlebenden und bei der tiefen Scham und Reue der Japaner, die ebenfalls an diesem Treffen teilnahmen, dies führte in mir zu einem gewaltigen Aufwallen von Emotion. Ich begegnete diesem Aufwallen mit Dankbarkeit und Akzeptanz, denn genau diese Gefühle ermöglichen es uns, uns auf eine tiefere Erfahrung von Mitgefühl einzulassen.

Mitgefühl entsteht aus der Intimität, nicht aus dem Mitleid. In der Meditation können wir präsent sein, können zutiefst das Leiden der Welt fühlen, ohne durch dieses Leiden vernichtet zu werden. Tatsächlich können wir inmitten des Leidens aufblühen. Genau das passierte mir in Nanking. So schwer es war, präsent zu bleiben, Zeuge von solchem Leiden zu sein, so blühte doch ein noch machtvollerer Entschluss in mir auf, mit meinem eigenen Geist, meinem eigenen Leiden und dem Leiden anderer zu arbeiten. Zu keinem Zeitpunkt war Mitleid in meinem Erleben. Mitleid erzeugt kein Mitgefühl, da es beim Mitleid um die Erfahrung geht, dass es da ein Ich und einen anderen gibt, wohingegen das Mitgefühl keine Trennung kennt.

Liebe und Mitgefühl sind Notwendigkeiten, kein Luxus. Ohne sie kann die Menschheit nicht überleben. Mitgefühl ist Teil unseres Wesens, und Meditation ist die Matrix für die Entwicklung von Mitgefühl. Durch die Meditation entsteht das Gefühl von Freundschaft mit der ganzen Welt. Es schließt Bäume, Flüsse, Berge, Tiere mit ein. Wir empfinden spontan und von Natur aus liebende Güte und tiefe Freundschaft für alle Wesen und alle Dinge.«

Meditation des Mitgefühls

Normalerweise konzentrieren wir uns auf so viel Gutes wie möglich und lassen so viel Schlechtes wie möglich los. Es gibt jedoch einen anderen Weg, der das genaue Gegenteil beinhaltet. Dies ist die im tibetischen Buddhismus als *tonglen* bekannte Meditationspraxis, die »Praxis des Empfangens und Gebens«. Durch sie wird jegliche Vorstellung von Selbstsucht oder persönlichem Wunsch transformiert und echter Altruismus und echtes Erbarmen entwickelt, indem wir Mitgefühl in unser Alltagsleben einbringen.

Tonglen ist der Ausdruck von großer Großzügigkeit. Beim Einatmen atmen wir das Leiden der anderen ein, worauf dieses Leid sofort in Mitgefühl und Liebe umgewandelt wird, die wir dann wieder in die Welt hinein ausatmen. Es ist die Kunst, Dreck in Gold zu verwandeln. Wir können das, weil wir beim Leiden sein können und uns nicht davor verstecken müssen. Und so wie wir das Leiden kennen, kennen wir auch die Kraft von Freundlichkeit und Güte.

PEGGY DYLAN

»Wir atmen den äußeren Schmerz, den Widerstand und die Angst, die gegenwärtige große Angst in dieser Welt ein. Wir atmen sie ein und nehmen sie in unser Herz hinein, wo wir sie in Freude, Zärtlichkeit, Entzücken, Leichtigkeit, Heilung und was immer nötig ist, umwandeln. Dann atmen wir es einfach aus, hinein in diese Welt. Wir nutzen den Körper als Filter für diese negativen Dinge.«

Diese Praxis hat eine bemerkenswerte Auswirkung: Sie macht uns stärker. Man könnte meinen, es würde uns schwächen, wenn wir Schmerz und Leiden in uns aufnehmen, aber es bewirkt das Gegenteil. Diese Praxis gibt uns die Kraft, jede schwierige Situation oder jedes schwierige Gefühl zu transformieren und mit Liebe und Mitgefühl zu reagieren. Statt uns vom Leiden abzuwenden – weil wir uns für zu sensibel, zu schwach oder zu ängstlich halten, um ihm zu widerstehen –, laden wir alles in uns ein. Wir sind bereit, es wahrzunehmen und zu erfahren, es zu schmecken, es zu berühren, denn das Leiden dockt nicht an, es bleibt nicht in uns, es findet keinen Halt in uns. Es wird augenblicklich transformiert.

Was dann mit anderen geteilt wird, was wir dann anderen geben, das ist liebevoll, gütig, zärtlich und erhebend.

❊ MARC IAN BARASCH ❊

»Wie gelangen wir von der Entdeckung, dass wir im Grunde in diesem Egozustand gefangen sitzen, zum universellen Mitgefühl? Es besteht eine natürliche Tendenz, uns als Erstes um uns selbst zu kümmern, uns gegen die Dinge zu wehren, die uns zu bedrohen scheinen. Damit wir von dieser automatischen Reaktion zum mitfühlenden Handeln gelangen, muss noch etwas hinzukommen, und dieses Etwas ist Meditation. Sie bringt uns vom unersättlichen Gefühl, dass wir das Ego sind, zum umfassenderen Verständnis, dass das Ego vielleicht doch nicht so dauerhaft und festgefügt oder so wichtig ist, wie wir denken. Es bedeutet einen bewussten Wechsel vom Gewahrsein vom Ich hin zum Gewahrsein von anderen.«

Jedes Mal, wenn wir Leiden sehen oder fühlen, ob nun in uns selbst oder in anderen, jedes Mal, wenn wir einen Fehler machen oder etwas Dummes sagen oder uns selbst heruntermachen, jedes Mal, wenn wir an jemanden denken, mit dem oder der wir es gerade schwer haben, jedes Mal, wenn wir auf die Verwirrung und die Schwierigkeiten stoßen, die mit unserem Menschsein einhergehen, jedes Mal, wenn wir einen anderen kämpfen sehen, beobachten, wie er oder sie aufgebracht oder gereizt ist, können wir alles einatmen und Akzeptanz, Zärtlichkeit, Herzenswärme und liebevolle Freundschaft ausatmen. Wir können dies allen anbieten, die es brauchen, auch uns selbst. Schon ein paar Atemzüge des Tonglen bringen ganze Armladungen voll Mitgefühl in jede Situation hinein. Mitgefühl ist die natürliche Reaktion, die unaufgefordert entsteht und uns Eintritt in die Herzen anderer gewährt.

JON KABAT-ZINN

»In allen asiatischen Sprachen ist das Wort für Geist und für Herz dasselbe. Wenn wir Geist und Herz als dasselbe ansehen, ist das Mitgefühl gleich darin miteingebaut. Achtsames Gewahrsein ist seinem Wesen nach liebende Zugewandtheit. Es ist offen, weit, neugierig, und indem es die wechselseitige Verbundenheit wahrnimmt, lässt es Mitgefühl aufsteigen, da es keine Trennung gibt. Weisheit ist das Wissen, dass es keine Trennung gibt, und Mitgefühl ist das Fühlen, dass da keine Trennung ist.«

Unser Herz öffnen

Stehen Güte und Mitgefühl im Mittelpunkt unserer Meditation, wirken sich die Veränderungen, die wir erleben, sowohl subtil als auch transformierend aus. Unser Wahrnehmungsvermögen erweitert und verbessert sich, wir sehen die Dinge so, wie sie sind, ohne dass wir das Bedürfnis haben einzugreifen, und so beurteilen wir die Dinge auch weniger. Da ist die Fähigkeit, einfach gegenwärtig und verfügbar zu sein, und eine Offenheit für das uns allen gemeinsame menschliche Befinden. Diese Qualitäten sind vergleichbar mit den Blüten an einem Baum, die sich in süße Früchte verwandeln. Sie verweisen auf ein wachsendes Gewahrsein von uns selbst in Beziehung zu anderen. Wir treten aus einer egozentrischen Weltsicht heraus und öffnen uns, um zu empfangen, was immer da ist.

TAMI SIMON

»Ich glaube, die wichtigste Frucht der Meditation ist das Sichöffnen unseres Herzens. Wenn die Meditation funktioniert, ist es das, was sie bewirkt. Fast jede Gewohnheit in meinem Leben, die mit meiner Kontrollsucht zusammenhing, und jede Kontraktion in meinem Körper war eine Abwehr gegen das Sichöffnen meines Herzens. Ich entdeckte, dass ich aufmachen und okay sein konnte, dass ich mich nicht verteidigen musste. Ich glaube, ich hatte vor den Gefühlen Angst, ich dachte, sie würden mich überwältigen, aber ich stellte fest, dass ich von Gefühlen überwältigt werden kann und dass das in Ordnung ist. Mir geht es gut, ich muss keine Abwehrhaltung gegen Kummer oder Depression einnehmen. Mein Herz kann sich öffnen, und dieses Gefühl wird mich nicht zerstören.«

Alte Lehren des tibetischen Buddhismus besagen, dass wir erst dann voll und ganz ein menschliches Wesen werden, wenn wir unser Herz öffnen, um alle anderen zu umarmen. Solange das nicht so ist, sind wir wie menschliche Tiere, kümmern uns nur um uns selbst und unser eigenes Überleben und sind am Überleben der anderen völlig uninteressiert. Steht für uns aber unser Herz stärker im Mittelpunkt, ist uns unser Überleben nach wie vor wichtig, doch es verbindet sich mit unserem Engagement für das Wohlergehen aller. Wir entfernen uns immer mehr von der selbstbezogenen Realitätsversion des Ego und treten ein in einen Gewahrseinszustand der Fürsorge und Anteilnahme und insbesondere der voll und ganz umfassenden liebenden Güte und des Mitgefühls.

RICHARD FREEMAN

»Wenn wir irgendein Wesen, seien es unsere Mutter oder unser Vater oder ein Käfer oder ein Politiker, aus unserem Herzen verbannen, verzerren und verbiegen wir unsere eigene Energie. Vielleicht verspannt sich unsere Kinnlade ein bisschen, oder der Atem wird etwas flacher. Wir verwechseln die Tat oder das Verhalten mit dem Wesen, und das bedeutet grundlegende Unwissenheit. Der Geist, die Gefühle oder die physische Gestalt eines Wesens sind nicht das, was es wirklich ist. Sicher, wir können es aus unserem Leben verbannen, aber nicht aus unserem Herzen, denn dann ist die Verbindung unterbrochen. Ganz gleich wie sehr wir murren und klagen oder uns drehen und wenden oder dasitzen und vor uns hinstarren, solange dieses Wesen nicht wieder Einzug in unser Herz hält, vergeuden wir im Grunde unsere Zeit. Wenn es wieder da ist, fühlen wir automatisch die Verbundenheit mit allen Wesen. Wir müssen alle fühlenden Wesen in unserem Herzen bewahren, da wir mit jedem einzelnen verbunden sind.«

Tatsächlich dient es unserem größten Eigeninteresse, wenn wir anderen Liebe entgegenbringen, denn wir gewinnen aus diesem Lieben und Anteilnehmen und Helfen weitaus mehr, als es uns einbringt, wenn wir uns nur um uns selbst kümmern. Es schenkt uns unvergleichliche Freude, ein Entzücken über das Sein. Wenn die offenen Arme und das offene Herz der Liebe die verschlossenen Arme und das verschlossene Herz der Angst ersetzen, treten Entzücken und Glück an die Stelle von Furcht und Isolation.

ROBERT THURMAN

»Wenn wir das innere Glück entdecken, sprudelt es hoch und strömt aus uns hervor. Wir erkennen, dass Glücklichsein unsere Natur ist. Wir kommen durch die Meditation, durch das Vertiefen von Gewahrsein, zur Erkenntnis, dass das Denken an andere im Grunde sehr viel selbstsüchtiger ist als das Denken an uns selbst. Ich nenne das *weise Selbstsucht*, statt der *dummen Selbstsucht*, bei der man immer über sich selbst nachdenkt oder sich um sich selbst Sorgen macht und dann unzufrieden ist, weil nichts gut genug ist. Wenn wir uns auf andere konzentrieren, vergessen wir unsere Unzufriedenheit und werden sofort zufriedener. Alle großen Weisheitstraditionen, sei es der Islam, das Judentum, das Christentum oder der Buddhismus, lehren, dass wenn wir aus unserem kleinen Ich herauskommen und andere liebevoll mit uns gleichsetzen und uns auf ihr Glück konzentrieren, wir über einen sehr viel größeren Glückspool verfügen. Sollte der Punkt der kritischen Masse erreicht werden und es ein Massenerwachen geben, dann nur, weil jeder einzelne Mensch sein eigenes Herz erweckt.«

Teil III

Transformieren wir uns, dann transformieren wir die Welt

Runter vom Sitzkissen und rein ins Leben

Es gibt viele Dinge in dieser Welt, für die wir keine Verantwortung übernehmen können. Aber es gibt eines, wofür wir die Verantwortung übernehmen können, das ist die Qualität des Präsentseins in diesem Augenblick.

CHRISTINA FELDMAN

CHLOE GOODCHILD

»Ich war in Nordirland, weil man mich gebeten hatte, eine musikalische Brücke zwischen Protestanten und Katholiken zu schaffen und auf diese Weise eine Atmosphäre des Zuhörens herzustellen. Wir waren Teil einer großen Friedensveranstaltung, und dies war nun der Moment, in dem S. H. der Dalai Lama mit seinem Friedensmarsch an der Peace Line beginnen würde, die die protestantischen und katholischen Viertel in Belfast voneinander trennt. Es nieselte, und wir standen auf einem Parkplatz neben dieser gewaltigen Mauer. Die Paramilitärs hatten sich auf eine Waffenruhe geeinigt und standen mit erhobenen Gewehren etwa fünfzehn Meter von uns entfernt. Sie drängten die Menschenmenge etwas zurück, um die Kriegsopfer in ihren Rollstühlen nach vorne kommen zu lassen. Wir wollten das an Tara gerichtete Mantra singen. Der heilige Hügel von Tara war einst der Sitz der Hochkönige Irlands und beschützt Land und Leute. Im Buddhismus ist Tara die große Göttin des Mitgefühls.

Der Plan war, das Friedenstor in der Peace Line zu öffnen. Doch einer der Sicherheitsbeamten hatte mir erzählt, dass die Kinder oft anfangen, sich gegenseitig mit Steinen zu bewerfen, wenn das Tor geöffnet wird. ›Es kann sein, dass sie auch anfangen, auf euch Steine zu werfen‹, sagte er, ›aber wir haben ein gutes Sicherheitssystem, das euch innerhalb von zwanzig Minuten hier rausholt. Ist das okay?‹

S. H. der Dalai Lama begann mit seinem Marsch vorbei an den hunderttausend Leuten, die am Straßenrand standen. Man sagte mir, es würde etwa zwanzig Minuten dauern, bis er bei uns ankäme, weil er immer wieder anhielt, um mit den Leuten zu sprechen. Wir sangen einfach immer weiter. Das Wunderbare an der Verzögerung war, dass es den Paramilitärs und den wartenden Menschen die Gelegenheit gab, dem Gesang wirklich zuzuhören, diesem sich immer wiederholenden melodischen Mantra, das ihren heiligen Hügel pries. Den freudig lauschenden Ausdruck auf ihren Gesichtern werde ich nie vergessen. Und als sie sich dann dem Mantragesang anschlossen, hellte sich der Himmel auf, die Sonne kam hervor, das Friedenstor wurde geöffnet, und S. H. der Dalai Lama ging hindurch. Die Kinder, die sich normalerweise mit Steinen bewarfen, standen einfach da und sangen mit; auf beiden Seiten sangen sie das Tara Mantra. Es war zutiefst beeindruckend.«

Ein solcher Augenblick der Harmonie in einem vom Bürgerkrieg zerrissenen Land ist ein wunderbares Beispiel dafür, wie uns die Meditation, in diesem Fall eine gemeinsam gesungene Mantra-Rezitation, über unsere Meinungsverschiedenheiten hinaus zu einem Ort der Einheit führt. Im ersten und zweiten Teil des Buches haben wir uns angesehen, in wie vielen Bereichen die Meditation sich auf uns persönlich auswirkt, angefangen beim Umgang mit Stress, Krankheit und den unterdrückten Aspekten des Geistes bis hin zur Entwicklung der Qualitäten von liebender Güte, Mitgefühl und Vergebungsbereitschaft. Es stellt sich jedoch noch eine größere Frage: Wenn die Meditation eine solche Auswirkung auf uns hat, was geschieht dann, wenn wir unsere Meditation »vom Sitzkissen runter« holen und in andere Aspekte unseres Lebens einbringen? Können wir sie auch im Zusammenhang mit unserer Umwelt, der Politik oder unserer Arbeit anwenden? Kann man denn von echter Meditation sprechen, wenn wir sie nicht auch einsetzen, um hinauszugehen und uns anderen zuzuwenden?

MICHAEL BERNARD BECKWITH

»Wir können unmöglich nur für uns allein leben, ein Leben nach dem ›Ich-Plan‹ führen. Darum geht es bei der Meditation – dass wir herauskommen aus den engen Grenzen unseres Ichs oder Selbst. Es wird dir unmöglich, die Augen vor einer Welt zu verschließen, die voll ist von deinen Brüdern und Schwestern, die auf diesem Planeten leben und leiden. Wir können den weltweit herrschenden Hunger, Aids, die Kriege, die aus Hass verübten Verbrechen, die Bigotterie, den Rassismus, den Sexismus nicht ignorieren – wir können nicht so tun, als gäbe es das alles nicht; wir können uns nicht aus dem Leiden der anderen heraushalten. Die Frage ist, was wir machen, wenn wir unser Meditationskissen, unsere Kirchenbank, unsere Synagoge, unsere Moschee oder unseren Tempel verlassen. Wo investieren wir unsere Zeit, Energie und finanziellen Ressourcen, um etwas zu ändern? Die Meditation sensibilisiert das Herz und macht den Geist zarter und weicher, so dass du, wenn du das Leiden auf der Welt erkennst, zum Mitgefühl wirst, das in dir aufgestiegen ist.«

Meditation in Handlung umzusetzen heißt nicht unbedingt, dass wir zu Weltenbewegern werden müssen. Es ist gleichermaßen wichtig in den kleineren Dingen wie etwa, dass wir lächeln oder jemandem die Tür aufhalten. Am wichtigsten sind die Natur der Handlung und die Motivation der handelnden Person.

MARIANNE WILLIAMSON

»Wir sind die Erben eines Denksystems, das besagt: ›Wir tun, was wir tun, und die Handlung bestimmt das Resultat.‹ Gandhis Prinzip, wonach das Ziel den Mitteln inhärent ist, beinhaltet hingegen, dass das Resultat davon bestimmt wird, wer wir zum Zeitpunkt des Handelns sind. Mit anderen Worten: Es geht nicht einfach darum, was ich sage; es geht darum, wer ich bin in dem Moment, in dem ich es sage. Es geht nicht einfach nur darum, was ich tue; es geht darum, wer ich bin, während ich es tue. Kommen wir aus der Meditation, ist unsere ganze Aktivität eine andere, weil wir eine andere Person sind, die hier in Aktion tritt. Wir haben gerade unsere Verrücktheit, Hysterie und Schichten von Wut, Zorn, Nervosität, Abwehr und Angst vernichtet. Je mehr wir meditieren, desto mehr leben wir im Raum unseres wahren Selbst und beziehen uns auf andere Leute im Raum ihres wahren Selbst, gleich ob wir mit dem Präsidenten der Vereinigten Staaten reden oder mit einer heruntergekommenen Frau, die in ihrem Auto lebt.«

Wir setzen Meditation einfach deshalb in Handlung um, weil wir keine andere Wahl haben. Wenn wir über die Bedürfnisse unseres Ego hinaussehen und uns unserer Verbundenheit mit allen Wesen bewusst werden, wird für andere da zu sein zum natürlichen und spontanen Ausdruck dessen, wer wir sind. Statt nach dem zu grapschen, was wir für uns selbst ergattern können, ist unsere erste Reaktion die Sorge für andere. Das bedeutet nicht, dass wir Märtyrer sind oder unsere eigenen Bedürfnisse nicht zur Kenntnis nehmen. Wir kümmern uns auch um uns selbst, aber wir sind nicht davon besessen, uns immer an erste Stelle zu setzen.

JUDITH ANSARA

»Meine Meditationspraxis hat sich über die Jahre hinweg dahingehend entwickelt, dass sie von keinem anderen Teil meines Lebens getrennt ist. Sie ist nicht davon getrennt, dass ich mich einer anderen Person zuwende und sie berühre, für meine Gäste Tee mache, mit einer Klientin arbeite, freundlich bin zu jemandem an der Supermarktkasse. Sie ist der Stoff meines Lebens, statt etwas zu sein, das ich tue. Sie ist das Gewahrsein von Atem, von Empfindung und der Absicht, eine Spur der Schönheit zu hinterlassen. Wie kann ich eine Spur der Schönheit hinterlassen, wenn ich zum Supermarkt gehe? Wie mache ich das, wenn ich mit einer Klientin arbeite? Indem wir die Meditation vom Sitzkissen herunterholen, hinterlassen wir eine Spur der Schönheit, wo immer wir auch hingehen.«

Gegenwärtig sein

Wir können verschiedene Qualitäten entwickeln, um unseren Ausdruck von Meditation in der Welt zu verbessern und zu vertiefen, doch die unmittelbarste und wichtigste ist die, einfach gegenwärtig zu sein. Die Fähigkeit, voll und ganz präsent und engagiert zu sein, versetzt uns in die Lage, jede Situation genau so, wie sie ist – ohne vorgefasste Erwartungen oder Urteile –, aufzunehmen. Sie erlaubt uns, Schwierigkeiten, tiefe Traurigkeit, Verstörtheit, Aufgebrachtheit oder Ungerechtigkeit bereitwillig anzunehmen und dabei Gewahrsein walten zu lassen und gegenwärtig und zugänglich zu bleiben.

MAURA SILLS

»Ein Mönch, der in unser Institut zu kommen pflegte, wurde gefragt, wie sich spiritueller Fortschritt messen lässt. Er erwiderte, er ließe sich an unserer Fähigkeit ablesen, effektiv zu sein, worunter er zuhören und präsent sein verstand. Wenn die Fähigkeit, präsent zu sein, geringer wird oder verschwindet, haben wir meiner Meinung nach unsere Menschlichkeit verloren. Für mich beinhaltet Meditation die Absicht, hier zu sein, wirklich hier bei allem zu sein, was passiert, im Gegensatz zu irgendeinem anderen Ort, wo es keine Probleme gibt.«

Meditation heißt gegenwärtig sein: den Atem beobachten, die Schriften oder ein Mantra rezitieren, achtsam gehen – alles das sind Methoden, um den zerstreuten Geist auf genau diesen Moment zu fokussieren. Und dieselbe Präsenz können wir in unser Alltagsleben einbringen. Möglich, dass wir sie nicht fortwährend aufrechterhalten können; es gibt unendlich viele äußere Ablenkungen, ganz zu schweigen von den Forderungen des Ego und dem ständigen inneren Geschnatter. Aber wir brauchen solchen Ablenkungen nicht die Herrschaft zu überlassen. Wenn wir Achtsamkeit kultivieren, sehen wir ganz natürlich den endlosen Film in unserem Geist ablaufen und sind weniger anfällig dafür, dass wir uns in der Handlung der Geschichte verfangen. Wir können jedes Mal, wenn wir in Dramen und Selbstbezogenheit hineingezogen werden, innehalten, unsere Aufmerksamkeit wieder auf die Gegenwart richten und in diesem Gewahrsein ruhen.

SYLVIA BOORSTEIN

»Ich mache zwischen Meditieren und mein Leben zu leben keinen Unterschied. Die Menschen fragen mich, zu wie viel Prozent am Tag man jeweils die Achtsamkeitsmeditation oder aber die Meditation der liebenden Güte praktiziert, und ich sage dann gerne, ich mache beides zu je hundert Prozent am Tag. Aber das stimmt nicht ganz, weil ich mich ablenken lasse; ich überprüfe mich nicht jede Sekunde des Tages. Ich würde es gerne, es ist mein Ziel – jeden Tag den ganzen Tag darauf zu achten, ob mein Geist in selbstsüchtige Verwirrung und Leiden abgeglitten ist oder ob ich auf eine Weise, die mich gesund, lebendig und glücklich erhält, mit der Welt verbunden bin. Für mich ist Meditation eine Vollzeitpraxis, die von meinem täglichen Leben nicht getrennt ist: Wenn ich hinter dem Steuer sitze und zum Markt gehe und unterrichte und achtsam bin und weiß, was vor sich geht, dann ist das Achtsamkeit in Aktion. Ich bin mir der Gegenwart oder Abwesenheit meiner Fähigkeit zur Anteilnahme gewahr. Richte ich in diesem Augenblick die Aufmerksamkeit auf mein Tun? Bringt mein Geist gute Gedanken über andere Leute hervor? Meditationssitzungen im formalen Rahmen weisen mir einfach nur die Richtung, wie ich mein Leben während des ganzen Tages führen will.«

Geschicktes Handeln

In diesem Gewahrseinszustand sind wir fähig, zwischen geschickten oder ungeschickten Handlungen zu unterscheiden; können wir erkennen, wo wir eine Hilfe oder wo wir eine Behinderung sind. Geschicktes Handeln bringt in jeder Situation das Beste zum Vorschein und ermuntert zu Großzügigkeit, Freundlichkeit und Güte, wohingegen ungeschickte Handlungen die Trennung aufrechterhalten und verstärken; sie sind im Grunde schädlich und egozentrisch. Weises Mitgefühl ist geschickter Natur, törichtes Mitgefühl ist ungeschickter Natur, weil unsere Handlungen, auch wenn wir hilfreich sein wollen, auf Dauer gesehen nicht hilfreich sind.

❋ JAMES GIMIAN ❋

»Der Schlüssel zum geschickten Handeln in dieser Welt besteht zum Ersten darin, dass wir die Dinge klar sehen, sie so sehen, wie sie sind. Die Verdunkelungen, Verschleierungen, Verwirrungen, Verzerrungen und Projektionen, die uns am klaren Sehen hindern, sind jedoch sehr knifflig und verzwickt. Und sie sind auch sehr unterhaltsam und verführerisch. Es bedarf schon einer ganzen Reihe von außergewöhnlichen Fähigkeiten und Fertigkeiten, um den ganzen Mechanismus zu entwaffnen, und darum geht es bei der Meditationspraxis. Meditation ist keine äußere, erlernte Technik, auch wenn wir sie in dieser Weise praktizieren, sondern sie ist ein Geisteszustand, der sehr natürlich entsteht und uns klar sehen und handeln lässt.«

Die Gelegenheiten für geschicktes Verhalten ergeben sich jeden Augenblick, angefangen beim Umgang mit jemandem, der sich beklagt, über das Sicherstellen, dass jedes Ihrer Kinder das gleiche Maß an Aufmerksamkeit erhält, oder das Leiten einer Geschäftsversammlung bis hin zum Aushandeln eines Friedensvertrages. Gewöhnlich ist es ziemlich offensichtlich, worin das geschickteste Handeln besteht. Zum Beispiel hilft es im Allgemeinen mehr, einem Bettler Essen zu geben statt Geld, das dann vielleicht für Alkohol oder Drogen ausgeben wird; ebenso ist es gut, jemandem zu helfen, bis er wieder auf eigenen Beinen steht, nicht aber, wenn er dann davon abhängig wird und nicht mehr bereit ist, sich selbst zu helfen. Geschicktes Handeln ermuntert uns dazu, Eigenverantwortung zu übernehmen, statt mit dem Finger auf jemanden zu zeigen und Scham- oder Schuldgefühle hervorzurufen.

TARA GUBER

»In früheren Zeiten wurden wir, wenn wir unartig waren, in die Ecke gestellt oder bekamen eins übergezogen oder wurden ins Büro des Direktors geschickt. All dies weckte Scham- und Schuldgefühle in uns und gab uns das Gefühl, nicht gut genug zu sein. Heute haben wir, wenn wir den Kindern in der Schule Yogaunterricht geben, etwas, das wir *Einkehrzeit* nennen. Gerät jemand im Unterricht außer Kontrolle, sagen wir: ›Nimm dir Einkehrzeit. Nimm dir Einkehrzeit, um dir eine Auszeit zu nehmen, und wenn du so weit bist, machst du die Augen auf und kommst zurück in die Gruppe.‹ Das hilft den Kindern, Eigenverantwortung zu übernehmen.«

Aber es gibt auch Fälle, in denen es nicht so leicht ist, zum angemessensten und geschicktesten Handeln zu finden. Dies gilt vor allem beim Umgang mit verschiedenen Kulturen oder Traditionen. Ein Beispiel dafür ist die Erfahrung, die Thanissara in Südafrika machte. Die Geschichte, die sie uns erzählte, findet sich in unserem Buch *Voices from the Heart.* Sie lässt sich auch auf Fälle anwenden, in denen unsere Zweifel, Vorurteile und Widerstände unseren guten Absichten entgegenstehen.

❋ THANISSARA ❋

»Ein Großteil der schwarzen Bevölkerung im ländlichen Südafrika besitzt kein Transportmittel, und daher fährt man häufig an Leuten vorbei, die eine Mitfahrgelegenheit suchen. Dies ist für sie schwieriger geworden, weil es einen alarmierenden Anstieg von Entführungsfällen gibt und die Autobesitzer nur noch selten anhalten. Doch auf unserer örtlichen Schotterstraße sind wir bekannt dafür, dass wir Leute mitnehmen, die in die Stadt wollen.

Zu Anfang öffnete ich immer die vordere Wagentür und lud den Betreffenden ein, neben mir auf dem Beifahrersitz Platz zu nehmen. Ich versuchte dann, mit meinen beschränkten Zulukenntnissen ein einfaches Gespräch zu führen. Aber das führte zu angespannten Situationen, weil ich damit eine Grenze überschritt, welche besagte, dass eine schwarze Person auf dem Rücksitz zu sitzen und ich als Weiße mich jeglicher Interaktion zu enthalten hatte. So fragte ich mich, ob ich dieses ganze Feld des Unbehagens vermeiden und meine Mitfahrer hinten einsteigen lassen sollte, wodurch wir uns in unserem Getrenntsein einigermaßen unbedroht fühlen würden. Oder sollte ich versuchen, an diesen durch Konditionierung zutiefst eingewurzelten Verhältnissen etwas zu ändern, und mich auf das Unbehagen einlassen?

Im Kern geht es um die Herausforderung, darüber nachzudenken, wie sich mein Leben – das Leben einer Person, die ökonomisch gesehen über mehr Macht und Möglichkeiten verfügt – auf die Menschen um mich herum auswirkt. Was kann ich tun, um zu helfen? Und vielleicht am wichtigsten: Wo und wann verschließt sich mein Herz? Man kann unmöglich immer alles richtig machen, aber wichtig ist, dass wir dem Unbehagen mit ausgewogenen Reaktionen begegnen.«

Gewaltlosigkeit

Aus geschicktem Handeln entsteht Gewaltlosigkeit. Das hört sich so einfach an, aber Gewaltlosigkeit, *Ahimsa* im Sanskrit (wörtlich Nicht-Verletzen), verlangt einen vollständigen Wandel in der Einstellung. In einer Welt, in der Selbstsucht und Eigeninteresse die Norm sind, braucht es großen Mut, um nicht mit Gier oder Wut zu reagieren, die Verletzungen und Schaden anrichten können und es auch tun. Wie Mahatma Gandhi sagte: »Ich lehne Gewalt ab, denn wenn sie dem Anschein nach Gutes tut, ist das Gute nicht von Dauer; das Böse aber, das sie anrichtet, ist von Dauer.« Doppeltes Unrecht ergibt kein Recht. Wenn wir der Wut mit noch mehr Wut begegnen, bringt das keinen Frieden.

Gandhi veränderte den Lauf der Geschichte Indiens, indem er zeigte, dass Gewaltlosigkeit mächtiger ist als Gewalt. Er inspirierte Millionen dazu, ihm zu folgen, und setzte so der britischen Vorherrschaft ein Ende. S. H. der Dalai Lama und Aung San Suu Kyi, beides Friedensnobelpreisträger, praktizieren seit langem Meditation und setzen sich aktiv dafür ein, die Freiheit ihrer Länder friedlich wiederzuerlangen. Während allgemein bekannt ist, dass S. H. der Dalai Lama die Aufmerksamkeit auf die schreckliche Lage des tibetischen Volkes lenkt, ist weniger bekannt, dass er um vier Uhr morgens aufsteht und mindestens zwei Stunden lang meditiert. Aung San Suu Kyi steht seit vielen Jahren unter Hausarrest, weil sie sich für eine gewaltlose Veränderung der erbärmlichen Lage des burmesischen Volkes einsetzt, und auch sie meditiert jeden Tag einige Stunden lang. Die fortdauernden Proteste der Mönche in Myanmar sind ebenfalls ein Beispiel für dieses gewaltlos vorgetragene Verlangen nach Frieden.

Nelson Mandela, Bischof Tutu und Martin Luther King Jr. sind allesamt herausragende Beispiele für Menschen, die sich furchtlos für die Gewaltlosigkeit einsetzen, und das oft angesichts gewaltiger Opposition. Aber auch zahlreiche weniger bekannte Menschen haben sich, motiviert durch ihre Meditation und ihren Glauben, für die Gewaltlosigkeit eingesetzt und manchmal sogar ihr Leben dafür gegeben. Die Quäker zum Beispiel, die ebenfalls die Kontemplation pflegen, glauben zutiefst an die Gewaltlosigkeit, was auch ihren Hauptlehrsatz bestimmt: Geh hin über die Erde und begegne dem, was in jedem Menschen von Gott ist.

DEB

»Ich erinnere mich daran, dass ich beim ersten Aldermaston-Marsch Ostern 1958 auf den Schultern meines Vaters saß. Dies war der erste Protestmarsch in England gegen die nukleare Aufrüstung, der dann jedes Jahr stattfand. Wir lebten in einem Quäker-Dorf, und viele Dorfbewohner marschierten mit uns mit. Das war der Beginn eines lebenslangen Engagements in der Antikriegsbewegung. Ich hatte das Gefühl, es sei meine Pflicht, meine Stimme im Protest gegen künftige Gewalt zu erheben. In den frühen achtziger Jahren reiste eine Gruppe von uns in das 450 Kilometer entfernte London, um dort am alljährlichen Protestmarsch teilzunehmen. Wir fuhren die ganze Nacht und waren am nächsten Tag ziemlich erschöpft, als wir mit Tausenden von Protestlern viele Stunden durch die Stadt marschierten. Vor uns befand sich eine Gruppe älterer Menschen, die wie wir ebenfalls von weit her gekommen und die ganze Nacht unterwegs gewesen waren. Wie ich waren sie Quäker, aber ihre Hingabe an die Sache überstrahlte die meine, denn sie sangen trotz ihres Alters und ihrer Erschöpfung auf dem ganzen Weg durch die Stadt noch fröhlich Friedenssongs.«

Schon durch den Vorsatz, weniger Schmerz zu verursachen, und indem wir die fundamentale Gleichheit aller Wesen anerkennen, können wir alle mehr Würde in unsere Welt bringen, so dass Gewalt durch Gewaltlosigkeit und Respektlosigkeit durch Respekt ersetzt werden. Aber die Reise zur Manifestation eines solchen Ideals verläuft nicht immer glatt. Dies erlebt S. H. der Dalai

Lama in Tibet mit den vielen Gewaltausbrüchen gegen die Chinesen. Und Patch Adams erlebte es in seinen Jugendjahren.

PATCH ADAMS

»Als ich sechzehn war, starb mein Vater an Kriegsverletzungen. 1961 zogen wir zurück in die Staaten, und ich besuchte im Süden eine nur für Weiße zugelassene Schule. In den beiden letzten Jahren der Highschool wurde ich jeden Tag verprügelt, weil ich mich gegen Vorurteile aussprach, und dann wurde ich dreimal ins Krankenhaus eingeliefert, weil ich mich umbringen wollte – ich wollte nicht in einer Welt der Gewalt und Ungerechtigkeit leben. Bei meinem letzten Krankenhausaufenthalt beschloss ich, ab jetzt bewusst und mit Vorsatz zu leben. Ich entschied mich, der Menschheit zu dienen, was ich seither jede Sekunde getan habe. Ich beschloss, nie wieder einen schlechten Tag zu haben und auch der Öffentlichkeit Freude zu bringen. Die Grundidee meines Lebens war von nun an die Absicht, Freude zu sein und für Frieden und Gerechtigkeit zu arbeiten, und das habe ich in den letzten fünfundvierzig Jahren jede Sekunde gelebt.«

Der Grundsatz von *Ahimsa* ist: Das Verursachen von Schaden und Verletzung schafft nie Frieden, ob es um die Beziehung zwischen Menschen oder Ländern geht oder ob es unser eigenes Leben betrifft; aber die Einstellung der Gewaltlosigkeit tut dies sehr wohl. Doch keiner von uns kann durchs Leben kommen, ohne Schaden oder Verletzungen zu verursachen, ob wir die Gefühle von jemandem ignorieren oder mehr Ressourcen der Erde in Anspruch nehmen, als wir brauchen, oder Produkte kaufen, die von Minderjährigen und unterbezahlten Arbeitern hergestellt werden. Und wie oft machen wir etwas, das uns selbst verletzt oder Schaden zufügt?

Wie oft am Tag setzten wir uns bewusst oder unbewusst selbst herab, bekräftigen wir unsere Hoffnungslosigkeit, unsere Abneigung gegen unser Erscheinungsbild oder sehen wir uns selbst als inkompetent oder verachtenswert an? An wie viel Verbitterung, Groll, Schuld- oder Schamgefühlen halten wir fest und setzen so die Negativität fort?

Das Sitzen in stiller Betrachtung, in Meditation oder stillem Gebet hat eine beruhigende und Frieden bringende Auswirkung. Wenn wir uns vom Sitzkissen erheben, bleibt dieser innere Friede und wirft ein Schlaglicht auf jegliche Tendenz zu gewaltsamem oder aggressivem Handeln, was dann ein derartiges Verhalten weitaus weniger wahrscheinlich werden lässt. Und noch unwahrscheinlicher wird es, wenn sich unser Gewahrsein von unserer wechselseitigen Verbundenheit immer mehr vertieft, denn dann wäre Gewalt gegen andere dasselbe wie Gewalt gegen uns. »Indem wir Respekt gegenüber anderen und Interesse an ihrem Wohlergehen entwickeln«, sagt S. H. der Dalai Lama, »mindern wir unsere Selbstsucht, die die Ursache aller Probleme ist, und fördern in uns Freundlichkeit und Güte, die natürlichen Quellen von Gutsein.«

Miteinander teilen und dienen

Unsere Meditation erfährt eine natürliche Ausbreitung durch Großzügigkeit, Miteinander-Teilen und Dienen: die Gegenmittel für Selbstsucht, Gier und Verlangen. Ein Autoaufkleber der Findhorn Foundation in Schottland drückt es so aus: »Praktiziere wahllose Freundlichkeit und sinnlose Akte von Schönheit«.

ED

»Wir sollten einen Vortrag in einem Buchladen in Kalifornien halten und waren früh gekommen, um nicht in den Berufsverkehr zu geraten. Deb unterhielt sich mit dem Ladenbesitzer, und ich plauderte mit einem Kunden, einem Mann, der sich in der Ausbildung zum Zen-Priester befand. Dann gingen Deb und ich in das chinesische Restaurant gegenüber, um noch etwas zu essen.

Während wir dort saßen, kam der Mann herein, mit dem ich mich unterhalten hatte, nickte uns zu und ging nach hinten. Ein paar Minuten später kehrte er zurück, blieb kurz an unserem Tisch stehen und sagte schlicht: ›Ihr Dinner ist bezahlt.‹ Dann ging er hinaus. Ein so freundlicher und großzügiger Akt verschlug uns die Sprache.«

Der Tai-Chi-Lehrer Arthur Rosenfeld befand sich in einer Warteschlange in einem Starbucks-Drive-in. Der Mann hinter ihm wurde ungeduldig und wütend, drückte auf die Hupe und beschimpfte Arthur und die Starbucks-Angestellten. Arthur, der selbst wütend zu werden begann, beschloss cool zu bleiben und die Negativität in etwas Positives umzuwandeln. Er bezahlte den Kaffee des Mannes und fuhr davon. Als er am Ende des Tages nach Hause kam, erfuhr er, dass er eine Kette des Gebens in Gang gesetzt hatte, die nicht nur den ganzen Tag fortgedauert hatte, sondern auch in den NBC-Nachrichten besondere Erwähnung fand und binnen vierundzwanzig Stunden über das Internet in der ganzen Welt verbreitet wurde.

Spirituelle Lehrer aller Traditionen lehren, dass der Pfad des Dienens oder der Großzügigkeit der wichtigste von allen ist, da er von uns verlangt, so wenig egozentrisch wie möglich zu sein. Indem wir uns anderer annehmen, können wir einen Schritt über uns hinaus tun und uns von jeglichem Gefühl des Getrenntseins befreien. Es führt uns aus der Selbstsucht und Bedürftigkeit, und wir sehen unsere Selbstbezogenheit aus einer umfassenderen Sicht.

❋ DEB ❋

»S. H. der Dalai Lama gab Belehrungen im indischen Dharamsala. Es war sehr voll und kalt, und das Sitzen auf den Bambusmatten, die auf dem Zementboden verteilt waren, war äußerst unbequem. Ich sehnte mich danach, ins Hotelzimmer zurückzukehren und in der Tröstlichkeit meiner eigenen Gesellschaft zu meditieren. Dann, als hätte er meine Gedanken gelesen, hörte ich S. H. den Dalai Lama über die Gefahren des Friedens im Alleinsein sprechen. Er redete darüber, wie verführerisch es sein kann, allein sein zu wollen, und wie leicht es uns von der Realität in unserem Umfeld abkoppelt. Wie entscheidend wichtig es ist, dass wir im Austausch miteinander bleiben, dass wir geben, miteinander teilen und uns umeinander kümmern, und dass der Akt des Gebens unserer eigenen Person der größte Akt der Großzügigkeit ist. Ich blieb da!«

Durch das Geben und Miteinander-Teilen lernen wir bald, dass wir nicht verlieren, wenn wir geben; wir haben damit nicht weniger. Vielmehr gewinnen wir dabei so viel. Wie ein Spruch auf dem T-Shirt eines Freundes besagt: »Geben ist das neue Bekommen.« Oder wie unser Lehrer, Sri Swami Satchidananda lehrte: »Wer ist die selbstsüchtigste Person? Die, die am selbstlosesten ist! Warum? Weil du dir durch Selbstlosigkeit dein Glück bewahrst. Eine selbstsüchtige Person kann nie glücklich sein. Willst du glücklicher sein, dann sei selbstloser! Betrachte den Apfelbaum: Er gibt Tausende von Früchten. Und mehr noch, wenn du einen Stein auf ihn wirfst, bietet er sogar noch mehr Früchte an. Wirfst du einen Stein nach einer Person, dann weißt du, was du bekommst!«

Bei einem Morgenspaziergang durch die Gässchen in der Nähe unseres Hauses stießen wir einmal auf einen Hinterhof, auf dem lauter gebrauchte Fahrräder standen. Wir fragten uns, warum es so viele waren. Schließlich begegneten wir dem Besitzer und erfuhren, dass er all diese gebrauchten Räder sammelt, sie in seiner Freizeit repariert und dann einem Indianerreservat spendet. Sein Ziel war es, dass jedermann im Reservat, Jung und Alt, sein eigenes Fahrrad hatte. Seine Freude an seinem Tun war spürbar.

Bei der Großzügigkeit geht es nicht darum, einfach um des Gebens willen zu geben. Wie beim Mitgefühl müssen wir mit weisem Unterscheidungsvermögen erkennen, was notwendig ist, was am meisten helfen würde und wie wir am besten Beistand leisten können, statt zum Beispiel einfach Geld zu spenden und anzunehmen, dass wir eine gute Tat getan haben. Großzügigkeit kann auch Ängste hochkommen lassen, dass man nicht genug haben könnte. Wir müssen also darauf achten, ob sich Verärgerung einschleicht oder wir das Gefühl haben, dass wir immer nur geben und nichts bekommen. Echte Großzügigkeit bedeutet zu geben, ohne etwas zu erwarten; es existiert kein Wunsch, dass man dafür etwas wiederbekommt, kein Bedürfnis, dass es in irgendeiner Form vergolten wird. Zu geben ohne Gedanken daran, dass man etwas wiederbekommt, ist der machtvollste Akt an Großzügigkeit, da er bedingungslos und frei ist, da zu landen, wo er landet.

Ich schlief und träumte, das Leben sei Freude
Ich erwachte und sah, das Leben ist Dienst
Ich handelte und siehe, Dienst war Freude.

RABINDRANATH TAGORE

Meditation in die Welt tragen

Meditation in Aktion entsteht als natürlicher Ausdruck unserer inneren Wachsamkeit und kann viele Formen annehmen. Wir sehen es an der Art unseres Umgangs mit anstrengenden Beziehungen, wie zum Beispiel mit Kindern im Teenageralter, mit einem bedürftigen Elternteil oder einem kranken Partner. Wir sehen es an unserer Fähigkeit, Konflikte loszulassen oder Fehler zu verzeihen. Wir sehen es daran, wie wir unsere Umwelt behandeln. Und wir sehen es an unserem Wunsch, auf andere zuzugehen – indem wir vielleicht den Hungrigen Nahrung geben, verschmutzte Wasserwege reinigen oder uns für einen politischen Wandel einsetzen – und auf die Bedürfnisse unserer Mitmenschen und der Umwelt zu reagieren.

❋ JACK KORNFIELD ❋

»Meditation hat zwei Seiten. Du sitzt, um den Geist zur Ruhe zu bringen, das Herz zu öffnen und dich daran zu erinnern, wer du in diesem großen Mysterium wirklich bist. Wenn du dich mit dem großen Herzen der Weisheit und des Mitgefühls wieder verbunden hast – das ist das Einatmen –, dann stehst du auf und kehrst den Garten der Welt – das ist das Ausatmen. Du bringst die Energie der Fürsorge, des Mitgefühls und der Weisheit ganz natürlich zum Ausdruck, weil die Welt nicht mehr von dir getrennt existiert. Wenn ich beim Unterricht etwa vier- bis fünfhundert Meditierende frage, wie viele von ihnen engagiert sind, etwa Immigranten Englischunterricht geben, in der Notaufnahme eines Krankenhauses arbeiten, freiwillig in der Vorschule unterrichten oder beim Gefängnisgarten-Projekt von San Quentin mitarbeiten, dann hebt über die Hälfte die Hand.«

Die folgenden Beispiele zeigen einige Möglichkeiten, wie die Meditation vom Sitzkissen heruntergeholt und in die Welt getragen werden kann. Jedem Fall lag der Wunsch zugrunde, etwas zu verändern.

Runter vom Sitzkissen und hinein in die Politik

Da sich alles ständig verändert, hat alles auch das Potenzial, sich zum Besseren zu verändern, einschließlich dieser einen Sache, die oft für völlig unveränderbar gehalten wird: die Politik. In ihrem reinsten und umfassendsten Kontext ist Politik das Arbeiten für eine bessere Welt; das nationale Regierungswesen hat großen Einfluss auf die Lebensgestaltung der Leute, wohingegen die einzelnen Politiker die Verantwortung haben, klar zu denken, mitfühlend für das Wohl aller zu handeln und das Interesse des Volkes über ihr eigenes zu stellen. Im Kern besteht hier kein Unterschied zu den Bestrebungen eines Meditierenden, was sich auch an politischen Führern wie Mahatma Gandhi, Aung San Suu Kyi und S. H. dem Dalai Lama erkennen lässt.

Die ursprüngliche Absicht der Politik besteht in einer Verbesserung für alle – kann Meditation hier etwas ausrichten? Unser Freund Mark Gerzon hat mit Angehörigen beider Parteien gearbeitet und innerhalb der Regierung Retreats geleitet. Seine tiefen Einsichten zeigen auf, wie Meditation und Politik nicht nur koexistieren, sondern sich tatsächlich auch gegenseitig bestätigen und fördern können, indem sie einen Rahmen für wechselseitige Weiterentwicklung und beiderseitiges Verständnis schaffen.

MARK GERZON

»Ich benutze den Begriff ›Politik‹ im allgemeinen Sinn: sich an den Bemühungen um Gerechtigkeit, Gleichheit und Anstand in dieser Welt zu beteiligen. Bei der Meditation geht es um Nichtanhaftung, und bei der Politik geht es um Anhaftung, Bindung, Zugehörigkeit. Bei der Meditation geht es darum, Abstand von deiner Identität zu gewinnen und nicht mehr an all dem ›Ich bin dies, ich bin das‹ zu haften, wohingegen es bei der Politik darum geht, mit all dem ›Ich bin dies, ich bin das‹ intensiv befasst zu sein und sich darauf einzulassen: Ich bin in der Maurergewerkschaft, ich bin Mutter von vier Kindern, ich bin ein Vater mit Behinderungen, ich bin in der höchsten Einkommensteuerklasse. Wir sollen mit unseren persönlichen Interessen in die Politik gehen, dort als Bürger auftreten und uns für unsere Zugehörigkeiten stark machen. Und dann sollen wir unsere Zugehörigkeiten in Kategorien wie links oder rechts, Demokraten oder Republikaner, liberal oder konservativ einbinden. Wir sollen für unsere Interessen stimmen, ja sogar für sie kämpfen. Stellen Sie das nun der Meditation gegenüber, wo wir beobachten, wie Zugehörigkeiten, Bindungen und Anhaftungen wie Wolken am Himmel vorüberziehen, und wir innerliche Weite gewinnen und ohne Anhaftung sind.

Wie engagiert sich eine Person, die meditiert, in der Politik? Wie meditiert eine in der Politik engagierte Person? Für mich ist das so, wie wenn man fragt: Wie schläft eine Person, die es liebt, sich auf das Leben einzulassen? Und wie wacht eine schlafende Person auf und lebt das Leben? Ich könnte kein engagiertes Leben leben, wenn ich nicht schlafen würde, und das Schlafen wäre nicht von Wert, wenn ich nicht aufwachte und mich auf die Welt einlassen würde. Ich möchte nicht sagen, dass dieses Beispiel mit der Meditation oder Politik vergleichbar ist, aber es gibt doch einen Zusammenhang. Ich betrachte die Meditation als absolut nötiges Treibmittel, als Hefe für die Politik. Und ich betrachte das Engagement in der Welt als Hefe für die Meditation. Zwischen den beiden besteht eine dynamische Spannung. Mein spiritueller Durchbruch erfolgte, weil mein Engagement in der Welt zur Vertiefung meiner Meditation beitrug und weil meine Meditation mein Engagement in der Welt bereichert und verändert hat.

Das Erste, was mir durch die Meditation zu Bewusstsein gebracht wurde, war, wie sehr ich mir selbst im Wege stehe. Dieses Wissen lässt mich sehr viel bescheidener und mitfühlender gegenüber Leuten sein, die sich auch selbst im Wege stehen. Sie hat mich auch gelehrt, dass mein Geist an ›parteiischen‹ Teilwahrheiten über mein Leben hängt, genau wie es auch die Politiker tun. Das macht mich zu einem mitfühlenderen Beobachter von Politik, weil die Leute, mit denen ich es zu tun habe, auch diese Probleme haben. Ein meditativer Akt bedeutet, direkt und offen auf das Ganze zu schauen, ohne zu jemandem hinauf- oder auf jemanden herabzusehen.

In Situationen, in denen es Gegner gibt, ist der Vertrauenslevel gewöhnlich sehr gering. Wenn man für die Gegner ein Umfeld von höherem Vertrauen herstellt, wirkt sich das meditativ aus, weil der Teil, mit dem sie nichts zu tun haben wollen, nun in den Raum eintreten kann. Dasselbe passiert in der Meditation. Wenn wir erkennen, dass wir Teile von uns verleugnet haben, können wir diese in unser Gewahrsein integrieren. C. G. Jung sprach hier davon, ›das Unbewusste bewusst‹ zu machen. Wenn wir es mit Gegnern zu tun haben, ist also rechts von mir die eine Person, die die andere Person zu meiner Linken hasst. Die beiden stellen eigentlich Kräfte für eine wechselseitige Bewusstseinserweiterung dar, vorausgesetzt – ich wiederhole: *vorausgesetzt* –, wir können genügend Raum und Vertrauen herstellen, dass sie einander zuhören. Wenn wir Meditation in dem Sinne definieren, dass wir uns unsere abgespaltenen oder verleugneten Teile zu Gewahrsein bringen, können wir Gefäße für meditative Erfahrungen in der realen Welt bereitstellen.

Es überrascht mich nicht, dass viele Menschen, die mit Verhandlungen und Mediation zu tun haben, irgendeine Art spirituelle Praxis ausüben, weil wir uns erden und an Tiefe gewinnen müssen. Sonst sind wir nur Techniker, die Kompromisse aushandeln, und das ist es nicht, was die Welt im Moment braucht. Die Welt braucht keine Kompromisse, sie braucht Synergien. Präsent zu sein und von einem Ort der Präsenz aus Fragen zu stellen, dass sind die entscheidenden Schritte zur Transformierung der Bewusstseinsebene.«

Runter vom Sitzkissen und hinaus auf die Straße

Die Meditation vom Sitzkissen runterzuholen bedeutet, sich mit Präsenz, Geschick, Gleichmut und Mitgefühl herausfordernden Situationen zu stellen wie zum Beispiel der Obdachlosigkeit. Bei der heutigen Wirtschaftslage erleben viele Menschen große finanzielle Schwierigkeiten und können sich schuldlos auf der Straße wiederfinden. Doch wie viele von uns erkennen Obdachlose als Mitmenschen an, die keine anderen Bedürfnisse haben als wir und nur einfach nicht die Mittel zu deren Erfüllung besitzen? Wie oft wenden wir stattdessen die Augen ab und tun so, als existierten sie nicht?

Reverend James Morton, Dekan der St. John the Divine Kathedrale in New York, wollte herausfinden, was nötig sei, um Obdachlose nicht als Andersartige anzusehen. Dazu machte er ein Experiment.

GROVER GAUNTT

»Der Reverend unternahm etwas, das er ›den tiefen Sprung‹ nannte: einzutauchen in unbekannte Gewässer und vollkommen fertig und desorientiert zu sein, um sich dann neu orientieren zu können. Und das wandte er auf die Straße an, indem er seine Geistlichen ohne Geld, ohne Unterkunft, ohne Ausweispapiere losschickte, so wie es der Situation der Leute entsprach, denen sie dienten. Diese Geistlichen wandten sich als Erstes ganz instinktiv an die Kirchen und baten dort um Hilfe, aber dort halfen ihnen, natürlich, nur sehr wenige. Der Augenblick des Erwachens bestand für sie also in der Erkenntnis, dass auch die Kirche keine Hilfe war.«

Daraus entwickelte sich der Gedanke des Straßen-Retreats: Man lebt als spirituelle Praxis ein paar Tage auf der Straße, um so dazu ermutigt zu werden, die Hingabe an die eigene Praxis direkt zu den Bedürftigsten der Gesellschaft zu tragen, und in dieser Weise danach zu streben, uns alle als eins zu sehen.

BERNIE GLASSMAN

»Die Obdachlosen gibt es deshalb in unserer Gesellschaft, weil die Menschen wie Abfall behandelt werden, und das wird erst ein Ende haben, wenn wir damit aufhören. Als ich mit den Obdachlosen zu arbeiten begann, wollte ich so umfassend wie möglich erfahren, was es heißt, die Welt mit ihren Augen zu sehen. Ich betrachtete Obdachlosigkeit als einen weiteren Aspekt meiner selbst, jedoch als einen, über den ich kaum etwas wusste. Also beschloss ich, auf die Straße zu gehen und mehr darüber zu erfahren und die Meditation in diese Erfahrung einzugliedern.

Bei Straßen-Retreats leben und praktizieren wir Meditation auf der Straße, betteln und übernachten unter den gleichen harten Bedingungen wie die Obdachlosen. Wir treffen uns zum gemeinsamen Meditieren und gehen dann wieder auseinander, um zu tun, was wir fürs Überleben tun müssen, also zum Beispiel Essen auftreiben und Kartons finden, auf denen wir schlafen können. Ich wollte zeigen, dass Meditation nicht bedeutet, nur auf dem Kissen zu sitzen, sondern dass sie sich allen Aspekten des Lebens zuwendet. Es ist eine Methode, uns in einen Zustand des Nicht-Wissens zu bringen, und wenn der eintritt, entsteht die Erfahrung von Einssein. Doch gleichzeitig machten wir die Erfahrung von Nichtvorhandensein. Wenn du obdachlos bist und bettelst, gehen die Leute an dir vorbei, wirst du komplett ignoriert, existierst du ganz einfach nicht. Wenn du die Erfahrung gemacht hast, derart ignoriert worden zu sein, ist es dir unmöglich, dasselbe einer anderen Person anzutun. Du kannst nicht mehr an irgendjemandem oder irgendetwas vorbeischauen.«

❈ ELLEN BURSTYN ❈

»Ich habe das Straßen-Retreat gemacht, weil ich mich so sehr davor fürchtete. Ich konnte körperlich spüren, wie viel Angst es mir machte, meine Bequemlichkeitszone zu verlassen und vor allem keine Identität zu haben. Ich war sehr stolz auf meine finanzielle Unabhängigkeit, und der Gedanke, betteln zu müssen, war entsetzlich. Als ich es zum ersten Mal tat, war da auf der gegenüberliegenden Straßenseite ein Restaurant mit Tischen im Freien. Zwei Frauen saßen dort und aßen, und ich beschloss, sie anzusprechen. Als ich über die Straße ging, hatte ich das Gefühl, eine Linie zu überqueren, die ich nie bewusst wahrgenommen hatte. Ich durchschritt ganz bewusst mein Ego, um zu erfahren, was auf der anderen Seite war. Ich trat an den Tisch der Frauen heran und sagte: ›Entschuldigen Sie bitte, ich brauche einen Dollar für die U-Bahn. Könnte jemand von Ihnen einen entbehren?‹ Eine der beiden Frauen griff in ihre Tasche und reichte mir einen Dollar, ohne den Blick vom Gesicht ihrer Begleiterin abzuwenden. Ich sagte: ›Vielen Dank‹, und ging davon. Ich empfand einen merkwürdigen Stolz, weil ich wirklich etwas vollbracht hatte, war aber auch sehr traurig, als mir klar wurde, dass keine der beiden Frauen mich angeblickt hatte. Ich hatte bekommen, was ich brauchte, war aber nicht beachtet, nicht gesehen worden.«

GROVER GAUNTT

»Ein Tag auf der Straße kann sich wie eine Ewigkeit anfühlen, da er so intensiv ist. Plötzlich hast du kein Geld, um nach Hause zu kommen, dir eine Tasse Tee zu kaufen, einen Telefonanruf zu machen oder irgendetwas zu tun. Du bekommst Angst, weil du ohne jede Identität bist, nicht sagen kannst, dass du bist, wer du bist. Wie beziehst du dich jetzt auf diese Welt? Du musst einen Platz zum Schlafen finden, du musst um Essen betteln. Und du siehst, wie die Leute ihren Blick abwenden, um dich nicht ansehen zu müssen. Wie können sie das ignorieren, dachte ich, als ich auf der UN-Plaza saß und beobachte, wie die Leute auswichen. Wovor fürchten sie sich? Haben sie Angst davor, sich selbst zu sehen? Ich weiß, dass ich das auch gemacht habe, dass ich auch einer von denen bin, die sich wegdrehen, aber wen schütze ich?

Wenn wir keine Erfahrung von etwas haben, neigen wir dazu, es zu negieren oder zu kategorisieren. Obdachlose werden als Alkoholiker, Drogensüchtige, Abzocker oder einfach Verrückte eingestuft. Aber jeder und jede Obdachlose hat eine Geschichte und eine Biografie, so wie wir auch. Bevor ich den Sprung machte, hatte ich Angst vor Konfrontation, aber ich lernte, dass Konfrontation einfach nur verkleidete Angst ist. Warum schlafen Obdachlose zum Beispiel untertags? Weil es sicherer ist. Nachts müssen sie unterwegs sein, weil sie da wehrloser sind. Aber wir scheuchen sie weg oder schikanieren sie, wenn sie tagsüber schlafen, und wundern uns dann, wenn sie sich darüber aufregen.

Jetzt gehe ich selten an einem Obdachlosen vorbei, ohne ein paar Worte zu sagen und ihn als Menschen anzuerkennen.

Wenn du jemanden betteln siehst, schau ihn oder sie an und erkenne, dass du selbst es bist, der oder die bittet. Es gibt keine Trennung. Der Sprung ins Unbekannte bedeutet, sich in eine andere Sichtweise hinein auszudehnen, alle Seinszustände jenseits der eigenen Grenzen zu akzeptieren.«

Wenn wir irgendetwas außerhalb unserer bisherigen Erfahrungen tun, bedeutet das einen Sprung ins kalte Wasser, vor allem wenn wir uns an Orte begeben, die uns widerstreben oder vor denen wir Angst haben. Die Meditation der Straßen-Retreats wurde ergänzt durch die tiefe Erfahrung, dass wir alle Teil voneinander sind, gleich ob wir obdachlos sind oder nicht. Solche Retreats, die in vielen Städten im Land durchgeführt werden, konfrontieren uns mit unserer Angst und umfassen damit unser gemeinsames Menschsein.

Runter vom Sitzkissen und rein ins Gefängnis

Wenn wir uns in ganz besonders schwierigen Situationen befinden, kann die Meditation zu unserer Verbündeten, unserer engsten Freundin und Stütze werden, denn sie verbindet uns mit einer tiefen Quelle innerer Stärke und inneren Friedens. Die Meditation in diesem Kontext vom Sitzkissen zu holen bedeutet, sie zu Menschen mitzunehmen, die für ihren Mangel an Ruhe und ihr Desinteresse an Meditation berüchtigt sind.

FLEET MAULL

»Ich befand mich in einem Gefängnis im Süden von Missouri, das ein Tollhaus war – Leute schrien, brüllten, bekämpften sich, und die ganze Nacht wurden Betrunkene eingeliefert. Die Insassen durften ihre eigenen Radios und Fernseher haben, die Tag und Nacht in voller Lautsstärke dröhnten. Mein Geist drehte durch, flitze immer nur hin und her. Ich konnte nicht schlafen, also meditierte ich. Ich saß einfach da auf meinem Bett, mitten in all dem Chaos und Getöse. Eines Nachts, ich hatte etwa zwei Stunden lang meditiert, wurde mein Geist plötzlich völlig still und klar. Ich war nicht völlig frei von Gedanken. Ich spreche nicht von einer Erfahrung der Erleuchtung, aber von einer Erfahrung tiefer Stabilität des Gewahrseins, mein Geist bewegte sich nicht. Ich hatte diese Meditationserfahrung schon früher gemacht, aber nie in dieser Umgebung. Sie ließ mich unmittelbar wissen, dass ich diese Erfahrung, im Gefängnis zu sein, auf die Reihe bekommen würde. Es war die Offenbarung, dass es okay ist, dass ich dies schaffen kann. Ich wusste, dass ich wohl zwischen zwanzig und vierzig Jahre im Gefängnis verbringen würde. Ich war auf dem Weg zu einer Strafanstalt für Schwerverbrecher und hatte Alpträume, vergewaltigt zu werden; als ich aber diese geistige Stabilität erfuhr, wusste ich, dass ich es schaffen würde. Etwas in mir wusste, dass ich überleben würde.

Innerhalb von zwei Monaten wurde ich in eine Bundesstrafvollzugsanstalt überstellt. Bald darauf initiierte ich eine Meditationsgruppe, die sich zweimal in der Woche in der Kapelle traf. Das zeigte mir, wie ich in dieser Welt helfen konnte. Ich leitete diese Gruppe viele Jahre lang, und Hunderte von Insassen kamen dadurch zur Meditation. Wir initiierten aus dieser Gruppe heraus das erste Hospizprogramm in einem Bundesgefängnis. Dies war ein natürlicher Schritt, durch den wir unsere Meditation praktisch anwandten. Ich wurde als Unterstützung in ein Gefängniskrankenhaus in Springfield, Missouri, geschickt, in dem sich rund sechshundert Patienten zur medizinischen Betreuung befanden, vierhundert Psychiatriepatienten und etwa dreihundert reguläre Insassen so wie ich. Durch das Hospizprogramm entstanden sehr tiefe Beziehungen zwischen den Sterbenden und denen, die sich ihrer annahmen. An diesem mitfühlenden und intimen Ort waren wir gemeinsam Gefangene.«

Wir haben ebenfalls Meditation in Gefängnissen unterrichtet und hatten es dabei mit allen möglichen Arten von Strafgefangenen zu tun, von Einbrechern bis zu Mördern. Aber wenn wir in ihre Augen blickten, sahen wir einfach nur gebrochene Seelen. Über die Meditation begannen sie langsam zu erkennen, dass sie die Freiheit in sich selbst finden konnten, statt im Außen nach ihr zu suchen. »Solange wir diese Freiheit nicht finden«, sagt Bo Lozoff vom Prison Ashram Project, »sitzen wir alle unsere Zeit ab, ob wir nun im Gefängnis sind oder nicht.«

Mittlerweile gibt es viele Meditationsprogramme innerhalb des Strafvollzugssystems, die vielen Tausenden Insassen helfen, in dieser Situation des Eingesperrtseins inneren Frieden zu finden. Und es gibt viele Lehrer, die ihre Zeit der Hilfe für Gefängnisinsassen widmen.

MARSHALL B. ROSENBERG

»Ich arbeite viel in Gefängnissen, und die Leute dort haben so einiges getan, was mir wirklich überhaupt nicht gefällt, zum Beispiel, Kinder sexuell zu belästigen. Daher frage ich gewöhnlich jeden Einzelnen von ihnen, welches Bedürfnis erfüllt wurde, als er die Tat beging. Gewöhnlich kommt ein ›Häh?‹ zurück, denn diese Frage hat zuvor noch keiner gestellt. Dann sage ich: ›Ich würde gerne wissen, welches Bedürfnis Sie versucht haben zu erfüllen, als Sie dies taten.‹ Dann gibt mein Gegenüber gewöhnlich so etwas zur Antwort wie: ›Ich mache das, weil ich ein Perverser bin.‹ Und ich sage: ›Jetzt sagen Sie mir, für was Sie sich halten. Ich frage Sie aber, welche Bedürfnisse von Ihnen werden damit erfüllt?‹ Darauf sagt er: ›Wovon zur Hölle reden Sie?‹ Ich: ›Ich glaube, Sie tun das aus demselben Grund, aus dem auch ich alles tue. Ich glaube, Sie tun das, weil Sie das für die beste Möglichkeit halten, irgendein Bedürfnis zu erfüllen. Das mache ich in jedem Augenblick – meine Bedürfnisse nach meinem besten Wissen erfüllen. Und wenn wir klären können, welche Bedürfnisse von Ihnen dadurch, dass Sie dies tun, erfüllt werden, können wir bessere Wege finden, um sie zu erfüllen, da bin ich sicher. Wege, die nicht derart viel Schmerz für Sie und andere schaffen.‹ Nachdem er diese Arbeit geleistet hatte, begleitete mich einer der Gefängnisinsassen zum Tor. Und als ich ging, sagte er: ›Sie sind der erste Vortragsredner, den wir je hatten, der nicht aus Plastik war!‹ Das gefiel mir.«

Wir sind hier nicht alleine

Ein Mönch fragt: »Gibt es etwas Wundersameres als die Wunder der Natur?« Der Meister antwortet: »Ja, dein Gewahrsein von den Wundern der Natur.«

ANGELUS SILESIUS

In den buddhistischen Lehren wird ein riesiges Netz beschrieben, das sich in alle Richtungen erstreckt, und jeder Knoten besteht aus einem Edelstein, der jeweils alle anderen widerspiegelt. Man nennt es das Netz des Indra, und es steht für unsere wechselseitige Verbundenheit: Sieh einen, und du siehst alles darin. Alles, was existiert, steht in Beziehung zueinander, niemand kann von irgendeinem anderen getrennt oder unabhängig sein. Nimm einen weg, und das Netz ist nicht mehr zu gebrauchen. Mit anderen Worten: Wir sind alle miteinander verbunden, voneinander abhängig, untrennbar, sind Teil eines integrierten Ganzen, nicht getrennt von den Bäumen, Elefanten, Eulen, unseren Nachbarn, den Leuten in Südafrika oder einem Fluss in Indien.

JACK KORNFIELD

»General Omar Bradley, Oberster der vereinten Generalstabschefs, sagte in den 1950ern, wir seien eine Nation von nuklearen Giganten und auf ethischer Ebene eine Nation von Kleinkindern. Unsere innere Entwicklung hat mit der technologischen und wissenschaftlichen Entwicklung nicht Schritt gehalten. Es ist ganz klar, dass wir alle wechselseitig verbunden sind – in der modernen Ökologie, Physik und Neurowissenschaft mit ihren Spiegelneuronen gibt es da keinen Zweifel. Wir misshandeln einander, weil wir glauben, wir seien voneinander getrennt existierende Wesen; dieses Empfinden, voneinander getrennt zu sein, lässt die Angst, die Verwirrung, das Streben nach Selbstschutz, die Gier, die Wut und die Aggression entstehen. All dies wird aus der Unwissenheit geboren und aus dem Vergessen unserer wechselseitigen Abhängigkeit im Netz des Lebens.«

Wenn eine Schmetterlingsart in Australien ausstirbt, wirkt sich das auf das Ökosystem der ganzen Welt aus, weil ein Drittel unserer Nahrungsversorgung von der Bestäubung durch Insekten abhängt. Wenn wir in der Natur an einem einzigen Faden ziehen, werden wir feststellen, dass er am Rest der Welt befestigt ist. Die Fürsorge füreinander und für den Planeten ist daher von der Fürsorge für uns selbst nicht zu trennen; wir sind abhängig von der Erde und den Wäldern und den spielenden Kindern, wir sind Teil von ihnen, und sie sind Teil von uns. Aber es bedarf einiges Nachdenkens, um mit diesem Gewahrsein zu leben, denn nach der allgemeinen Meinung ist unsere Realität eine der Trennung und Isolation.

JANE FONDA

»Es gibt praktische Gründe dafür, dass wir alles aufteilen. Dadurch lassen sich die Dinge leichter handhaben und lösen, vor allem die technischen Angelegenheiten: Wir und sie, entweder oder, Mensch gegen Natur, mein und dein – das macht den Umgang mit dem Leben leichter. Aber wir haben diese Denkart der Zersplitterung auf alles im Leben angewandt, so dass es unsere Realität geworden ist, was zu noch mehr Zersplitterung und Chaos und Zerstörung des Planeten geführt hat. Wir müssen nun herausfinden, wie wir mit unserem Alltagsleben umgehen sollen, während wir gleichzeitig unsere Denkweise verändern, und zwar dahingehend, dass wir die Realität als ungebrochene Totalität der Existenz sehen, als ungeteilte, fließende Bewegung ohne Grenzen.«

Der Glaube, wir seien voneinander getrennt, wir seien nicht miteinander und mit unserer Umwelt verbunden, ist die Ursache vieler Probleme, mit denen wir konfrontiert sind, ob sie nun die Umwelt betreffen oder sozialer, persönlicher oder globaler Natur sind. Wenn wir uns und unsere Bedürfnisse über die Bedürfnisse anderer stellen, kostet uns das ungeheuer viel, denn es isoliert uns nicht nur voneinander, sondern trennt uns auch von unserer Verbundenheit, die von grundlegender Bedeutung für unser Glück ist. Solange wir diesen Wahn nicht als das erkennen, was er ist, und nicht zu einem Gewahrsein von Anderssein erwachen, werden wir uns weiter selbst zerstören.

BERNIE GLASSMAN

»Stellen Sie sich vor, meine beiden Hände hielten sich jeweils für ein einzelnes Objekt und mit nichts verbunden. Die linke Hand nennt sich Sally, und die rechte Hand nennt sich Harry. Dann bekommt Sally eine Schnittwunde. Harry hat viel über die Einheit des Lebens gelesen, aber er glaubt, dass Sally eigenständig und getrennt existiert. Er denkt, ich kann in dieser Sache nichts tun, ich bin kein Arzt, und ich habe keinen Erste-Hilfe-Kasten. Und außerdem will ich nicht, dass meine neuen Klamotten Flecken bekommen. Harry geht weg, und Sally verblutet. Aber das bedeutet, dass auch Harry verbluten wird, da Harry und Sally nun mal miteinander verbunden sind. Genau das passiert, wenn die Wahrnehmung und Erfahrung vom Einssein nicht vorhanden sind.

Nun stellen Sie sich vor, Sally und Harry würden meditieren und das Getrenntsein von Sally und Harry erkennen, zugleich aber auch ihr Einssein mit Bernie. Wenn sich Sally eine Schnittwunde zuzieht, tut Harry alles, um ihr zu helfen, weil er weiß, dass er damit auch sich und Bernie hilft. Das ist kein Denkprozess, das ist die direkte Erfahrung vom Einssein des Lebens. Die Implikationen dieser Einsicht und dieses Bewusstseins sind gewaltig.«

Die Illusion vom Getrenntsein hat unser Verhalten und unsere Einstellung zueinander derart beeinflusst, dass unser Gewahrsein sich erst dann über eine solche beschränkte Sicht hinausentwickelt und das Ganze umfasst, wenn wir nachdenklicher werden und uns in mehr Selbstbetrachtung üben. Dann werden wir uns der wechselseitigen Verbundenheit unseres Edelsteins mit allen anderen Edelsteinen und auch der einbeziehenden Natur des Netzes, das sie alle enthält, sehr bewusst.

AJAHN SUMEDHO

»Wir sind keine isoliert existierenden Wesenheiten; wir wirken uns aufeinander aus. Je mehr wir dies in der Meditation erfahren, desto besser erkennen wir, dass wir im Verhältnis zur Gesellschaft nicht überkritisch sein oder uns mit ihr abfinden oder sie ignorieren dürfen, sondern dass wir unsere Fähigkeiten und unsere Intelligenz einsetzen müssen, um einander zu dienen. Wenn ich mich als selbstbezogenes isoliertes Wesen empfinde, dann werde ich nur an mein unmittelbares Vergnügen denken und keine Beziehung zu irgendetwas anderem haben. Aber wenn ich mich für die Wahrheit unserer aller Verbundenheit öffne, dann empfinde ich Respekt vor allem Leben; ich betrachte andere nicht mehr als Wesen, die nur zu meiner persönlichen Ausbeutung da sind.«

Natürlich haben wir unsere eigenen Gedanken und Gefühle, aber diese sind nicht zu trennen von dem, was wir von unseren Eltern und Lehrern gelehrt wurden, oder von unseren positiven oder schmerzhaften Erfahrungen in unseren Beziehungen. Ebenso können wir unmöglich unseren Körper von der Nahrung, die wir zu uns nehmen, oder vom Bauern, der sie produziert, oder von der Erde und vom Regen trennen. Kein Teil unseres Wesens ist getrennt oder existiert unabhängig von allen, denen wir begegnet sind, von allem, was wir getan haben, oder von jedwedem Teil der Welt um uns herum.

TIM FREKE

»Wir glauben, wir würden voneinander getrennt existieren, aber das tun wir nicht. Wir glauben, wir würden von der Ganzheit des Lebens getrennt existieren, aber das tun wir nicht. Dieser Glaube lässt uns handeln, als seien wir nur ein Teil. Aber wenn wir wach sind für die Tatsache, dass wir nicht nur ein Teil, sondern in Wirklichkeit das Ganze sind, dann handeln wir auch zum Wohle des Ganzen. Tim ist ein integraler Bestandteil des Ganzen, und jedes und alles ist ebenfalls ein integraler Bestandteil des Ganzen, und damit eins mit Tim. Das Getrenntsein ist die Geschichte, die wir uns erzählen, um dem Leben einen Sinn zu geben, und wenn wir in sie hineingezogen werden, sind wir uns unseres tieferen Seins nicht bewusst. Dann bringen wir uns gegenseitig und der Welt Leiden. Erwachen bedeutet die Erkenntnis, dass es da keinen anderen gibt, dass keine Person oder Situation von unserer essentiellen Natur getrennt existiert.«

Wo Getrenntsein Teilung und Konflikte verursacht, bedeutet Gewahrsein von unserer wechselseitigen Verbundenheit, dass wir den anderen als unser Selbst ansehen. Die Edelsteine in Indras Netz sind eigenständige Edelsteine, und ein jeder spiegelt einen anderen Aspekt des Ganzen, doch sie sind so miteinander verbunden und aufeinander bezogen, dass sie ohne einander oder ohne das Netz nicht existieren könnten. Gleichzeitig findet sich jeder Edelstein in jedem anderen gespiegelt.

❋ BERNIE GLASSMAN ❋

»Nimm dich deines Nächsten an. Das kann dein Ehepartner, dein Kind, dein Vater, deine Mutter oder ein Fremder sein. Es muss nichts Großes sein, es spielt keine Rolle, wer es ist, und es macht nichts, wenn sie dir nichts zu geben haben; du machst es einfach, weil es getan werden muss. Die Meditation führt uns zur Erfahrung des Einsseins. In diesem Zustand kümmern wir uns automatisch um alles, was wir sehen, weil es wir selbst sind; es ist nicht von uns getrennt. Wir gehen die Straße entlang und sehen jemanden stolpern; es ist nicht irgendjemand anderes – wir stolperten. Mit einem Wort: Wenn du dich erst einmal um die Illusion vom Getrenntsein gekümmert hast, dann wird für alles andere gesorgt.«

Sich auf unsere Welt auswirken

Alles, was wir denken, sagen und tun, hat auf alles und alle anderen eine unmittelbare Auswirkung. Das bedeutet, dass unsere Gedanken und Handlungen ebenso leicht zu Chaos und Zerstörung wie zur Heilung und Freundschaft führen können. Das bedeutet auch, dass wir jederzeit ungeheure Ressourcen zur Verfügung haben. »Mach nicht den Fehler zu glauben, du seiest ein machtloses Individuum in einer ungeheuer großen Welt«, schreibt Tai Situpa in *The Way Ahead.* »Wisse, dass du mit drei großen Kräften ausgestattet bist. Du hast die Kraft des Körpers – die Quelle allen Handelns; die Kraft der Rede – die Quelle allen Ausdrucks; und die Kraft des Geistes – die Quelle allen Denkens.«

Unsere *Handlungen* haben offensichtlich die unmittelbarste Auswirkung auf andere. Überall in der Natur sind die zerstörerischen Ergebnisse unseres Glaubens zu sehen, dass wir nicht miteinander verbunden sind und daher unser Tun auf andere keine Auswirkung hat. Während eines Aufenthalts in Ägypten wanderten wir ein ausgetrocknetes Flussbett entlang, hinein in die Stille und Schönheit – und in den Abfall: Haufen von Styropor und Plastik, abgeladen inmitten des Nichts. Auf einer griechischen Insel fanden wir riesige Müllsäcke am Strand, die von vorbeifahrenden Booten ins Meer geworfen waren; an einem Strand in Thailand sahen wir, wie örtliche Hotelbesitzer ihren Abfall im Sand vergruben. In Sri Lanka schwamm Deb fröhlich in der wunderschönen Unawatuna Bay, als menschlicher Kot an ihr vorbeischwappte. Abgesehen davon, dass diese Abfälle und ungeklärten Abwässer Land und Wasser verpesten, wirken sie sich auch verheerend auf das Leben der Pflanzen, der Tiere und auf die Meereswelt aus. Jede Handlung, jede kleinste und einfachste Alltagsentscheidung hat Konsequenzen.

MARC IAN BARASCH

»Nichts existiert allein aus sich heraus und für sich; alles existiert nur in Beziehung. Das führt zur Erkenntnis, dass es im Leben nicht nur um die Suche nach meinem eigenen Glück oder das Streben nach Bequemlichkeit geht. Das Ego aber strebt ständig nach Befriedigung, und das kann zu allen möglichen Problemen führen. Zum Beispiel haben wir, da es uns keinen Spaß macht, unsere schmutzigen Pfannen zu schrubben, Teflonpfannen erfunden, an denen nichts anbackt. Aber jetzt findet man im Nabelschnurblut von 98 Prozent der Neugeborenen giftige Substanzen, die bei der Teflonherstellung entstehen. Alles existiert in Beziehung zueinander. Vielleicht sollten wir doch besser Muskelschmalz auf die Pfannen verwenden, auch wenn es uns nicht gerade in Ekstase versetzt!«

Wir können die Welt nur missbrauchen, wenn wir glauben, dass wir unabhängig von ihr oder ihr irgendwie überlegen sind. Aber es gibt kein Handeln ohne Konsequenzen. Das beobachten wir insbesondere in unserer unmittelbaren Umwelt, wo jedes Geschöpf, jedes Insekt, die Gezeiten oder das Wetter als integrierter

Bestandteil des größeren Ganzen ihre eigene einzigartige Rolle spielen. Nichts ist ohne Sinn und Zweck.

MARK MAWRENCE

»Umweltfreundliches und ökologisches Bewusstsein und Handeln lehren uns, wie alles miteinander verbunden ist. Die Natur vergeudet nichts. Sie recycelt in einem eleganten und wunderschönen System Hunderte von Milliarden Tonnen herabgefallener Blätter und zerfallenden Materials. Wohingegen wir in der modernen Welt alles vergeuden. Wir scheiden Hunderte von Milliarden Tonnen an Giften in die Umwelt aus mit den uns allen bekannten Auswirkungen. Eskimos in Alaska atmen Blei von den Abgasen ein, die in Los Angeles ausgestoßen werden. Der Ackerbau und die Pflanzenzucht auf Hawaii und in Zentralamerika werden von in China erzeugtem Smog beeinflusst. Wenn uns diese Verbundenheit zwischen uns allen erst einmal klar geworden ist, gleich ob wir in einem Kaff im Mittelwesten der USA oder in Tokio leben, werden wir erkennen, wie sich alles aufeinander auswirkt.«

Unsere Nachbarschaft ist unser gemeinsames Zuhause, und unsere Umwelt ist unser Garten. Das Aufsammeln von Müll ist nicht nur ein wohlgefälliger Akt fürs Auge, sondern auch notwendig, damit wir unsere Flüsse und Seen nicht verstopfen. Der Kampf um die Rettung der Regenwälder findet nicht nur statt, damit die Bäume überleben, sondern auch, damit wir leichter atmen können.

ED

»Ich ging eine schicke Einkaufsstraße in London entlang. Ein Mädchen im Teenageralter hatte gerade ihre Limodose ausgetrunken und warf sie auf die Straße. Ich hob sie auf, gab sie ihr zurück und fragte: ›Würdest du die bei dir zu Hause auch auf den Boden werfen?‹ Sie sah mich an, als sei ich meschugge.«

So wie Unwissenheit zu dummen Handlungen führt, kann die Verbindung von Gewahrsein und geschickten Mitteln zu einem positiveren Ergebnis führen. Meditation ist eine der geschicktesten aller Handlungen. Obwohl sie manchmal als selbstversunkene oder gar selbstsüchtige Aktivität bezeichnet wird, verändert sie nicht nur unser Verhalten, indem sie unser Gewahrsein erhöht, sondern wir können dann wiederum Einfluss auf unsere Umwelt nehmen und sie verändern.

TAMI SIMON

»Durch die Meditation ordnen wir unsere Prioritäten neu. Dabei geht es um unsere Beziehung zur Erde und zu anderen Wesen und darum, wie es an jedem Tag unserem Herzen ergeht. Die Erde ist, *was wir sind*, was unsere Körper sind, wir sind dasselbe wie das Erdreich und die Bäume, und das sollte unsere Priorität sein. Die Menschen, mit denen wir leben, neben denen wir aufwachen, denen wir am Esstisch gegenübersitzen, die Menschen, mit denen wir jeden Tag arbeiten – das sind die Beziehungen, die unsere Priorität sein sollten. Wenn diese Dinge unsere Prioritäten werden, werden wir als global gesinnte Welt alle möglichen anderen Entscheidungen treffen.«

Unsere *Worte* üben keinen ganz so offensichtlichen Einfluss aus wie unsere Handlungen, sind aber gleichermaßen wirkungsvoll. Worte werden gehört und gefühlt; sie finden Widerhall in unserem ganzen System, wirken sich auf die aus, die sie hören, und bewirken entweder Freude oder Konflikte. Sie können Kriege auslösen oder Herzen heilen. Daher sollten sie nicht leichtfertig, sondern mit Bedacht und mit Rücksicht auf ihren Einfluss genutzt werden.

JOSEPH GOLDSTEIN

»Wir müssen unseren eigenen Geist verstehen. Wir müssen unsere eigenen Muster und Ausdrucksformen erkennen. In gewisser Hinsicht ist es so offensichtlich. Wenn wir voller Verurteilung oder Wut oder Angst sind, tragen wir zum Problem bei. Und wenn wir das Verurteilen aufgeben und in unserm Innern liebevoller, akzeptierender und mitfühlender werden, dann geben wir dies der Welt.«

Gedanken mögen subtiler sein, aber wenn sie mit Vorsatz und Zielstrebigkeit eingesetzt werden, sind sie ebenso machtvoll. Aus unseren Gedanken gehen unsere Worte und Handlungen hervor, sie nehmen Einfluss auf unser Verhalten und unsere Überzeugungen, darauf, an wem uns etwas liegt und wen wir abtun. Sie nehmen auch Einfluss auf das Unsichtbare und Unbekannte, da wir unsere Gedankenwellen und Energien ins Universum schicken. Daher obliegt es unserer Verantwortung sicherzustellen, dass diese Gedanken positiv und kreativ sind.

GREGG BRADEN

»In meinem ersten Jahr im Wüstengebiet im Südwesten der USA gab es eine der schlimmsten Dürren seit Jahrhunderten. Ein Nachbar fragte mich, ob ich mit ihm mitkommen und um Regen beten wolle. Ich hatte darüber so meine Vorstellungen, willigte aber ein. Ich dachte, ich würde Gehüpfe, Getanze und Geschrei erleben, aber nichts davon geschah. Wir begaben uns zu einem Steinkreis hoch oben in der Wüste. Mein Freund trat barfuß in den Kreis, schloss etwa eine Minute lang die Augen und sagte dann: ›Ich bin hungrig; möchtest du einen Happen essen?‹ Ich erwiderte: ›Klar, aber ich dachte, wir würden um Regen beten?‹ ›Nein‹, sagte er. ›Wenn ich um Regen beten würde, könnte es keinen Regen geben, weil wir in dem Augenblick, in dem wir um etwas bitten, einfach bestätigt haben, dass es jetzt nicht existiert. Und damit würden wir möglicherweise genau das bestärken, was wir ändern wollen.‹ Ich fragte: ›Wenn du also nicht um Regen gebetet hast, was hast du dann getan?‹ Und er antwortete: ›Ich fühlte das Gefühl, als würde es bereits regnen. Ich fühlte das Gefühl, wie es sich anfühlt, wenn ich mit nackten Füßen im Schlamm unseres Dorfes stehe, weil es regnet. Ich roch, wie es riecht, wenn der Regen im Dorf auf die Mauern aus Tonerde fällt.‹

Wir gingen einen Happen essen, und als ich nach Hause kam, waren große schwarze Wolken aufgezogen. Es regnete die ganze Nacht; es regnete den ganzen nächsten Morgen und den ganzen nächsten Nachmittag. Es regnete und regnete, und der Boden war so ausgetrocknet, dass er das Wasser nicht aufnehmen konnte. Alles wurde überflutet, die Straßen wurden ausgewaschen, das Vieh saß fest, und die Ernte wurde zerstört. Ich rief meinen Freund an und fragte: ›Was ist passiert? Das hier ist eine Sauerei!‹ Und er erwiderte: ›Das ist der Teil des Gebets, den unsere Vorfahren nie auf die Reihe kriegen konnten. Sie konnten den Regen in Gang setzen, aber sie wussten nicht, wie sie ihm sagen sollten, wie viel sie brauchen!‹«

Unsere Welt wahrnehmen und erleben

Zu wissen, dass wir alle wechselseitig miteinander verbunden und Teil voneinander sind, reicht nicht immer aus; wir müssen es auch auf lebendige, dynamische Art erleben. Eine Möglichkeit dazu bietet der Aufenthalt in der freien Natur. Viele von uns haben den Kontakt mit der Natur verloren, doch schon wenn wir uns die Zeit nehmen, auf einer Bank im Park zu sitzen, kann uns das wieder mit dem Leben verbinden. Wenn wir über unsere Verbundenheit meditieren und dies in der freien Natur tun, bewegen wir uns aus den Grenzen des Ego-Ichs heraus und in die uns umgebende Ganzheit hinein. Und wenn wir zulassen, dass die Natur mit uns kommuniziert, werden wir entdecken, dass es viel zu lernen gibt.

JOHN MILTON

»Das Meditieren in der Natur lässt uns sehr still und ruhig werden. Wir machen allmählich die Erfahrung, dass wir nicht nur als ein vom restlichen Leben getrenntes Einzelwesen zu definieren sind, sondern als ein Wesen, das mit allem Leben vollständig und wechselseitig verwoben ist. Eine solche Meditation bietet sich insbesondere für diese Zeiten an, in denen wir den Kontakt mit dem Rest des Lebens in einem Maße verloren haben, dass nunmehr unsere Beziehung mit dem Planeten selbst bedroht ist. Ich denke, *wir* sind stärker in Gefahr als die Natur. Am meisten gefährdet ist unsere Fähigkeit, die tiefe Freude darüber, dass wir Teil allen Lebens sind, wirklich zu erfahren.

Wenn wir unsere Meditationspraxis nur in von Menschen errichteten Gebäuden durchführen, haben wir nicht die so notwendige ursprüngliche Verbindung zur Natur. Die Visionssuche, die es in vielen verschiedenen Traditionen gibt, ist wahrscheinlich eine der ältesten spirituellen Praktiken auf diesem Planeten. Man begibt sich für eine gewisse Zeit allein in die Natur, um das große Mysterium in Einsamkeit zu erfassen und in sich aufzunehmen, um eine tiefere Erfahrung von der Wahrheit jenseits der von uns errichteten Welt zu machen. Wenn wir uns ganz allein auf die Visionssuche oder den heiligen Pfad begeben, konzentrieren wir uns auf das Meditieren mit jeder Sinneswahrnehmung, mit dem Sehen, Hören, Riechen, Schmecken und Berühren: Wir sehen, was alles um uns herum ist, wir riechen den satten Geruch der Erde, wir strecken die Hand aus, um unsere Welt zu berühren. Durch das Meditieren mit diesen Wahrnehmungsfeldern machen wir die Erfahrung der Zwiesprache und Verbundenheit mit dem großen Mysterium, mit dem Himmel, mit den Bäumen und mit der Erde unter unseren Füßen.«

Auf diese Weise leben die indianischen Völker der amerikanischen Kontinente, wie auch viele andere Völker von Ureinwohnern auf der ganzen Welt, in Harmonie und inniger Verbindung mit der Erde. Weil ihr Leben so sehr Teil ihrer Umwelt ist, haben sie eine natürliche Achtung vor ihr und besitzen ein tiefes Gewahrsein, wie die Natur in ihr Leben hineinwirkt.

JOSEPH MARSHALL III

»Interessanterweise gibt es in meiner Muttersprache, dem Lakota, kein Wort für Wildnis; die amerikanischen Ureinwohner trennen sich nicht in der Art von der Welt, wie es viele Englischsprachige tun. Wir sind alle Teil des gesamten Systems, der ganzen Umwelt. Es gibt Worte, um darauf zu verweisen, ›wo der Mensch nicht ist‹, aber das ist nicht dasselbe wie ein Wort für Wildnis. Wir sprechen aus diesem Gefühl von Verbundensein heraus, und das ist eines der Dinge, das wir immer dankbar anerkennen, wenn wir uns in eine Schwitzhütte begeben oder irgendeine Heilungszeremonie durchführen. Wir sind auch Realisten. Eine Umwelt verhält sich auf bestimmte Weise, um erfolgreich zu überleben, und wir müssen dies wissen und respektieren, damit wir mit ihr zusammenarbeiten können, statt gegen sie zu arbeiten. Wir existieren nicht getrennt voneinander.«

Das Gewahrsein von der Natur ist auch ein Gewahrsein vom Heiligen und von der Notwendigkeit, das Heilige in jeden Bereich und Aspekt unseres Lebens hineinzubringen. Wir reden selten darüber, dass etwas heilig ist. Unser Alltagsleben erscheint dazu viel zu profan, und daher wird das Thema normalerweise in die etwas unzugänglicheren Aspekte der Religion verwiesen. Doch das Heilige ist in jedem Augenblick zu finden; es bedarf nur unseres Gewahrseins, unserer Erkenntnis und Anerkennung.

SARASVATI BURHMAN

»Unsere politische und ökonomische Unterstützung des Kapitalismus hat ganz klar eine große Rolle bei unseren gegenwärtigen Umweltproblemen gespielt. Aber wir haben auch eine persönliche Verantwortung, und hier meine ich nicht nur, dass wir als Einzelperson es nicht schaffen, die Dinge zu recyceln, uns zu Fahrgemeinschaften zusammenzuschließen oder auf unseren Wasserverbrauch zu achten. Wir leben in diesen Körpern, die ein Ausdruck der Natur sind, aber wir vermögen das Geheiligtsein allen Lebens nicht zu begreifen. Wir behandeln andere Lebewesen kaum besser als bloße Konsumgüter. Einmal fragte ich in einem hinduistischen Dorf einen Mann, warum die Kuh in der indischen Kultur heilig ist. Er gab zur Antwort, dass der Stier den Acker pflügt und sein Dung als Brennmaterial dient. Die Kuh gibt Milch, Jogurt und Butter für die Nahrung und Arzneien. Wie kann etwas, das so viel gibt, nicht heilig sein? Dann fragte er mich: ›Wie könnten wir eine solche Großzügigkeit mit Töten vergelten?‹

In der spirituellen Tradition der Kelten wurden Bäume als heilige Wesen betrachtet. Sie sind die ›Kühe‹ der Pflanzenwelt, sie geben so viel, was für andere Lebensformen auf unserem Planeten notwendig ist, nicht zuletzt den Sauerstoff, den wir atmen. Ihre Früchte und Nüsse liefern Nahrung, ohne dass wir irgendwie Gewalt anwenden müssten. Ist es recht, dass wir sie so hirnlos zerstören, wie wir es tun? Wer eine Zeit lang im Wald meditiert, fühlt allmählich dasselbe kosmische Bewusstsein von allen Lebewesen ausgehen. Eine solche Erfahrung des Heiligen verändert die Art und Weise, in der wir uns aufeinander und auf andere Lebensformen beziehen.«

Unsere Welt dankbar wertschätzen

Das Heilige zu erkennen und anzuerkennen bedeutet, alle Dinge so wertzuschätzen, wie sie sind, die Schönheit zu sehen, die allem innewohnt, vom Türknauf bis zum mondbeschienenen Fluss, von der Kostbarkeit des Lebens bis zur Großartigkeit seiner Entfaltung. Es gibt eine alte tibetische Geschichte von einer blinden

Schildkröte, die in einem Ozean lebt und nur alle tausend Jahre einmal an die Oberfläche steigt. Ein goldener Reif treibt im Ozean, und in der Geschichte heißt es, dass die Chance, dass die blinde Schildkröte beim Auftauchen ihren Kopf durch den Reif steckt, ebenso gering ist wie die Chance auf eine Geburt als Mensch. Diese Geschichte soll hervorheben, wie kostbar unser Leben ist.

Wenn wir beim Meditieren beobachten, wie die Gedanken unseren Geist durchziehen oder die Wehwehchen und Schmerzen kommen und gehen, dann erkennen wir, dass alle Dinge vergänglich und ohne essenzielle Substanz sind. Dieses Gewahrsein kann eine ungeheure Dankbarkeit bewirken für das, was jetzt ist, so wie es ist. Doch es ist leicht zu vergessen, das wertzuschätzen, was wir haben. Glück und Dankbarkeit werden zu etwas, auf das wir irgendwann in der Zukunft zurückkommen werden: Wenn die Dinge besser sind, wenn unsere Kinder mal heiraten, wenn das Wetter sich ändert, wenn wir mehr Geld haben, dann werden wir glücklich und dankbar sein. Es wird so viel Zeit mit dem Warten auf das Glücklichsein vergeudet, dabei müssen wir doch einfach nur die Großartigkeit, die wir bereits haben, wahrnehmen und erleben.

Nehmen Sie sich zum Beispiel gleich jetzt einen Augblick Zeit, um den Stuhl oder Sessel, auf dem Sie gerade sitzen, wertzuschätzen. Denken Sie darüber nach, was alles in die Herstellung eingeflossen ist: das Holz, die Baumwolle, die Wolle oder andere Materialien, die Bäume und Pflanzen, die genutzt wurden, die Erde, die die Bäume und Pflanzen wachsen ließ, die Sonne und der Regen, die Tiere, die daran beteiligt waren und vielleicht ihr Leben gegeben haben, die Leute, die die Materialien bereitgestellt haben, die Fabrik, in der der Stuhl oder Sessel hergestellt wurde, der Designer und der Zimmermann und die Näherin, der Laden, der das Möbelstück verkaufte – alles das hat zum Ergebnis, dass Sie jetzt darauf sitzen können. Sie können auf die gleiche Weise das Gebäude wertschätzen, in dem Sie sich aufhalten, oder die Kleider, die Sie tragen.

Oder denken Sie an Ihren Körper mit all den verschiedenen Organen, Funktionen und Systemen, die Ihr Leben aufrechterhalten, Ihr Herz etwa, Ihr Verdauungs- oder Ihr Immunsystem. Oder denken Sie an das Essen, woher es kam, an all die Pflanzen und das Wetter und die Leute und die Transporte, die nötig waren, um das Essen auf Ihren Tisch zu bringen. Es ist gewaltig; es ist kein Anfang auszumachen. Da ist nur ein endloser Strom von Verbundenheit, der es Ihnen ermöglicht, jetzt, in diesem Augenblick hier zu sein, auf einem Stuhl zu sitzen und dies zu lesen. Und wir meinen, da sei nichts, wofür wir dankbar sein müssten? Da sei nichts, was es wert sei, wertgeschätzt zu werden?

ED

»Wir waren noch nicht lange verheiratet, als wir Urlaub in Australien machten. Ich wollte Deb vorführen, wie großartig ich mich von den Wellen tragen lassen konnte. Also watete ich in die Wellen hinein, schwamm über die Brecher hinweg, um mich dann von den Wellen zurücktragen zu lassen. Aber ich kannte mich mit den Gegebenheiten in Australien oder dieses speziellen Strandabschnitts nicht aus. Plötzlich wurde ich von einer starken Unterströmung ins Meer hinausgezogen. Egal wie sehr ich dagegen ankämpfte, es half nichts. Ich wurde immer weiter hinausgetrieben, bis ich mich schließlich diagonal nach einer Seite schwimmend Zentimeter um Zentimeter wieder ans Ufer zurückkämpfen konnte. Deb hatte von all dem nichts mitbekommen. Sie sah nur diesen durchnässten Angeber den Strand entlang auf sie zuhumpeln. Aber die Dankbarkeit, die Wertschätzung, die Freude, am Leben zu sein, war weitaus größer als der Kummer über mein lädiertes Ego. Alles war plötzlich so lebendig und kostbar; der Sand unter meinen Füßen fühlte sich wie Goldstaub an.«

Wir können eine Haltung der Dankbarkeit entwickeln, indem wir eine Liste von Dingen erstellen, an die wir uns gerne mit Dankbarkeit und Wertschätzung erinnern möchten. Das können wir stündlich, täglich oder wöchentlich tun und dabei jedes Mal andere Dinge finden, für die wir dankbar sind. Alles kann auf dieser Liste stehen: Haustiere, Menschen, Grapefruit, Flanellhemden, sauberes Wasser, Sonnenschein … Sagen Sie dann: »Danke!«. Sagen Sie es laut und noch einmal. Wir können nie genug Dankbarkeit haben: Lassen Sie jeden Augenblick, jeden Gedanken und jedes Gefühl davon erfüllt sein.

Unsere Welt in Ordnung bringen

So unentbehrlich es für unser Überleben ist, dass wir die Natur wertschätzen, die Welt um uns herum ehren und das Geheiligtsein allen Lebens anerkennen, so müssen wir doch auch handeln. Angesichts all der Unweltprobleme, mit denen wir konfrontiert sind – Umweltverschmutzung, Klimawandel und der Verlust der Artenvielfalt –, haben wir vielleicht nicht mehr viel Zeit für die notwendigen Veränderungen.

MARIANNE WILLIAMSON

»Wir sind wie die Titanic, die auf den Eisberg zusteuert. Wenn wir uns der Erde und ihren Ressourcen gegenüber weiterhin so verhalten, dann wird es nur noch fünfzig Jahre dauern, bis der Planet von etwa zweihundert Millionen Umweltflüchtlingen überschwemmt sein wird, so heißt es. Und dann wird das Leiden unermesslich sein. Unsere Aufgabe ist es, von den Wahrscheinlichkeiten zu den Möglichkeiten überzugehen. Und das können wir nur dann tun, wenn genügend von uns in ihrem Geist, in ihrem Herzen und in ihrem Leben den Bewusstseinszustand erreichen, der uns alle aus dem Zeit-Raum-Kontinuum, so wie wir es jetzt erleben, herausbewegt. Wir befinden uns in der elften Stunde, und irgendwie müssen wir diese Stunde ausdehnen. Das kann geschehen, wenn wir meditieren.«

Wenn wir erkennen, was wir unserem Planeten angetan haben, und sehen, wie viel Arbeit notwendig ist, um das wieder in Ordnung zu bringen, fühlen wir uns vielleicht überwältigt und nicht dazu fähig zu versuchen, dies alles sofort zu richten. Aber wie es heißt: »Wir können immer nur eine Sache auf einmal tun.« Sich Zeit zum Meditieren zu nehmen mag angesichts von so viel dringlichem Handlungsbedarf unwichtig erscheinen; man könnte denken, dass Meditation nichts mit der Rettung der Welt zu tun hat, sondern nur etwas für uns selbst ist. Doch die Kombination von Handlung und Meditation ist unabdingbar.

ED BEGLEY JR.

»Es gibt so viel zu tun, dass wir sagen: ›Oh, die Wale sterben, wir können die Delphine nicht im Stich lassen, und schau, die Flüsse sind verschmutzt, wir müssen was tun, komm schon – gehen wir, ich hab keine Zeit zum Schlafen heute Nacht, ich muss Kaffee trinken und mich zu dieser Demonstration morgen aufmachen, wir müssen die Umwelt retten, es ist so schrecklich.‹ Obwohl wir all die Probleme nicht lösen werden, indem wir einfach nur auf einem Hügel sitzen oder eine Gebetsmühle drehen, müssen wir doch auch still und zentriert sein, damit wir mit Klarheit handeln können. Mit anderen Worten: Um diese Arbeit tun zu können, müssen wir eine innere Hilfsquelle haben, auf die wir immer zurückkommen können. Wenn wir keine Zeit der Stille für uns haben, werden wir bald zu ausgebrannt sein, um die Flüsse säubern und die Wale retten zu können. Wir müssen in Stille sitzen und unsere Batterien wieder aufladen. Wir müssen im Augenblick des Geschehens präsent sein, und das können wir nicht, wenn wir nicht die Meditation als Ressource haben.«

Abgesehen davon, dass sie eine unverzichtbare Ressource darstellt, gibt uns die Meditation auch die nötige innere Weite, um neue und kreative Antworten auf schwierige Probleme zu finden. Nach Lösungen zu suchen kann eine endlose Beschäftigung sein, aber die Zeiten stiller Reflektion werden unser Einsichtsvermögen nähren und somit unsere Entscheidungen nachhaltiger und ausgewogener werden lassen.

MARK MAWRENCE

»Der Bürgermeister bat mich, im Vorstand des Bay Street District tätig zu werden, einer gemeinnützigen Gesellschaft, die den gesamten Innenstadtbereich managt. Wir hatten ein gewaltiges Problem mit Obdachlosen. Die zahlreichen Spaziergänger auf der Strandpromenade boten ein leichtes Ziel für die Schnorrer, und die Promenade wäre beinahe dichtgemacht worden, weil wir jede Woche Hunderte von Beschwerdebriefen bekamen, die Zeitungen voll waren mit Artikeln über all die Obdachlosen, die die Bürger angingen, die Restaurantgäste vertrieben, die Kinder verängstigten und so weiter und so fort. Der Bürgermeister fragte mich, ob ich helfen könnte: ›Bitte, Mark, könntest du etwas unternehmen? Du denkst nicht in Schablonen. Bitte mach was.‹

Ich hielt Anhörungen ab. Ich hörte den Vertretern der Obdachlosen zu, den Vertretern der Anwohner, der Polizei und der städtischen Beamten. Im Grunde endete es immer damit, dass sich alle gegenseitig anschrien. Die Aktivisten sagten, wenn die Obdachlosen sich selbst bepinkeln und in einem Ladeneingang sterben wollten, dann sei das ihr gutes Recht, und niemand sollte ihnen dieses Recht nehmen. Die Gegner sagten, lasst uns Busse mieten, ein schönes Buffet im Bus aufbauen, die Obdachlosen in die Busse locken und sie aus der Stadt karren. Es gab diese typische Spaltung: Toleranz gegen Härte.

Der Bürgermeister wollte einen Bericht haben, und ich hatte keine Ahnung, was ich tun sollte. Also beschloss ich, mich einer meiner liebsten Meditationsformen zu widmen: Ich ging surfen. Ich erlebe das Surfen als sehr machtvolle Meditation, da ich nicht nur jeden Augenblick voll und ganz präsent und gewahr bin, sondern auch in den Klang des Meeres eintauche, eins werde mit den Wellen und über das Denken hinausgehe. In diesen Augenblicken regt sich die Kreativität und zeigt mir Lösungen für jedwede Schwierigkeit, mit der ich es zu tun habe.

Ich saß auf meinem Surfbrett und entließ alles Geschrei aus meinem Geist. Ich dachte nicht über das Problem nach; ich war da, um das Denken zur Ruhe zu bringen und einfach nur innerlich still zu sein. Ich trieb ruhig dahin, ließ die Wellen meinen Geist einlullen, als plötzlich direkt vor mir zwei Delphine aus dem Wasser sprangen. Es war zutiefst beeindruckend! Und es war, als würden die Delphine in meinen Geist springen, der vollkommen offen und empfänglich war. In diesem Augenblick wusste ich, was zu tun war.

Um es kurz zu machen: Ich trieb knapp 350.000 Dollar auf und ließ lebensgroße bronzene Delfinskulpturen anfertigen. An der Stelle des Atemlochs befindet sich ein kleiner Schlitz für Münzen. Jedermann wird ermuntert, den Delphinen statt den Obdachlosen zu geben. Das Geld, das die Delfine einsammeln, nährt die Hungrigen, kleidet die Obdachlosen, sorgt für Unterkünfte, finanziert Häuser für geschlagene Frauen, bezahlt Weiterbildungen und lässt den Bedürftigen medizinische Betreuung zukommen. All die Maßnahmen für die Obdachlosen werden nun von den Delphinen unterstützt.«

Die Motivation bestimmen

In einer Fernsehsendung fragte einmal ein eifriger junger CNN-Reporter S. H. den Dalai Lama, woran er beim Erwachen am Morgen als Erstes denke. Wir dachten, nun käme etwas absolut Tiefgründiges als Antwort, irgendwas in der Richtung wie zu geloben, die Welt aus ihrer Unwissenheit zu erretten. Stattdessen erwiderte S. H. der Dalai Lama ganz einfach: »Meine Motivation zu bestimmen.« Er sagte, dass wir alle, auch er selbst, wachsam sein müssten, damit unsere Absichten immer in die richtige Richtung zielten. Er sagte, seine Motivation zu bestimmen erinnere ihn ständig daran, liebende Güte und Mitgefühl auf alle anderen auszudehnen. Eine solche Motivation lässt uns über uns selbst hinausgehen, so dass wir nicht vom Mangel an Selbstvertrauen oder Selbstwertschätzung beschränkt werden.

❋ MICHAEL BERNARD BECKWITH ❋

»Wenn wir in unserem Gewahrsein klarer und tiefer werden, dann haben unsere Emotionen und die von ihnen erzeugten Überzeugungen und Handlungen eine geringere Auswirkung auf unser Leben. Wir fangen an innezuhalten, bevor wir etwas tun. Wir fragen uns nach unserer Motivation, unserer Absicht und ob das, was wir da unternehmen wollen, unserem oder dem höchsten Wohl eines anderen dient. Als spirituelle Wesen in einer menschlichen Inkarnation haben wir die Fähigkeit, unabhängig von Umständen und Erfahrungen zu denken. Wir können uns unserer Emotionen gewahr sein und nicht zulassen, dass sie uns unsere Handlungen diktieren. Wir können Angst, Zweifel, Sorge, Ärger oder Wut beobachten und nicht in blinder Reaktion darauf handeln.«

Es ist leicht, sich selbst zu unterschätzen oder zu meinen, dass eine Person allein nichts ändert. Aber auch kleine Gesten oder Handlungen können eine sehr große Auswirkung haben – denken Sie nur einmal daran, was für eine Auswirkung schon eine einzige Mücke haben kann! Jeder und jede von uns hat irgendetwas Besonderes und Einzigartiges anzubieten, und das umso mehr, wenn wir mit unserer essenziellen Verbundenheit in Kontakt sind. Wir können alle mit unserem Handeln dazu beitragen, dass wir die Welt als besseren Ort verlassen, als wir ihn vorgefunden haben.

❋ JON KABAT-ZINN ❋

»Die Welt braucht alle ihre Blumen. Manchmal denken wir vielleicht: Nun, ich bin keine Blume, ich bin nicht schön, ich habe keine nützlichen Eigenschaften. Was für eine Überheblichkeit zu meinen, die Welt hätte gerade uns auserkoren, nutzlos und nicht schön zu sein! Es ist außerordentlich wichtig, dass wir uns fragen: ›Was kann ich tun, um auch nur ein winziges bisschen zu mehr Wohlbefinden und geistiger Gesundheit und Freundlichkeit auf diesem Planeten beizutragen?‹ Auch der Akt, sich hinzusetzen und zu meditieren, ist ein radikaler Akt der Liebe, der weit über unser kleines Ich hinausreicht.

Auf individueller und kollektiver Ebene schenken wir unserer Erfahrung als menschlichem Wesen keine angemessene Aufmerksamkeit. Die Konsequenzen, die sich daraus ergeben, sind potenziell verheerend für die Welt. Wir ignorieren bestimmte Aspekte der Realität zu Gunsten anderer, und das schafft gewaltiges Leiden. Der Grund dafür ist unsere Konditionierung. Wir werden ständig angetrieben von Kleingeistigkeit oder der Identifikation mit dem, wer wir unserer Meinung nach sind. Der Gegensatz dazu ist die sehr viel umfassendere Erfahrung der Unbegrenztheit der menschlichen Natur.«

Die Motivation lenkt unser Verhalten und bestimmt, ob unsere Absicht aus der Selbstsucht oder der Selbstlosigkeit entsteht. Ist unsere Motivation von Güte, Vergebungsbereitschaft oder Loslassen geprägt? Oder von Verurteilung, Schuldzuweisung oder Festhalten? Setzen wir jemanden ins falsche Licht, damit wir im rechten Licht erscheinen? Ignorieren wir jemanden oder tun ihn ab? Oder sind wir wirklich betroffen und besorgt, empfinden wir echte Rücksicht, echten Respekt und echte Anteilnahme? Wenn wir jede Situation in unsere Meditation hineinnehmen, können wir fragen: ›Welche tiefere Absicht steckt hinter meinem Verhalten? Was ist meine wirkliche Motivation?‹ So müssen wir unsere Handlungen, Worte und Gedanken hinterfragen, um auf den Ruf der Welt antworten zu können.

ANDREW HARVEY

»Die Meditation ist essenzieller Bestandteil der Lösung für die Probleme der wirklich ungeheuren Krise, in der wir stecken. Denn diese Krise verlangt, dass wir imstande sind, das Ausmaß des Schadens zu erkennen, den wir uns selbst und der Erde zugefügt haben, und dass wir damit anfangen, voll motiviert in der Welt zu arbeiten. Nichts davon kann ohne Meditation passieren. Aber mit der Meditation muss auch eine Vision über unser Handeln einhergehen, die mit einer leidenschaftlichen Verpflichtung zum Dienen verbunden ist, mit dem Willen, die Probleme wirklich angehen zu wollen. Meditation ohne Vision wäre absolut hohl, und ein Handeln ohne Weisheit, Leidenschaft und Liebe, die wir aus der Meditation gewonnen haben, ist nutzlos. Wir brauchen die Klarheit der Meditation, um unsere Motivation zu erwecken.«

Wenn wir Unsicherheiten und Selbstzweifel aufgeben, damit wir verfügbar und aufgeschlossen sein können für das, was im Augenblick erforderlich ist, dann ist das eine Qualität, die wir nicht nur in unsere Meditation, sondern auch in unsere Kommunikation mit der Welt einbringen können. Die einzigen Grenzen sind die, die wir uns selbst auferlegen.

JEAN HOUSTON

»Die Meditation gewährt uns Zugang zur unendlichen Weite des Universums. Unsere Herausforderung besteht darin, dieses Verständnis zu nehmen und unsere Zivilisation im Kontext eines intelligenten, sich selbst organisierenden lebendigen Universums neu zu erfinden. Statt die Lebenssysteme des Universums herabzuwürdigen, müssen wir jetzt lernen, alle Wesen in einer sich gegenseitig befördernden Weise zusammenzubringen. Die Meditation gibt uns das Gewahrsein, dies zu tun, indem das Bewusstsein sich seiner selbst bewusst wird.«

Praxisübung
Zwiesprache mit der Natur halten

❋ VON JOHN MILTON ❋

Einfach sitzen, offen und empfänglich, den Rücken an einen Baumstamm gelehnt, so können erstaunliche und machtvolle Erfahrungen entstehen. Noch besser: Stehen Sie fest verwurzelt und umarmen Sie den Baum wie einen alten Freund, den Sie lange nicht gesehen haben. Spüren Sie in den Baum hinein, Sie werden dann vielleicht den Eindruck bekommen, in einer liebevollen Umarmung gehalten zu sein. Wenn Sie mit dem Baum eine Beziehung hergestellt haben, werden Sie vielleicht nach und nach eine tiefe Verbundenheit fühlen, die es Ihnen leicht macht zu vertrauen und alle Verspannungen und Anspannungen loszulassen.

Ein Baum ist in seinem Sein außerordentlich zentriert, und er ist gut geerdet und verwurzelt. Er ist eins mit dem Himmel über ihm und der Erde unter ihm. So wie sich die Baumkrone dem Himmel entgegenhebt, fühlen Sie, wie sich Ihr Geist, Ihre Seele in die endlose Weite des Himmels hinein öffnen. Fühlen Sie sich zugleich vollkommen und zutiefst mit der Erde verwurzelt und verbunden.

Ein Baum ist an seinem Ort vollkommen zentriert. Sie können dieselbe Art von Zentrum in sich selbst finden, ganz gleich, wo Sie sind, einfach, indem Sie sich daran erinnern, wie es sich anfühlt, wenn Sie sich in einen Baum hineinlehnen.

Vertrauen Sie diesem Vorgang des vollständigen Loslassens und Sichergebens in das, was andere Pflanzen, Tiere und Steine Ihnen zu geben haben. Das hört sich vielleicht wie irgendetwas Besonderes an, aber in Wahrheit kann das jedermann erfahren. Sie brauchen nur still dazusitzen, sich zu öffnen und ohne Erwartungen gegenwärtig zu sein für das, was gegeben wird. Entspannen Sie sich in die Erfahrung hinein.

In der Tradition der Ureinwohner Amerikas durchströmt der Große Geist alle Wesen der Natur, Sie eingeschlossen. Vögel,

Pflanzen, Steine, Säugetiere, Berge – alle werden sie als unsere Verwandten angesehen. Aus diesem Grund beinhalten die meisten ihrer Gebete den Dank an alle Schöpfung, zusammengefasst in diesem zutiefst ökologischen Satz: »Ich bedanke mich bei allen meinen Verwandten.«

Stille in der Chefetage

»Die mächtigste Kraft im Wirtschaftsleben ist nicht die Gier, die Angst oder die brutale Energie ungezügelten Wettbewerbs. Die mächtigste Kraft im Wirtschaftsleben ist die Liebe. Sie ist es, die hilft, dein Unternehmen wachsen und erstarken zu lassen. Sie ist es, die deine Karriere vorantreibt. Sie gibt dir bei deiner Arbeit das Gefühl von Sinn und Zufriedenheit.«

TIM SANDERS, SENIOR MANAGEMENT, YAHOO!

Das Telefon klingelte, und als Ed abnahm, fragte die Stimme am anderen Ende der Leitung nur: »Unterrichten Sie Meditation?« Ed bejahte. Darauf sagte die Stimme: »Wir hätten gerne, dass Sie nach Thailand kommen und unsere Geschäftsführer unterrichten.« Im Jahr davor war es Golf gewesen; in diesem Jahr wollte der Vizepräsident es mit Meditation versuchen. Also machten wir uns auf, diesen hochgradig gestressten Topmanagern die einfache Kunst des Stillseins beizubringen. Am Ende der Woche hatten wir keine Ahnung, ob sie das, was wir lehrten, verstanden hatten. Aber am letzten Tag, als sie sich aussuchen konnten, was sie tun wollten, bat einer um eine Meditationssitzung. Zu unserer Überraschung kamen alle. Danach verpflichtete uns der Vizepräsident, ein Jahr lang mit dem Management zu arbeiten, und wir wurden seine persönlichen Coachs.

Da der Stress zunimmt, werden in der Wirtschaftswelt immer mehr Programme zur Stressreduzierung angeboten. Zwar konzentrieren sie sich im Allgemeinen auf Zeitmanagement und einfache Entspannungstechniken, aber es gibt auch immer häufiger Yoga- und Meditationsunterricht am Arbeitsplatz. Google bietet beides an, ebenso Yahoo!, Rodale Publishers, Morgan Stanley und Pricewaterhouse Coopers, um nur einige zu nennen. Wie Oliver Ryan in der Zeitschrift *Fortune* vom 20. Juli 2008 schrieb:

> »Die Absolventen der Harvard Business School, die sich bei ihrem Ehemaligentreffen versammelten, um den Networking-Experten Keith Ferrazzi reden zu hören, ... mochten erwartet haben, etwas über Strategien zu erfahren, wie man mit den Anwesenden umgeht, sich an die Namen der Leute erinnert oder Mentoren ausfindig macht ... Stattdessen vertraute Ferrazzi seinen Mitabsolventen ein kleines Geheimnis an ... Meditation. ›Fitnesstraining und Gebet funktionieren auch‹, sagte er, ›aber Meditation ist so effektiv, dass ich mich jedes Jahr in ein zehntägiges Schweige-Retreat begebe.‹ Mit anderen Worten: Der Mann, der gerade ein Buch mit dem Titel *Geh nie alleine essen!* herausgebracht hat, schreibt viel von seinem Erfolg der Zeit zu, die er mit sich allein verbringt.«

Warum die Meditation eine solche Auswirkung hat, ist offensichtlich. Stress bewirkt Erschöpfung am Arbeitsplatz, Geistesabwesenheit, Fehler, Produktivitätsmangel, Burnout und Zusammenbruch. Meditation hat den gegenteiligen Effekt: Sie reduziert den Stress und klärt den Geist, steigert die Konzentration und das Selbstvertrauen und verhilft zu einer umfassenderen Sichtweise auf Probleme. Sie fördert Nachdenklichkeit, Aufmerksamkeit, Rücksichtnahme, was zu sorgfältiger durchdachten Entscheidungen führt. Sie verbessert die Fähigkeit zuzuhören und fördert damit die zwischenmenschliche Kommunikation, und sie klärt Zweck, Ziel und Vision.

❋ JOEL UND MICHELLE LEVEY ❋

»Es mag vielleicht um größeren wirtschaftlichen Erfolg gehen, aber die Leute stellen fest, dass sich auch ihre Gesundheit und die Qualität ihrer Beziehungen verbessern, wenn sie anfangen achtsamer zu werden. Wir haben erlebt, wie Beziehungen entstanden zwischen Leuten, die besonders gut mit schwierigen Verhandlungen oder Situationen umgehen konnten und die etwa bei Konfliktlösungen eingesetzt wurden. Führungskräfte werden achtsamer und können besser zuhören, können sich andere Vorstellungen und Ideen anhören. Ihre Mitarbeiter haben das Gefühl, gehört und geschätzt zu werden. Und schließlich sind die Fehlzeiten aufgrund von stressbedingten Krankheiten stark zurückgegangen.«

Angesichts dieser Ergebnisse betrachten Firmen den Unterricht im Stressabbau sowohl als gesundheitsfördernd für die Angestellten als auch als etwas, das Kreativität fördert. Es ist ganz natürlich, dass wir uns im Stresszustand auf das eigene Überleben und die Konkurrenz untereinander konzentrieren; im entspannten Zustand sind wir mit einem tieferen Gefühl für Sinn und Zweck und mit dem uns angeborenen Altruismus verbunden.

❋ BONNIE REISS ❋

»Ich denke, die Meditationsdisziplin ist von entscheidender Bedeutung, ob wir nun am Arbeitsplatz, in der Politik oder in der Wirtschaft unter hohem Stress stehen. Ich war Topberaterin bei Gouverneur Schwarzenegger, und das bedeutete sieben Tage die Woche achtzehn bis neunzehn Stunden am Tag Arbeit an jedem vorstellbaren Problem und Thema, das das Regieren eines Staates mit dem sechstgrößten Wirtschaftsaufkommen der Welt mit sich bringt. Wann immer es besonders stressig war, hielt ich inne, um durchzuatmen, oder nahm mir die Zeit für einen kurzen Spaziergang draußen im Capitol Park. Ich ging dann zu einem Baum oder saß auf einer Bank und meditierte fünf Minuten lang. Unter solchen Umständen reichte es nicht aus, den Tag mit Meditation zu beginnen oder zu beenden. Inmitten all dessen verlor ich die Balance und brauchte einen Moment der Ruhe, musste mir fünf oder zehn Minuten Pause gönnen, um wieder zu mir selbst zu kommen. Wenn ich innerlich still bin und mich mit diesem inneren Raum verbinden kann, dann kehrt mein inneres Gleichgewicht zurück. Ich kann klarer denken und bessere Entscheidungen treffen.

Es gibt viele wirklich intelligente Leute, die einen Staat oder ein Land regieren, die im Senat oder in Ministerien arbeiten. Aber nur die Intelligenz walten zu lassen, stellt nicht unbedingt sicher, dass unser Staat oder unser Land sich in die richtige Richtung bewegen. Gleichermaßen wichtig ist es, ein offenes Herz und Mitgefühl in die Entscheidungsprozesse einfließen zu lassen. Letztlich würden wir mehr Veränderung in der Welt erreichen, wenn jeder Einzelne mit einem liebevolleren und mitfühlenderen Herz agieren würde.«

Doch die Gelegenheit, einfach still oder auf sich selbst konzentriert zu sein, ist zweifellos genau das, was im Leben vieler Unternehmer, Manager und Geschäftsleute fehlt. Ihr Leben ist so voll von Aktivitäten und Anforderungen, dass Stille oder eine Zeit, in der man einmal nichts tun muss, schlichtweg nicht vorkommen. Folglich kann es eine geradezu überwältigende Erfahrung sein, wenn man zum ersten Mal einfach nur still und präsent ist.

JON KABAT-ZINN

»Ich leitete einmal einen Workshop für Wirtschaftsleute, einen ›Workshop zur praktischen Anwendung der Achtsamkeit im Unternehmertum‹. Als ich den Raum betrat, saßen die Teilnehmer herum und lasen, den Kaffeebecher in der Hand, das Wall Street Journal. Um einen Anfang zu machen, sagte ich beiläufig: ›Warum nehmen wir uns nicht einen Moment Zeit und sitzen einfach nur still da, ohne Agenda?‹ Ich gab ihnen keine Anweisungen, wir saßen einfach zehn oder fünfzehn Minuten still da. Einige fingen an zu weinen. Als die Zeit um war, fragte ich sie danach. Einer der Manager sagte: ›Wissen Sie – wir machen nie etwas ohne Agenda.‹ Die anderen pflichteten ihm bei. Einfach nur dazusitzen und still zu sein, das öffnete ihnen die Augen. Damit gewinnen wir etwas zurück, was ich als die ›Domäne des Seins‹ bezeichne. Normalerweise sind wir von all unserem Tun so getrieben, dass wir nach einer Weile vergessen, wer das Tun tut und warum und worin es eigentlich besteht.«

Den richtigen Zugang finden

Viele Wirtschaftsleute halten Meditation für ein bisschen seltsam und skurril; sie genieren sich, wenn die Leute erfahren, dass sie meditieren. Gleichzeitig sehnen sie sich aber nach etwas, das ihnen hilft, sich zu entspannen und lockerer zu fühlen. Als wir damit begannen, mit Unternehmen zu arbeiten, stellten wir fest, dass die Unvertrautheit mit dem ganzen Gedanken der Meditation eine neue Herangehensweise erforderte. Bei einem unserer ersten Jobs wurden wir anlässlich eines viertägigen Treffens von vierzehn Geschäftsführern eines internationalen Unternehmens engagiert. Sie kamen alle aus verschiedenen Ländern, und so brauchten wir nicht nur Verständnis für ihre jeweiligen Kulturen, sondern mussten auch einen Sprachgebrauch finden, mit dem alle etwas anfangen konnten. Statt des Wortes Meditation benutzten wir den Begriff *stiller Raum*. Das war für alle sofort verständlich und machte ihnen die Meditationssitzungen zugänglicher. Wir leiteten jedes Treffen mit ein paar Minuten Schweigen und Stille ein und hielten zweimal am Tag längere Sitzungen ab. Mehrere Teilnehmer sagten uns, dass sie bei diesem In-der-Stille-Sein zum allerersten Mal im gegenwärtigen Augenblick, im Hier und Jetzt, gewesen seien, ohne dass Gedanken hereindrängten, um die Stille auszufüllen.

MARK GERZON

»In Firmen setze ich nie Meditation *per se* ein. Ich stelle Räume her, in denen die Leute das Ganze erfassen können. Bevor eine Gruppe mir erzählt, worum es bei ihrem Anliegen geht, bitte ich darum, dass sich alle ein paar Minuten Zeit nehmen und auf das konzentrieren, was sie jeweils mitteilen wollen, oder auf das, worum es bei der Sache im Kern geht. Manche von ihnen machen sich vielleicht Notizen, aber alle sitzen sie in Schweigen da. Wenn ich das Meditation nennen würde, würden sie sagen: ›Wer glaubst du, wer du bist?‹ Manche würden sich mir näher fühlen, andere wären befremdet. Und ich hätte den Zweck unseres Zusammenseins verfehlt. Deshalb denke ich es mir als vorsätzliche Stille.«

Ein Treffen mit ein paar Minuten Stille und Schweigen zu beginnen ist eine sehr machtvolle und doch einfache Methode, die Leute zusammenzubringen. Und jedes Unternehmen kann sie einführen, ohne es Meditation nennen zu müssen. So hat niemand das Gefühl, etwas Seltsames tun zu müssen, und doch kommen alle in einem gemeinsamen Raum zusammen.

TAMI SIMON

»Wir beginnen jedes Treffen mit einer Minute des Schweigens, selbst wenn nur drei Leute beisammen sind. Die meisten Leute hasten von Besprechung zu Besprechung oder von diesem Gespräch zu jener E-Mail, und wenn wir so in Hetze sind, trampeln wir über die Leute hinweg, hören nicht gut zu, treffen schlechte Entscheidungen oder sind nur halb da. Sich mal nur eine Minute still hinzusetzen, macht den Kopf klar und bringt uns alle zum gegenwärtigen Augenblick, so dass alle die ›gleiche Seite aufgeschlagen haben‹, wenn das Treffen anfängt. Ich sage ihnen, dass sie das nicht als Meditation oder Gebet ansehen müssen; sie können es einfach als eine Minute des Schweigens betrachten, um ihren Geist klar zu kriegen.«

Es funktioniert auch, wenn wir statt Meditation Begriffe wie *Achtsamkeit* oder *Praxis des achtsamen Gewahrseins* verwenden, weil sie unmittelbar beschreiben, was von den Teilnehmern verlangt wird. Wenn wir Gewahrsein oder Achtsamkeit in Bezug auf andere Leute, ihr Verhalten und die gesamte Situation entwickeln, befähigt uns das, die gleiche Aufmerksamkeit und Achtsamkeit auch auf unseren Geist gerichtet zu halten, so wie wir es in der Meditation tun.

JOEL UND MICHELLE LEVEY

»Wir arbeiteten im Verlauf einer Gruppenübung mit dem Produktionsleiter, als die Karte der Achtsamkeit aufgedeckt wurde. Er warf einen Blick darauf, sagte: ›Achtsamkeit – wer braucht denn den Scheiß?‹, und schob sie von sich. Ich sagte: ›Okay, Sie sind der Produktionsleiter. Liegt Ihnen etwas an der Qualität dessen, was Ihr Unternehmen verlässt? Interessiert es Sie, wie viele Fehler Ihre Leute machen? Liegt Ihnen etwas an Effizienz? Liegt Ihnen etwas daran, wie gut Zeit und Ressourcen genutzt werden? Interessiert es Sie, mit welcher Aufmerksamkeit die Leute ihre Arbeit verrichten?‹ Ich ging die ganze Liste durch und sagte dann im Kern: ›Denn genau das ist Achtsamkeit. Es bedeutet, aufmerksam zu sein. Es bedeutet, fähig zu sein, etwas zu managen, und man kann nur das managen, was man im Bewusstsein und Gewahrsein hat.‹ Er nahm die Achtsamkeitskarte auf und sagte: ›Ich denke, ich will das!‹

Eine gewisse Zeit danach wechselte der Geschäftsführer zu einem Konkurrenten, und alle Abteilungsleiter mussten ihre Abteilungen sechs Monate lang selbst managen. Sie waren so zerstritten, dass wir zu Hilfe gerufen wurden, damit sie als Team zusammenkommen konnten. Zwei Tage später fand eine Konferenz statt, und der Qualitätsmanager und der Produktionsleiter legten den Mitarbeitern dar, welche Werte sie ihren Entscheidungen zugrunde legen würden, um die Abteilungen voranzubringen. Beide sprachen darüber, wie wichtig Achtsamkeit ist.«

Abtrennung und Abspaltung

Fünfundneunzig Prozent der Manager und Führungskräfte, mit denen wir gearbeitet haben, sind in ihrem Beruf sehr gut, aber nicht annähernd so geschickt im emotionalen Bereich. Daher sind ihre Beziehungen oft ein Chaos. Während man die Karriereleiter hinaufklettert, verliert man leicht den Kontakt mit diesem Teil von sich selbst. Und es fehlt nicht nur die emotionale Integrität, sondern auch eine tiefere spirituelle Verbindung. Die Kluft zwischen unserem beruflichen und persönlichen Selbst kann dazu führen, dass wir nur noch Rollen spielen, was jedoch keineswegs erfüllend ist. Wichtiger noch: Es beschränkt das Maß an inneren Ressourcen, die in den Job eingebracht werden. Es ist ein hoher Preis, der hier für die Karriere bezahlt wird.

MICHAEL CARROLL

»Unternehmensführer sind ungeheuer selbstsicher, es sind brillante Männer und Frauen, die hellsten aller hellen Köpfe, sie sind kompetent, studieren Strategieplanung und -durchführung und verfügen über alle möglichen Kenntnisse. Bei der Arbeit verwenden wir ungeheuer viel Zeit darauf, Dinge zu erreichen, wir versuchen immer, einen Coup zu landen, das Projekt durchzuziehen, einen Deal zu planen, unseren Abschluss in Betriebswirtschaft zu machen, befördert zu werden, ein Unternehmen aufzubauen, ein Unternehmen zu erwerben. Das Problem ist nur, dass wir bei all diesen Bemühungen, irgendwohin zu gelangen, übersehen, wie wir irgendwo sein können. Und bei diesem Versuch, ein anderer zu werden, einer, der reicher, erfolgreicher, bewunderter oder mächtiger ist, übersehen wir, wie wir die sein können, die wir schon sind. Dieses Hinwegrasen über die Erfahrung von *wer wir sind* erzeugt einen riesigen blinden Fleck. Es macht uns ungeschickt; wir vernachlässigen uns selbst und unsere Gesundheit und auch viele Beziehungen, die wir jedoch brauchen, um erfolgreich zu sein.

Ich sprach mit einem Arzt, der zu einem Team im medizinischen Bereich eines Pharmaunternehmens gehörte. Er sagte: ›Wissen Sie, für mich ist Führung ganz einfach. Meine Aufgabe ist es, mein Team so schnell, effizient, erfolgreich und profitabel wie möglich von Punkt A nach Punkt B zu bringen. Das ist mein Job.‹ Ich erwiderte: ›Zwischen uns gibt es nur einen kleinen, aber entscheidenden Unterschied. Ich will auch so effizient, schnell und profitabel wie möglich von Punkt A nach Punkt B gelangen. Ich will aber, dass die geistige Gesundheit von uns allen intakt ist, wenn wir bei Punkt B ankommen. Wenn Sie zu Punkt B hetzen, vernachlässigen Sie Ihre Welt.‹ Bei diesem Hetzen und Rasen, sei es nun im persönlichen oder im Unternehmensbereich, erzeugen wir genau die Giftigkeit, die wir zu vermeiden suchen. Das Schlüsselelement ist hier die Meditation, da sie unseren Geist darin schult, sowohl uns selbst wie auch unserer Welt Wertschätzung entgegenzubringen.

Die Angst wirkt sich auf Organisationen aus, weil die Leute Angst haben, sie selbst zu sein. Unsicherheit wird als der Feind betrachtet; niemand darf bei der Arbeit den Anschein von Zweifeln oder Unsicherheit erwecken, vor allem nicht, wenn er eine Führungsposition innehat. Wenn du heute einen Menschen auf der Straße fragst, wie sein Leben aussieht, wird er dir im Normalfall sagen, dass er, was sein Leben angeht, deprimierter, ängstlicher und zögerlicher ist als vor zehn Jahren. Die Depressionen nehmen zu. Angststörungen nehmen zu. Die Selbsttötungsraten steigen. Wir versuchen unser Leben abzusichern, statt es zu leben. Wenn wir unser Leben annehmen und aufhören können, uns davor zu fürchten, dann können wir mit einem gewissen Maß an Selbstvertrauen, Zuversicht und Lockerheit unsere Sitze einnehmen.«

Der Druck, schnell erfolgreich zu sein, ist fester Bestandteil eines jeden wirtschaftlichen Ambientes. Das Unternehmensego ist gewaltig. Es existiert Territoriumsdenken und ein starkes Gefühl von »Ich zuerst«. Das führt zu einem Gefühl von Isolation und Einsamkeit – niemand ist sich sicher, wem er vertrauen kann oder wer versuchen wird, ihn beim Kampf auf dem Weg an die Spitze zu schlagen. Viele Probleme, die wir in der Welt der Wirtschaft, der Finanzen oder auch in politischen Institutionen sehen, sind darauf zurückzuführen, dass viel zu schnell Entscheidungen getroffen oder Aktionen unternommen werden, was oft wichtige Aspekte unserer Psyche außer Acht lässt.

MICHAEL CARROLL

»Wir müssen die beiden Welten, die der Freundlichkeit und des Mitgefühls und die der Wirtschaft und der Finanzen miteinander verknüpfen. Ich habe über dreitausend Leute entlassen, ich habe umfangreiche Insolvenzen und Käufe abgewickelt und all so etwas. Und in all diesen Fällen habe ich dafür gesorgt, dass das Management darauf achtete, die Menschen mit Respekt zu behandeln und ihre Würde zu bewahren. Ich habe dafür gesorgt, dass ihnen nicht das Gefühl vermittelt wurde, ihr Dasein sei selbstverständlich, sondern dass man sich auch um ihre Gesundheit und ihr Wohlbefinden und das ihrer Familien kümmerte. Wenn das Management nicht richtig über diese Dinge nachdenkt, wenn es nicht angeleitet wird, den Gedanken an das Wohlbefinden ernst zu nehmen, werden diese Leute darüber hinweghasten und Schaden anrichten.

Bei einer von mir geleiteten Zusammenkunft von Vertretern waren an die zweihundert Leute anwesend. Das Thema des Treffens war die Kriegermentalität. Ich sprach darüber, dass wir denken, im Kriegerdasein ginge es nur ums Schlagen und Treten. In Wirklichkeit aber hat ein Krieger die Fähigkeit, sich in seiner körperlichen und emotionalen Präsenz ungezwungen und wohl zu fühlen, was von einem Gefühl der Verletzlichkeit herrührt. Und um den Geist in diesem Sinn schulen zu können, muss man imstande sein, ihn durch Meditation zur Ruhe zu bringen.«

Das soll nicht heißen, dass jedermann in der Wirtschaft meditieren muss; das wäre zwar wundervoll, aber eine solche Forderung wäre sowohl arrogant wie auch unmöglich umzusetzen. Wenn wir meditieren, können wir uns jedoch mit unserem tieferen emotionalen und spirituellen Selbst so verbinden, dass alle unsere Aspekte zusammengebracht und genährt werden können. Wir werden *wer wir wirklich sind* – unser authentisches Selbst –, und das ist dann die Person, die den Arbeitsplatz einnimmt. Meditation bedeutet, dass wir ausgeglichener an Schwierigkeiten herangehen und imstande sind, andere zu inspirieren.

CONSTANCE KELLOUGH

»Wir meinen, dass wir nicht gleichzeitig unseren Lebensunterhalt verdienen und unser Leben leben können, und deshalb gehen die meisten Menschen widerwillig zur Arbeit und haben das Gefühl, dass sie nur dann wirklich sie selbst sein können, wenn sie nicht arbeiten. Dergleichen beobachtete ich ständig in meiner Zeit als Managementberaterin, und ich dachte, wie traurig es doch ist, dass wir unser ›Dasein‹ und unsere Präsenz nicht in den Arbeitsplatz einbringen können. Vielleicht wird es den Arbeitgebern bald klar sein, wie wichtig es ist, in der Stille zu verweilen, und sie werden nur allzu gern der Einführung von ›Stille-Pausen‹ bei der Arbeit zustimmen, um ihre Angestellten zur Kultivierung dieser Praxis zu ermuntern. Aus der inneren Stille strömen neue und kreative Ideen hervor, und aus ihr heraus treffen wir klare und bewusste Entscheidungen. Aus der inneren Stille heraus gelangen wir zu effizienterem Tun, weil wir im gegenwärtigen Augenblick präsent und nicht durch Ängste oder Frustrationen des Ego beeinträchtigt sind. Es bedeutet nicht, dass wir uns nicht in der realen Welt aufhalten und keine auf einem soliden Geschäftssinn basierende Entscheidungen treffen; es ist nur so, dass unsere Entscheidungen aus der Präsenz, aus dem Gewahrsein heraus entstehen. Es gibt Zeiten, in denen wir sehr entschlossen und bestimmt sein müssen, aber das gründet sich nicht auf Angst. Es verblüfft mich, wenn Leute sagen: ›Wie kannst du ein Geschäft führen, wenn du von einem Bewusstsein der Einheit ausgehst, das sich auf Liebe gründet?‹ Ich antworte darauf: ›Wie kannst du ein Geschäft ohne das führen?‹

Ethische Fragen

Die Wirtschaft ist ein lohnenswertes Feld, um Menschen in der Meditation zu unterrichten. Da diese uns aber für die wechselseitige Verbundenheit allen Lebens öffnet, sind wir zuweilen mit ethischen Entscheidungen konfrontiert. Wie gehen wir mit Firmen um, deren Produkte wir aus moralischen Gründen ablehnen? Beschränken wir unsere Dienste auf die, mit deren Ethik wir einverstanden sind? Und sind alle Firmen und Angestellten gleichermaßen bedürftig?

❋ MIRABAI BUSH ❋

»Wir bekamen die Gelegenheit, bei Monsanto zu arbeiten, weil ein Freund von uns dort gerade Geschäftsführer geworden war. Er wusste damals nicht viel über Meditation, hatte aber etwas über Zen gelesen und dachte, dies könnte der Entwicklung von Führungsqualitäten eine interessante Dimension hinzufügen. Er wollte seinem Mitarbeiterstab Methoden an die Hand geben, um offener und anders zu denken. Wir begannen mit einem dreitägigen Meditationsretreat für die siebzehn Monsanto-Topmanager im Fetzer-Institut und unterrichteten dann vier Jahre lang Meditation in der Firma und in Retreatstätten in Chicago und St. Louis. Die Reaktion war unglaublich positiv – die Leute berichteten von tiefgreifenden Veränderungen sowohl in ihrem persönlichen wie auch beruflichen Leben. Aber wir wurden ständig von unserer eigenen Gemeinschaft und von unseren Kollegen angefochten.

Nur ein paar Jahre davor hatte ich mit der SEVA Foundation in den Bergen von Guatemala gearbeitet und der Maya-Bevölkerung geholfen, ihre Ackerböden zu sanieren und nachhaltige landwirtschaftliche Prozesse in Gang zu setzen. Die Menschen hatten schrecklich unter den Chemikalien gelitten, die durch Firmen wie Monsanto ins Erdreich eingebracht worden waren. Ich verstand also die negativen Reaktionen auf Monsanto, diesen Konzern, der genverändertes Saatgut und genveränderte Nahrungsmittel auf den Markt bringt. Manche fanden, wir sollten bei denen überhaupt nicht unterrichten, denn das würde diesen Leuten nur beibringen, ›schlimme Dinge noch besser durchzusetzen‹, indem sie ihren Stress reduzierten und ihre Aufmerksamkeitsfähigkeit steigerten. Ich hatte selbst große Vorbehalte.

Aber wir stellten fest, dass die Leute im Unternehmen die Bevölkerungsstatistiken studiert hatten und glaubten, sie könnten zur Ernährung der Welt im 21. Jahrhundert beitragen und ihr Tun sei ›gute Wissenschaft‹. Wir entschieden, dass es nicht unsere Aufgabe war, ihre Produkte anzufechten, sondern ihnen eine Methode an die Hand zu geben, die ihnen erlaubte, klarer zu sehen, bereit zu sein, sich ihre Rechtfertigung noch einmal anzusehen und in einen Dialog mit Andersgesinnten einzutreten.

Wir schufen ein Ambiente des Nichturteilens. Als die Manager die grundlegenden Übungspraktiken der Achtsamkeitsmeditation erlernten, begannen sie genauer auf das zu schauen, was in ihrem Innern vor sich ging, auf ihre Gedanken und Emotionen, und allmählich von dem Abstand zu nehmen, was man ihnen erzählt hatte oder was sie sich selbst einredeten. Wir schlossen immer auch eine Meditation der liebenden Güte mit ein und richteten diese auf alle Lebensformen. Beim ersten Retreat öffnete ich während dieser Praxis die Augen und sah, dass fast jedem Teilnehmer die Tränen übers Gesicht liefen. Mir wurde in einem überwältigenden Augenblick der Bewusstheit über mein eigenes Urteilen klar, dass Firmen und Konzerne natürlich auch aus Menschen bestehen, die wie alle Gefühle haben und meinen, das Richtige zu tun.

Die wirkliche Arbeit bei der Meditation am Arbeitsplatz besteht nicht einfach in der Stressminderung; es geht auch um das Infragestellen unserer Überzeugungen und Glaubensvorstellungen und darum, den Blick auf die wahre Natur der Dinge zu richten. Unsere Arbeit basiert auf der Überzeugung, dass das Potenzial zur positiven Veränderung aus dem Innern kommt. Wenn wir den Leuten das Werkzeug an die Hand geben, mit dem sie sich ihrer geistigen und emotionalen Zuständen gewahr werden können, werden sie fähiger, mit neuen Methoden aufzuwarten, um eine bessere Welt zu schaffen.«

Der Durchsickerungseffekt

Einmal wurden wir von einem multinationalen Unternehmen angeheuert, um das Topmanagement in Meditation zu unterrichten, weil der Vizepräsident selbst meditierte und wollte, dass sein Management auch diese Erfahrung machte. Aber wie wirkt es sich auf die Firma aus, wenn der Boss meditiert? Wie führt er seine Firma, wie macht sie Profit und überlebt in der Wettbewerbswelt?

JAMES GIMIAN

»Wenn ich Entscheidungen treffe, die die Unternehmensstrategie betreffen, dann versuche ich die verschiedenen Talente, Fähigkeiten und Interessen der fünfundzwanzig Leute, die dort arbeiten, mit zu berücksichtigen. Ich habe das Gefühl, dass es meine Aufgabe ist, Optionen zu wählen, die in allen das Beste zum Vorschein bringen werden, so dass die Mitarbeiter inspiriert sind, ihre jeweilige Aufgabe mit größtmöglichem Einsatz und Enthusiasmus zu verrichten. Wenn ich bei der Arbeit auf ein Hindernis stoße oder wenn meine Bemühungen vereitelt werden, dann stelle ich oft fest, dass ich zu kleinkariert denke, in meiner gewohnten Sicht von den Dingen festsitze und mir deshalb andere

Möglichkeiten entgehen. Ich sehe das eher als meine Beschränktheit an als ein in der Außenwelt angesiedeltes Problem. Das ist das direkte Resultat der Meditation. In der Sitzmeditation kann ich die Erfahrung von einem Raum jenseits des gewohnten Denkens machen, kann ich ein bisschen hinaussehen über die beschränkten Denkmuster im Alltag. Das lässt Lösungen aufkommen, die mein gewöhnlich denkender Geist nie erkennen könnte.«

Innovation ist ein natürliches Ergebnis von Meditation, da sie die Visionskraft aktiviert. Vor etwa zwanzig Jahren nahmen wir im Sounds-True-Studio ein Chanting-Album auf. Damals war das Unternehmen über einem Lebensmittelladen in Boulder, Colorado, untergebracht. Die Begründerin Tami Simon machte die Firma dadurch bekannt, dass sie bei nationalen Konferenzen die Vorträge spiritueller Redner auf Tonband aufnahm, die Aufnahmen vervielfältigte und sie per Mailorder verkaufte. Inzwischen befindet sich Sounds True in einem eigenen Gebäude, hat sechzig Angestellte und vertreibt Musik, spirituelle Belehrungen auf CDs und seit kurzem auch Bücher. Sie haben zum Beispiel Debs Buch *Your Body Speaks Your Mind* und eine gleichnamige CD herausgebracht. Eines der ersten Dinge, das uns beim Betreten des Gebäudes auffiel, war der Meditationsraum gegenüber der Cafeteria. Er kann jederzeit von jedermann zum stillen Sitzen genutzt werden. Diesen Raum gibt es, weil die Chefin eine hingebungsvolle Meditierende ist.

TAMI SIMON

»Es würde sich hier vermutlich nur ein Viertel der Leute als Meditierende bezeichnen, während die Hälfte der Leute Yoga praktiziert, läuft oder was auch immer, und ein Viertel der Leute hat überhaupt keine Beziehung zur Meditation. Doch eines durchzieht unsere ganze Unternehmenskultur, nämlich dass die Leute hier das Gefühl haben, frei zu sein, sie selbst zu sein. Sie können anziehen, was sie wollen, können frei heraus reden, können Familien haben, die ihnen wichtig sind, können mitten am Tag gehen und einen Arzttermin wahrnehmen, ohne deshalb eine lächerliche Geschichte erfinden zu müssen. Sie können ganzheitliche Menschen mit einem ganzheitlichen Leben sein. Und ich denke, das wichtigste Ergebnis meines spirituellen Lebens besteht darin, dass ich die Leute ermutigen kann, authentisch zu sein, zu sein, wer sie sind.

Wir begannen als ein Unternehmen, das Belehrungen zur Meditation herausbrachte. Und schon früh fragten wir uns, wie unsere Arbeitsprozesse mit unseren Produkten in Einklang stehen könnten. Es ist eine Sache, solche Informationen für Einzelpersonen herauszubringen, eine andere ist es sicherzustellen, dass unsere tägliche Arbeit ebenso ermutigend ist wie das Material, das wir veröffentlichen. Wir fragten uns: ›Wie können wir das bewerkstelligen? Was bedeuten all diese modernen Prinzipien der Unternehmensorganisation für uns? Die Meditationslehrer alter Zeiten lebten nicht in einer kapitalistischen Gesellschaft und mussten sich daher auch nicht mit solchen Fragen auseinandersetzen. Also mussten wir kreativ sein und selbst eine Lösung finden.

Ich fragte mich, wie es wäre, wenn wir mit dem finanziellen Geschehen in der Firma ehrlich und transparent umgehen würden. Wie wäre es, den Gewinn mit allen, die dort arbeiten, zu teilen? Wir wäre es, das Unternehmen als Miniökosystem zu betrachten, das mit dem umfassenderen Ökosystem der Erde interagiert? Geht das Unternehmen mit seinen Autoren und Händlern fair um? Die meisten Unternehmern versuchen aus ihrer Beziehung zu ihren Händlern und Produzenten so viel Geld wie möglich herauszuquetschen, wir jedoch fragten: Was ist ein fairer Tausch? Tatsächlich möchte ich aus niemandem viel herausquetschen, denn der auf der anderen Seite bin ich. Allerdings möchte ich auch nicht, dass wir benachteiligt werden; ich will einfach nur das tun, was fair ist.

Das Kernanliegen der meisten Unternehmen besteht darin, Geld zu machen. Für mich ist das ein lächerliches Konzept, es ist absurd. Meiner Ansicht nach existiert ein Unternehmen, um der Gesellschaft zu Diensten zu sein und einen Kreislauf des Austausches herzustellen, so dass es weiter bestehen kann. Unternehmen sollten sich darauf konzentrieren, die Probleme der Welt zu lösen, und dabei so effektiv sein, dass ein Handelsfluss entsteht, der die Gaben, die sie der Welt bringen, nachhaltig bereitstellt. Das ist alles. Wem liegt an deinem Wachstum? Zielst du auf die Aktionäre oder den persönlichen Gewinn von Leuten ab? Das ist kein guter Grund für Wachstum. Der einzige gute Grund, mehr Geld zu machen, ist der, dass sich damit mehr gesellschaftliche Probleme lösen lassen.

Meine Meditationspraxis hat meine intuitiven Fähigkeiten gesteigert, und ich vertraue auf meine Authentizität; ich treffe keine Entscheidungen, die sich intuitiv nicht richtig anfühlen. Obwohl es eine Menge Probleme gibt, habe ich gelernt, nicht unbedingt sofort etwas zu unternehmen, sondern zu sagen: ›Lass mich darüber nachdenken‹, was mein persönlicher Code für ›Lass mich darüber meditieren‹ ist. Ich nehme mir Zeit, beim Problem zu bleiben und zu warten, bis etwas in mir das Gefühl von Klärung und Klarheit hat. Wenn ich jemanden feuern muss, nehme ich mir Zeit, mich zu beruhigen, die Sache aus so vielen Blickwinkeln wie möglich zu betrachten, gefühlsmäßig herauszufinden, was für mich stimmig ist und wie ich dies der anderen Person gegenüber respektvoll und freundlich vermitteln kann. Und dann kann ich aus meiner persönlichen Erfahrung heraus sprechen. Manchmal ist das hart, manchmal macht es Angst, aber das ist es, was ich mit authentisch meine.«

Die rechte Lebensweise

Steve Demos lieh sich 500 Dollar, begann in seiner Küche Tofu herzustellen und ihn an die örtlichen Bioläden zu verkaufen. Dreißig Jahre später verkaufte er White Wave für knapp 300 Millionen Dollar. In all diesen Jahren blieb er immer seiner Überzeugung treu, dass er Geld verdienen konnte, ohne dabei irgendjemandem oder irgendetwas Schaden zuzufügen.

STEVE DEMOS

»Mein Vater war ein sehr hart arbeitender, ehrlicher Unternehmer. Er führte die Gewinnbeteiligung ein, noch bevor man dieses Wort überhaupt kannte. So gesehen war ich ein Produkt meiner Zeit, aber ich befand mich in einem großen inneren Konflikt. Ich entzog mich meiner Einberufung und ging nach Indien, mit dem Ergebnis, dass ich desillusioniert und mein innerer Konflikt noch größer war. Ich besaß das Unternehmer-Gen, aber alles um mich herum sagte mir, dieses Geschäftemachen sei schlecht und unethisch, denn damit würde man andere Menschen und die Umwelt ausbeuten. Ich befand mich aus dem gleichen Grund in Indien wie alle anderen auch: Ich war auf der Suche. Ich hielt mich in Ashrams auf, meditierte unter der Anleitung von Lehrern. Die Meditation rührte etwas in mir an, und ich widmete mich ihr mit großer Aufmerksamkeit und Hingabe.

Und dann hörte ich vom Gedanken der rechten Lebensweise: rechtes Leben, rechtes Bemühen, rechtes alles. In mir begannen die Glocken zu läuten, in mir gingen die Lichter an. Die Offenbarung war die, dass der Kapitalismus an sich etwas Neutrales ist und nicht unbedingt der Paria der Gesellschaft sein muss; er kann tatsächlich auch als positive Kraft für den gesellschaftlichen Wandel eingesetzt werden. Wenn ich mit meiner Veranlagung je zur Ruhe kommen wollte, dann musste ich mich auf ein Unternehmen einlassen, das mir bewies, dass der Gedanke der rechten Lebensweise in der kapitalistischen Wirtschaftswelt funktionieren kann. Es war die Vereinigung von Unternehmertum und spirituellen Idealen.

Rechte Lebensweise, das ist für mich eine funktionierende Philosophie für die moralischen Grenzen der Lebensführung. Es ist mein Ziel, die aus meinen Sitzmeditationen gewonnenen Erkenntnisse auf ein Geschäftsmodell anzuwenden. Das Prinzip, nach dem ich lebe, heißt: Gut für mich, gut für dich, gut für alle, die damit in Berührung kommen. Ich verkaufe keine Bomben oder irgendwelches ausbeuterisches Zeug. Ich verkaufe keine schädlichen oder belanglosen Dinge. Ich biete den Menschen keine gefährlichen Dienstleistungen an oder irgendetwas, das ihrem Wohlbefinden nicht zuträglich wäre. Ich beute den Planeten nicht aus. Ich gebe zurück, weil ›gut für alle, die damit in Berührung kommen‹ nicht meint, dass jemand das Produkt kaufen muss, sondern es meint alle, die mit der Unternehmung in Kontakt sind: die Gemeinde, in der ich lebe, die Kunden, die ich beliefere, die Verkäufer in den Läden, derer ich mich bediene, meine Angestellten, meine Investoren. Jegliches fühlende Wesen, das mit dem Produkt in Berührung kommt, und der Handelsfluss, der daraus entsteht, muss aus diesem Kontakt Positives beziehen können.

Ich kam aus Indien mit einer Mission zurück: Ich würde beweisen, dass ich im Kontext der rechten Lebensweise enorme Mengen an Reichtum erwirtschaften konnte. Die Investition in White Wave wurde um etwa das fünfundsiebzigfache oder noch mehr zurückerstattet. Wir haben einundzwanzig Millionäre hervorgebracht; wir haben fünfzehn oder noch mehr Leute in den Ruhestand geschickt. Wir haben den Angestellten 15 bis 18 Millionen Dollar in Form von After-Sales-Boni zurückgegeben. Ich war der größte Einzelaktionär, die Firma wurde für etwa 300 Millionen Dollar verkauft, und sie zahlten uns noch weitere 30 Millionen Dollar dafür, dass wir blieben. Mit anderen Worten, ich habe bewiesen, dass man nach den Prinzipien der rechten Lebensweise leben und gleichzeitig Geld verdienen kann.

Meditation ist meine Grundlage. Das ist alles, was sie ist. Kratzt du den Dreck weg, dringst du zu den Wurzeln vor. Ich würde sagen, dass sich die Meditation bei mir lebensverändernd ausgewirkt hat. Sie hat den Weg nicht geglättet oder einfach gemacht. Wir standen vor den gleichen Entscheidungen wie jedes andere kleine Unternehmen auch: einsparen, die Dinge richtig machen oder einfach versuchen, auf Teufel komm raus unseren Lebensunterhalt zu verdienen. Aber wir waren nicht da, um einfach nur unseren Lebensunterhalt zu verdienen; wir waren da, um zu demonstrieren, dass der Gedanke der rechten Lebensweise einen sehr großen Unterschied bewirkt. Meditation war das Eingangstor für mich und dann der bestärkende Faktor.«

Praxisübung
Am Arbeitsplatz meditieren

VON TAMI SIMON

Das Meditieren am Arbeitsplatz verlangt, dass wir lernen »auf der Stelle« zu meditieren, inmitten von Herausforderungen jeder Art. Drei Techniken haben sich für mich als nützlich herausgestellt, um diskursives Denken zu unterbrechen und eine Qualität von Raum und Weite bei der Arbeit – oder in irgendeiner Situation – herzustellen: auf Körperempfindungen achten, die Aufmerksamkeit auf den Rücken lenken sowie Treffen mit einem Augenblick der Stille beginnen. Wenn wir diese und andere Methoden einsetzen, um am Arbeitsplatz meditatives Gewahrsein herzustellen, schaffen wir damit Raum für unsere Gefühle, Raum für andere Menschen und Raum für das Hervortreten von Brillanz und Originalität. Natürlich können wir umso mehr Tiefe und Präzision in das Meditieren am stressigen Arbeitsplatz einbringen, je mehr wir in formaler Weise meditieren oder uns außerhalb des Arbeitsumfelds auf entspannte Art Raum schaffen.

Auf Körperempfindungen achten

Wenn Ihr Geist aufgeregt oder beunruhigt ist, ist Ihr Körper angespannt; ist Ihr Körper angespannt, ist Ihr Geist aufgeregt oder beunruhigt. Indem Sie die physische Anspannung aus Ihrem Körper entlassen, schaffen Sie Raum für Ihren Geist, um anderen zuhören und kreativ handeln zu können.

Wenn Sie mitten in einer Konferenz oder einem Telefongespräch oder irgendeiner Interaktion merken, dass Sie ungeduldig oder aufgeregt werden, richten Sie Ihre Aufmerksamkeit auf den Teil des Körpers, in dem die Spannung festsitzt. Sie können das sofort tun, indem Sie Ihren Körper von den Zehen bis zum Scheitel scannen, sich auf jeden Teil konzentrieren, der angespannt, verkrampft oder zusammengezogen zu sein scheint. Vielleicht stellen Sie fest, dass Ihr Unterleib verkrampft ist oder Ihre Schultern hochgezogen sind. Vielleicht fühlen sich Ihre Hände an, als klammerten sie sich an etwas, oder ihre Füße scheuen die Bodenhaftung. Wenn Sie einen Bereich physischer Anspannung ausfindig machen, nutzen Sie das Einatmen, um sich mit dieser Empfindung zu verbinden. Mit dem Ausatmen geben Sie sie dann einfach frei, entspannen Sie, lassen Sie los. Sie können beim Ausatmen tatsächlich »auf dem Atemfluss reiten« und ihn Ihr körperliches und geistiges Festhalten in die Weite des Raumes hinaustragen lassen.

Die Aufmerksamkeit auf den Rücken lenken

Unterschiedliche körperliche und energetische Haltungen bringen unterschiedliche Seinszustände mit sich. Wenn Sie Ihren Einfluss geltend machen, sich zum Handeln bereit machen wollen, können Sie Ihre Energie in die Vorderseite Ihres Körper lenken. Wenn Sie hingegen für andere Leute Raum schaffen, aufmerksam zuhören und sich für kreative Ideen zugänglich machen wollen, lehnen Sie sich ein wenig zurück und richten die Aufmerksamkeit auf den Rücken. Waren Sie je bei einer Besprechung, bei der jeder den anderen unterbrach und man das Gefühl hatte, dass keinem wirklich Gehör geschenkt wurde? Wenn auch nur einer in der Gruppe die Aufmerksamkeit auf den Rücken lenkt, wird eine Qualität von Raum und Empfänglichkeit in das Geschehen eingebracht, die Ton und Verlauf der Besprechung verändern kann.

Treffen mit einem Augenblick der Stille beginnen

An einem geschäftigen Tag kann man das Gefühl haben, in einem fahrenden Zug zu sitzen und ohne Pause von einer Aktion zur anderen zu rauschen. Wenn Sie Momente der Stille herstellen, Momente, in denen Sie aus dem Zug aussteigen, dann unterbricht das die Neigung zu den gewohnten Reaktionen und verbindet Sie mit der Tiefe Ihres Seins.

Sie können ganz einfach einen Moment der Stille am Arbeitsplatz einführen, indem Sie jedes Treffen mit ein paar Augenblicken stillen Zusammenseins beginnen. Ich nenne das gerne »sich eine gute Minute nehmen«. Die Leute nutzen diese gemeinsame Stille auf verschiedene Weise – um durchzuatmen und sich zu entspannen, um die paar Augenblicke die Ruhe und den Raum zu genießen, um Abstand von vorangegangenen Tätigkeiten zu gewinnen oder um sich auf stille energetische Weise mit allen anderen Teilnehmern der Besprechung zu verbinden. Wenn zu Beginn eines Treffens »eine gute Minute« abgehalten wird, dann sagen Sie damit, dass Sie die Erholung jedes Mitarbeiters für wichtig erachten und möchten, dass sich alle mit ihrer ganzen Präsenz der anstehenden Aufgabe widmen.

Kontemplativer Aktivismus

Wir müssen erkennen, dass der Friede nicht nur ein fernes Ziel ist, das wir anstreben, sondern auch ein Mittel, durch das wir dieses Ziel erreichen. Wir müssen friedliche Ziele mit friedlichen Mitteln anstreben.

DR. MARTIN LUTHER KING JR.

RUSSEL BISHOP

»Wir schreiben das Jahr 1971. Ich bin an der University of California in Berkeley, die Studentenproteste sind im vollen Gange, es geht ums Streiken, den Betrieb schließen, *power to the people*. Ein Tränengaskanister trifft mich an der Brust, ich hebe ihn auf, um ihn wieder auf die Bullen zurückzuschleudern. Und plötzlich befinde ich mich außerhalb von meinem Körper, schaue auf mich hinab und sehe diesen langhaarigen, bärtigen Hippie schreien: ›Warum liebt ihr kompletten Idioten uns nicht?‹ Und dann bin ich wieder in meinem Körper, und mir wird plötzlich klar, dass das Ziel zwar Liebe, die Strategie aber Schreien, Brüllen und Sachen-Schmeißen ist. Als diese Welle des Gewahrseins über mich hinwegrollte, verließ ich die Demonstration. Wie könnte ich in der Welt etwas ändern, wenn ich Frieden und Akzeptanz als Mittel einsetzte?«

Aktivismus widmet sich dem Kampf gegen Ungerechtigkeit, es soll ein sozialer Wandel herbeigeführt werden. Aber ist ein von Wut und Zorn geleiteter Aktivismus wirklich effektiv? Ist Aktivismus anders, wenn er aus einer kontemplativen und mitfühlenden Reaktion statt aus einem zornerfüllten Reflex hervorgeht? Welchen Einfluss hat es auf unsere Motivation und unser Verhalten, wenn da ein Gewahrsein ist, dass wir nicht voneinander getrennt existieren und dass jeder und jede eine Spiegelung des anderen ist? Bewirkt Meditation wirklich einen Unterschied, wenn wir mit so extremen Situationen wie akuter Armut oder auf uns gerichtete Maschinengewehre konfrontiert sind?

Wut und Zorn umwandeln

SEANE CORN

»In den achtziger Jahren war ich Aktivistin für verschiedene Organisationen, aber ich war eine schreckliche Aktivistin, weil ich nur meine Wut projizierte. Ich war die, die mit dem Megaphon auf der Obstkiste stand und jedem sagte, wie er zu leben hatte. Das half niemandem. Jetzt ist mir klar, dass die Welt sich durch Umarmung, nicht durch Wegstoßen ändert. Wut stößt weg; sie ist eine Energie, die bedroht und entfremdet. Heute begebe ich mich als Aktivistin in etwas hinein und bin so ehrlich wie nur irgend möglich.«

Wut und Zorn mögen anfänglich die Motivation für Protest liefern, führen aber selten die gewünschten Veränderungen herbei. Vielmehr schaffen sie unfehlbar noch mehr Negativität. Wut und Zorn schließen aus und verlangen nach noch mehr Ausschluss, statt einzubeziehen und somit in Richtung Ganzheit zu arbeiten. Meditation ist unbedingt erforderlich, weil sie uns nicht nur zum Gewahrsein von unserer wechselseitigen Verbundenheit, sondern auch zur Erkenntnis führt, wie fruchtlos die Wut ist und wie hilfreich das Mitgefühl. Dann lässt uns der Aktivismus wissen, wann und wie wir die Wut am besten einsetzen und nutzen, statt von ihr eingesetzt und benutzt zu werden.

❋ RAMA VERNON ❋

»Durch Wut und Zorn lässt sich eine Veränderung herbeiführen, aber kein wirklicher Wandel, keine Transformation. Die Veränderung wird immer wieder in etwas anderes zurückfallen. Die Meditation erzeugt Klarheit des Geistes, und wenn wir klar denken, werden unsere Handlungen fokussierter sein, und wir haben größere Macht. Ist unser Geist zerstreut, wird all unser Handeln nur Verwirrung stiften. Es kann Augenblicke geben, in denen wir den Zorn einsetzen müssen, aber das ist nicht das Gleiche wie wütend zu sein. Ich habe den Zorn gegenüber dem KGB eingesetzt, da es zu diesem Zeitpunkt das Richtige war, aber das war kein reflexartiges Reagieren, sondern ein überlegtes Vorgehen. Wenn wir automatisch mit Wut und Zorn reagieren, gießen wir möglicherweise nur Öl ins Feuer und werden zum Teil des Problems statt der Lösung.«

Gewaltlosigkeit bedeutet nicht, dass wir schwach und hilflos sind oder dass man uns leicht übervorteilen oder ausnutzen kann. Es bedeutet, dass die gleichen Probleme, die Wut und Zorn verursachen, stattdessen Mitgefühl auslösen können. Zorn lässt sich zuweilen für bestimmte Zwecke nutzen, doch Mitgefühl lässt sich ohne jedes Zögern in jeder Situation einsetzen. Das ist ganz besonders wichtig für die Leute, die sich aktiv für soziale Veränderungen engagieren.

❋ ROBERT GASS UND JUDITH ANSARA ❋

»Aktivisten, die sich für einen sozialen Wandel einsetzen, sind Leute, deren Engagement der Entwicklung einer besseren Welt gilt. Wenn du ihnen aufzeigen kannst, dass gewisse Einstellungen und Verhaltensweisen bessere Resultate erzielen und sich überdies für die Zusammenarbeit besser eignen, dass sie weniger von Wut geleitet und stärker partnerschaftlich orientiert sind, und wenn du ihnen zeigst, wie beeindruckend dies funktioniert, dann sind sie dabei. Meditation ist ein integraler Bestandteil dieses Prozesses, da er die Grenzen lockert. Meditation bringt die Leute dazu, zu klären, welcher Sache sie dienen, und steigert ihr Selbstgewahrsein, so dass sie erkennen können, was funktioniert und was hinderlich ist. Der feste Griff des kleinlichen Gefühls von Ich und Mein wird gelockert. Für manche wird daraus ein Wir-Gefühl im Verein mit ihren Brüdern und Schwestern; so dehnen sie es aus. Bei anderen wird es zum umfassenderen Gefühl von Sinn und Zweck im Zusammenhang mit den Gemeinschaften, denen sie dienen.«

Das Feuer heftiger Wut mag unsere Motivation entfachen, kann uns aber nicht lange in Gang halten. Wenn wir von Ärger und Zorn beherrscht werden, sind wir bald ausgelaugt. Erschöpfung ist die unvermeidliche Kehrseite. Mitgefühl ist hingegen eine ständige Quelle von Energie und Nahrung. Je mehr wir geben, desto mehr erhalten wir, das wir geben können. Mitgefühl geht uns nie aus.

JOSEPH GOLDSTEIN

»Ich führte Retreats für Umweltaktivisten und sozial engagierte Aktivisten durch. Eines der Hauptprobleme dieser engagierten Leute, die sich oft an der vordersten Front der Auseinandersetzungen befinden, ist das energetische Ausgebranntsein. Denn die Antriebskraft für ihre Arbeit ist oft die Wut über die ungerechten Bedingungen, die Wut ist aber nicht hilfreich. Sie ist eine Motivation, die uns buchstäblich ausbrennt. Mitgefühl ist eine Energie, die sehr viel stärker unterstützt. Es kann Motivation für ein lebenslanges aktives soziales Engagement sein.«

Aktivismus bedeutet für uns normalerweise, dass man *gegen* etwas ist, seien es nun Krieg, Folter oder Diktatur, wohingegen ein auf Kontemplation gegründeter Aktivismus *für* etwas ist wie zum Beispiel Fairness, Freiheit und Frieden. Damit erhalten wir eine ganz neue Sichtweise, nicht nur in Hinblick auf den Aktivismus, sondern auch auf die tieferen Ursachen von Ungerechtigkeit und Gewalt und im Spezielleren auf unsere normalerweise zornige oder auch aggressive Reaktion auf solche Verhältnisse. Wenn wir für etwas sind, gehen wir vom Bewahren des Negativen zur Unterstützung des Positiven über.

RABIA ROBERTS

»In meiner Jugend war die Wut meine Antriebskraft. Dann arbeitete ich drei Jahre lang mit Martin Luther King in der Bürgerrechtsbewegung. Von ihm lernte ich das, was die Anfänge des gewaltlosen Aktivismus werden sollten: Wir sind nicht hier, um jemanden zu besiegen oder zu verletzen, sondern um existierende Ungerechtigkeit aufzuzeigen und zu schauen, ob wir zu einer umfassenderen Lösung und Heilung kommen können. Die Wut legt sich, und wir bekommen das Gefühl, für etwas zu sein, statt gegen etwas sein zu müssen. Wir sind unbewaffnet, und so besteht unser wirkungsvollstes Mittel darin, im Angesicht von Gewalt kollektiv aufzustehen und die ganze Welt als Zeuge der Ungerechtigkeit, die da passiert, aufzurufen.

Die Meditationspraxis dreht das Teleskop um, so dass wir erkennen können, wie wir ein Ich oder Selbst und eine Geschichte erfinden. Wir werden damit vertraut, wie Gedanken und Emotionen uns antreiben. Wenn das passiert, lockert das Ego-Ich seinen Griff. Wir sind nicht mehr so zwanghaft, reagieren nicht mehr so automatisch. Wir handeln in Reaktion auf das, was vor sich geht, aber nicht mehr in Reaktion gegen etwas. Wir verstehen allmählich den Gleichmut, wissen, wie wir das Gleichgewicht bewahren, wenn Emotionen oder verstörende Gedanken aufkommen. Wir begegnen der zornigen Person mit dem Gefühl von ›Ich höre dem zu, was du sagst, aber verstehe es bei all dem Zorn nicht‹. Das machte Gandhi und King so brillant und brachte ihnen sogar bei denen Respekt ein, die sie hassten.

Wie der Aktivismus, so will auch die Meditation die Wirklichkeit hinter der Illusion enthüllen. Du siehst durch die Geschichten hindurch. Du erkennst allmählich, dass Soldaten nicht unbedingt Helden, sondern Opfer sind. Die auf Gewaltfreiheit gegründete Weltanschauung kennt keine Schuldzuweisung; du kannst jemanden verantwortlich machen, aber es gibt keine Schuldzuweisung für das, was passiert. Wenn du voller Aggression und Erregung bist, fügst du diese Negativität dem Gemenge bloß noch hinzu. Deshalb kann der Krieg keinen Frieden bringen.«

Keine Wahl

Der Impuls, anderen zu helfen, sich gegen Ungerechtigkeit zur Wehr zu setzen, im Leben derer etwas zu ändern, die sich selbst nicht helfen können, und zwar so, dass kein weiterer Schaden angerichtet wird, ist integraler Bestandteil des kontemplativen Lebens. In Eds Fall führte der Weg zur Verbindung mit dem Herzen des Dienens von der New Yorker Welt der Drogen und Discos nach Indien, wo er ein Swami wurde, ein Yogapraktizierender, der in einem Ashram lebte, und wo er seinen Lehrer den Ärmsten der Armen geben sah, was immer nötig war. Bei Deb hatte die Tatsache, dass sie als Quäker aufwuchs, einen tiefen Einfluss darauf, dass sie an gewaltlosen Aktivitäten teilnehmen wollte. Im Falle von Kirsten war es ihre buddhistische Kindheit, in der sie schon als Kind meditieren lernte und gelehrt wurde, immer zuerst an andere zu denken.

KIRSTEN WESTBY

»Mit sechs erhielt ich meine erste formelle Meditationsunterweisung. In der Schule meditierten wir jeden Tag zweimal: fünfzehn Minuten vor Unterrichtsbeginn und fünfzehn Minuten am Ende des Tages. Als ich noch klein war, las uns meine Mutter die Todesanzeigen aus der Zeitung vor. Dann sagte sie: ›Diese Leute sind heute gestorben, Kirsten. Wir können jederzeit sterben.

Lass uns also etwas Großartiges mit unserem Tag anfangen. Lass uns heute jemandem helfen.‹ Wenn du so erzogen wirst, ist es nur natürlich, dass du dir ein Leben schaffen willst, in dem du alles dir Mögliche für andere Leute tust.

Ich wollte etwas tun, das sich nicht auf irgendjemand anderen negativ auswirken würde. Im Sommer nach dem Schulabschluss gingen ein Freund und ich auf Reisen, und acht Monate später befanden wir uns in Kambodscha. Sieben oder acht Stunden lang fuhren wir mit siebzehn Kambodschanern, Reissäcken und Hühnern hinten auf einem Pick-up mitten durch das völlig zerbombte Gebiet, in dem die Roten Khmer immer noch äußerst aktiv waren; anschließend fuhren wir auf diesem langsamen Boot weitere zwölf Stunden den Mekong hinauf. Dann sah ich mein erstes Flüchtlingslager und meine erste Rot-Kreuz-Station und wusste, das ist mein Ding. Dort zu sein war kein Problem für mich, ich hatte keine Angst. Ich wusste einfach, dass diese Art von Hilfe mein Weg war, der Impuls, Beistand zu leisten, ließ mir keine andere Wahl.

Ich ging nach Nepal und half dort, an der Grenze zu Indien ein Heim für zur Prostitution gezwungene Mädchen zu führen. Die Mädchen hatten entweder zu fliehen vermocht, oder die Polizei hatte in den Bordellen von Delhi oder Bombay eine Razzia durchgeführt, und wir fuhren hin und holten sie ab. Manche waren erst acht Jahre alt oder noch jünger. Manche waren zwanzig, waren schon jahrelang im Bordell und gezwungen gewesen, in Käfigen zu leben. Siebenundneunzig Prozent von ihnen waren HIV-positiv. Das allertiefste Leiden, das du dir vorstellen kannst, ist das eines achtjährigen Mädchens, das länger, als es zurückdenken kann, fortwährend vergewaltigt wurde, sich beim Sprung aus einem zweistöckigen Gebäude, um nach Hause zu kommen, das Bein brach, um dann erfahren zu müssen, dass seine Familie es an das Bordell verkauft hatte und es somit keinen Ort hatte, wo es hin konnte. Und doch gab es Augenblicke des Glücklichseins und des gemeinsamen Lachens.

Ich musste meditieren, bevor ich mein Zimmer am Morgen überhaupt verlassen konnte. Dies gab mir die Kraft zu erkennen, dass das Leiden eine menschliche Erfahrung ist, die wir alle in der einen oder anderen Form machen. Es half mir, mich vom Leiden nicht überwältigen zu lassen, nicht mein Gleichgewicht zu verlieren. Ohne diese Meditation, ohne diesen inneren Raum am Morgen, hätte mich das Leiden zu sehr erfüllt. Es hätte mich gelähmt. Meine Mama sagte mir einmal, wenn du zu meditieren gelernt hast, ist es wie ein unsichtbares Werkzeug, das du immer an deinem Gürtel trägst. Es war zweifellos das nützlichste Werkzeug, das ich hatte.

Ich arbeitete fünf Jahre beim Urgent Action Fund, reiste in Kriegszonen und hörte mir Geschichten über das an, was den Frauen und Mädchen widerfahren war. Jeden Morgen saß ich in Meditation, denn sie ermöglichte es mir, nicht auf all die Aggression rings um mich herum zu reagieren. Im Kongo musste ich eine Grenze überschreiten, die nur aus einem Baumstamm bestand. Darauf saßen fünfzehnjährige Jungs, halbautomatische Waffen in der Hand. Ich sagte sehr ruhig: ›Ich bin nur hier, um mit einigen von den Mädchen zu sprechen.‹ Oft hatte ich unter den Kleidern oder in einem Beutel versteckt Geld bei mir – Bargeld für die Frauen, damit sie ein Waisenhaus aufbauen oder sich um die Kinder kümmern konnten –, und dann musste ich diese Kindersoldaten davon überzeugen, dass ich nichts bei mir hatte. Ich begegnete ihnen mit keinerlei Funken Aggression, denn sonst hätten sie mich, ohne zu zögern, erschossen. Ich wurde sehr gut im Umgang mit Jungs, die Gewehre in der Hand halten!

Mehr als alles andere befreite mich die Meditation von der Wut. Ich konnte sie aufsteigen fühlen, aber ich wusste, dass ich sie loslassen musste, wenn ich überleben und in diesem Bereich arbeiten wollte. Ich musste wissen, dass diese Jungs nicht der Feind waren, sondern ebenfalls Opfer dieser ganzen Kriegsmaschinerie, dass sie in so jungen Jahren in die Armee hineingezwungen worden waren. Es gab in Wirklichkeit keinen Feind, es war einfach ein ganzes Umfeld von Menschen, die benutzt und missbraucht worden waren. Dies hielt ich mir ständig vor Augen, damit ich den Tag ohne Aggression beginnen konnte.«

Sich selbst in anderen sehen

Meditations- und Kontemplationspraktiken verändern uns. Sie öffnen unser Herz und lassen den Schmerz der Welt hinein, sie zeigen uns die Realität des Leidens und wie wir Bestandteil dieses Leidens sind. Wenn ein Mensch in Not ist, sind wir alle in Not. Dieses Gewahrsein trieb Seane von ihrer Yogamatte herunter.

SEANE CORN

»Yoga veränderte zunächst meinen Körper; dann veränderte die Meditation meine Einstellung. Dann wurde mir klar, dass es keine Rolle spielte, ob meine Praxis fünfzehn Minuten oder vier Stunden dauerte, weil es nicht darum ging, wie Yoga mich verändern konnte, sondern darum, wie ich, durch die Praxis, anfangen kann, die Welt zu verändern. Im Grunde besagte mein Gefühl: Wie kann ich es wagen, nicht in die Welt zu gehen?

Ich begann mit Kinderprostituierten in Los Angeles zu arbeiten. Als ich das Heim betrat, wusste ich noch nicht, wie sehr sich mein Leben ändern sollte, aber ich begegnete dort meinem Schatten. Ich hasste diese Mädchen – und es waren nicht nur Mädchen, es waren auch Jungs –, sie waren so arrogant und aufsässig, sie waren ja auch so verwundet. Und sie waren wie ein Spiegel, in dem ich den Teil von mir sah, der missbraucht worden war, in dem ich sah, wie ich mich mit meiner eigenen Aufsässigkeit, Arroganz und Verwundung nicht befasst hatte. Sie akzeptierten mich zunächst absolut nicht. Was sollte das? Dieses großmäulige, spatzenhirnige weiße Mädel aus New Jersey kam hier hereinspaziert und wollte ihnen sagen, wie man Yoga macht? Sie schlachteten mich! Es war die demütigendste Erfahrung, die ich je machte, weil ich versuchte, sie zurechtzubiegen. Ich ging da nicht mit der Erkenntnis rein, dass ich sie bin. Sie warfen einen Blick auf mich und waren völlig unbeeindruckt. Ich wollte keinesfalls noch einmal dorthin. Ich saß in meinem Wagen und konnte nicht mehr aufhören zu weinen. Als ich das nächste Mal hinging, war ich bei weitem demütiger, da ich erkannt hatte, dass wir da waren, um einander zu dienen.

Ich muss die Prostituierte in mir lieben, ich muss die Verarmte und Ungebildete in mir lieben, ich muss die verwundeten Teile von mir lieben, damit ich vor jemand anderem wirklich Hochachtung haben kann. Diese Mädchen lehnten mich wochenlang ab – es war, als würden mir die Zähne gezogen. Dann – ich werde es nie vergessen – betrat ich eines Tages das Heim, und da war dieses Gothic-Mädchen, das unter Zwangsstörungen litt und sich mit Rasierklingen schnitt. Als sie mich sah, sprang sie auf, lief auf mich zu und schlang die Arme um mich. Ich war überwältigt. Und dann stand ein Mädchen nach dem anderen auf und umarmte mich. Danach musste ich immer zehn Minuten früher ins Heim kommen, um das Umarmungsritual zu absolvieren, und am Ende zehn Minuten später gehen, damit noch Zeit dafür war. Denn als die Verbindung zwischen uns erst einmal hergestellt war, wollten sie eine angemessene Berührung, einen gefahrlosen Augenblick der Verbundenheit.

Mein Schatten befand sich direkt vor mir. Ich wusste, dass der Geist oder die Seele in der Meditation zu mir sagte: ›Schätzchen, du möchtest eine Heilerin sein, dann musst du dich selbst heilen, musst du direkt in dieses Feuer springen. Das ist dein Schatten; das ist das Ding, das dich von der Selbstliebe abhält. Du wirst dieser Welt keinen Dienst erweisen können, solange du da nicht hineingehst und herausfindest, wer dieses kleine Mädchen in dir ist.‹ Ich begegnete ihr und heilte sie durch diese Mädchen im Heim.

Die nächste Herausforderung war, hinauszugehen und Kindern in Drittweltländern zu begegnen. Ich arbeitete mit Youth

AIDS im größten Slum von Südostasien, vor allem in den Bordellen. Ich arbeitete nicht nur mit den Prostituierten, sondern auch mit ihren Kunden und ihren Kindern. Und es ging nicht nur darum, sie über HIV und Aids aufzuklären, sondern wir wollten ihnen auch dabei helfen zu lernen, bessere Entscheidungen zu treffen. Man kann sie nicht auffordern, keine Prostituierten zu sein: Wo Armut ist, da ist Verzweiflung, und wo Verzweiflung herrscht, da ist Prostitution. So ist das eben. Prostituierte über gefahrlose Sexpraktiken aufzuklären ist wirklich hart, denn sie bekommen 1 Dollar für Sex mit Kondom und 2 Dollar für Sex ohne Kondom. Wenn sie auf ein Kondom bestehen, gehen sie das Risiko ein, vergewaltigt und misshandelt zu werden oder die Kunden zu verlieren. Daher versuchten wir, die Frauen dazu zu bringen zusammenzustehen, und wir klärten die Männer über HIV und Aids auf. Da war so ein Pornoschuppen im Slum. Ich musste eine Leiter hinaufklettern, um dorthin zu kommen, und mich oben durch ein Loch zwängen, um in einen pechschwarzen Raum voller Männer zu kommen. Wir unterbrachen ihren Pornofilm und zeigten unseren eigenen Film darüber, wie Krankheiten durch sexuellen Kontakt übertragen werden. Danach legten wir wieder ihre Filmrolle ein und gingen davon.

Da drin zu sein war wirklich eine Herausforderung. Es ist eine Sache, zu Hause zu sitzen und darüber nachzudenken, dass alles Geschehen seinen Grund hat, aber als ich es dann mit einer fünfzehnjährigen Prostituierten zu tun hatte, die an Aids starb, kam mein eigener Scheiß hoch. Das ist ungerecht, das ist unfair und völlig falsch – so in der Art. Ich musste sehr viel beten und meditieren, um weiterhin vorurteilsfrei und ohne Wut und Zorn an diesen Ort zu gehen.

Die Meditation trug entscheidend dazu bei, dass ich jeden Tag dieses Umfeld betreten konnte, das mich manchmal rasend machte vor Wut. Da ging ich zum Beispiel durch diesen Slum, ein Labyrinth von Dreck und Schmutz, und hörte ein Lachen hinter mir. Ich drehte mich um, und da war dieses kleine Mädchen.

Ich habe keine Ahnung, wie alt es war, aber es war körperlich und geistig schwer behindert. Die Tochter meines Partners ist ebenfalls körperlich und geistig behindert, und so fühlte ich mich sehr intensiv verbunden mit dem Mädchen. Ich wusste, dass die Tochter meines Partners aufgrund der Privilegien und der ärztlichen Versorgung, die wir in den USA genießen, nicht nur überleben konnte, sondern tatsächlich auch ein Leben führen kann. Ich blickte auf dieses kleine Mädchen im Slum und wusste, wenn es nicht bereits zur Prostitution gezwungen war, würde es bald dazu kommen. Das war einer dieser Augenblicke, der mir meine Lebenskraft abzog. Wut kochte in mir hoch, aber ich wusste, dass ich niemandem eine Hilfe sein würde, wenn ich mit Verurteilung und Wut an diese Situation heranging. Ich musste nach Hause gehen und weinen, ich musste meine Wut fühlen, sie kennenlernen. Ich musste sie aus meinem System herauskriegen und mich auf das ganze Bild besinnen: dass wir alle hier sind, um zu lernen, was Liebe ist, und oft besteht dieser Prozess darin, dass wir lernen, was Liebe nicht ist.

Ich arbeitete in einem Waisenhaus in Kambodscha. Scott, der Leiter dieser Organisation, war früher der Präsident von Fox International. Er fing mit Yoga an, und ich traf ihn bei einem Retreat. Mitten in einer Yogastellung hatte er einen kathartischen Zusammenbruch. Danach sagte er: ›Ich hasse mein Leben, ich hasse, was ich mache, mein Leben hat keinen Sinn. Ich glaube, ich muss dort aufhören.‹ Ich dachte bei mir: Klar doch, wahrscheinlich geht er nach Hause und stellt einen großzügigen Scheck für gute Zwecke aus – was großartig ist. Aber ich vermute mal, dass er mit seinem Leben weitermacht und vielleicht ein bisschen mehr meditiert als früher. Ich irrte mich. Er verließ Fox. Er verkaufte die Villa, das Boot, den Porsche und lebt nun ständig in einem kleinen Apartment in Kambodscha. Er hat gerade sein fünftes Waisenhaus aufgemacht und betreut dreihundert Kinder. Er hat kein Geld, aber er widmet sich ganz und gar dem Dienst an den Kindern.

Scott nahm mich mit zu dieser 45 Hektar großen Müllhalde mitten in Phnom Penh. Schon dreijährige Kinder arbeiten auf dieser Kippe, sammeln Plastik und Metall auf, um es für 30 Cent zu verkaufen. Nur 25 Prozent der Kinder überleben. Die anderen werden von Lastwagen überfahren, fallen in Senkgruben, bekommen Hepatitis von Nadeln oder Glasscherben, auf die sie treten, oder werden fortgeschleppt und zur Prostitution gezwungen. Scott geht dorthin, um die Kinder da rauszuholen und in Waisenhäusern unterzubringen, wo sie zu essen und eine Ausbildung bekommen. Andere werden einfach vor der Tür des Waisenhauses abgeladen. Manche Kinder haben Familie, dann verhandelt Scott mit den Eltern, und die Kinder gehen nachts nach Hause. Aber sie dürfen nie wieder auf der Müllhalde arbeiten.

Scott brachte Lebensmittel zum Müllberg, und ich holte eine Flasche Sojamilch aus dem Lastwagen. Es waren etwa fünfzig Flaschen davon da, und ich wurde von etwa zweihundert Kindern bestürmt. Noch nie, wirklich *noch nie*, habe ich eine solche Verzweiflung gesehen, an eine Flasche Milch zu kommen. Gebe ich sie dem verhungernden Dreijährigen oder der schwangeren Frau mit den zwei Kindern auf dem Arm? Es war überwältigend. Mein Herz raste, und ich fühlte, wie Wut und gewaltiger Zorn in mir aufstiegen. Es war so ungerecht, so unfair – Verurteilung auf der ganzen Linie.

Die Kinder hielten meine Hand und führten mich durch die Kippe, und binnen dreißig Sekunden war ich über und über mit Fliegen bedeckt so wie alle anderen auch. Ich sprach mit Hilfe eines Übersetzers mit einer Gruppe von Kindern, und plötzlich ergriff ein kleiner Junge meine Hand. Er sah aus wie acht oder neun, könnte aber auch dreizehn gewesen sein. Es war kochend heiß, doch er war von Kopf bis Fuß in Schals eingehüllt, um die Fliegen von seinem Körper fernzuhalten. Was von seinem Gesicht zu sehen war, war dreckverschmiert. Ich blickte ihn an und erwartete, drei kambodschanische Worte von ihm zu hören: eines für Wasser, das andere für Essen, das dritte für Lernen, was bedeutet: Nimm mich mit zum Waisenhaus. Aber er sagte nichts. Er blickte mir nur direkt in die Augen und lächelte dieses winzig kleine Lächeln. Mit wurde ganz merkwürdig zumute, und ich lächelte zurück. Er drückte meine Hand, ließ sie los und ging davon. Aber er hatte etwas in meiner Hand zurückgelassen, dreckverschmiert.

Ich schnippte den Dreck weg, und es kam ein hellroter, herzförmiger, silberumrandeter Anhänger zum Vorschein. Er stammte wahrscheinlich von einem Uhrarmband. Das war einer der Augenblicke, die mich zutiefst demütig machten: Da bin ich wieder einmal und denke, dass ich die Welt rette. Und dann bekomme ich so etwas wie: ›Wirklich, Schätzchen? Denn ich denke, dass du es vielleicht bist, die im Moment ein bisschen Rettung braucht.‹ Dieses Kind kam zu mir und sagte im Kern: ›Denk daran, es geht um Liebe. Nur das ist es hier. Es geht um die Liebe.‹ Dieses Herz werde ich für den Rest meines Lebens bei mir behalten. Es erinnert mich jeden Tag daran, was meine Aufgabe ist.

Ich kann nicht alles ändern. Deswegen ist die Meditation so unverzichtbar, sie bringt mich ständig zum Ort der Akzeptanz. Meine Aufgabe ist es, mich in absoluter Liebe in die Erfahrung hineinzubegeben und jeder Person, mit der ich zu tun habe, die Erfahrung zu ermöglichen, dass die Liebe, die in mir ist, auch in ihr ist.«

Was ein Mensch zu tun vermag

Ein einziger Mensch *kann* etwas ändern, wie wir im Verlauf der Geschichte viele Male erlebt haben. Gewöhnlich halten uns nur unsere Unzulänglichkeitsgefühle oder Zweifel davon ab, etwas zu unternehmen. Rama hatte eine Vision, sie wollte Leute zusammenbringen. Die Folge war, dass fast zehntausend Bürger der damaligen Sowjetunion und der USA an ihren Citizen-Summit-Programmen teilnahmen. Doch als sie mit ihrer Arbeit begann, war sie Hausfrau und Yogalehrerin und hatte keine Ahnung, was oder ob sie überhaupt etwas tun konnte.

RAMA VERNON

»Der Kalte Krieg war auf seinem Höhepunkt. Wir schrieben September 1983, und vor kurzem war die zivile Boeing 747 der Korean Airlines durch die sowjetische Luftverteidigung abgeschossen worden, was uns an den Rand eines Atomkrieges brachte. Als ich meine Kinder ins Bett brachte, fragten sie: ›Mammi, werden wir jetzt in die Luft gejagt?‹ ›Nein, natürlich nicht‹, beruhigte ich sie und auch mich. ›Das würde unsere Regierung nie zulassen.‹ Und dann wurde ich im Rahmen meiner Arbeit als Yogalehrerin eingeladen, zusammen mit dreißig anderen Menschen zu einer Friedensmission in die Sowjetunion zu reisen. Also fand ich mich ziemlich unverhofft in Moskau wieder, mitten im *Reich des Bösen*, wie Reagan es tituliert hatte. Ich war in der Überzeugung erzogen worden, dass unsere Gedanken unsere Realität erschaffen. Und so ängstigte mich am meisten die Tatsache, dass Tausende von Amerikanern ebenso wie ich Angst hatten und wir genau das erschaffen würden, was wir fürchteten, wenn wir diese Angst beibehielten. Mir wurde klar, dass wir an den Klischeevorstellungen nur dann etwas ändern konnten, wenn wir die Leute von Angesicht zu Angesicht zusammenbrachten. Und da wir die Russen nicht in die Vereinigten Staaten bringen konnten, beschlossen wir, die Vereinigten Staaten nach Russland zu bringen.

Es dauerte etwa fünf Jahre, Vertrauen zu entwickeln und Verbindungen herzustellen, und dann konnten wir endlich die erste gemeinsame Konferenz durchführen. Danach unternahmen wir jeden Monat Reisen in die Sowjetunion. Im Verlauf dieser Entwicklung musste ich mich mit dem sowjetischen System auseinandersetzen. Ich hatte nicht mehr die Zeit, stundenlang zu meditieren, stattdessen brachte ich die Meditation in mein Handeln ein und meditierte, wann immer es ging, mit weit geöffneten Augen. Aber es war hart. Auf einer der Reisen regte ich mich sehr über den KGB auf. Wir hatten drei Konzerte mit Kris Kristofferson organisiert, und jedes Mal ließen sie es in letzter Minute platzen, als er schon auf der Bühne stand. In der Zwischenzeit führten sie mich fürstlich zum Essen aus. Ich tobte, als ich herausfand, was da vor sich ging. Ich ließ in Moskau Köpfe rollen. Ich rief sie total aufgebracht mitten in der Nacht an. ›Das reicht!‹, sagte ich. ›Das macht ihr nicht noch einmal. Ihr könnt mit diesen alten Mustern nicht weitermachen. Das funktioniert nicht.‹ Ich suchte einige der alten KGB-Leute auf und sagte: ›Ihr müsst *auf der Stelle* damit aufhören!‹ Ich sprach mit sehr, sehr lauter Stimme. Danach, so sagten sie, zitterten sie noch monatelang, wenn sie hörten, dass ich in Moskau war. Sie hatten Angst! Das war der Moment, in dem ich Zorn als Mittel zur Veränderung einsetzte.

Im Verlauf von sieben Jahren flog ich neunundvierzig Mal nach Russland. Bei unserem letzten Besuch sagte einer von Gorbatschows Leuten: ›Du hast dein Leben – alles – für unser Volk gegeben. Manche haben versucht, dir den Teppich unter den Füßen wegzuziehen oder dir den Dolch in den Rücken zu stoßen, aber du hast immer weitergemacht und dich durch nichts aufhalten lassen. Und jetzt ist unser Volk frei.‹ Doch gleichzeitig herrschte eine große Wirtschaftsdepression. Die Leute strömten auf der Suche nach etwas zu essen in die Städte. Wir saßen ohne Heizung in unserem großen Büro, trugen Handschuhe, waren in unsere Mäntel gehüllt und konnten unseren Atem sehen. Ich hatte sogar Angst zu weinen, weil ich befürchtete, meine Tränen könnten zu Eis erstarren. ›Ich bin traurig, weil die Leute hungrig sind‹, sagte ich. Und er erwiderte: ›Eure Mission hier war es, unser Volk zu befreien, nicht, es zu ernähren.‹

Ich hatte das Ganze nicht geplant. Ich hatte immer gedacht, wenn ich einfach meditieren und meinen inneren Frieden finden würde, sei dies das größte Geschenk, das ich der Welt machen konnte. Als die ganze Sache mit Russland anfing, wusste ich, dass sich mein Leben ändern würde, dass ich an den Rand des

Abgrunds trat. Ich hatte immer wieder diese Vision, dass ich mir meinen Weg durch diesen Dschungel bahnte, ihn mir frei schlug, bis ich schließlich an den Rand einer Klippe gelangte. Wenn ich von da aus nach vorn blickte, war die andere Seite weit, weit entfernt, blickte ich aber zurück, war der Weg hinter mir wieder verschlossen. Ich stand am Rande eines Abgrunds, der tiefschwarz unter mir klaffte, und die andere Seite war so fern, dass es eines Quantensprungs des Bewusstseins bedurfte, um sie zu erreichen. Diese Vision hatte ich vier Monate lang immer und immer wieder.

Schließlich nahm ich alle Kraft und Moral zusammen, alles, was ich nach Jahren der Yogadisziplin und Meditation in mir hatte – und selbst dann wusste ich nicht, ob ich den Mut aufbringen würde. Ich versammelte alles in mir, und ich erinnere mich, dass ich diesen Sprung machte im Wissen, dass ich mich unmöglich weit genug strecken konnte, um die andere Seite zu erreichen. Aber ich musste sie erreichen. Also sprang ich, und ich fiel nicht. Ich weiß nicht, wie ich zu diesem anderen Ort des Bewusstseins gelangte, aber ich überwand eine enorme Schranke der Angst in mir. Man kann diese Arbeit nicht machen, wenn man nicht bereit ist, alles zu geben. In späteren Jahren nannten mich die Sowjetgeneräle, mit denen ich es zu tun hatte, eine tapfere Frau, weil ich während einer Schwangerschaft viermal die Reise unternahm, und danach nahm ich meine drei Monate alte Tochter mit. Aber ich war nicht tapfer. Meine Knie zitterten vor Angst, ich könnte einen Fehler machen und den Leuten schaden.

Sich an die Front zu begeben wurde meine spirituelle Praxis. Beim Yoga nehmen wir eine Stellung ein und werden mit ihr vertraut, und dann gehen wir zur nächsten Stellung über, die für das Unbekannte steht. Dann wird diese zum Bekannten und wir gehen zu einer anderen Variation über, die wieder das Unbekannte ist. So erweitern wir ständig unser Bewusstsein, bis es keine Grenzen mehr gibt. Wenn sich unsere Grenzen in die Sicht auflösen, dass wir unsere Welt als eine globale Familie ansehen, können wir nie wieder gegeneinander Krieg führen. Wenn wir weiter die Verletzungen der Menschenrechte zulassen, dann halten wir das Problem durch unsere Untätigkeit aufrecht.«

Politischer Aktivismus

Politisches Handeln wird zutiefst von unseren Prinzipen und Überzeugungen beeinflusst. Die schreckliche Situation, die entstanden ist, als China in Tibet einmarschierte und die Herrschaft über dieses Land übernahm, hat die Wut und den Zorn vieler Menschen heraufbeschworen und zu sehr viel Gewalt und unzähligen Toten geführt. Tibet lag Kirsten immer sehr am Herzen, und als sich die Gelegenheit zu einer friedlichen Demonstration ergab, konnte sie nicht widerstehen. Chinesische Staatsdiener befanden sich im Mount-Everest-Basislager und probten den Fackellauf der olympischen Flamme durch Tibet. Die ganze Welt würde zusehen, und somit war dies die perfekte Gelegenheit, Aufmerksamkeit auf sich zu ziehen.

KIRSTEN WESTBY

»Ich sollte mich mit Tenzin Dorjee treffen, dem ersten Exil-Tibeter, der für eine Aufsehen erregende Protestdemonstration in die Region zurückkehren würde. Meine Aufgabe war es, ihn zum Basislager zu bringen, egal wie. Also flog ich nach China und hielt Ausschau nach einem Tibeter mit einem Blumenstrauß in der Hand, und er sollte nach einem Mädel mit einem orangefarbenen Halstuch Ausschau halten. Unsere Geschichte war, dass wir ein Liebespaar auf einer zehntägigen Urlaubsreise seien. Es gab noch andere in der Gruppe, aber sie sollten wir erst später treffen.

Am Morgen der Protestdemonstration meditierten wir sehr viel. Ich brauchte das für unser Vorhaben. Und auf dem eineinhalbstündigen Marsch zum Basislager sang Tenzin das Tara-

Mantra. Unser Protest richtet sich gegen den Plan der Chinesen, die olympische Flamme auf den Gipfel des Mount Everest und dann nach Lhasa und am Potala-Palast vorbei zu tragen. Wir wollten zeigen, dass Tibet kein Teil von China ist. Wir hatten ein Transparent, das wir in Teilstücken mit uns trugen. Auf einem Teil des Transparents stand auf Tibetisch und Chinesisch FREE TIBET. Allein das kann in Tibet mit zehn Jahren Gefängnis bestraft werden. Ich trug dieses Teil in meinem Büstenhalter versteckt. Als wir beim Basislager ankamen, war der Berg in Nebel gehüllt. Wir begannen zu beten und Mantras zu rezitieren, um die Berggötter zu ehren. Und plötzlich teilten sich die Wolken, es wurde windstill, und die Kameras konnten anfangen zu filmen. Die Sonne stieg über dem Gebirgskamm auf und schien auf uns herab. Wir entfalteten das Transparent, auf dem ONE WORLD ONE DREAM FREE TIBET 2008 zu lesen stand, und wir sangen die tibetische Nationalhymne. Das wurde live nach New York und zu Radio Free Asia übertragen, ein Sender, den die meisten Tibeter überall auf der Welt hören. Die Nationalhymne war seit dem Einmarsch der Chinesen vor über fünfzig Jahren nicht mehr öffentlich gesungen worden.

Doch trotz der guten Organisation wurden wir festgenommen und fünf Tage lang in China ins Gefängnis gesteckt. Sie transportierten uns in der Nacht in getrennten Fahrzeugen. Eine Polizistin flüsterte mir ständig ins Ohr: ›Du wist deine Familie nie wiedersehen. Du wirst den Rest deines Lebens im Gefängnis verbringen.‹ Das brachte mich nach nicht einmal zwanzig Minuten zum innerlichen Einknicken. Sie ließen uns zusehen, wie sie einen von uns in einen gesonderten Raum zerrten, und dann hörten wir Leute schreien. Wir hatten schreckliche Angst, gefoltert zu werden. Dann sah ich, wie alle außer mir aus den Fahrzeugen getrieben wurden, und ich hörte meine Freundin Shannon schreien: ›Hört auf – ihr tut mir weh!‹ Ich verlor die Nerven. Ich kletterte über jemanden hinweg, sprang aus dem Fahrzeug und begann um drei Uhr morgens in diesem Polizeihof inmitten von nirgendwo wie ein geköpftes Huhn herumzurennen und ihre Namen zu rufen. Ich bediente mich aller meiner Basketballmanöver, um mindestens zehn Polizeibeamten auszuweichen, die mich in die Enge zu treiben versuchten. Ich war völlig außer mir! Aber dann bekam ich mit, wie einer der anderen sagte: ›Denk an die Wellen, die sich jetzt gerade rund um die Welt ausbreiten. Die Leute hören von uns und beten für uns. Denk an all die Leute, die morgen früh etwas über Tibet hören und die vielleicht noch nie zuvor etwas darüber gehört haben. Halte dich einfach an die Wellen. Lass das hier gar nicht an dich ran.‹

Von diesem Augenblick an war ich wieder bei Sinnen. Ich war wieder in Verbindung, wieder in Kontakt mit mir. Es folgten etwa fünfundfünfzig Stunden Befragung. Sie ließen uns nicht schlafen, gaben uns nichts zu essen, steckten uns in einen sehr heißen Raum und erlaubten uns nicht, die dicken Sachen auszuziehen, die wir seit dem Basislager anhatten. Uns war also wirklich sehr heiß, und ich hatte nach zwölf Stunden holperiger Schleuderfahrt in den Fahrzeugen einen schrecklichen Ausschlag auf meinem Hintern. Aber ich hielt durch. Ich knickte nicht ein. Ich weinte nicht. Jeder von den anderen brach während dieser Zeit irgendwann mal kurz zusammen, nachdem ihnen die Wärter genügend Angst eingejagt hatten. Aber ich war tiefer in diesen stillen Ort in meinem Innern hineingegangen, und ich brach nicht noch einmal zusammen.«

Bei dem sein, was ist

Diese Geschichten zeigen eine scheinbare Widersprüchlichkeit, wenn sich »bei dem sein, was ist« mit dem tiefen Verlangen nach Veränderung verbindet. Einer unserer Meditationslehrer sagte, dass wir absolut im Frieden sein müssen mit dem, was ist, aber auch aufstehen und gegen Ungerechtigkeit protestieren sollen. Das ist die Vereinigung von Passiv und Aktiv, die Verbindung von

Sein und Tun. Im Akzeptieren von dem, was ist, finden sich Weite des Raumes und Nichtanhaftung. Wenn wir nicht akzeptieren, was ist, wenn wir dagegen kämpfen, gewinnt niemand. Innerhalb dieser Weite hat das kontemplative Handeln jedoch die Chance, eine wirkliche Veränderung herbeizuführen. Wenn wir bei dem sind, was ist, sind wir fähig, uns in Orte des Schmerzes und sogar der Folter hineinzubegeben und Zeuge zu sein.

BERNIE GLASSMAN

»Auschwitz steht als Paradebeispiel dafür, wie man andere loswird, indem man alle umbringt. Als ich zum ersten Mal ein Retreat in Auschwitz leitete, lud ich die unterschiedlichsten Leute ein: Kinder von Überlebenden, Kinder von SS-Offizieren und Lagerkommandanten, Zigeuner und Homosexuelle. Ich wollte eine möglichste große Vielfalt. In unserer Gesellschaft grenzen wir Leute aus, stecken manche ins Gefängnis, bringen manche um und gehen vielen aus dem Weg. Aber da saßen wir beisammen, tauschten uns aus, teilten miteinander. Und am Ende des Retreats waren wir in all unserer Vielfalt eine Familie. Zu versuchen, die Erfahrung des Einsseins mit dem Geschehen dort zu machen, war etwas sehr Beeindruckendes. Auschwitz führt dich zu einem Ort, wo du nicht rational ergründen kannst, was passiert, dein Geist kann es nicht begreifen, also sinkst du in dieses Nicht-Wissen, und wenn du dich an diesem Ort öffnest, erfährst du das Einssein.«

FLEET MAULL

»Die Leute kommen aus ganz Europa und den Vereinigten Staaten, es sind Christen, Moslems, Buddhisten, Juden, Menschen, die ihre Angehörigen in Auschwitz verloren haben. Wir hatten schon Kinder von ehemaligen KZ-Aufsehern da. Wir verbringen fünf Tage im Lager. Wir bilden Meditationskreise an einer ausgewählten Stätte und meditieren dort zweimal am Tag. Dann lesen wir die Namen der Menschen vor, die dort gestorben sind. Wir sprechen mehrere Male am Tag an verschiedenen Orten ein jüdisches Gebet für die Toten. Wir halten verschiedene religiöse Zeremonien ab und führen Reinigungszeremonien durch; wir gehen herum, sind Zeugen. Ich denke, die meisten Menschen, die kommen, haben eine Antenne für stilles Sitzen in irgendeiner Form, dem machtvollsten Kontext für so ein Retreat. Es zieht alle in seinen Bann. Es gibt noch andere Retreat-Elemente, aber das stille Sitzen an einer ausgewählten Stätte ist das, was alle wirklich in einer grundlegenden Weise zusammenbringt. Es ist die Hülle, die uns alle umfängt.«

Wenn wir Zeuge von – vergangenem oder gegenwärtigem – Schmerz werden und Zeugnis geben, schaffen wir Raum für Heilung. Der Schmerz wird wahrgenommen und vernommen, er wird bekannt. Der logische Verstand lässt sich nicht immer auf das anwenden, was wir beobachten. Stattdessen werden wir an diesen Ort des Nicht-Wissens geführt, von dem aus wir erfassen und akzeptieren können, was immer erfasst und akzeptiert werden soll. Das Wissen über etwas schafft Grenzen – es ist ein beschränkter Ort der Sicherheit. Das Nicht-Wissen belässt uns weit offen, aber damit auch weitaus zugänglicher.

ROSHI JOAN HALIFAX

»Was ist damit gemeint, im Nicht-Wissen sitzen? Es bedeutet, diesen Sitz oder diese Haltung der absoluten Offenheit und des Anfängergeistes einzunehmen, was christliche Mystiker als die Erfahrung von Liebe oder Nicht-Dualität bezeichnen oder als die Wolke des Nichtwissens. Dieses Nicht-Wissen ist etwas so Wunderbares und Frisches. Es ist kein Geist, der auf Konzepte oder Vorstellungen gründet oder unsere Gedanken und Überzeugungen konkretisiert. Es ist einfach nur sehr offen und empfänglich, so wie der Geist eines Kindes. In diesem Geist des Nicht-Wissens sind uns die Freuden und Leiden in dieser Welt gegenwärtig, ohne dass wir an unseren Vorstellungen über das Sein und die Beschaffenheit der Dinge haften. Aber Zeuge eines solchen Leidens zu sein, wirklich in jedem Augenblick präsent zu sein, verlangt mitfühlendes Handeln, welches die Fähigkeit ist, auf die Dinge so, wie sie sind, zu reagieren. Diese drei Prinzipien – im Geist von Nicht-Wissen zu verweilen, Zeuge zu sein und mitfühlend zu handeln – versetzen uns in die Lage, in jeder Situation Präsenz zu bewahren. Ich muss zum Beispiel in ein Krankenhaus gehen, um einen schwer kranken Freund zu besuchen. Ich betrete das Krankenzimmer im Bewusstsein des Anfängergeistes, im Geist von Nicht-Wissen, und kann dann Zeuge seiner Erfahrung sein, ohne ein Urteil darüber zu fällen. Darum geht es. Dann kann ich in einer Art und Weise reagieren, die vielleicht seiner Erfahrung eine gewisse Perspektive verleiht, um ihm zu helfen, bei dieser Erfahrung zu sein.«

Wenn wir Ungerechtigkeit beobachten, können wir auf dreierlei Art darauf reagieren: nichts tun, dem Unrecht mit Wut und Zorn begegnen oder mitfühlend und ruhig Zeuge sein und zugleich gegen die Ungerechtigkeit protestieren. Die Meditation verbindet uns so tief mit allen anderen Wesen, dass wir angesichts von Ungerechtigkeiten weder einfach dasitzen und nichts tun noch mit irgendeiner Art von Gewalt darauf reagieren können. Wir werden den unvermeidlichen Drang haben zu protestieren, doch so, dass kein weiterer Schaden angerichtet wird.

SYLVIA BOORSTEIN

»Am Vorabend des Einmarsches in Afghanistan wurde ich zum ersten Mal in meinem Leben verhaftet. Ich saß zusammen mit einer Gruppe von Geistlichen im Rahmen einer Friedensmahnwache in zivilem Ungehorsam vor dem San Francisco Federal Building. Alle Geistlichen waren in ihre geistlichen Gewänder gehüllt, um deutlich zu machen, dass hier religiöse Menschen knieten oder saßen. Wir wurden festgenommen, weil wir den Eingang blockierten, und dann zwei Stunden lang festgehalten.

Aber es demonstrierte, dass wir als Bestandteil unseres Engagements, die Wahrheit über das Leben und das Leiden zu erkennen und uns um die Menschen und die Missstände in der Welt zu kümmern, auch eine gesellschaftspolitische Haltung einnehmen mussten. Wir müssen hinausgehen und gegen politische Ereignisse Protest einlegen. Wir müssen uns in Streikpostenketten einreihen, Mahnwachen abhalten, uns an Friedensmärschen beteiligen und Petitionen unterschreiben. Meditation bedeutet nicht, dass wir uns von den Auseinandersetzungen fernhalten, sondern dass wir uns mit klarem Geist in sie hineinbegeben können, ohne Hass im Herzen, ohne andere Menschen zum Feind zu machen; sie bedeutet, eine Aussage zugunsten einer friedlichen Welt zu machen, die aus einem wirklich friedvollen Herzen kommt.

Meditation verpflichtet geradezu zum sozialen Handeln. Unsere Augen sind offen, wir können sehen, was in der Welt passiert. Es macht Angst, hinauszugehen und festgenommen zu werden, Handschellen angelegt zu kriegen und auf einem Betonboden sitzen zu müssen, aber die Meditation verleiht uns Stärke. Wenn Sie zusehen müssten, wie Ihre Kinder sich draußen gegenseitig umbringen, würden Sie das nicht einfach zulassen. Sie würden hinausrennen und sagen, dass sie damit aufhören müssen. Und ebenso müssen wir, wenn wir sehen, dass die Leute sich gegenseitig umbringen und die Welt ruinieren, rausrennen und sagen, dass sie das bitte nicht tun sollen. Und wir müssen das so tun, dass der Schaden nicht noch größer wird und sich ausweitet.

Ich bin einundsiebzig. Ich werde nicht mehr hier sein, wenn die Eiskappen endgültig abschmelzen. Aber ich kann dazu beitragen, dass sich etwas ändert. Wir teilen uns diese eine kleine Welt, und was auf der anderen Seite des Globus passiert, das passiert auch mir.«

Nicht reparieren, was gar nicht zerbrochen ist

Letztlich bedeutet kontemplativer Aktivismus, die Ganzheit in den Bruchstücken zu sehen, die Sicht der Einheit zu bewahren, auch wenn wir zugleich gegen die Unwissenheit protestieren, die auf Zerstörung aus ist. Im Kern ist nichts zerbrochen, muss nichts verändert werden, ist die Ganzheit gegenwärtig, wann immer wir uns dazu entscheiden, uns auf sie zu konzentrieren. Wir bewahren diese Sicht von der Gleichheit, so dass die Unwissenheit keine Kraft hat.

RABIA ROBERTS

»Ich habe festgestellt, dass etwas in Ordnung zu bringen oder zu helfen uns automatisch voneinander trennt: Du bist kaputt, ich repariere dich, und das heißt, ich bin besser als du. Der Welt dienen bedeutet, ich diene mit meinen Verwundungen, ich diene mit Demut und ich diene etwas Heiligem und nicht, weil es zerbrochen oder kaputt ist. Vor allem musst du erscheinen, einfach für den Schmerz, die Meinungsverschiedenheiten und Konflikte da sein. Das machten wir 1987 in Nicaragua. Dort wurde Krieg geführt, und wir begaben uns dorthin, um Zeugen des Leidens zu sein, dem die Menschen durch die von der US-Regierung unterstützten Contras ausgesetzt waren. Wir waren Beobachter, wir waren präsent, wir sahen und hörten. Die Meditation schult uns darin, präsent zu sein für Gedanken, Gefühle und Handlungen, ohne einzugreifen oder Einfluss zu nehmen. Dann können wir die Anteil nehmenden Fragen stellen: Woran leidest du? Was können wir für dich tun? Wir hören achtsam, aufgeschlossen und mit Respekt zu. Dies ist das Herzstück der Meditation – du kannst nicht meditieren, ohne willkommen zu heißen, was kommt, ohne alle Mauern einzureißen, all das Wissen beiseitezulassen, ohne zutiefst zuzuhören.«

Kontemplativer Aktivismus entsteht aus dem Gewahrsein, dass wir nicht anders sind als alle anderen. Wir alle sind Opfer der Gier und des Hasses, und wir haben alle die gleiche Fähigkeit, uns darüber zu erheben hin zu einem Ort des Gebens, der Anteilnahme und Fürsorge. In seiner reinsten Absicht bedeutet Aktivismus schlicht, dass wir Gewahrsein, Mitgefühl und Schönheit zu den Orten bringen, die dies brauchen.

❋ ELIAS AMIDON ❋

»Ich habe festgestellt, dass die Menschen, die ›wahre Gläubige‹ oder Fundamentalisten sind, also ihre spezielle Sichtweise sehr heftig vertreten, im Kern ihrer Überzeugungen etwas haben, das ihnen sehr kostbar, sehr lieb und teuer ist. In gewisser Weise sind wir im innersten Kern alle unschuldig. Da gibt es ein innerstes weiches Herz, auch wenn es noch unausgereift ist, auch wenn die Menschen verwirrt, verloren oder verdreht sind. Da gibt es etwas, das ihnen zutiefst am Herzen liegt.

Wir sind ein Ausdruck dieser wunderschönen Stille, die sich hinter allem verbirgt. Die Sufis haben ein Wort, *ishan*, das unter anderem mit ›Vervollkommnung‹ oder ›hervorragende Leistung‹ übersetzt wird. Aber ich bevorzuge die Übersetzung ›das Schöne tun‹. Dass also jede Geste unseres Lebens, auch wenn sie nichts zu ändern vermag, wenigstens Schönheit in sich birgt. Mehr können wir nicht tun. Dann steht die Schönheit unseres Lebens in Einklang mit der Schönheit dieses Universums und vermehrt sie noch. Die Meditation befindet sich im Kernpunkt davon, denn es geht bei ihr nicht nur um das stille Sitzen, sondern darum, diese grundlegende Unterscheidung zwischen dem Ich und dem anderen zu durchbrechen, sich von dieser Begrenzung zu befreien. Das kann durch das stille Sitzen geschehen, es kann aber auch passieren, wenn wir uns mitten in Aktion befinden. Deshalb kann ich keine wirkliche Trennung zwischen Meditation und kontemplativer Aktion erkennen.«

Praxisübung
Die Kluft der empfundenen Andersartigkeit überbrücken

❋ VON ELIAS AMIDON & RABIA ROBERTS ❋

Jeglicher Aktivismus beinhaltet Engagement. Wir antworten auf einen inneren Ruf, uns zu kümmern, Leiden zu lindern und unser Leben zu einem Segen für andere zu machen. Die meisten Formen von Aktivismus bringen Begegnungen mit denen mit sich, die wir als »anders« betrachten – Menschen oder Gruppen, mit denen wir nicht einverstanden sind und die in uns Unbehagen auslösen. Der kontemplative Aktivismus ist bestrebt, diese Kluft der empfundenen Andersartigkeit zwischen Menschen zu überbrücken und eine Heilung auf persönlicher und gemeinschaftlicher Ebene zu unterstützen. Diese Praxis ermöglicht uns, ein solches Verständnis auf unser eigenes Leben anzuwenden.

Den anderen identifizieren

Sitzen Sie bequem an einem stillen Platz. Sie können eine Ihnen vertraute Meditationstechnik verwenden, um Ihren Geist zur Ruhe zu bringen. Wenn Sie bereit sind, fragen Sie sich: Wer ist der/die/das »andere« in meinem Leben? Wen lehne ich ab, wem vertraue ich nicht oder bei wem fühle ich mich nicht sicher? Sehr wahrscheinlich wird dies eine Person sein, der Sie gewöhnlich aus dem Weg gehen.

Kontakt herstellen

Geloben Sie nun, zu dieser Person oder Gruppe auf angemessene Weise Kontakt herzustellen. Das kann beinhalten, dass Sie mit Obdachlosen reden oder mit einem Angehörigen einer Gruppe, deren Überzeugungen Sie radikal ablehnen. Das kann auch bedeuten, dass Sie Kontakt mit einem Familienangehörigen aufnehmen, der Ihnen Schmerz zugefügt hat und dem Sie sich entfremdet haben. Gleich wofür Sie sich entscheiden: Setzen Sie einen Zeitpunkt und einen Ort für die Kontaktaufnahme fest.

Ihren Vorsatz umsetzen

Beginnen Sie den Tag, an dem Sie Ihr Gelübde erfüllen, mit einer Kontemplation, in deren Verlauf Sie sich schwören, dem anderen frei von Urteilen und Schuldzuweisungen aufmerksam zuzuhören. Atmen Sie ruhig und ruhen Sie in Ihrem essenziellen Zustand von Nicht-Wissen – in Anbetracht der Tatsache, dass wir nur selten die Wahrheit über das Leben anderer Menschen aus deren Sicht kennen. Dies ist eine Gelegenheit, die direkte Erfahrung von der Realität des Lebens eines anderen zu machen, ohne dass wir reagieren oder etwas in Ordnung bringen müssen. Wenn Sie sich dann tatsächlich treffen, möchten Sie vielleicht erklären, warum Sie diese Begegnung wünschten – zum Beispiel, weil Sie die betreffende Person ohne Streiterei besser verstehen möchten.

Von Anteilnahme und Interesse geprägte Fragen stellen

Jetzt sind Sie bereit, die Kluft der empfundenen Andersartigkeit zu überbrücken. Stellen Sie nun einfach Fragen, die allmählich enthüllen, was dieser Person am wichtigsten ist. Der Schlüssel zu diesen Fragen findet sich in Ihrer Fähigkeit, aufmerksam und urteilsfrei zuzuhören. Beim Zuhören nehmen Sie vielleicht den Schmerz wahr, den diese Person ertragen hat, den Schmerz der Enttäuschungen oder des Kummers oder des Wunsches nach Glück. Oder Sie nehmen wahr, was sie am meisten wertschätzt und wie diese Wertvorstellungen ihr Handeln beeinflussten. Wenn in Ihnen der Wunsch aufsteigt, etwas richtigzustellen oder etwas einzuwenden, nehmen Sie dieses Gefühl wahr und atmen weiter, bis es verschwunden ist.

Dies ist Ihre Praxis: Ihre Präsenz im Angesicht dessen, was Sie nicht wissen, kennen oder verstehen. Seien Sie sanft – Sie versuchen hier nicht, irgendjemanden von irgendetwas zu überzeugen. Der urteilsfreie Kontext Ihrer Anteil nehmenden Fragen eröffnet einen Raum, in dem jede Art von Offenbarung zum Vorschein kommen kann. Der Kernpunkt dieser kontemplativen Begegnung besteht nicht darin, jemandes Anschauung zu ändern. Es geht darum, die Kluft der empfundenen Andersartigkeit zu überbrücken und zuzulassen, dass sich Gelegenheiten und Möglichkeiten zur Heilung auftun.

Kann Meditation die Welt verändern?

Wenn wir die Realität in zwei Lager aufteilen – in ein gewalttätiges und ein gewaltloses – und dann in dem einen Lager stehen und das andere angreifen, wird die Welt nie Frieden haben.

THICH NHAT HANH

Um herauszufinden, ob Meditation auf die Welt Einfluss nehmen oder sie sogar verändern kann, müssen wir erkennen, was in unserer Welt scheinbar nicht in Ordnung ist und was, wenn überhaupt etwas, der Änderung bedarf. Es gibt so manche, die glauben, die Welt sei genau so, wie sie gedacht ist, und wir würden wichtige Lektionen lernen, indem wir uns in schwierigen und herausfordernden Situationen behaupten müssen. Oder sie glauben, es gebe einen vorbestimmten Plan, der größer ist, als dass ihn irgendwer von uns kennen könnte. Vielleicht ist das alles wahr, vielleicht auch nicht.

Wie immer die Situation auch sein mag, das Leben auf unserem Planeten macht nicht immer den Eindruck, als ob es göttlich geplant sei. Natürlich erleben wir Zeiten großer Freude, des Staunens, Lachens und der Schönheit. Wir sind gesellige Geschöpfe, und viele, wenn nicht alle, dieser guten Zeiten verdanken wir unseren Beziehungen untereinander und ganz besonders der Liebe. Aber es gibt auch viele Zeiten, in denen wir nicht so nett sind und einander in einer Weise behandeln, die unsere Geselligkeit Lügen straft. Wir werden dafür angegriffen, dass wir zu einer anderen Rasse gehören oder eine andere Hautfarbe haben, Frauen und Kinder werden vergewaltigt und misshandelt, wir wenden uns von einem Fremden ab und verweigern ihm Hilfe aus Angst davor, was die anderen sagen, und unzählige Menschen sind obdachlos und verhungern.

ED

»Ich bin Jude, und du bist es nicht – als Kinder durften wir nur mit Menschen Umgang haben, die so waren wie wir. Ich durfte keinen Freund nach Hause bringen, der kein Jude war, geschweige denn bei einem nichtjüdischen Freund essen. Ich wurde gelehrt, alle zu fürchten, die anders waren.«

Trotz dieser gegenseitigen Missachtung und tiefen Vorurteile würde uns ein Blick zurück in die Zeit überraschen: Wir würden feststellen, dass wir jetzt tatsächlich besser und netter miteinander umgehen als je zuvor. In der Vergangenheit waren wir noch viel barbarischer und respektloser gegenüber dem Leben.

ANDREW COHEN

»Im Verlauf der Geschichte machte der Mensch extrem brutale Erfahrungen. Wer zum Beispiel zu Beginn der Renaissance in Europa lebte und gegen ein Gesetz verstieß, dem konnten die Genitalien abgeschnitten oder der Bauch aufgeschlitzt werden. Zur Zeit Shakespeares wurden die Köpfe der getöteten Feinde oder Verbrecher auf Piken aufgespießt und zur Schau gestellt, um die Bevölkerung in Schach zu halten. Zur Zeit des Römischen Reiches bestand ein allgemeines Vergnügen darin, zuzuschauen, wie Menschen bei lebendigem Leibe von Löwen gefressen wurden. Wir werden also trotz all der unaussprechlichen und grauenhaften Gräueltaten in unserem Zeitalter tatsächlich zivilisierter.«

So beruhigend es auch sein mag, dass wir nun freundlicher zueinander sind als früher, so bedarf es doch noch einiger evolutionärer Weiterentwicklung, bis wir unsere Abneigung überwinden und uns grundsätzlich wertschätzen und umeinander kümmern.

Was ist denn der Grund für unsere gegenseitige Missachtung? Was schafft so viel Isolation, Einsamkeit und Trennung, bei der wir Menschen, die anders sind als wir, als den Feind ansehen? Warum gehen wir mit solcher Rücksichtslosigkeit und Abneigung gegeneinander vor? Ist dies darin begründet, dass wir unsere verborgenen Ängste auf andere projizieren und sie damit zu einem Problem machen, das ausgerottet werden muss, statt dass wir erkennen, dass die Angst und Intoleranz in uns selbst zu finden sind?

JON KABAT-ZINN

»Wir müssen lernen, den roten Teppich für unsere eigene Schattenseite auszurollen. Denn wenn wir sie unterdrücken, projizieren wir sie auf andere und haben es dann mit dem Syndrom ›wir gegen sie‹ zu tun: Wir haben Recht und sie nicht, also lasst sie uns umbringen, bevor sie uns umbringen.«

Nachdem wir die »anderen« so sehr bekämpft haben, um den Feind zu vernichten oder unser eigenes Überleben sicherzustellen, treten wir nun in eine Zeit ein, in der dieses Bekämpfen zu unserem Niedergang beiträgt. Viele unserer aktuellen Probleme, seien sie nun sozialer, umweltbedingter oder globaler Art, können wir nur bewältigen, wenn wir unsere Vorurteile ablegen und zusammen statt gegeneinander arbeiten.

GANGAJI

»Mir scheint, dass wir kurz vor einem evolutionären Sprung stehen und dass das, was wir die ›Bedingungen menschlicher Existenz‹ nennen, ein Auslaufmodell ist. In früheren Zeiten schien es sehr nützlich zu sein, als wir noch um ein Stück Nahrung, um unser Territorium oder um Obdach kämpfen mussten. Vielleicht ist sie einfach in uns eingebaut, diese Einstellung, dass ich an erster Stelle komme oder mein Stamm oder meine Nation und dass ich andere angreifen muss aus Angst, mir könnte etwas weggenommen werden. Aber im Grunde können wir eine kooperativ gesinnte Welt haben, in der wir aufeinander achten, weil wir uns alle gegenseitig für unser Überleben brauchen. Früher mussten wir die Oberhand übereinander gewinnen, um unser Überleben zu sichern; jetzt müssen wir eine völlig neue Art finden, uns aufeinander zu beziehen, und dafür brauchen wir einander.«

Die Wurzeln unserer Missachtung und Gleichgültigkeit

Damit wir zusammenkommen können, müssen wir zum einen die Tatsache unserer essenziellen wechselseitigen Verbundenheit akzeptieren. Darüber hinaus müssen wir erkennen, dass die Hauptgründe für unsere gegenseitige Missachtung unsere Selbstsucht sowie unser Wunsch sind, die Dinge mögen anders sein, als sie sind. Damit meinen wir die Unzufriedenheit mit dem, was ist, und unseren Glauben, dass mit unserer Welt etwas nicht stimmen kann, wenn wir nicht glücklich oder im inneren Frieden sind. Wir werden nur dann glücklich sein, wenn wir andere Leute oder unsere Lebensumstände in bestimmter Weise ändern können. Schauen wir uns unseren Wunsch, dass die Dinge anders sein mögen, und sei er auch noch so subtil, genauer an, finden wir Widerstand, Unbehagen, Abneigung und Konflikt. Die Überzeugung, das Gras ist anderswo grüner, bestimmt einen Großteil unseres Lebens – dieses unterschwellige Suchen, Verlangen nach einem Leben, einem Partner und einer Arbeit, die nicht das sind, was wir schon haben.

Die Gesellschaft beutet dieses Begehren und Wünschen perfekt aus. Man kann kaum eine Zeitung lesen oder eine Fernsehsendung sehen, ohne sich mangelhaft und minderbemittelt zu fühlen: Wir haben nicht die richtigen Klamotten oder machen unsere Arbeit nicht gut genug oder haben die falsche Haarfarbe oder benutzen das falsche Deodorant oder wissen nicht, wie man richtig Liebe macht – und deshalb stimmt in unserem Leben nichts. Und das alles könnte leicht dadurch gelöst werden, dass wir mehr bekommen, egal was, einfach nur mehr, das reicht schon. Wir möchten, wir bekommen, und wir möchten noch immer.

ED BEGLEY JR.

»Wir könnten eine vernünftigere und glücklichere Welt schaffen, wenn wir es einfach ein bisschen langsamer angehen und uns weniger darauf konzentrieren würden, noch mehr Zeug zu wollen oder zu brauchen. Wenn Zeug uns glücklich machen würde, dann würde man im reichen Bel Air nur glückliche und auf den Fidschi-Inseln, wo die Menschen nichts haben, nur unglückliche Menschen antreffen. Aber ich war auf den Fidschis, und da gibt es eine Menge glückliche Menschen. Ich habe noch nie einen Leichenwagen mit Dachgepäckträger gesehen. Wir müssen vom Zeug wegkommen und das wertschätzen, was da ist.«

Die Welt, in der wir leben, kreist um die Selbstsucht. Wir sehen das in der Politik: Land ist wichtiger als die Menschen, und die Menschen werden der Obdachlosigkeit überlassen, die Arzneimittel den Bedürftigen vorenthalten, weil sie den Preis dafür nicht bezahlen können, oder Getreide wird zum Verkauf, aber nicht zur Ernährung angebaut, so dass die Arbeiter Hunger leiden. Dasselbe spielt sich in unseren eigenen Familien ab, wenn wir uns streiten und Familienmitglieder nicht mehr miteinander sprechen, oder auch in uns selbst, wenn wir uns von den Bedürftigen abwenden. Wir strecken nur selten die Hand aus, wenn es nicht um unsere eigenen Interessen und Wünsche geht.

Die Erfahrung des Sitzens in stiller Betrachtung lässt uns die Verführung, die in solchen Wünschen steckt, bald durchschauen.

Sie lässt uns die Unersättlichkeit der meisten unserer Bedürfnisse erkennen und sehen, wie sie, oft auf Kosten unserer Beziehungen oder auch unserer geistigen Gesundheit, unser Leben dominieren. Zwar befreit uns die Meditation nicht völlig von unseren Bedürfnissen, aber sie befreit uns vom Wunsch nach ihrer Erfüllung.

❋ DEB ❋

»Ich saß in einer Meditationsgruppe, als einer der anderen Teilnehmer zu unserem Lehrer Chime Rinpoche sagte, dass er nicht mehr meditieren wolle. Nach dem Grund gefragt, gab er zur Antwort, er wolle nicht aufhören, Dinge zu wollen, und je mehr er meditierte, desto weniger Wünsche habe er. Chime lachte und sagte: ›Ganz so ist es nicht. Ich will immer noch Dinge. Ich will immer noch bei meiner Frau sein, ich will Essen auf dem Tisch, und ich will bequeme Kleidung tragen können. Der einzige Unterschied ist der, dass es mir nichts ausmacht, wenn ich diese Dinge nicht bekomme.‹«

Wenn wir uns wünschen, dass die Dinge anders sein mögen, oder wenn wir mehr haben wollen, dann geht es um die Zukunft. Die Meditation führt uns zu einem tieferen Ort der Akzeptanz dessen, was in diesem Augenblick ist. Hier lösen sich das Wollen und Begehren auf, denn in diesem Augenblick sind wir absolut vollständig, so wie wir sind.

❋ PETER FENNER ❋

»Wir sehen, wie unser konditionierter Geist funktioniert. Wir sehen, wie wir gewohnheitsmäßig denken und fühlen, dass die Dinge anders sein sollten, als sie sind. Wir kämpfen gegen die Realität, und das erzeugt all unser Leiden. Die Meditation gibt uns die Gelegenheit, die Verrücktheit dieses Denkens zu erkennen, dass die Dinge in diesem Augenblick anders sein könnten oder sollten, als sie sind. Wir sagen: ›*Wow*, was passiert hier? Es gibt nur dies. Dieser jetzige Augenblick kann nicht anders sein, denn es ist so, wie es ist.‹ Wir erkennen, dass diesem Augenblick nichts hinzugefügt und auch nichts weggenommen werden kann. Diese Erkenntnis zerstört unsere Phantasien und alle unsere Kämpfe und Mühen; wir sehen, dass das Hier und Jetzt alles ist, was es gibt, und dass wir tatsächlich nicht mehr brauchen als das.«

Die Meditation macht es möglich, dass wir nicht mehr von Gier oder Selbstsucht beherrscht werden, sondern auf eine tiefere, von allen äußeren Dingen unabhängige Ebene der Zufriedenheit und des Glücks gelangen. In dem Maße, wie unser Gewahrsein von unserer Ego-Natur wächst, verlieren das Wünschen, die Suche nach Vergnügen oder die Wahnvorstellung, dass irgendetwas oder irgendjemand uns für immer glücklich machen könnte, ihren Stellenwert.

TARA GUBER

»Alle wollen, was sie nicht haben. Das Geschenk der Fülle liegt im Wissen, dass uns das nicht glücklich macht. Wenn ich in einer einsamen Hütte mitten im Wald ohne Strom oder Kommunikationsmöglichkeiten lebte und du in einer reich ausgestatteten großen Villa, dann hätten wir beide die gleiche Chance, glücklich zu sein, weil es nicht darum geht, was wir haben oder nicht haben, weil es nicht die Dinge sind, die uns glücklich machen.«

Alles ist ein Kommen und Gehen

In der Gier und dem Wunsch, die Dinge mögen anders sein, findet sich eine versteckte Ironie, nämlich die Tatsache, dass nichts von Dauer ist; alles ändert sich fortwährend. Wir kriegen, was wir wollen, aber dann ist es verschwunden. Es ist die Realität der Vergänglichkeit, dass sich die Welt um uns herum seit dem letzten Augenblick schon wieder verändert hat. Irgendwo sind Blätter heruntergefallen, wurden Babys geboren, sind Menschen gestorben, sind Wolken vorbeigezogen. Veränderung ist immer. Wir sind in diesem Augenblick nicht die, die wir letztes Jahr, letzte Woche, gestern, ja noch vor einer Minute waren. Unsere Gefühle haben sich schon wieder geändert, unsere Gedanken sind andere, manche unserer Zellen sind abgestorben, während andere produziert wurden.

Kürzlich nahmen wir an einem Gedenkgottesdienst für eine liebe Freundin teil, die ganz plötzlich gestorben war. Es war eine Feier ihres Lebens und erinnerte uns wieder einmal daran, wie kostbar das Leben ist – die eine Minute hier und in der nächsten schon verschwunden. Aber diese Realität ist so schwer zu akzeptieren! Da gibt es die Geschichte von der Frau, deren einziger Sohn stirbt und die in Tränen aufgelöst den Buddha aufsucht. Sie fleht ihn an, ihren Sohn ins Leben zurückzubringen, der Schmerz über seinen Tod ist mehr, als sie ertragen kann. Schließlich willigt der Buddha ein. Er sagt, er wird den Jungen ins Leben zurückbringen, wenn die Frau ihm ein einziges Senfkörnchen aus einem Haus bringen kann, in dem noch nie jemand gestorben ist. Die verzweifelte Frau eilt davon und geht nun von Haus zu Haus auf der Suche nach einem, in dem noch nie der Tod Einkehr gehalten hat. Natürlich kann sie ein solches Haus nicht finden.

Obwohl die Vergänglichkeit traurig macht, verbindet sich doch auch große Freude mit ihr, denn im Wissen, dass es so ist, wie es ist, liegt eine ungeheure Freiheit: Das ist der Rhythmus des Lebens, der Fluss, in dem alle Dinge kommen und gehen. Die Vergänglichkeit ist ein Merkmal jeder Situation, jeder Begegnung, jeder Beziehung, jeder Stimmung oder auch jeder Idee, jeder Enttäuschung oder jedes Überschwangs. Unser Widerstand gegen die Vergänglichkeit und die damit einhergehende Angst vor Veränderung lassen uns versuchen, alles möglichst solide und von ewiger Dauer erscheinen zu lassen.

MARK MATOUSEK

»Im ganz Kleinen und Stillen fühlt sich die Vergänglichkeit wie der Grund des Seins an, mehr schön und Ehrfurcht erregend als Angst einflößend. Der Teil des Geistes, der sich in der Meditation selbst sieht, fürchtet sich nicht mehr vor der Vergänglichkeit als der Fisch vor dem Wasser. Es sind nur die Teile des Geistes, die nicht schwimmen können – Angst, Klammern, Selbstbesessenheit, Kontrollsucht –, die untergehen, besiegt von der Wahrheit der Vergänglichkeit.«

Stellen Sie sich einmal vor, alles wäre von Dauer. Stellen Sie sich vor, alles bliebe immer gleich: Dann gäbe es keine Schmetterlinge, keinen Vollmond, keine Kirschblüten und keine Kirschen. Die Vergänglichkeit ist unsere Realität, und wenn wir uns gegen sie wehren, wehren wir uns gegen den Sinn unseres Daseins, der darin besteht, dass wir uns immer weiterentwickeln oder zu mehr werden, als was wir zuvor waren.

Wie Meditation das Bild verändert

YONGEY MINGYUR RINPOCHE

»Wer macht Probleme? Wir Menschen. Und wer beherrscht und kontrolliert die Menschen? Der Geist. Und wie beherrschen und kontrollieren wir den menschlichen Geist? Durch Meditation. Wenn du den Piloten nicht unter Kontrolle hast, kann der Pilot das Flugzeug nicht kontrollieren.«

Die Meditation lässt uns den Geist kontrollieren, weil sie uns an einen Ort der klaren und Anteil nehmenden Reaktionsfähigkeit führt. Sie ist diese kostbare Aktivität, die Leiden zu lindern vermag und uns gleichzeitig das Gewahrsein verleiht, um über die Selbstbezogenheit und die Selbstzerstörung, die das Leiden verursachen, hinauszugehen. Sie entfernt die Hindernisse in unserem Geist, die uns davon abhalten, die Dinge so zu sehen, wie sie wirklich sind, und befreit uns zu mehr Güte und Mitgefühl. Mit anderen Worten: Sie erweckt uns zu unserem vollen menschlichen Potenzial.

MARK MATOUSEK

»Albert Einstein beschrieb die menschliche Ichbezogenheit als eine Art optische Täuschung des Bewusstseins. Unsere Besessenheit vom physischen Überleben hindert uns daran, über diese primitive Ebene hinauszusehen, und darum ist die Meditation so phantastisch. Wenn wir uns unter diese animalische Ebene begeben, entdecken wir eine Art, zu sehen und zu sein, die unermesslich weiter, einbeziehender, liebevoller und dauerhafter ist als der ängstliche, auf Selbstschutz bedachte Aspekt des Geistes, dessen wir uns normalerweise bedienen. Ohne Meditation, Gebet, Yoga oder irgendein Werkzeug, mit dem wir durch den selbstsüchtigen Aspekt des Geistes hindurch zu unserer umfassenderen Natur gelangen, sind wir dazu verdammt, im animalischen Aspekt des Geistes zu verharren.«

Es ist ganz einfach: Je mehr die Meditation Teil unseres Lebens wird, umso mehr ändern und entwickeln wir uns. Je mehr wir uns ändern und entwickeln, desto mehr wird die Gesellschaft umgewandelt und bewegt sich die Welt in Richtung eines nachhaltigeren, weiseren und liebevolleren Aufenthaltsortes. Und um diese Ereigniskette in Gang zu setzen, brauchen wir nichts weiter zu tun, als achtsam zu sein.

SYLVIA BOORSTEIN

»Bei der Meditation geht es darum, den Geist von Verwirrung frei zu halten. Sie beruhigt unsere Nerven, ist gut für unseren Blutdruck, klärt unsere inneren psychischen Dramen und hilft uns, mit unserer Familie und Gemeinschaft zurechtzukommen. Darüber hinaus ermöglicht sie uns die echte und tiefe Erkenntnis, dass wir unser Leiden und das Leiden der Welt einzig dadurch lindern können, dass wir uns einen klaren Geist bewahren.«

Indem wir Achtsamkeit walten lassen, sind wir nicht länger ein Opfer unserer Unwissenheit oder unserer selbst auferlegten Beschränkungen. Eine solche Vertiefung des Gewahrseins und Verständnisses ist unabdingbar, wenn wir der Rücksichtslosigkeit und der Gewalt ein Ende setzen wollen, die so viele Leben zerstören und so viel unnötigen Schmerz und Kummer verursachen.

MARSHALL B. ROSENBERG

»In sechzig Prozent der Fernsehsendungen, die Kinder sehen, tötet der Held jemanden oder schlägt jemanden zusammen. In unseren Geschichtsbüchern lesen wir von den guten Amerikanern, die unschuldige Leute töteten. Ich glaube, wenn wir mehr Einfühlungsvermögen uns selbst gegenüber entwickeln, können wir innehalten und dieses zu Gewalt führende Denken umwandeln. Das ist ein sehr wichtiger Aspekt für den Frieden auf unserem Planeten. Wir müssen uns jeden Tag Zeit nehmen, um uns daran zu erinnern, wie kostbar mitfühlendes Geben und Empfangen ist. Wenn wir mit anderen Leuten gewalttätige Spiele gespielt haben – mit Schuldgefühlen, Beschämung, Wut oder Bestrafung gespielt haben –, können wir auf eine Art und Weise darüber Trauer empfinden, die uns verändert und eine warmherzigere, sozialere Welt schafft.«

Wir haben schon viele Wege ausprobiert, um der Welt Frieden zu bringen. Wir haben Organisationen wie die UNO und die NATO geschaffen, haben Verträge unterzeichnet, Gipfeltreffen und endlose Konferenzen abgehalten, doch wir haben es immer noch mit Schwierigkeiten und Meinungsverschiedenheiten zu tun. Der Kampf der Egos, die Gier nach Macht triumphieren über die Menschlichkeit, und alter Hass trennt den einen vom anderen. Was braucht es, damit wir in gutem Willen zusammenkommen und echten Frieden schaffen? Ist die Meditation das fehlende Element?

Sie ermöglicht es uns, in Teile oder Bereiche des Geistes einzutreten, die wir uns selten zunutze machen, und führt uns dadurch zu höheren und erweiterten Bewusstseinszuständen. Diese Erweiterung gibt uns die Möglichkeit, das, was uns trennt, zu transzendieren. Der Übergang vom Gewahrsein des Selbst zu etwas anderem als dem Selbst gibt unserer Denkweise eine unermessliche Weite. Plötzlich sind da unendliche Möglichkeiten, wir sind nicht länger durch eine beengte Weltsicht eingeschränkt, sondern sehen ein größeres, sehr viel umfassenderes Bild.

JOHN HAGELIN

»Kurzsichtigkeit, Engstirnigkeit, Bigotterie und Gleichgültigkeit gegenüber der Natur sind allesamt Manifestationen eines verengten Gewahrseins, das aus einem Mangel an Erfahrung von unserer grundlegenden Einheit herrührt. Die moderne Physik hat uns gezeigt, dass der ganzen Vielfalt des Universums letztlich ein Feld aller Naturgesetze zugrunde liegt, ein nicht-materielles, mit sich selbst interagierendes, sich seiner selbst gewahr seiendes Feld von grenzenloser dynamischer Intelligenz – ein Feld der Einheit. Die Meditation gewährt uns die Erfahrung von dieser zugrunde liegenden Einheit und löst zugleich die Spannungen, die unser Verständnis behindern. Unser von Teilung beherrschtes Bewusstsein wandelt sich durch die Meditation zu einem von Einheit und Harmonie beherrschten Bewusstsein – zur unmittelbaren Erkenntnis, dass wir alle eins sind. In diesem geeinten Gewahrsein wird das ›Liebe deinen Nächsten wie dich selbst‹ zur lebendigen Realität und ein machtvolles Werkzeug für das kollektive Bewusstsein, um die Gewalt und die Konflikte in der Gesellschaft zu mindern und zu lindern und damit eine pragmatische Grundlage für den Weltfrieden zu liefern.«

Kann Meditation die Welt retten?

Wenn wir etwas in unserer Lebensführung, im Umgang miteinander und in der Art und Weise, wie die Welt funktioniert, verändern, dann verkörpern wir ein Gewahrsein, welches besagt: So wie ich bin, so ist auch die Welt. Die Welt ist, wer ich bin, so wie ich auch alle Wesen bin. Alles, was ich denke, sage und tue, wirkt sich auf alles und alle anderen aus, so wie sie sich auch auf mich auswirken. Eine Veränderung in nur einem von uns beeinflusst uns alle. Dieses Bewusstsein erfordert ein neues Verständnis und eine neue Herangehensweise sowohl an die persönlichen Belange als auch an die Belange der Welt. In diesem Kontext fragten wir die Beitraggeber zu diesem Buch, ob Meditation die Welt tatsächlich retten könne, womit gemeint ist: »Könnte sie uns genügend verändern, um uns vor weiterer Zerstörung und noch mehr Leiden zu bewahren?«

TIM FREKE

»Der Gedanke, dass Meditation die Welt retten könnte, klingt paradox, da das Retten der Welt eine so aktive und Meditation eine scheinbar so passive Angelegenheit ist. Wenn wir überlegen, wie man die Welt vor Umweltkatastrophen, Krieg, Überbevölkerung, Hungersnot und so weiter bewahren kann, dann nehmen wir gewöhnlich an, dass wir aktiv etwas tun müssen. Und natürlich müssen wir handeln, um Dinge zu retten und zu bewahren. Aber eigentlich ist eine Transformation des Bewusstseins notwendig, so dass wir auf eine Art und Weise arbeiten, die die Dinge wirklich zum Besseren wendet. Und Meditation ist zweifellos eine sehr direkte Methode, mit deren Hilfe wir unser Bewusstsein transformieren können.«

Angesichts der fortgesetzten Konflikte zwischen und in den Familien und Nationen, des fortwährenden Machtmissbrauchs und des sich daraus ergebenden Elends für so viele hat es den Anschein, dass wir wirklich eine grundlegende Bewusstseinsveränderung und eine Verpflichtung auf unser eigenes Erwachen brauchen. Und zwar brauchen wir dies jetzt.

❋ JACK KORNFIELD ❋

»Wir müssen nicht die Welt retten, denn die Welt als Ganzes gesehen ist in Ordnung. Wir müssen die Menschheit retten. Und in diesem Zuge müssen wir damit aufhören, alles, was um uns herum ist, zu zerstören und zu schädigen. Die Meditation hilft uns, zur Furchtlosigkeit, zum Mitgefühl und zur Verbundenheit mit allem Leben zu erwachen. Und diese Bewusstseinstransformation ist jetzt von absolut entscheidender Bedeutung. Es ist höchste Zeit dafür. Das sichtbare Leiden, das aus der Trennung voneinander entsteht, ist so gewaltig, dass fast jedermann diese Notwendigkeit spürt. Wir wissen, dass es ein globales Leiden gibt. Und wir wissen auch, dass das Potenzial zu großer Liebe, zu Verzeihen und zu Großzügigkeit Bestandteil unserer wahren Natur ist. Jetzt ist es an der Zeit, dass wir uns transformieren und dies zum Vorschein bringen.«

So gesehen können wir fragen: Welche Welt ist es denn, die wir retten wollen? Ist es die physische Realität des Krieges und der Zerstörung oder ist es die Denkweise, die eine solche Welt überhaupt erst erschafft? Hat es denn überhaupt irgendeinen Sinn, die Welt zu retten, wenn wir nicht endlich die Unwissenheit umwandeln, die uns in diese Lage gebracht hat? Und wichtiger noch, können wir, wenn wir nicht zu unserer eigenen wahren Natur erwachen, erwarten, auch nur irgendjemandem helfen zu können, das auch zu tun?

❋ MICHAEL BERNARD BECKWITH ❋

»Wenn Leute mich fragen, ob wir die Welt retten können, dann frage ich: ›Welche Welt möchtest du retten?‹ Ist es eine Welt, die Angst, Mangel, Knappheit, Konsumdenken, Sexismus und Rassismus oder diese Arsenale an ›Waffen zur Friedenssicherung‹ fördert? Meditation öffnet das Herz für ein Gewahrsein vom Einssein, vom inhärenten Gutsein, gleich was ein Mensch auf der äußeren Ebene seines Lebens manifestiert. Daher haben wir die Verantwortung, eine spirituelle Praxis zu kultivieren, die diesem Gewahrsein förderlich ist. Tu, was immer nötig ist, steuere deine Gaben und Fähigkeiten bei, nicht um den Planeten zu ›retten‹, sondern um alle Wesen zu ihrer wahren Natur, zu ihrem inhärenten Gutsein zu *erwecken*.«

Die Meditationspraxis öffnet nicht nur unser Herz und enthüllt uns unsere tiefe wechselseitige Verbundenheit, sie befähigt uns auch, uns zu heilen und den Krieg in uns selbst zu beenden. Dieser innere Krieg muss zu einem inneren Ort der Vergebung und des Friedens gebracht werden, dann können wir auch unseren Krieg mit anderen beenden. Wenn das geschieht, dann erkennen wir, dass alles, was wir je missachtet oder nicht respektiert haben oder vor dem wir Angst hatten, im Grunde ein Teil von uns war. Unsere Angst war nur eine Widerspiegelung unserer Trennung von unserem wahren Selbst.

❊ BYRON KATIE ❊

»Die augenscheinliche Verrücktheit der Welt ist, wie alles andere, ein Geschenk, das wir zur Befreiung unseres Geistes nutzen können. Jeder bedrückende Gedanke, den du zum Beispiel über den Planeten oder über Leben und Tod hast, zeigt dir, wo du festsitzt, wo deine Energie erschöpft wird, weil du dem Leben nicht bedingungslos so begegnest, wie es ist. Wenn du deinen Glauben hinterfragst, wirst du allmählich erkennen, dass du nach Erleuchtung gestrebt hast. Solange du nicht lieben kannst, was ist – alles, einschließlich der Gewalt und Verrücktheit –, bist du von der Welt getrennt und wirst sie als gefährlich und Angst erregend ansehen. Wenn der Geist sich nicht selbst bekriegt, dann gibt es keine Trennung.«

Die notwendige Transformation des Bewusstseins lässt sich daran ablesen, dass wir von der gegenseitigen Missachtung, die am Anfang dieses Kapitels stand, zu einem Ort des tiefen Erwachens, zur Wahrheit der Nicht-Dualität wechseln. Ein Ort, an dem eine solche Missachtung noch nicht einmal mehr Thema ist.

PETER FENNER

»In der Beziehung zum Leiden in der Welt und zum Leiden der Menschheit liegt eine vollkommene Identifikation mit allem, weil da keine Trennung ist. Wenn das Bewusstsein im nicht-dualen Gewahrsein ruht, gibt es keine Grenzen, kein Urteil über richtig und falsch, gibt es nichts zu verteidigen, nichts zu schützen. Alles ist darin einbezogen. In gewisser Hinsicht ist da nur ein Zustand reiner grenzenloser Empfänglichkeit, die alles in sich aufnimmt, so wie es ist. Da ist niemand, der empfängt, und dieses ›niemand‹ hat die Macht, die Welt zu transformieren.«

WIR SIND DER WANDEL, DEN WIR SUCHEN

Friede kommt aus dem Innern. Suche ihn nicht im Außen.
BUDDHA

Eine Revolution ist eine *Re-evolution*, bei der wir in der Bewusstseinsevolution einen weiteren Schritt nach oben machen; in seinem Wortsinn bedeutet es auch *sich drehen*, sich selbst umkrempeln in Reaktion auf einen inneren Ruf. Um der Wandel zu sein und in der Welt wirklich etwas zu verändern, brauchen wir eine Revolution – eine mitfühlende Revolution. Dies bedeutet, dass wir unsere Energie nicht mehr auf den Egoismus, das eigene Überleben und Engherzigkeit fokussieren, sondern sie auf das Interesse an anderen, Großzügigkeit und ein aufgeschlossenes Herz richten. Wenn wir dem Krieg, der Ungleichheit und dem Missbrauch wirklich ein Ende setzen wollen, müssen wir Gewaltlosigkeit, Güte und Freundlichkeit uns selbst und anderen gegenüber praktizieren, denn es wird nie Frieden in der Welt geben, solange wir nicht mit uns selbst im inneren Frieden sind.

SAKYONG MIPHAM RINPOCHE

»Alles Leid und alle Freude, die wir erfahren, entspringen in ihrem Grund dem Geist. Wenn wir also sagen, dass wir Friede auf der Welt wollen, sprechen wir eigentlich von der Reduzierung der Konflikte in unserem eigenen Geist.«

Um diesen Wandel bewusst in Gang setzen zu können, müssen wir in Bezug auf unser eigenes Verhalten ehrlich sein. Wenn wir mehr Liebe brauchen, müssen wir uns fragen, wie viel Liebe wir in die Welt bringen. Wenn wir denken, es müsste mehr Mitgefühl geben, dann fragen wir uns, ob wir nicht mitfühlender sein müssen. Wenn wir mehr Respekt und Freundlichkeit möchten, dann fragen wir uns, ob wir anderen genug Respekt und Freundlichkeit entgegenbringen. Wenn wir einen Freund haben möchten, dann fragen wir uns, ob wir ein Freund sind.

Vor einiger Zeit gehörte Ed einer Meditationsgemeinschaft an. Bei einem Gruppentreffen stand Sarah auf und verkündete: »Ich habe keine Freunde hier.« Der Lehrer erwiderte: »Dann sei ein Freund.« Mit anderen Worten: Sind wir Teil des Problems oder Teil der Lösung?

SEANE CORN

»Das, was auf globaler Ebene passiert, ist repräsentativ für das, was auf individueller Ebene passiert. Wenn ich also das, was global passiert, umwandeln will, dann muss ich in mich selbst hineinschauen und sehen, wo ich mich von anderen Menschen und der Erde abspalte. Wo lebe ich in Schuldzuweisung, Hass, Terrorismus, Krieg, in irgendeiner negativen Ausrichtung gegenüber einem anderen Wesen? Denn wenn ich nicht bereit bin, mit der Angst oder der Abspaltung in meinem eigenen Inneren aufzuräumen, bin ich verantwortlich für das, was auf der Ebene des Planeten geschieht.«

Viele Menschen glauben, sie könnten nicht mit sich im Frieden oder glücklich sein, wenn andere leiden, oder sie haben Schuldgefühle, wenn sie in Fülle und Überfluss leben, während andere gar nichts haben. Wir hielten einen Workshop in England ab. Claire erzählte uns: »Ich kann nicht im inneren Frieden sein, wenn meine Kinder es nicht sind. Ich kann nicht glücklich sein, wenn sie es nicht sind.« Aber selbst zu leiden, weil andere leiden, hilft denen, die schon leiden, nichts. Wenn wir uns selbst nicht helfen können, sind wir nicht imstande, irgendeinem anderen zu helfen. Wenn wir zu unserem eigenen Frieden finden, leidet schon eine Person weniger. Wenn wir im Außen nach Glück suchen oder irgendwann in der Zukunft, wenn sich die Dinge geändert haben, dann werden wir es nie finden. Denn das Glück hängt von nichts und niemandem ab. Es ist immer in uns, und es kann nie gefunden werden, weil es nie verloren ging.

JOHN GRAY

»Wir beeinflussen andere nicht, indem wir sie zu ändern versuchen, sondern indem wir uns auf den Wandel in uns selbst konzentrieren. Das sieht so aus: Wenn ich sage, ich möchte, dass die Welt ein gesünderer, glücklicherer und liebevollerer Ort ist, dann muss mein Körper ein gesünderer, glücklicherer und liebevollerer Ort werden. Und wenn mein Körper, mein Herz, mein Geist und meine Seele nicht gesünder, glücklicher, liebevoller sind, werde ich keinen Einfluss in der Welt haben. Ich kann darüber sprechen, aber wenn ich es nicht auch verkörpere, kann ich andere nicht dazu inspirieren.«

Ein echter Krieger werden

Wir brauchen Krieger, um eine Revolution zu bewirken. Normalerweise stellt man sich unter einem Krieger einen rauen Macho oder Gladiator vor, einen tapferen und mutigen Mann, der um seiner Sache willen weder Blutvergießen noch die eigene Verwundung scheut. Aber die Krieger, die wir jetzt brauchen, sind mit einer anderen Art von Kampf befasst. Diesen erleben wir in unserem Bemühen, die Selbstsucht und Abneigung aufzugeben und ins Gewahrsein, die Herzenswärme und Einbeziehung einzutreten.

JOHN MILTON

»Wir gelangen an den Punkt, wo die anthropozentrische Sichtweise in ziemlich großen Schwierigkeiten steckt. Der einzige Weg da heraus ist der, dass wir in unserem Innern einen Ort erreichen, wo wir um unser eigenes Wesen wissen und auch wissen, dass der geheiligte innerste Wesenskern das ist, was wir mit jedem anderen Wesen auf dem Planeten gemeinsam haben. Solange wir nicht durch die Wertschätzung dieses Lebens eine tiefe Verbindung mit uns selbst hergestellt haben, wird es sehr schwierig sein, das Leben anderer zu achten und zu ehren.«

Die größte Herausforderung für Krieger des Herzens besteht darin, ihr Herz sowohl für ihren eigenen Schmerz als auch für die Schreie der anderen offen zu halten. Ihr Waffenarsenal besteht aus Mitgefühl, Freundlichkeit, Großzügigkeit und Dienen. Diese eindrucksvollen Waffen werden eingesetzt, um die Beschränkungen von Ausschluss, Gier und Missachtung zu durchbrechen.

Chögyam Trungpa erklärt in *Das Buch vom meditativen Leben: die Shambhala-Lehren vom Pfad des Kriegers zur Selbstverwirklichung im täglichen Leben*, worin der Schlüssel zum Kriegersein liegt: dass wir uns nicht fürchten vor dem, wer wir sind, dass uns nicht mehr überrascht, was wir in unserem Geist finden, dass wir die dunklen Ecken und Nischen unseres Schattens kennen und uns wohl damit fühlen. Wir genieren uns nicht länger für uns. Wir weigern uns, vor irgendjemandem oder irgendetwas zu resignieren. Wir sind nicht zaghaft in unserer Zärtlichkeit und scheuen uns nicht, unsere Gefühle zu zeigen. Wir haben keine Angst zu weinen oder das Leiden und die Traurigkeit anderer an uns heranzulassen, denn wir wissen, dass hinter all den Neurosen und der Unwissenheit ein grundlegendes Gutsein und geistige Gesundheit stecken.

KEN GREEN

»Achtsamkeit führt zu Sanftmut, die zu frecher Munterkeit, zu Außergewöhnlichkeit und dann zur Undurchschaubarkeit führt. In dieser Weise habe ich buchstäblich den Pfad des Kriegers zu gehen gelernt. Wenn du deine Abwehrhaltung aufgibst, entdeckst du die Sanftmut, Bescheidenheit und Demut; dann erhältst du mehr Lebendigkeit, die sehr munter, frech und energiegeladen ist; du kannst anfangen kreativ und ein Querdenker zu sein und als solcher zu leben, was der außergewöhnliche Teil ist. Und dann musst du dich nicht mehr beweisen, musst dein Überleben nicht mehr planen, und das bedeutet undurchschaubar zu sein.«

Als Krieger des Herzens haben wir die Verantwortung, mit dem Mut zu vorbehaltloser Liebe für alle gleichermaßen verfügbar zu sein. Der Krieger entsagt allem in seiner Erfahrung, was als Schranke zwischen ihm und anderen steht. Entsagung heißt, dich für andere verfügbarer zu machen, ihnen gegenüber sanfter und offener zu sein, so schreibt Chögyam Trungpa. Das ist möglich, nicht weil wir schon erwacht und frei von Angst wären, sondern weil wir die Angst voll und ganz anerkennen, zulassen und sie nutzen, um die Furchtlosigkeit zu fördern.

VICKIE DODD

»Ich meditiere, um in dieser Welt ein freundlicheres und vernünftigeres Wesen sein zu können. Es hält mich von Schwierigkeiten mit mir selbst oder anderen fern und gestattet mir, die fürsorgliche und Anteil nehmende Person zu sein, die ich sein möchte. Ich habe die Meditation immer als sehr praktisches Element in meinem Leben betrachtet. Ich werde normaler, statt mich als etwas Besonderes oder als Opfer fühlen zu müssen. Ich brauche die Meditation, um ein Mensch zu sein, der mit Feingefühl und Großzügigkeit seinen Weg gehen kann.«

Selbstbesinnung, Gebet oder Kontemplation machen aus uns nicht einfach einen netteren Menschen oder auch einen guten Krieger, sondern erwecken das Bewusstsein für sich selbst und den eigenen Daseinsgrund. Das ändert grundlegend unsere Beziehung zu uns selbst und unserer Welt und erzeugt eine innere Lebendigkeit, wie wir sie vielleicht noch nie erlebt haben.

ANDREW COHEN

»Meditation enthüllt in der Entdeckung des Bewusstseins an sich ein absolutes Gefühl von Ziel und Bedeutung. Der grundlegende Zweifel am Sinn und Zweck meines Hierseins wird ausgelöscht. Die direkte Erfahrung von Bewusstsein beseitigt diesen existenziellen Zweifel, und das ändert alles. Nun bin ich fraglos davon überzeugt, dass das Dasein gut ist, dass es gut ist, ich selbst zu sein, dass es gut ist, Teil der Vorgänge in der Welt zu sein. Wir haben eine völlig andere Lebensorientierung. Wir haben nun ein inhärent positives Verhältnis zu unserem Lebendigsein. Das ist eine gewaltige Veränderung! Es bedeutet nicht, dass alle unsere neurotischen Tendenzen automatisch verschwunden sind – sie werden uns sehr wahrscheinlich erhalten bleiben. Jedoch ist unser Verhältnis zu ihnen ein ganz anderes. Da ist eine Bereitschaft, sich auf sie einzulassen und Verantwortung zu übernehmen, und dies ist ein sehr gutes Gefühl.«

Die revolutionäre Macht der Meditation

Eine mitfühlende Revolution in Gang zu setzen heißt, alle Aspekte unseres Menschlichseins zu erforschen, so dass wir geistig gesund und vernünftig in einer Welt leben können, die oft verrückt erscheint, voll von Elend, Kummer und Konflikten. So viel Verletzung und Ablehnung, Missbrauch und Missachtung, so viele Gräueltaten haben im Namen der Religion und

Politik, aufgrund von Gier und Selbstsucht stattgefunden, so viele Missverständnisse gab es zwischen Familien, Rassen und Ländern.

SEANE CORN

»Menschen sondern sich voneinander ab und entscheiden sich dafür, mit Schuldzuweisungen und als Opfer zu leben, statt in Gewahrsein und Befähigung. Aber in dieser Welt geschieht nichts, ohne dass wir daran teilhaben. Ob es sich um Krieg, Terrorismus, Unterdrückung oder Vergewaltigung handelt – alles ist auf unsere kollektiven Gedanken zurückzuführen, die uns glauben lassen, dass wir voneinander getrennt existieren. Wenn ich den abgekoppelten Teil in mir – den Teil, der sich im Zustand der Schuldzuweisung, der Scham oder der Ablehnung befindet – verändern und wenn ich dies mit Liebe heilen kann, kann ich die Welt beeinflussen. Und wenn ich das in mir lieben kann, kann ich es auch in dir lieben.«

In jedem von uns gibt es eine zarte Stelle, liebevoll, fröhlich und glücklich, die sich danach sehnt, dieses Positive mit anderen zu teilen. Ohne sie wären Güte und Freundlichkeit, wäre Mitgefühl nicht möglich. Daher müssen wir, soll die Revolution effektiv sein, an dieser zarten Stelle festhalten und ihr Priorität einräumen. Auf diese Weise wird unsere normale Selbstbezogenheit zur Bezogenheit auf andere.

ROBERT THURMAN

»Etwas zu verstehen ändert nicht unbedingt etwas an unseren instinktiven Reaktionen, und hier kommt die Meditation ins Spiel. Wenn ich meine Einstellung zu meinem Egoismus vor Augen habe und mir klar wird, dass ich nur eines von allen Wesen und mit allen anderen wechselseitig verbunden bin, dann ist die Meditation wie ein Gewicht, das diese Erkenntnis immer tiefer in mich hineinsinken lässt, bis es die Ebene von ›ich, mir, mein‹

findet und diese transformiert. Meditation ist das, was mein Verstehen zu einer Erfahrung macht.«

Von einer ichbezogenen Welt Abstand zu nehmen und ins Kriegersein einzusteigen kann zunächst beängstigend sein, weil das Ego ein massives Gefühl von Ich oder einem Selbst herstellt und sich an das Bekannte und Vertraute klammert. Wenn wir aber dieses unentwegte »Ich« loslassen, ist das wie das Abladen eines schweren Gewichts. Was für eine Erleichterung! So gesehen ist Meditation ganz und gar revolutionär.

LINDSAY CROUSE

»Ich glaube, dass wir bessere Menschen werden, wenn wir täglich in der Stille verweilen. Wir verwenden so viel Zeit darauf, Klavier zu üben, uns in unseren Beziehungen oder unseren Jobs oder was auch immer zu üben. Aber wir meinen nicht, dass wir uns auch in Freundlichkeit, Güte oder Mitgefühl üben müssen. Meditation bietet uns die Gelegenheit, mitfühlendere Menschen zu werden. Sie ist wirklich unsere einzige Chance.«

Wie würde eine Welt voll Menschen aussehen, die sich der Meditation widmen? Können wir uns einen Ort vorstellen, wo wir einander mit Würde und Respekt behandeln? Wo wir erkennen, dass unser eigenes Glück und Wohlbefinden vom Glück und Wohlbefinden aller anderen abhängt? Dies mag sich wie ein Paradies anhören, aber es braucht nur eine Person, um einen Wandel herbeizuführen. Von dieser Person geht ein weiterer Wandel aus und ein weiterer …

Meditation beeinflusst insofern unser Leben, als sie uns die Pflege und Weiterentwicklung der psychischen, emotionalen und spirituellen Instrumente ermöglicht, die nötig sind, um die Probleme in uns selbst und in der ganzen Welt zu lösen. Da jeder unserer Gedanken, jedes unserer Worte und jede unserer Taten ausstrahlt und sich auf alle anderen auswirkt, liegt es in unserer

Verantwortung zu bestimmen, ob das, was wir zum Ausdruck bringen, und unsere Verhaltensweise dem großen Ganzen zuträglich ist.

❋ JEAN HOUSTON ❋

»Wir müssen die Meditationsform finden, die unsere innere Fähigkeit anspricht, die Weisheit zu erlangen, die uns das intuitive Wissen darüber vermittelt, wer und was wir sind und was wir in dieser so überaus wichtigen Zeit tun müssen. Denn was wir jetzt tun, wird sich zutiefst verändernd auf unsere Zukunft auswirken.«

Stichst du oder rettest du?

Am Anfang des Buches erzählten wir die Geschichte vom Skorpion, der den Frosch, der ihn über den Fluss trug, stach, so dass beide ertranken. Diese Geschichte sollte zeigen, wie fixiert und ichbezogen wir sein können, unfähig, uns zu ändern, selbst wenn wir unser eigenes Wohlergehen gefährden. Doch haben wir im Verlauf des Buches gesehen, dass stille Selbstbetrachtung, Selbstbesinnung und Meditation diesen ichbezogenen Aspekt unseres Wesens umwandeln können, indem sie unser Herz öffnen und uns zur Bezogenheit auf andere erwecken. Dann haben wir die Wahl, Großzügigkeit statt Selbstsucht, Freundlichkeit statt Boshaftigkeit und Gewaltlosigkeit statt Gewalt anzubieten. Und um dies zu veranschaulichen, kommt hier das Ende der Geschichte:

Zwei Mönche wuschen ihre Essschalen im Fluss aus, als sie einen Skorpion sahen, der dabei war, zu ertrinken. Einer der Mönche holte ihn aus dem Wasser und setzte ihn ans Ufer. Dabei wurde er gestochen. Er machte sich wieder ans Auswaschen seiner Schale, und wieder fiel der Skorpion ins Wasser. Der Mönch rettete ihn erneut und wurde wieder gestochen. Der andere

Mönch fragte: »Freund, warum rettest du den Skorpion immer wieder, wo du doch weißt, dass es in seiner Natur liegt zu stechen?« »Weil es in meiner Natur liegt, zu retten« war die Antwort.

TEIL IV

PRAXIS MACHT ES VOLLKOMMEN

Es tun

Meditation ist kein Krieg. Sie ist ein Weg, mit uns selbst Freundschaft zu schließen.

RICK FIELDS

Es war einmal ein berühmter buddhistischer Laienpraktizierender namens Busol. Er war zutiefst erleuchtet, wie auch seine Frau, sein Sohn und seine Tochter. Eines Tages kam ein Mann zu Besuch und fragte: »Ist Meditation schwierig oder nicht?«

Busol gab zur Antwort: »Oh, sehr schwierig – es ist so, wie wenn du einen Stock nimmst und damit den Mond zu treffen versuchst!«

Der Mann war verdutzt und dachte bei sich: »Wenn Meditation so schwierig ist, wie hat dann Busols Frau Erleuchtung erlangt?« Also suchte er sie auf und stellte ihr dieselbe Frage.

»Meditation ist die leichteste Sache der Welt«, erwiderte sie. »Es ist so einfach wie das Berühren deiner Nase, wenn du am Morgen dein Gesicht wäschst!«

Nun war der Mann völlig verwirrt und fragte den Sohn: »Ich verstehe das nicht. Ist Meditation nun schwierig oder leicht? Wer hat Recht?«

»Meditation ist nicht schwierig und nicht leicht«, antwortete der Sohn. »Auf den Spitzen von hundert Gräsern findet sich die Bedeutung.«

»Nicht schwierig? Nicht leicht? Was denn nun?« Der Mann begab sich zur Tochter und fragte sie: »Dein Vater, deine Mutter

und dein Bruder haben mir alle unterschiedliche Antworten gegeben. Wer hat Recht?«

Die Tochter erwiderte: »Wenn du es schwierig machst, ist es schwierig. Wenn du es leicht machst, ist es leicht. Wo existiert denn dieses schwierig und leicht? Nur im Geist. Meditation ist einfach so, wie sie ist.«

Ja, Meditation ist einfach: Du bringst einfach den Geist zur Ruhe und bist still, hältst die Achtsamkeit aufrecht und bist präsent. Aber sie ist nicht immer leicht! Der Geist ist für seinen Widerstand gegen das Stillsein berüchtigt, und sobald wir versuchen zur Ruhe und Stille zu gelangen, scheint er alles Mögliche zu unternehmen, um uns abzulenken. Binnen weniger Minuten wandern unsere Gedanken, beginnt unser Körper zu jucken, zu schmerzen oder will sich bewegen, uns kommen Dinge in den Sinn, die wir tun müssen und die plötzlich furchtbar wichtig sind, und weil wir so abgelenkt sind, fühlen wir uns unzulänglich und meinen, dass das Meditieren nichts für uns sei. Tara Stiles schreibt unter HuffingtonPost.com:

> »Meditation kann etwas Einschüchterndes haben. Dazusitzen, nichts zu tun, einfach nur zu atmen kann kniffliger sein, als es sich anhört. Es kann sich merkwürdig oder unbequem anfühlen oder uns sogar einschlafen lassen. Ablenkungen versuchen ihr Bestes, uns ›auf den Geist zu gehen‹. Gedanken an das Wochenende, die Familie, die Arbeit, die Finanzen, die Politik, was es zum Abendessen gibt, fallen ein in unseren ums Stillsein bemühten Geist. Wir fangen an herumzuzappeln, zupfen unseren Sitz, unsere Kleider und unser Haar zurecht, alles nur, um etwas zu tun zu haben. Meditation kann wie ein Gefecht mit dir selbst, mit deinen Gedanken, mit deinem Körper sein. Aber wenn du die unbehaglichen Momente durchstehst, bei ihnen bleibst, dann werden sie sich allmählich verflüchtigen, und es geschehen coole Dinge.«

Um zu lernen, still zu sein und den Körper zur Ruhe zu bringen, braucht man Geduld und Durchhaltevermögen. Mit der Zeit wird es sich natürlicher und normaler anfühlen. Denken Sie daran, wie oft und wie lange ein Musikstück gespielt werden muss, bis man die Noten richtig hinbekommt, und in Japan kann es zwölf Jahre dauern, bis man gelernt hat, wie man Blumen arrangiert. Still zu sein passiert binnen eines Augenblicks, aber es kann einige Zeit dauern, bis dieser Augenblick eintritt – von daher muss man einfach üben.

DAVID SHINER

»Es gibt einen Punkt in der Meditation, ab dem sie sehr angenehm wird. Der Anfang mag hart erscheinen, es bedarf der Disziplin, aber das ist bei allem so, was man lernt: Du kletterst aufs Pferd, du fällst runter, und du setzt dich wieder drauf. Beim Schwimmen ist es dasselbe: Du beginnst im seichten Wasser und begibst dich dann in tiefere Gewässer. Wenn dir das Angst macht, kehrst du ins seichte Wasser zurück, bis du mehr Selbstvertrauen hast. Üben, üben, üben! Mit der Zeit macht dich die Freude des Verweilens in diesem stillen Raum süchtig danach, du bist einfach da, beobachtest. Und dies verwandelt sich in so viel mehr, in tiefere Liebe zu anderen Menschen, tiefere Achtung vor dem Leben, tieferes Mitgefühl, tiefere Demut und tiefere Bescheidenheit. Es ist wie Sahne, die in der Milch an die Oberfläche steigt. Die wirkliche Schönheit von *was wir sind*, die Essenz dessen, was wir sind, beginnt ganz langsam an die Oberfläche zu perlen.«

Mit fast allem, was wir im Leben tun, wollen wir etwas erreichen: Wenn wir dies tun, werden wir das bekommen; wenn wir das tun, wird dies geschehen. Wir sind es nicht gewohnt, irgendetwas ohne Plan oder konkrete Absicht zu tun. Aber bei der Meditation ist es anders. Wir meditieren einfach, um zu meditieren. Meditation zu praktizieren hat keinen weiteren Zweck als den, hier zu sein, in der Gegenwart zu sein, ohne das Ziel, Erfolg zu haben oder irgendwohin zu gelangen oder irgendetwas zu erreichen. Wenn wir den Versuch, den Geist in Ruhe verweilen zu lassen, zum Ziel haben, wird dies Anspannung erzeugen und misslingen. Stattdessen sind wir einfach bei dem, was immer im Augenblick geschieht, gleich ob es angenehm oder unangenehm ist. Keine Beurteilung, kein richtig oder falsch. Es ist nichts weiter erforderlich, als zu beobachten, was aufkommt, und es wieder gehen zu lassen. Es ist mehr ein Nicht-Tun, ein Freisein von Tun, als ein Tun.

PETER RUSSELL

»Eines ist meiner Ansicht nach wirklich wichtig: die völlige, absolute Mühelosigkeit der Meditation. Das ist eine Sache, die oft missverstanden wird, aber wenn wir irgendeine Angestrengtheit in den meditativen Prozess hineinbringen, erzeugen wir nur noch mehr Anspannung. Wir müssen alles Wollen, alle Absicht, alles Hoffen loslassen. Ich betrachte die Meditation als ein Hinkommen zur absoluten Akzeptanz von dem, was in jedem Augenblick da ist, als Gelegenheit, sich in einen ›Raum ohne Plan‹ zu begeben. Und das kann ziemlich schwierig sein, weil wir darauf konditioniert sind, immer etwas mit Ziel und Zweck zu tun. Wir sind darauf geeicht, dass wir etwas umso besser können, je mehr wir uns bemühen. Das trifft für sehr viele Lebensbereiche zu. Bei der Meditation aber ist es genau das, was ihr im Wege steht.«

Wichtig ist, sich mit der Praxis anzufreunden. Es hilft zum Beispiel gar nichts, wenn wir das Gefühl haben, wir müssten meditieren, und dann Schuldgefühle haben, wenn wir die Sitzung auslassen oder nur zehn Minuten statt der versprochenen halben Stunde auf sie verwenden. Viel besser ist es, nur ein paar Minuten zu praktizieren und unser Tun zu genießen, statt uns zu zwingen und mit zusammengebissenen Zähnen dazusitzen, weil man uns gesagt hat, dass nur dreißig oder sogar vierzig Minuten etwas bringen. Meditation ist eine Gefährtin, die uns unser ganzes Leben begleiten soll. Sie ist wie eine alte Freundin, an die wir uns wenden, wenn wir Orientierung, Inspiration und Klarheit brauchen. Wir sollen sie genießen, uns an ihr erfreuen!

❋ KRISHNA DAS ❋

»Meditation vermittelt uns einen Geschmack davon, wie es sich anfühlt, sich ohne jeden Grund gut zu fühlen. Je mehr wir sie praktizieren, desto weniger hängt unser Glücklichsein von äußeren Dingen ab, und desto mehr vertieft sich unser Glücklichsein im Innern. Sie ist einfach cool, weil sie funktioniert.«

Stille ist ein natürlicher Seinszustand. Stille ist da, wenn wir aufhören, uns zu bemühen, wenn wir die Geschichte loslassen. Wir praktizieren sie, damit wir Abstand bekommen von dem geschäftigen Geist, von dem Druck und von den Sorgen, die uns unruhig machen und von der Erfahrung der Stille abhalten. Das Praktizieren versammelt unsere verstreuten Ich-Aspekte an einem Ort. Es bringt Geist und Herz im gegenwärtigen Moment zusammen und fungiert als Anker, der uns im Gegenwärtigsein verweilen lässt. Es gibt dem Geist eine Struktur, um fokussiert und klar zu werden.

❋ GANGAJI ❋

»Ich lade die Menschen ein, einfach innezuhalten und still zu sein. Und darin entdeckst du, wer du bist, denn wenn du erst einmal entdeckst, wer du bist, kannst du aufhören, dich zu zerteilen. Ich weiß, dass es jeden Tag immer wieder Augenblicke gibt, in denen nichts geschieht, aber wir verknüpfen das, was passiert, von Gedanke zu Gedanke ohne irgendwelchen Raum dazwischen. Wir übersehen die Weite des Raumes, in der dies alles geschieht.«

Wenn der Geist zur Ruhe kommt, entstehen Einsicht und Erkenntnis. Wir sehen, wie sich alles fortwährend ändert und in Bewegung ist, wie nichts unverändert bleibt; wir beobachten, wie Gedanken und Gefühle kommen und gehen, ohne von Dauer zu sein. Und doch ist da auch Stille. In dieser Weise sehen wir Veränderung und Stille als Spiegelungen voneinander. Darin liegt eine unendliche Weite. Möglicherweise kommen wir mit dieser Weite nur gelegentlich in Berührung oder erkennen sie nur flüchtig; es kann aber auch geschehen, dass wir dort verweilen, in dem stillen Augenblick ruhen. Da sich alles ändert, ändert sich auch diese Erfahrung. Manchmal wird es uns sehr vertraut vorkommen, ein andermal sehen wir dasselbe mit ganz neuen Augen.

DEAN ORNISH

»Es gibt einen alten Zen-Spruch: ›Vor der Erleuchtung hacke Holz, trage Wasser; nach der Erleuchtung hacke Holz, trage Wasser.‹ Mit anderen Worten: Du widmest dich vielleicht noch immer den gleichen Aktivitäten, aber die dahinter stehende Absicht ist nun möglicherweise eine zutiefst andere: Du möchtest nicht nur einfach bekommen, was dich deiner Meinung nach glücklich macht, sondern strebst die direkte, unmittelbare Erfahrung von Transzendenz an. Du hackst nicht mehr nur Holz, um es warm zu haben oder kochen zu können, sondern beim Holzhacken bist du auf die unmittelbare Erfahrung von Transzendenz aus. Das ist die primäre Bestrebung.«

Im Folgenden bieten wir Anleitungen dafür an, wie Sie sich eine tägliche Praxis schaffen können, wie Sie mit Ablenkungen, zum Beispiel endlosem Denken, umgehen, wie Sie sitzen und wie Sie die richtige Zeit finden.

Affengeist

Ich kann mich nicht entspannen. Ich kann nicht meditieren. Ich kann es einfach nicht! Mein Geist kommt nicht zur Ruhe, er flitzt überall herum! Meine Gedanken treiben mich zum Wahnsinn!

Klingt das vertraut?

❋ CYNDI LEE ❋

»Es lässt sich leicht denken, man könne nicht meditieren. Die Leute sagen: ›Mein Geist ist so aktiv ... Ich kapiere es nicht ... Ich kann es nicht ...‹ Wenn wir zum Fitnesstraining gingen, wären wir darauf gefasst, uns am Anfang etwas unkoordiniert zu fühlen und den Bewegungsablauf nicht so richtig zu verstehen. Wir würden uns müde oder vielleicht steif fühlen und uns überwinden müssen, um wieder hinzugehen. Aber das ist ganz natürlich, bei unserem Körper verstehen wir das. Nun, mit der Meditation ist das nicht anders. Es braucht ein Weilchen, bis man kapiert. Es braucht ein Weilchen, bis man versteht, worum es geht, bis man lernt, mit dem Geist umzugehen, und positive Auswirkungen wahrnimmt.«

In den Unterweisungen des Fernen Ostens wird der Geist mit einem von einem Skorpion gebissenen Affen verglichen. Und so wie dieser Affe von Ast zu Ast springt, springt der Geist von einem Ding zum andern und ist ständig abgelenkt und beschäftigt. Wenn wir dann allmählich dahin gelangen, still zu sitzen und aufmerksam und achtsam zu sein, stellen wir fest, dass diese manische Aktivität weitergeht und wahnsinnig geräuschvoll erscheint. Das ist nichts Neues, nur ist es so, dass wir uns dessen jetzt gewahr werden, wohingegen wir davor darin versunken waren und nicht wahrnahmen, dass dieses Geschnatter sich unentwegt fortsetzt.

❋ ELLEN BURSTYN ❋

»Meditation hilft uns hinter das Ego zu steigen. Sie hilft uns still genug zu werden, so dass wir das Ego tatsächlich arbeiten hören können. All dieses Geplapper und Geschnatter ist das Geplapper und Geschnatter des Ego, es ist nicht die Essenz unseres inneren Seins. Nur wenn wir zur Ruhe kommen und still werden, können wir die Stimme des Ego hören, können wir wahrnehmen, wie sehr es nach Aufmerksamkeit heischt. Wenn wir zum Beispiel einen Augenblick von absolutem Frieden haben, ohne jeden Gedanken und mit wirklicher Konzentration auf den Atem, wenn wir diesen Zustand von Stille und Ruhe erlangt haben, dann wird das Ego sich sofort damit brüsten: ›Schau, wie gut ich meditieren kann!‹ Für mich heißt Meditation, all die Assoziationen und das Geplapper des Geistes zu stoppen. Das bedarf der Übung, und an manchen Tagen bin ich besser darin als an anderen. Manchmal setzte ich mich zum Meditieren hin, und das Geschnatter geht einfach immer weiter, und meine ganze Meditation läuft darauf hinaus, dass ich immer wieder an den Ausgangspunkt zurückkehren muss. Die Meditation wird zum Versuch einer Meditation.«

Die Erfahrung, dass der Geist derart geschäftig ist, ist tatsächlich ganz normal. Jemand hat einmal geschätzt, dass wir in einer dreißigminütigen Meditationssitzung an die dreihundert Gedanken und mehr haben können. Das veranschaulicht die Realität des Denkens. Jahre des geschäftigen Geistes, Jahre der Dramen, des Stresses, der Verwirrung und der Selbstbezogenheit – da ist der Geist nicht so schnell bereit, still zu sein, er ist begierig nach Unterhaltung. Es ist also nicht so, als könnten wir den Geist plötzlich abschalten, sobald wir uns zum Meditieren hinsetzen. Das ist so, als wollten wir den Wind einfangen: unmöglich. Dennoch bedeutet ein geschäftiger Geist nicht, dass wir nicht meditieren können, es bedeutet nur, dass wir so wie alle anderen sind.

Man kann bei der Meditation unmöglich versagen. Selbst wenn wir zwanzig Minuten dasitzen und unser Geist ohne Unterbrechung sinnlose Gedanken denkt, ist das in Ordnung. Wir erlauben einfach unseren Gedanken, Gedanken zu sein. Das wird sich ändern, da der Geist unberechenbar ist. Ein jetzt geschäftiger Geist kann später ein stiller Geist sein. Wir müssen nur immer wieder zu unserer Praxis zurückkehren, müssen bereit sein, weiterzumachen und der Sache Zeit zu geben. Unsere Absicht ist wichtiger als das, was passiert.

ROBERT THURMAN

»Der erste Schritt besteht darin, dass wir unseren Geist auf etwas fokussieren, das Zählen der Atemzüge zum Beispiel. Wenn wir das tun, sehen wir all diese Gedanken durch den Geist sausen, wie: Ich frage mich, ob mein Auto schon fertig ist, ist meine Parkuhr schon abgelaufen, bekomme ich ein Knöllchen, sollte ich mir ein neues Auto kaufen, ist meine Freundin glücklich? Was auch immer. Unser Geist ist ständig von diesen gedanklichen Aktivitäten erfüllt, und wir merken es nicht einmal. Aber dann erkennen wir, dass wir die Gedanken einfach ziehen lassen und den Geist wieder auf etwas richten können, auf das wir uns konzentrieren wollen. Das ist der erste Schritt. Es ist ein Schritt, um den Anfang zu machen, ruhig zu werden, aufzuwachen. Aber wichtiger als das ist es, positive Gedanken zu wählen, auf die man sich konzentriert, wie zum Beispiel: Ich möchte zu diesem Menschen, der mich ärgert, liebevoller sein, ich möchte zufriedener sein, ich will freundlicher sein, friedvoll, glücklich und klar, und ich brauche nicht länger zu leiden.«

Meditation zu praktizieren bedeutet, den Geist langsam und sanft darin zu schulen, dass er etwas tut, was er zuvor nicht getan hat: still sein. Die Technik gibt dem Geist eine Aktivität vor – die Atemzüge zu zählen oder ein Mantra zu rezitieren –, und jedes Mal, wenn er sich wieder zu einer Denkorgie aufmacht, nehmen wir das einfach wahr und lenken ihn auf die Praxis zurück. Die Erfahrung des stillen Verweilens summiert sich: Wenn wir mehr sitzen, wird der Geist langsam, langsam ruhiger, gleich was für Ablenkungen vorhanden sein mögen. Ajahn Sumedho, ein buddhistischer Abt, erzählte, wie er einmal in Bombay Meditation unterrichtete und sich direkt vor dem Fenster eine Baustelle befand. Er hatte gerade mit der Meditation angefangen, als ein Presslufthammer die Straße aufzubrechen begann. Er konnte nicht abbrechen, also »wurden wir ganz einfach der Klang«.

PETER RUSSELL

»Ich denke überhaupt nicht, dass der Geist der Meditation in die Quere kommt; der Geist ist in diesem Moment eben so. Wir müssen nicht anfangen, gegen den Geist zu kämpfen, oder versuchen, ihn unter Kontrolle zu halten. Dasselbe gilt für Töne und Geräusche: Wir meinen, wir können wegen des Kühlschrankbrummens oder Verkehrslärms nicht zur inneren Stille kommen. Es geht aber eigentlich um unsere Einstellung dazu, denn die Geräusche sind Teil des im Augenblick Gegenwärtigseins und somit Teil der Meditation. Unser Widerstand gegen die Geräusche bildet die Hürde. Wenn wir ihnen keinen Widerstand entgegensetzen, können wir inmitten allen möglichen Lärms in der Stille verweilen.«

Mit anderen Worten: Meditation ist kein Prozess, bei dem wir versuchen, den Geist zur Stille zu bringen oder zu zwingen. Vielmehr ist es ein Aufgeben des Widerstands gegen alles, was aufkommt: Zweifel, Sorge, Unsicherheit und Untauglichkeitsgefühl, die endlosen Dramen, Angst und Verlangen. Jedes Mal, wenn wir feststellen, dass unsere Geist wandert, sich in Tagträumen verliert, sich an Vergangenes erinnert oder im Voraus plant, kommen wir einfach auf das Jetzt, auf diesen Augenblick zurück. Die Achtsamkeit aufrechtzuerhalten, darum geht es beim Praktizieren. Zu sehen und loszulassen. Bei dem zu sein, was ist. Einfach nur zu beobachten, Zeuge zu sein. Das ist alles.

DENNIS GENPO MERZEL

»Wenn der Versuch, nach etwas zu greifen, aufkommt, dann nehmen Sie dies einfach nur zur Kenntnis. Seien Sie sich einfach nur gewahr, dass der suchende und strebende Geist wieder ins Spiel zu kommen versucht. Identifizieren Sie sich erneut mit dem Nicht-Suchen, dem Nicht-nach-etwas-Trachten.«

Das endlose Geschnatter stellt eine gewaltige Ablenkung dar, nicht nur vom Stillsein, sondern auch von einer Verbindung mit unseren inneren Gefühlen. Es ist wie eine Lärmwand, die unser Herz abschirmt. Wenn unser Geist allmählich zur Ruhe kommt, können tiefere Gefühle aufsteigen. Wenn wir sie zulassen und willkommen heißen, haben wir den Raum, um mehr altruistische Qualitäten wie Freundlichkeit, Güte und Mitgefühl zu entwickeln.

MAX SIMON

»Ich meditiere hauptsächlich deshalb, weil ich das Geplapper des Geistes zur Ruhe bringen möchte. Es ist wirklich schwer, Liebe und Güte zu entwickeln, wenn der Geist die ganze Zeit über sagt: ›Das ist nicht wahr, das ist nicht real.‹ Durch die Technik wird es mir möglich, auf eine Ebene unterhalb dieses Geplauders zu kommen. Wir fühlen uns alle gut, wenn wir ruhig, entspannt und offen sind. Je mehr wir also das Geschnatter des Geistes zur Ruhe bringen, desto besser fühlen wir uns, und dann nehmen wir dies aus der Meditation ins Leben hinein.«

Gedanken kommen und gehen, aber sie werden zur Ruhe kommen. Der Geist wird still, und sei es auch nur für einen Augenblick. Diese stillen Augenblicke sind wie Lücken zwischen den Gedanken, und mögen sie auch nur kurz sein, so verbinden sie uns zutiefst mit einer großen Liebe und Offenheit in unserem Innern.

❋ RAM DASS ❋

»Nach innen gehen, ins Gewahrsein gehen, sich nicht mit den Gedanken identifizieren, sich einfach nur der Gedanken gewahr sein. Ich nenne das *liebendes Gewahrsein* sein.«

Gedanken etikettieren

Eine Methode, um den Gedanken gegenüber objektiver zu werden, besteht darin, die Gedanken mit einem Etikett zu versehen. Wenn wir uns dabei ertappen, dass wir in Dramen oder Tagträume hineingleiten, können wir im Stillen wiederholen: *Denken, Denken*, und dann wieder zur Praxis zurückkehren. Und werden wir abgelenkt, so versehen wir dies einfach mit dem Etikett *Ablenkung, Ablenkung*. Es ist sehr gut möglich, dass wir beim Sitzen im Geiste alle möglichen Orte aufsuchen, alle möglichen Bilder und Fantasien erzeugen, aber wenn wir sie dann als *Denken* oder *Ablenkung* etikettieren, können wir alles, einschließlich der sie begleitenden Emotionen, loslassen und einfach wieder in der Gegenwart sein. Man muss nicht kämpfen. Nicole Beland schreibt auf WomansHealthmag.com:

»Achten Sie auf das, was Ihnen in den Sinn kommt, wie etwa, was Sie zum Abendessen haben wollen, ob Benicio attraktiver ist als Brad, ob Sie um eine Gehaltserhöhung bitten sollten … ganz egal, was es ist, etikettieren Sie es als einen Gedanken und lenken Sie dann Ihre Aufmerksamkeit wieder auf den Atem. Wenn Sie sich beim Tagträumen, Planen, Analysieren oder Sorgenmachen – was ständig passieren wird – ertappen, lassen Sie die Gedanken einfach vorüberziehen und konzentrieren sich wieder auf den Atem, der durch Ihren Körper strömt.«

Wir können Gedanken wie Wolken am Himmel betrachten, die vorüberziehen, ohne Halt zu machen und ohne die Klarheit oder das Leuchten des Himmels zu beeinflussen. Oder betrachten Sie sie gleichsam als Vögel – wunderschön, aber eben noch sind sie da und dann schon wieder weg. Beobachten Sie, wie sie fortfliegen. Wenn wir das auf die Gedanken und Gefühle anwenden, sehen wir, wie alles kommt und geht, nichts bleibt, nichts von Dauer ist, ganz gleich wie hartnäckig der Gedanke oder das Gefühl sein mögen.

Den Geist beobachten

ANDREW COHEN

»Wir identifizieren uns gewöhnlich so sehr mit der subjektiven Natur unserer Erfahrung, dass es schwer ist, objektiv zu sein. Die Grundlage der Meditation besteht darin, dass wir die Haltung des Beobachters oder Zeugen einnehmen. Wir sind Beobachter unserer Beziehung zu uns selbst als einer objektiven Erfahrung: Was Subjekt war, was als das Ich oder Selbst empfunden oder erlebt wurde, wird zum Objekt. Mit anderen Worten: Wir werden uns der vielen verschiedenen Dimensionen unserer selbst gewahr, mit denen wir uns dermaßen identifiziert haben, dass wir nicht imstande waren, sie objektiv zu betrachten. Entwickeln wir unsere Fähigkeit, uns unserer Erfahrung und Wahrnehmung gewahr zu sein, wird das Subjekt zum Objekt.«

Der Beobachter sieht, ohne darin verwickelt zu sein. Er ist Zeuge. Das ist der Kern der Achtsamkeitsmeditation. Wenn wir den Beobachter in uns entwickeln, erkennen wir, dass wir nicht unsere Gedanken, nicht unsere Emotionen sind. Wir haben sie, wir schätzen sie, wir achten sie, aber wir sind sie nicht. Wir sind das, was all dies beobachtet, und wir sind Zeuge von dem, was ist, wie es ist.

❄ MICHAEL BERNARD BECKWITH ❄

»Durch die Meditationspraxis werden wir uns unseres Bewusstseins und Gewahrseins gewahr. Wir erkennen, dass wir einen Körper haben, aber nicht der Körper sind. Wir beobachten den denkenden Geist, erkennen aber, dass wir nicht die Gedanken sind, die ihn durchziehen. Alle möglichen Emotionen steigen auf, aber wir erkennen, dass wir das sind, was sie beobachtet. Unsere Essenz bleibt Zeuge des ganzen Panoramas an Emotionen. Je mehr wir dies beobachten, desto mehr sehen wir durch das Ego hindurch und machen es tatsächlich zu einem Verbündeten. Wir stehen seinen Einflüssen oder Bedürfnissen unbeteiligt gegenüber, und in der Folge verliert es seine Macht.«

Da ist der Zustand des Gegenwärtigseins, der relativen Freiheit von der Identifikation mit dem Ego-Selbst. Wir sehen, wie unsere Selbstsucht, Abneigung oder Ignoranz die Dramen und Ängste aufrechterhalten, denn darunter ist Ruhe und Stille. In der Weite, die diese Stille erschafft, begegnen wir uns selbst und dies ist eine wundersame und wunderschöne Erfahrung. Ob wir nur zehn Minuten am Tag praktizieren oder für lange Zeit ins Retreat gehen, spielt keine Rolle. Wir entfernen die Schranken, die uns begrenzen, und öffnen die Pforten der Wahrnehmung und des Gewahrseins.

❄ DZOGCHEN PONLOP RINPOCHE ❄

»Vom Augenblick unserer Geburt an haben wir in einer Welt der Konzepte gelebt, die uns von anderen Menschen übermittelt wurden, und so kann es sein, dass wir nie wirklich einen Schritt zurückgetan und die Dinge einfach so beobachtet haben, wie sie sind. Wenn ich meditiere, ist es ein Prozess, bei dem ich mich selbst kennenlerne, meinen Geist beobachte, meine wahre Natur entdecke und die Natur der Welt sehe. Wenn wir etwas sehen, sehen wir es einfach; wenn wir etwas hören, hören wir es einfach. In diesem Zustand des Erwachens sind wir absolut entspannt, haben aber gleichzeitig ein klares Gewahrsein.

Wir mögen in diese Weite immer wieder eintauchen und sie dann wieder verlassen, aber sie ist immer da. In seiner Essenz ist der Geist wie der klare, durchscheinende Himmel. Alles kommt und geht am Himmel, nimmt aber keinen Einfluss auf unsere grundlegende Himmelhaftigkeit. Da ist nur Geist, und wenn dies sich in die Stille hinein auflöst, ist da am Ende kein Geist!

DEVA PREMAL & MITEN

»Meditation bedeutet nicht, einfach eine Stunde lang im Lotossitz dazusitzen. Sie ist jeder Atemzug, den wir tun, jede Bewegung, die wir machen. Und darin kann etwas Reines aufsteigen. Sie ist eine Praxis, um das Unbekannte zu beobachten und den Geist zu beobachten, eine Praxis der Hingabe und der Nichtanhaftung. Wir erkennen, dass wir nicht unser Körper und nicht unsere Gedanken sind. Diese sind einfach nur zwei Dinge, an denen wir in diesem Leben sehr hängen. In der Meditation beobachten wir das ständig, und so wird dies zum Erfahrungswissen, statt nur ein intellektuelles Verständnis zu sein. Wir werden uns eines jeden Klangs in unserem Umfeld gewahr, und in diesem Gewahrsein werden wir das Zentrum der Symphonie. Im Zentrum ist Leerheit, ist Präsenz, eine innere ungeheuere Weite. Da geschieht nichts.«

Richtig sitzen

Um bequem sitzen zu können, tragen Sie am besten lockere, legere Kleidung. Legen Sie Brille, Armbanduhr und Gürtel ab, stellen Sie das Telefon ab und befestigen Sie eventuell einen »Bitte nicht stören«-Zettel an Ihrer Zimmertür. Mit anderen Worten: Entfernen Sie alles und schalten Sie alles aus, was Ablenkung verursachen könnte.

Es ist hilfreich beim Meditieren, mit gerade aufgerichtetem Rücken zu sitzen, so dass der Atem ungehindert ein- und ausströmen kann. Darüber hinaus bildet ein aufrechter Rücken einen Hinweis auf einen wachen und würdevollen Geist, wohingegen ein in sich zusammengesackter oder krummer Rücken Traurigkeit, Depression und Hoffnungslosigkeit aufkommen lässt – nicht gerade Qualitäten, die wir in die Meditation einbringen wollen. Traditionellerweise sitzt man im halben oder ganzen Lotossitz auf dem Boden, und manche Leute bringen es fertig, so zu sitzen und sich dabei wohl zu fühlen. Aber bei vielen ist der Körper eine solche Sitzhaltung nicht gewohnt, und sie verursacht Unbehagen. Dann ist ein Stuhl mit gerader Lehne genauso gut.

Wenn Sie auf einem Stuhl sitzen, dann unterstützen Sie mit einem kleinen Kissen den Rücken, damit er gerade aufgerichtet ist, die Füße sind flach auf den Boden gestellt, die Hände ruhen im Schoß oder auf den Oberschenkeln. Wenn Sie in Meditationshaltung auf dem Boden sitzen, setzen Sie sich auf ein oder zwei sehr feste Kissen, so dass Gesäß und Rückgrat ein wenig angehoben werden und die Knie nach vorne fallen. In dieser Haltung ist der Rücken ganz natürlich gerade aufgerichtet.

Haben Sie sich hingesetzt, nehmen Sie sich ein paar Augenblicke Zeit. Überprüfen Sie Ihre Haltung und entlassen Sie alle Verspannungen aus Ihrem Körper. Bewegen Sie den Körper ein bisschen vor und zurück, um ein Gefühl für Balance zu bekommen und zu spüren, wie sich ein gerade aufgerichteter Rücken anfühlt. Der Kopf ist weder nach oben noch nach unten geneigt, sondern ruht einfach bequem auf dem Hals. Die Augen sind entweder geschlossen oder ein wenig geöffnet, aber sie fokussieren nicht. Auch wenn Sie eine perfekte Sitzhaltung einnehmen, werden Wehwehchen und Schmerzen auftreten. Wenn das der Fall ist, bewegen Sie sich leicht, um die Spannung freizusetzen, oder bringen Entspannung in das Unbehagen hinein, indem Sie sich ihm ergeben.

❋ PETER RUSSELL ❋

»Viele Menschen sagen, dass sie durch Unbehagen im Körper in ihrer Meditation gestört werden, vielleicht durch Schmerzen in den Knien oder Schultern. Die normale Reaktion darauf ist die, den Schmerz wegzudrängen, ihn zu ignorieren oder sich zu wünschen, er wäre nicht da. Aber wenn Sie ihn zulassen, können Sie anfangen ihn zu erforschen. Okay, hier ist ein scharfer Schmerz, hier ist eine taube Stelle, sehen wir mal, wie weit sie sich ausgebreitet hat. Es kann sein, dass sich die Empfindungen verstärken, aber der eigentliche Schmerz resultiert aus dem Widerstand, dem Wegdrängen. Wenn wir aufhören, Widerstand zu leisten, drängen wir auch nichts weg. Wir sitzen einfach bei ihm, so wie er ist, und dann beginnt der Schmerz nachzulassen, die Muskeln lassen los. Wir müssen nicht irgendetwas loswerden, sondern es einlassen und zulassen. Und dann geschieht die Befreiung von sich aus.«

Die richtige Zeit

Die häufigste Klage, die wir zu hören bekommen, ist Zeitmangel. Anforderungen, die das Zuhause und die Arbeit stellen, überlappen sich und füllen alle Freiräume. Es spielt sich so viel ab – Ängste, Sorgen, Pläne, Träume, Gefühle, Ärgernisse, Verabredungen –, dass für die Praxis wenig Raum zu bleiben scheint. Claire erzählte uns: »Ich bin einfach zu beschäftigt, um zu meditieren. Ich habe nicht einmal die Zeit, alles zu tun, was getan werden muss. Da noch die Meditation reinzuquetschen, das schaffe ich nicht.« Genau das ist eigentlich der perfekte Grund, um zu meditieren! Auch nur zehn Minuten am Tag werden uns schon helfen zu tun, was getan werden muss.

❋ DEB ❋

»Ich war in einem zehntägigen Zen-Meditations-Retreat, und wir hatten jeden Tag Arbeiten zu erledigen. Die Zeit reichte nie aus, um damit fertig zu sein, bevor die nächste Meditationssitzung begann, und einmal geriet ich in Panik. Ich befreite ein Blumenbeet von Unkraut und versuchte, rechtzeitig fertig zu werden, und es wurde alles zu viel, und ich brach in Tränen aus. Die Lehrerin kam herbei und nahm mich zur Seite. Mit ganz sanfter Stimme sagte sie: ›Du kannst nie zu viel zu tun haben. Du machst einfach das, was vor dir liegt, und wenn du damit fertig bist, machst du das Nächste.‹ Sofort konnte ich tief Atem holen und mich entspannen. Dies änderte auch radikal meine Einstellung zum Stress.«

Soll uns die Meditation eine Freundin sein, dann hilft es, sich eine spezielle Zeit für die Praxis zu reservieren, zum Beispiel nach dem Aufstehen oder vor dem Zubettgehen. Morgenmenschen ziehen es vor, gleich als Erstes zu praktizieren, weil sie dann wacher und fokussierter sind, aber für andere ist das unpraktisch, und ein späterer Zeitpunkt funktioniert besser für sie. Sie wissen selbst, ob Sie ein Morgen- oder Abendmensch sind. Und Sie wissen, wann Sie am meisten Ruhe haben, zum Beispiel wenn die Kinder schon schlafen. Wenn Sie am Abend praktizieren, hilft es, vorher ein paar Dehn-, Streck- oder Bewegungsübungen zu machen, um körperlichen Stress abzubauen. Wenn wir versuchen, zur Ruhe zu kommen und still zu sein, der Körper jedoch voll angespannter Energie ist, können wir die Meditation leicht für eine schwierige Angelegenheit halten. Dehnen, strecken und entspannen Sie sich zuerst.

Wir können so oft praktizieren, wie wir wollen oder können: jeden Tag zehn Minuten oder länger, an freien Tagen mehr, alle paar Monate ein Wochenende oder ein einwöchiges Retreat. Wenn wir nur zehn Minuten am Tag aufbringen können, ist das völlig in Ordnung. Je öfter wir praktizieren, desto besser – die

Häufigkeit ist wichtiger als die Dauer. Die Meditation ist kumulativer Natur, je häufiger wir uns ihr widmen, desto mehr werden wir sie lieben. Wir können uns ihr verpflichten. Selbst wenn Sie nur einmal in der Woche fünfzehn Minuten praktizieren können, dann fangen Sie damit an. Anzufangen ist besser, als übers Anfangen nachzudenken!

RABBI ZALMAN SCHACHTER-SHALOMI

»Früher gab es nichts, womit wir unseren Geist abfüllen konnten, keinen Fernseher, kein Radio, also war es leicht, runterzuschalten, sich zu entspannen und leer zu werden. Aber jetzt werden wir mit so viel Wellenlängen bombardiert, dass alles ganz anders ist. Heute gibt es nicht nur vakuumverpackten Kaffee, sondern auch welchen, der druckverpackt ist, wodurch das Aroma nicht nur konserviert, sondern noch verfeinert wird. Wenn du die Dose zum ersten Mal aufmachst, kommt dir ein intensiver Duft entgegen. Ich glaube an druckverpackte Meditation, nur zwanzig Minuten am Morgen und Abend, und ich kann in einen wirklich guten Zustand gelangen. Mehr brauche ich nicht. Dieses Maß an Zeit kann sehr effektiv sein.«

Am wichtigsten ist, dass wir die Zeit, die wir haben, genießen. Schließlich sind wir es, die praktizieren, und es ist sehr viel wichtiger, dass wir mit dem, was wir tun, glücklich sind, als dass wir uns nach den Vorgaben eines anderen Menschen richten. Wir praktizieren nicht, um irgendetwas zu beweisen oder irgendetwas zu erreichen. Die Praxis ist nur da, um uns tiefer mit uns selbst, unserer geistigen Gesundheit und unserer Freiheit zu verbinden.

JUDITH SIMMER-BROWN

»Sich einer täglichen Praxis zu widmen ist das Wichtigste, das wir tun können. Eine Menge Leute reden über Meditation, aber nichts ersetzt die tägliche Praxis. Wenn wir unseren Geist einfach nur in eine Art ruhigen, offenen, strahlenden Raum versetzen, hat das eine transformierende Auswirkung, die alles weit übersteigt, was Worte, was Bücher darüber bewirken können. Wenn Sie durchgängig jeden Tag fünf Minuten praktizieren, führt das zur Weiterentwicklung. Glauben Sie nicht, dass Sie jeden Tag eine Stunde darauf verwenden müssen, weil es sonst zu nichts führt; es ist die Beständigkeit der Praxis, die zählt. Wir denken, wenn wir uns in ein großes Retreat begeben oder ein zehntägiges Schweige-Retreat absolvieren, wird das unser Leben verändern. Doch das ist, als begäben wir uns mit einem Eimer Wasser in eine Höhle, kippten das Wasser in einem Schwall gegen die Felswand und erwarteten, dass der Fels dadurch abgetragen wird. Der tägliche Tropfen ist es, der den Fels wirklich abträgt.«

Viele von uns wuchsen in einer Zeit auf, als der Gedanke an Disziplin ein Horror war, aber in diesem Fall ist sie wirklich sehr befreiend. Regelmäßig zu einer bestimmten Zeit zu sitzen ist eine Methode, um aus dem Chaos Ordnung zu schaffen. Der Geist wird vielleicht alle möglichen Gründe und Ausflüchte vorbringen, warum wir nicht meditieren können, aber wir können sie einfach zur Kenntnis nehmen und uns trotzdem hinsetzen. So sind wir fürsorglich und freundlich uns selbst gegenüber.

DAVID SHINER

»Die Meditation hat mein Leben vollkommen verändert, hat mich als Mensch vollständig transformiert. Ich bin nicht mehr neurotisch; ich bin gelassen, zentriert und ruhig. Ich denke, echte Transformation braucht lange Zeit und gelangt sehr langsam und still und sacht in unser Leben. Tiefgreifende Transformation ereignet sich nicht bei einem Wochenendkurs, wo alle zusammenkommen und du irgendeine Art tiefes psychotherapeutisches Gruppenbewusstsein herstellst. Echte Transformation bedarf der Geduld, und dir muss klar sein, dass alles, was von dauerhaftem Wert ist, Zeit braucht.«

Allein oder gemeinsam

Ob wir allein oder in einer Gruppe praktizieren, ist eine persönliche Entscheidung. Wir kennen Leute, die es vorziehen, allein zu praktizieren, da sie das Gefühl haben, so sehr viel leichter in ihren eigenen inneren Raum zu gelangen. Aber wir leiten auch Retreats für Gruppenmeditation und stellen fest, dass die meisten Teilnehmer das gemeinsame Meditieren als sehr hilfreich und inspirierend empfinden. Die Gruppenenergie scheint den Raum zu halten und zu stützen und den Teilnehmern zu gestatten, sehr viel tiefer in die Stille hineinzugehen. Wer gerne in der Gruppe meditiert, möchte dies aber nicht zwangsläufig nur mit irgendeinem bestimmten Lehrer tun, sondern praktiziert auch oft zu Hause mit einer Gruppe von Freunden.

MARK MATOUSEK

»Ich habe eine wöchentliche Meditationsgruppe bei mir zu Hause eingerichtet, und das war eines der besten Dinge, die ich je unternommen habe. Sie ist Zuflucht und Schutzraum für Freunde und vertieft meine Beziehung mit diesen verwandten Seelen. Sie dient als eine Art Sabbat in einem ansonsten hektischen säkularen Leben, ist eine fortwährende Quelle der Kraft und Freude, die aus der einfachsten aller Praxisübungen entsteht.«

Gemeinsam mit anderen zu sitzen bietet uns die Chance, uns auf individueller Ebene weiterzuentwickeln, während wir diese Erfahrung aber auch auf unausgesprochene Weise mit unseren Gefährten teilen.

SUSAN SMALLEY

»Synchronisierte individuelle Transformation – SIT – beschreibt perfekt, was oft entsteht, wenn wir gemeinsam in Meditation oder Kontemplation sitzen. Vor drei Jahren begannen meine Freunde und ich mit einem ›Freitagmorgen-SIT‹ in meinem Haus. Wir treffen uns jeden Freitag, um gemeinsam in Meditation zu sitzen. Niemand führt die Gruppe, niemand unterrichtet. Wir kommen einfach nur zusammen, jemand liest ein inspirierendes Zitat, das aus einem Glas gezogen wird, das mit Zitaten gefüllt ist, die wir alle beigesteuert haben. Wir sitzen dreißig Minuten – ein Timer ist gestellt –, und danach gehen wir alle unserer Wege. Bei diesem wöchentlichen Ritual erleben wir synchronisierte individuelle Transformationen und vertiefen zudem unsere Freundschaften.«

Geheiligten Raum schaffen

Einerseits ist alles heilig, und es spielt keine Rolle, wo wir uns gerade aufhalten. Andererseits schafft es eine Verbindung zum Geheiligten in unserer Alltagswelt, wenn wir einen besonderen, nur der Meditation vorbehaltenen Ort haben.

DEB

»Vor einigen Jahren besuchte ich die Ajanta-Höhlen in Indien. Diese uralten Höhlentempel wurden in den Fels eines tief eingeschnittenen Tales getrieben und erst vor etwa zweihundert Jahren bei einer Tigerjagd wiederentdeckt. Buddhistische Mönche pflegten dort während der Regenzeit ins Retreat zu gehen, und in diesen Tempeln finden sich zahlreiche Skulpturen und Abbildungen, auf denen man unter anderem auch Mönche in Meditation sitzen oder liegen sieht. Als ich mich in einem dieser Höhlentempel aufhielt, wurde mir bewusst, wie außerordentlich friedlich und ruhig ich mich fühlte. Dann ging ich nach draußen und verband mich wieder mit meinem ganz gewöhnlichen Alltagsdasein. Drinnen war ich heiter und gelassen, draußen ganz normal. Ich ging ein paar Mal rein und raus, um zu überprüfen, ob ich mir nichts vormachte. Immer der gleiche Fels, der einzige Unterschied war, dass in seinem Innern viele Jahre lang meditiert wurde. Es erinnerte mich an sehr alte Kirchen, in denen sich aufgrund der vielen Jahre von Gebet und Besinnung auch diese tiefe, alles durchdringende Ruhe findet.«

Wenn wir uns einen Raum oder Bereich schaffen, wo wir uns zum Meditieren niederlassen, wo wir still und ruhig sein können, gibt das unserer Praxis Kraft. Wir hatten früher einen Meditationsraum, in den wir uns immer, wenn wir es brauchten, zurückziehen konnten. Jetzt haben wir das Parterre unseres Hauses als Ruheort.

Er kann ein Zimmer oder auch nur eine Ecke sein, sogar der Schrank unter der Treppe. Ein Ort, wo wir ein Kissen hinlegen oder einen Stuhl aufstellen, eine Decke oder einen großen Schal und eine Kerze fürs Licht platzieren können. Vielleicht stellen wir ein paar Blumen auf und etwas Räucherwerk, legen ein inspirierendes oder poetisches Buch oder irgendwelche Gegenstände bereit, die für uns eine Bedeutung haben. Indem wir das richtige Umfeld schaffen, bringen wir uns in Erinnerung, dass dieser stille Raum immer zugänglich ist. Er ist eine fortwährende Einladung, still zu sein.

Ein solcher Ort kann auch ein Raum für andere Familienmitglieder sein, Kinder eingeschlossen, wo sie sich hinbegeben und still sein können; ein Raum für alle, die gerade aufgeregt, verärgert oder gestresst sind und sich abkühlen und entspannen müssen. Es könnte sich herausstellen, dass es der wichtigste Raum im ganzen Haus ist!

COLEMAN BARKS

»Ich wuchs am Steilhang zum Tennessee River auf und hatte da einen Platz, wo ich immer hinging. Tatsächlich hatte jedes Familienmitglied dort seinen eigenen Platz. Wir saßen dann einfach nur da und beobachteten den Fluss. Ich wurde auf diese Weise zu einer Art Fluss-Mystiker. Es war einfach ein tiefes Fließen in mir, das sich wie meine erste dankbare Wertschätzung von Schönheit anfühlte.«

Sitzmeditation

In der Stille finde ich mein Leben lebenswert;
finde ich es interessant.
Aller Rest ist Lärm.

RUBY WAX

WAVY GRAVY

»Ich mache da mit den Kindern diese Sache, bei der ich sage: ›Einatmen, ich beruhige meinen Körper. Ausatmen, ich lächle. Einatmen, ich weiß, dies ist ein einzigartiger Augenblick. Ausatmen, ich weiß, es ist ein wundervoller Augenblick.‹ Wenn ich das mit den Kindern mache, hüpfen sie alle vor Freude. Es ist wirklich cool.«

Wenn Kinder das können, können wir es auch! Doch wir übersehen bei unserem geschäftigen und chaotischen Leben leicht diesen Schatz, der uns innewohnt. Wir brauchen nichts weiter zu tun, als still zu sitzen, die Augen zu schließen und uns der Ruhe und Stille hinter dem endlosen Geschnatter in unserem Kopf bewusst zu werden. Andere lachen vielleicht und sagen, wir würden Nabelschau betreiben, aber ihnen ist nicht klar, dass dies eine sehr kostbare Gabe ist.

Es gibt verschiedene Techniken, die uns helfen können, zur Stille zu gelangen. Dabei geht es nicht darum, dass wir irgendetwas zu erreichen oder besondere Kräfte zu entwickeln versuchen. Und es ist keine Technik unbedingt besser als die andere. Sie mögen sich zwar unterscheiden, weisen aber alle auf dasselbe hin, nämlich Gewahrsein und Bewusstsein zu kultivieren.

LAMA SURYA DAS

»Einfach nur mit gekreuzten Beinen dazusitzen hilft uns nicht, die Erleuchtung zu erlangen. Statuen sitzen im Lotussitz, Frösche sitzen in Meditationshaltung; doch glaube ich nicht, dass sie zur Erleuchtung gelangen, während sie darauf warten, eine Fliege zu erwischen. Gewahrsein ist das Hauptelement bei der Meditation, einer Disziplin zur Läuterung, Energetisierung, Belebung und Erweckung des Bewusstseins.«

Es gibt viele Methoden, um den Geist in einen Zustand der Ruhe und Stille zu versetzen. Traditionellerweise bedient man sich der Techniken, bei denen wir die Aufmerksamkeit fokussiert halten, und die direkteste Form davon ist das einfache Beobachten des natürlichen Ein- und Ausströmens des Atems. Das hält unser Gewahrsein nach innen gerichtet, es konzentriert unsere Aufmerksamkeit auf die innere statt die äußere Welt. Dadurch entwickelt sich eine auf den Körper, die Gedanken und Gefühle gerichtete Achtsamkeit.

TIM FREKE

»Ich lasse mich in meinem Körper nieder und werde mir all seiner verschiedenen Teile und dessen, was sie tun, bewusst, so zum Beispiel der inneren Organe und des Atems. Wie fühlt sich diese Erfahrung und Wahrnehmung von Empfindung oder Lauschen konkret an? Ich untersuche den Augenblick. Ich blicke auf das Sehen oder Hören oder Fühlen oder das Gewicht meines Körpers oder die Anspannung oder die Entspannung oder den ein- und ausströmenden Atem. Dann versenke ich mich in meinen Geist und beobachte den Gedankenfluss. Was heißt es, das Denken wahrzunehmen? Was ist ein Gedanke? Was ist eine Idee? Erinnerungen steigen auf, aber was ist eine Erinnerung?

Worin besteht die Erfahrung einer Erinnerung oder von Angst oder Hoffnung? Es ist unendlich faszinierend.«

Dann gibt es Meditationsformen, mit deren Hilfe wir bestimmte Wesensaspekte entwickeln, so zum Beispiel Güte, Liebe, Mitgefühl und Vergebungsbereitschaft. Diese gründen sich darauf, dass wir unser Herz öffnen. Statt diese Qualitäten außerhalb von uns selbst zu suchen, müssen wir uns einfach nur tiefer mit ihnen verbinden, denn sie sind schon in uns. Jede spirituelle Tradition hat ihre eigenen Meditationsmethoden, dabei lassen sie sich von geheiligten Lehren inspirieren oder von heiligen Klängen.

MICHAEL BERNARD BECKWITH

»Es gibt verschiedene Meditationstechniken, die für unterschiedliche Temperamente geeignet sind. Da ist die *kontemplative Meditation*, bei der die Praktizierenden eine Textpassage aus einer der Schriften der Weisheitstraditionen oder zum Beispiel ein Gedicht von Rumi, Hafis oder Kabir nehmen und in Ruhe darüber nachsinnen, bis die Ruhe zur Stille wird. Aus der Stille heraus werden allmählich Einsichten in die innere Bedeutung des Textes gewonnen und wird das Geschenk seiner Schönheit wahrgenommen. Dann gibt es die *existenzbezogene Meditation*, wie zum Beispiel Ramana Maharshis Frage: Wer bin ich? Ein Mensch mag Klempner oder Arzt oder Lehrer sein, aber alle verlangen danach, ihr ursprüngliches Gesicht, ihre reine Essenz zu entdecken, die da war, bevor die Sozialisierung einsetzte und Etiketten angeheftet wurden. Die dritte Meditationspraxis ist das, was ich als *spirituelle Meditation* bezeichne. Hier besteht das Ziel der Praktizierenden darin, in einen Zustand reinen Gewahrseins, in ein Bewusstsein des Einsseins mit Gott einzutreten.«

Selbsterforschung ist eine altehrwürdige Technik, die man einsetzt, um die konzeptuellen Beschränkungen des denkenden Geistes zu durchbrechen. Wir tun das, indem wir Fragen stellen, die nicht zu beantworten sind, die über den logischen Verstand hinausgehen und uns in eine tiefe Gewahrseinsebene eintreten lassen.

GANGAJI

»Ich nutze die Technik des Erforschens, um meinen Geist dazu zu bringen, dass er sich nach innen zur Stille hinwendet. Es kann die Frage ›Wer bin ich?‹ sein. Oder: ›Was meide ich in diesem Augenblick?‹ Oder: ›Wo ist die Stille?‹ ›Was ist in diesem Moment, genau in diesem Augenblick, vonnöten? Was braucht es für den wahren inneren Frieden?‹ ›Was bräuchte es, wenn dies mein letzter Augenblick auf Erden wäre?‹ Statt den Geist auszuschicken, damit er Informationen oder Erfahrungen sammelt, wird hier der Geist nach innen geschickt, um unsere Grundannahmen darüber, wer wir unserer Meinung nach sind, infrage zu stellen.«

Meditation des klaren Geistes

Das Ziel der Meditation des klaren Geistes besteht im Fokussieren unserer Aufmerksamkeit und Achtsamkeit. Dabei bringen wir den zerstreuten und umtriebigen Geist in einen stillen und klaren Raum und entwickeln einsgerichtetes oder einspitziges Gewahrsein. Das können wir tun, indem wir, wie unten erklärt wird, dem Atemfluss folgen oder in eine Kerzenflamme blicken, wie es in vielen Yoga-Traditionen gelehrt wird, oder im stillen offenen Gewahrsein verweilen.

Meditation des Atem-Gewahrseins

TIM FREKE

»Die größte Entdeckung für mich war die, dass ich dasitzen und meinen Atem beobachten konnte. Und dass einfach nur zu atmen zur fantastischsten, angenehmsten Erfahrung werden konnte, die ich mir je hätte vorstellen können. Und ich dachte, na gut, wenn mir das bloße Atmen schon so viel Vergnügen macht, dann bin ich okay, denn solange ich lebe, werde ich auch atmen. Es war eine gewaltige Erfahrung für mich, dieses Hineinsinken in den Atem im Körper.«

Will man den Geist klar bekommen, gibt es nichts Einfacheres, als den natürlichen Fluss des ein- und ausströmenden Atems zu beobachten. Eine Praxis, die als Meditation des ruhigen Verweilens (*Shamatha*) bekannt ist und die ummittelbarste Form der Sitzmeditation darstellt. Als solche bildet sie die Grundlage aller anderen Meditationspraktiken. Wir folgen einfach dem Atem beim Einströmen und beobachten, wie er sich auflöst und in jede unserer Zellen eingeht, und folgen dem Atem, wenn er ausströmt, und beobachten, wie er sich auflöst und in den Kosmos eingeht.

DZOGCHEN PONLOP RINPOCHE

»Ich würde wirklich die *Shamatha*-Meditation empfehlen. Der Name selbst, ruhiges Verweilen, weist darauf hin, dass wir hier zwei Stufen haben: Die erste besteht darin, den umtriebigen Geist, den aggressiven Geist und den emotionalen Geist zur Ruhe zu bringen; und die zweite besteht darin, dass wir in diesem Zustand der Ruhe verweilen.«

Der Atem ist das Eintrittsmoment in den Körper, und so lenkt das Beobachten des Atemflusses unsere Aufmerksamkeit nach innen und lässt Ablenkungen von außen wegfallen. Diese Praxis fokussiert unsere Aufmerksamkeit und Achtsamkeit und vertieft unser

Gewahrsein. Der Atem ist immer bei uns, und doch besitzen wir ihn nicht, obwohl er ein so intimer Bestandteil eines jeden Augenblicks unseres Lebens ist. Er ist nur unser, damit wir ihn teilen, ihn weggeben, sobald wir ihn haben; wir atmen ein, nur um wieder auszuatmen. Wir folgen dem Einströmen des Atems, und im Augenblick des Ausatmens verschmelzen wir mit allem Leben.

MICHAEL BERNARD BECKWITH

»Um den Sinn und Zweck der Meditation zu verstehen, ist es wichtig, den Atem als Anker zu benutzen, weil wir weder in die Zukunft noch in die Vergangenheit atmen können. Wir können nur im Moment des ›Jetzt‹ atmen, und daher lässt uns das Gewahrsein vom Atmen darauf konzentriert bleiben, wo wir uns gegenwärtig befinden – wir können uns den Atem nicht für später aufheben. Wenn der Atem die Grundlage bildet und wir uns in Sorge, Zweifel, Angst oder Glück und Entzücken verfangen, dann durchbricht die Rückkehr zum Atem den Gedankengang und erzeugt eine Lücke, in der sich Gewahrsein ereignen kann. Tiefe Meditation heißt, die Achtsamkeit ohne Ablenkung auf die Realität gerichtet zu halten.«

Wir versuchen nicht, den Atemfluss zu verändern oder langsamer oder vorsätzlicher zu atmen. Der Geist mag abgelenkt werden und sich in verschiedene Richtungen wenden, aber der Atem ist immer da, um uns zum gegenwärtigen Augenblick zurückzubringen. Wir müssen nur dem Fluss eines jeden Atemzugs folgen, wenn er eintritt und wenn er ausströmt, und Geist und Atem zusammenbringen. Wir kommen fortwährend auf diesen Fluss zurück.

NOAH LEVINE

»Die beste Einführung in die Meditation ist meiner Ansicht nach die Praxis des grundlegenden Atem-Gewahrseins. Richten Sie einfach die Aufmerksamkeit auf den Atem, und jedes Mal, wenn der Geist davon abschweift, kehren Sie sacht zur Gegenwart zurück. Lassen Sie alle Pläne und Erinnerungen im Hintergrund. Das vielleicht Wichtigste ist, dass wir dem Geist nicht Einhalt gebieten müssen, um zu meditieren. Hören Sie nur einfach auf, ihm Aufmerksamkeit zu widmen. Wir schulen hier unser Gewahrsein darin, die Aufmerksamkeit und Achtsamkeit auf den Atem und den Körper gerichtet zu halten und den Geist im Hintergrund sein Ding machen zu lassen. Indem wir unsere Achtsamkeit auf die gegenwärtig stattfindende körperliche Wahrnehmung und Erfahrung richten, werden wir sie derart ausdehnen können, dass wir sogar den Geist selbst beobachten können, ohne uns in den Geschichten zu verlieren.«

Hier finden Sie nun grundlegende Anleitungen zur Meditation. Daran schließen sich drei zusätzliche Instruktionen an, die ebenfalls helfen können, den Geist zur Ruhe zu bringen.

Praxisübung
Atem-Gewahrsein

Bei dieser Meditation ist es besonders wichtig, dass Sie mit gerade aufgerichtetem Rücken sitzen, denn Sie müssen leicht und ungehindert atmen können.

Die Hände ruhen im Schoß. Die Augen sind geschlossen oder gesenkt. Nehmen Sie Ihre Sitzhaltung ein, holen Sie tief Atem und lassen Sie den Atem wieder ausströmen.

Lenken Sie nun Ihre Aufmerksamkeit auf den Atemrhythmus und beobachten Sie einfach nur Ihr natürliches Atmen, ohne zu versuchen, daran irgendetwas zu verändern. Lassen Sie Ihr Atmen normal und entspannt, Ihre Aufmerksamkeit ruhig und fokussiert sein.

Verweilen Sie in aller Ruhe im Atemrhythmus. Wenn Sie merken, dass Sie abgelenkt werden oder sich im Denken verfangen, etikettieren Sie Ihre Gedanken einfach als Ablenkung oder Denken und lassen Sie sie ziehen; oder betrachten Sie sie als Vögel am Himmel und lassen Sie sie davonfliegen. Machen Sie das mindestens zehn Minuten lang. Einfach atmen und sein.

Wenn Sie bereit sind, machen Sie einen tiefen Atemzug. Öffnen Sie sacht die Augen.

Die folgenden weiteren Anleitungen helfen Ihnen, sich noch umfassender auf den Atem zu konzentrieren, statt abgelenkt oder ruhelos zu werden.

1. *Sie können Ihre Aufmerksamkeit und Achtsamkeit auf drei mögliche Stellen fokussiert halten: auf Ihre Nasenspitze, das heißt, Sie beobachten die Stelle, wo der Atem konkret in den Körper eintritt und ihn wieder verlässt; auf die Brustmitte, das heißt, Sie beobachten, wie die Brust sich mit jedem Atemzug hebt und senkt; auf die Stelle im Bauch etwa vier Zentimeter unterhalb des Nabels, das heißt, Sie beobachten, wie sich Ihr Bauch hebt und senkt. Machen Sie sich mit allen drei Orten vertraut. Wenn Sie sich ruhelos fühlen oder Ihre Gedanken kreisen, richten Sie die Achtsamkeit auf den Atem im Bauch; wenn Sie sich schläfrig oder müde fühlen, richten Sie die Achtsamkeit auf den Atem an der Nasenspitze.*
2. *Zur Vertiefung der Konzentration zählen Sie im Stillen am Ende eines jeden Ausatmens: Sie atmen ein, Sie atmen aus, eins; Sie atmen ein, Sie atmen aus, zwei. Zählen Sie so weiter bis zehn, dann fangen Sie wieder bei eins an. Wenn Sie sich vertun oder über zehn hinausgehen, fangen Sie einfach wieder bei eins an. Wenn Sie sich in diesem Rhythmus sicher fühlen, so etwa nach fünf bis zehn Minuten, dann wechseln Sie und zählen zu Beginn eines jeden Einatmens: eins, Sie atmen ein, Sie atmen aus; zwei, Sie atmen ein, Sie atmen aus und so weiter, bis Sie bei zehn angelangt sind. Durch diesen Wechsel des Fokus vom Ende des Ausatmens zum Beginn des Einat-*

mens vertieft sich Ihre Konzentration. Wenn Ihr Geist nach weiteren fünf bis zehn Minuten Ihrem Gefühl nach ruhig genug ist, können Sie das Zählen sein lassen und einfach nur still Ihr Atmen beobachten.

3. *Es vertieft die Konzentration, wenn Sie bei jedem Ein- und Ausatmen im Stillen wiederholen: »Einatmen – ausatmen.« Das lässt Ihren Geist mit dem Atemfluss verbunden bleiben.*

ELLEN BURSTYN

»Folgen Sie einfach dem Atem und zählen Sie bis zehn. Aber es ist schwer, bis zehn zu kommen! Als ich damit anfing, habe ich mir die Zahlen bildlich vorgestellt. Dadurch konnte ich mich auf etwas Visuelles konzentrieren. Ich achtete einfach auf meinen Atem und stellte mir die Zahlen bildlich vor, kam so bis zehn und fing dann wieder bei eins an. Das half mir, denn es ist schwer, zur Ruhe zu kommen, ohne sich auf etwas zu fokussieren. Es ist schwer, zur Ruhe zu kommen und einfach nur zu atmen, ohne dass die Vorstellungskraft irgendetwas zu tun bekommt.«

Einsicht-Meditation

Aus dem Atem-Gewahrsein entsteht ganz natürlich die Einsicht-Meditation (*Vipassana*). Wir ruhen in der Stille, lassen den Geist, wie er ist, ohne zu urteilen oder zu bewerten. Es können alle möglichen Gedanken oder Gefühle oder Empfindungen oder Bilder aufsteigen. Wir beobachten, ohne sie wegzuschieben oder an ihnen festzuhalten. Wir sind uns ihrer einfach gewahr. Mit den Gedanken oder Empfindungen steigt die natürliche Weisheit, die Einsicht in die Natur unserer Welt und unserer Selbst auf. Insbesondere vermögen wir zu sehen, wie alle Dinge durch Verlangen und Unzufriedenheit entstehen, wie alle Dinge vergänglich sind und sich in einem Zustand fortwährender Veränderung befinden und dass es kein unveränderliches, getrennt existierendes Ich oder Selbst gibt, sondern nur einen Zustand der Leerheit, der alle Form in sich birgt.

Meditation des offenen aufrichtigen Herzens

❋ MIRABAI BUSH ❋

»Wenn wir still und ruhig werden, können wir die Dinge klarer sehen, vor allem können wir erkennen, wie sie wechselseitig miteinander verbunden sind. Unsere Haut ist keine Begrenzung, wir sind alle Teil voneinander. Tritt dieser Zustand ein, bedeutet dies ein Loslassen von allem, was unser Herz verschlossen hält. Das Herz wird weich und öffnet sich. Es gibt absolut keinen Grund, unser Herz verschlossen zu halten, niemals.«

Die zweite Meditationskategorie beinhaltet Praxisübungen, um das Herz zu öffnen, indem man sich auf Qualitäten wie liebende Güte, Mitgefühl und Vergebungsbereitschaft konzentriert und sie entwickelt. Beim Praktizieren gehen wir hier vom *Versuch*, mitfühlend oder liebevoll und gütig zu sein, dazu über, *dies zu werden und zu sein*, diese Qualitäten vollkommen zu verkörpern, so dass Mitgefühl und Güte zu natürlichen Spiegelungen unseres wahren Seins werden.

❋ FRANKLYN SILLS ❋

»Das Sitzen in der Stille ermöglicht es mir, meine inneren Zustände als Zeuge zu beobachten. Mein Geist verweilt an einem Ort des Lauschens und Vertiefens, bewahrt sich ein umfassendes Wahrnehmungsfeld, in dem die Dingen einfach nur aufsteigen und vorüberziehen. Aber ich befinde mich nicht in einem hoch konzentrierten Bewusstseinszustand. Ich bin weich und offen, bin für die Zustände von Leiden zugänglich, diese sind jedoch nicht ich. Es sind einfach Zustände. Wenn ich lausche, höre ich das Leiden der Welt und werde vom Mitgefühl zum Handeln bewegt. Das Herz öffnet sich ganz natürlich aus der Stille heraus.«

Liebende Güte

Wie wir in einem früheren Kapitel sahen, ist die Meditation der Liebenden Güte – die Meditation des Mitgefühls – eine machtvolle Praxis von transformierender Kraft. Sie erweckt unsere Anteilnahme an anderen und lässt uns zudem erkennen, dass zwischen uns keine wesentliche Trennung besteht. Diese Meditationspraxis führt uns durch verschiedene Stadien: von der Entwicklung und Entfaltung dieser Qualität gegenüber uns selbst und unseren Lieben über ihre Ausdehnung auf Menschen, mit denen wir es vielleicht schwer haben, bis hin zur Ausdehnung auf alle Wesen. Damit geht eine Entwicklung unseres Gewahrseins einher, das sich öffnet und ausdehnt und von Selbstbezogenheit zum Bezogensein auf andere übergeht.

Praxisübung
Liebende Güte

Verwenden Sie mindesten fünf Minuten auf jeden Teil dieser Übung. Nehmen Sie Ihre Meditationshaltung ein und entspannen Sie sich. Konzentrieren Sie sich dann ein paar Minuten auf Ihren Atemrhythmus und richten Sie zugleich die Aufmerksamkeit auf den Raum des Herzens in Ihrer Brustmitte.

Teil 1

Wiederholen Sie nun entweder Ihren Namen oder visualisieren Sie sich selbst in Ihrem Herzzentrum, so dass Sie dort Ihre Präsenz fühlen können. Umfangen Sie sich dort sanft und zärtlich, so wie eine Mutter ihr Kind umfangen würde. Entlassen Sie alle Spannung mit dem Ausatmen und atmen Sie mit dem Einatmen Weichheit und Offenheit ein.

Spüren Sie ein wachsendes Gefühl von Freundlichkeit und Liebe sich selbst gegenüber. Wiederholen Sie im Stillen: »Möge es mir gut gehen, möge ich glücklich sein, mögen alle Dinge gut für mich laufen, möge ich im inneren Frieden sein.« Seien Sie sich jedweden Gefühls von Widerstand gewahr – irgendwelcher Gründe, warum es Ihnen nicht gut gehen sollte oder warum Sie es nicht wert sein sollten, glücklich zu sein. Erkennen Sie diese Gefühle an und lassen Sie sie dann einfach gehen.

»Möge es mir gut gehen«: Spüren Sie das in Ihrem Körper, vor allem dort, wo Sie sich nicht wohl fühlen. »Möge ich glücklich sein«: Holen Sie jedwede Gefühle von Unglücklichsein in Ihr Herz, nehmen Sie sie an und lieben Sie sie. »Mögen alle Dinge gut für mich laufen«: Holen Sie all jene Bereiche in Ihr Herz, in denen es nicht gut läuft, und lassen Sie sie durch liebende Güte eine Umwandlung erfahren. »Möge ich im inneren Frieden sein«: Holen Sie jeglichen Stress und jegliche Sorge in Ihr Herz und wandeln Sie sie in Frieden um.

Teil 2

Richten Sie die liebende Güte auf Ihre Nächsten und Liebsten – Ihre Familie und Freunde. Holen Sie eine Person nach der anderen in Ihr Herz, indem Sie sie visualisieren oder ihren Namen aussprechen. Richten Sie Ihre liebende Güte auf sie, während Sie wiederholen: »Möge es dir gut gehen, mögest du glücklich sein, mögen alle Dinge gut für dich laufen, mögest du im inneren Frieden sein.« Atmen Sie alle vielleicht bestehenden Konflikte oder Meinungsverschiedenheiten aus und atmen Sie Glück und Freude ein. (Wenn es für Sie leichter ist, können Sie sich bei jeder Praxissitzung immer nur eine Person vornehmen.)

Teil 3

Richten Sie Ihre liebende Güte auf eine Person, die Sie nicht kennen oder der Sie neutral gegenüberstehen. Öffnen Sie Ihr Herz für diese unbekannte Person und wiederholen Sie: »Möge es dir gut gehen, mögest du glücklich sein, mögen alle Dinge gut für dich laufen, mögest du im inneren Frieden sein.« Fühlen Sie dabei, wie es nicht die Persönlichkeit ist, der Sie sich hier liebend zuwenden, sondern die Essenz des Seins und dass Sie diese miteinander teilen: Gemeinsam wandeln Sie auf der gleichen Erde, atmen Sie die gleiche Luft.

Teil 4

Richten Sie die liebende Güte auf eine Person, mit der Sie sich gerade schwertun: ein Freund, eine Verwandte oder ein Kollege – irgendein Mensch, mit dem die Kommunikation stockt und es Missverständnisse gibt. Atmen Sie jeglichen Widerstand dagegen aus und atmen Sie Offenheit ein, während Sie diese Person im Herzen umfangen und wiederholen: »Möge es dir gut gehen, mögest du glücklich sein, mögen alle Dinge gut für dich laufen, mögest du im inneren Frieden sein.« Verstricken Sie sich nicht in der Geschichte und ihren Einzelheiten. Umfangen Sie die Person sanft und zärtlich, wünschen Sie ihr Wohlergehen und Glück.

Teil 5

Dehnen Sie nun die liebende Güte auf alle Wesen in allen Richtungen aus. Öffnen Sie Ihr Herz für alle, wo immer sie sein mögen, und wiederholen Sie im Stillen: »Möge es allen Wesen gut gehen, mögen alle Wesen glücklich sein, mögen alle Dinge für alle Wesen gut laufen, mögen alle Wesen im inneren Frieden sein.« Lassen Sie jegliche Vorurteile oder Widerstände los. Fühlen Sie, wie Freundlichkeit und Güte von Ihnen ausstrahlt, rundum in alle Richtungen wie kleine Wellen in einem Teich. Alle Wesen sind es wert, geliebt zu werden, wer und was sie auch sind.

Wenn Sie bereit sind, machen Sie einen tiefen Atemzug und öffnen sacht die Augen – mit einem Lächeln auf den Lippen.

Uns selbst lieben

Es gibt einige Variationen dieser Praxis, die bei speziellen Problemen angewandt werden. Im Folgenden findet sich eine vom Psychotherapeuten Deepesh Faucheux angebotene Praxis zur Lösung und Heilung von eher negativ besetzten Problemen wie Wut, Versagensangst oder Selbsthass.

Praxisübung
Alle Teile deiner selbst lieben

❋ VON DEEPESH FAUCHEUX ❋

Ich lade Sie ein, eine sehr bequeme Haltung einzunehmen, die Augen zu schließen oder den Blick nicht zu fokussieren und Ihr Gewahrsein in Ruhe im Körper verweilen zu lassen … Spüren Sie Ihre Füße auf dem Boden … spüren Sie Ihr Gewicht auf dem Stuhl oder Sitzkissen … Ihr Geist hält sich weder in der Vergan-

genheit noch in der Zukunft auf … Sie sind einfach im Hier und Jetzt … Es gibt keinen anderen Ort, zu dem Sie gehen müssen, Sie müssen nirgendwo anders sein als einfach nur hier.

Von diesem Ort des vollkommenen Daseins in der Gegenwart blicken Sie nun auf jedwede Gedanken, Gefühle oder Empfindungen, die für Sie gegenwärtig sind …

Beobachten Sie einfach nur … Sie müssen weder analysieren noch beurteilen … Schauen Sie einfach nur … Fühlen Sie einfach nur ….

Heißen Sie sanft alle Teile und Aspekte von sich willkommen … die »guten« Teile und Aspekte, die Sie mögen … die Teile und Aspekte, die Sie als »ich« bezeichnen … die Teile und Aspekte, die Sie ablehnen … den ärgerlichen und wütenden Teil… den hässlichen Teil … den verängstigten Teil … den gelangweilten Teil … den traurigen Teil … den schweren Teil … das gebrochene Herz …

Alle sind sie hier willkommen.

Und während Sie schauen, was da für Sie gegenwärtig ist, betrachten Sie alles als ein großes Haus voller Gäste …

… manche sind rüpelhaft … manche friedlich … manche lächerlich …

Schauen Sie einfach … Seien Sie einfach neugierig …

Richten Sie nun von diesem Ort aus ein einfaches Gebet an sich selbst:

Mögen alle Teile von mir eins sein,
möge ich in Körper, Geist und Seele wohlauf sein,
möge ich im inneren Frieden sein.

Wiederholen Sie dieses Gebet dreimal.

An diesem Ort des liebenden Daseins nehmen Sie nun wahr, was aufkommt, wenn Sie sagen: »Es ist okay, glücklich zu sein … mich selbst zu lieben … mir selbst zu verzeihen.«

Bleiben Sie bei dem, was immer in Ihnen aufsteigt, und nehmen Sie es einfach nur zur Kenntnis.

Akzeptieren Sie alle »Jas« und auch alle »Neins«.

Wenn Sie sich bereit fühlen, spüren Sie das Gewicht Ihres Körpers, nehmen die Empfindungen in Ihren Füßen und Händen wieder wahr und öffnen langsam die Augen.

Meditation des Vergebens

Im zweiten Teil des Buches sprachen wir darüber, welche entscheidende Rolle das Vergeben in einer Welt, die zur Rache ermuntert, spielt. Die Meditation des Vergebens ist eine kraftvolle Meditation, die uns von Gefühlen des Getrenntseins, der Schuld, der Schuldzuweisungen und der Scham befreit. Sie führt uns durch drei essenzielle Stadien: einem anderen vergeben, um Vergebung bitten, uns selbst vergeben. Wir laden Sie ein, sich sehr vorsichtig in diese Meditation zu begeben, vielleicht bei jeder Sitzung immer nur einen Schritt zu tun und möglichst keine Gefühle zu unterdrücken. Es ist wichtig, dass Sie alles anerkennen, was aufkommt. Der Prozess des Vergebens kann seine Zeit brauchen, seien Sie also geduldig. Je mehr Sie diese Meditation praktizieren, desto mehr Tiefe wird Ihre Erfahrung erlangen.

Praxisübung
Vergebung

Verwenden Sie auf jeden Teil dieser Praxis fünf bis zehn Minuten. Suchen Sie sich einen ruhigen Ort, um sich niederzulassen, nehmen Sie eine bequeme Sitzhaltung ein und richten Sie Ihre Achtsamkeit auf das Atmen. Fühlen Sie, wie sich Ihr Herz öffnet und weich wird.

Werden Sie sich sacht jedweder Widerstände gegen das Vergeben gewahr. Scheuen Sie nicht davor zurück, sondern erkennen Sie, welche Auswirkungen dieser Widerstand in Ihrem Innern haben kann, wie er Ihre Gefühle eingrenzt und einschränkt. Halten

Sie die Achtsamkeit weiterhin auf den Atem gerichtet, lassen Sie durch das Atmen Ihr Herz sich öffnen und weich werden.

Teil 1

Konzentrieren Sie sich auf einen Menschen, dem Sie vergeben möchten, und holen Sie diesen Menschen in Ihr Herz. Atmen Sie jeglichen Widerstand dagegen oder alle Wut oder Angst aus und atmen Sie Vergebung und Sanftheit ein. Wiederholen Sie im Stillen: »Ich vergebe dir. Ich vergebe und verzeihe dir den Schaden, die Verletzung, den Schmerz, die du durch deine Worte und Taten verursacht hast.« Entspannen Sie sich durch das Atmen. Gehen Sie sanft, behutsam, freundlich mit sich selbst um. Lassen Sie sich nicht durch die Geschichte und die Einzelheiten des Geschehens ablenken. Lassen Sie alle Gründe dahinziehen, warum diesem Menschen nicht vergeben werden sollte, und atmen Sie Vergeben und Verzeihen ein.

Teil 2

Visualisieren Sie in Ihrem Herzen einen Menschen, den Sie vielleicht verletzt oder verstört haben. Wiederholen Sie im Stillen: »Ich bitte um deine Vergebung. Ich bitte dich, mir zu verzeihen. Bitte vergib mir den Schaden, die Verletzung, den Schmerz, die ich durch meine Worte oder Taten verursacht haben mag.« Atmen Sie weiterhin jeden Widerstand dagegen aus. Sie können die Geschichte abhaken und den Schmerz loslassen. Fühlen Sie, wie Ihr Herz sich öffnet und Sie Vergebung erhalten.

Teil 3

Konzentrieren Sie sich auf sich selbst, sprechen Sie wiederholt Ihren Namen oder visualisieren Sie sich in Ihrem Herzen. Umfangen Sie sich fürsorglich und zärtlich. Wiederholen Sie langsam: »Ich vergebe mir, ich verzeihe mir. Ich vergebe mir jeglichen Schaden, jegliche Verletzung, jeglichen Schmerz, den ich durch meine Worte oder meine Handlungen verursacht haben mag.« Dabei könnten Sie mit Scham- oder Schuldgefühlen konfrontiert werden. Erkennen Sie diese an und befreien Sie sich dann mit jedem Ausatmen davon. Atmen Sie weiterhin Sanftheit und Weichheit, laden Sie weiterhin Vergebung und Verzeihung ein. »Ich vergebe mir, ich verzeihe mir.«

Fühlen Sie die Freude der Vergebung in Ihrem ganzen Körper. Sie haben vergeben. Ihnen wurde vergeben. Genießen Sie dieses Freisein. Wenn Sie so weit sind, machen Sie einen tiefen Atemzug und lassen langsam los.

Meditation – überall, jederzeit

Die Praxis muss nicht unbedingt in der richtigen Sitzhaltung, zur richtigen Zeit oder in der perfekten Umgebung ausgeführt werden. In Wirklichkeit können Sie jederzeit und überall meditieren – auch im Badezimmer, an der Bushaltestelle, auf der Parkbank, an Ihrem Schreibtisch, während die Kinder spielen. Jeder Ort ist ein geheiligter Ort, wenn Sie sich ihn als einen solchen denken. Wenn das Badezimmer oder die Toilette der einzige Ort ist, an dem Sie allein sein können, zögern Sie nicht. Schließen Sie einfach die Tür ab, lassen Sie sich auf dem Toilettensitz nieder und atmen Sie!

ED BEGLEY JR.

»Kürzlich ereignete sich bei mir eine Minimeditation, während ich beim TÜV in der Warteschlange stand. Ich hatte kein Buch, keinen iPod oder Walkman, kein Kreuzworträtsel, nichts dergleichen bei mir, und dann wurde mir klar: Das ist ein Geschenk. Ich befinde mich in einer Warteschlange und habe die Gelegenheit, ein- und auszuatmen. Ich bin in dieser Warteschlange und meditiere, und es geht nicht mehr darum, endlich dranzukommen, da es hier in diesem Augenblick geschieht. Es sind noch acht Leute vor mir, und so ist es. Wir können eine volle Mahlzeit bekommen, wenn wir uns hinsetzen und formell Meditation praktizieren, aber uns stehen auch Snacks in der Warteschlange beim TÜV zur Verfügung.«

Praxisübung
Als letzte Möglichkeit!

Wenn Sie merken, dass der Stress zunimmt, das Herz sich verschließt, der Geist überwältigt oder überflutet zu werden droht, dann suchen Sie sich einen Ort, wo Sie in Ruhe und Stille sein können. Konzentrieren Sie sich zehn Atemzüge lang auf Ihren Atem oder so lange, bis Sie sich wieder wohl fühlen. Dabei können Sie eine der folgenden Methoden praktizieren:

1. *Sagen Sie bei jedem Ein- und Ausatmen: »Weicher Bauch, offenes Herz.«*
2. *Sagen Sie bei jedem Ein- und Ausatmen: »Einatmend beruhige ich Körper und Geist; ausatmend lächle ich.«*
3. *Sagen Sie bei jedem Einatmen: »Ich fühle mich wohl und bin im Frieden«; sagen Sie bei jedem Ausatmen: »Ich bin Liebe.«*

Praxisübung
Täglicher Check

❋ VON MARSHALL B. ROSENBERG ❋

Zu Beginn des Tages besinnen wir uns darauf, wie wir diesen Tag leben möchten, wie er unserem Wunsch nach sein soll. Wir vergegenwärtigen uns die Kostbarkeit des mitfühlenden Gebens und Nehmens.

Gegen Ende des Tages beurteilen wir den Tag und können sehen, ob unser Verhalten das Leben gefördert hat oder nicht. Das tun wir ohne Selbstvorwürfe.

Schließlich betrauern wir, was nicht förderlich war oder wo wir uns nicht dem mitfühlenden Geben und Nehmen gewidmet haben, damit wir daraus lernen. Und wir feiern, wenn oder wo wir in Übereinstimmung mit dem von uns gewählten Leben leben.

Klangmeditation

Musik ohne Worte heißt den Geist hinter sich lassen. Und den Geist hinter sich lassen ist Meditation. Meditation bringt dich zur Quelle zurück. Und die Quelle von allem ist Klang.

KABIR

ED

»Da saß ich im Lotossitz im Ashram in Zentralindien und chantete die Namen von Rama und Krishna. Das nennt sich *mahamantra* oder *großer heiliger Klang* und ist im Westen als das Hare-Krishna-Mantra bekannt. Wenn man die Namen der verschiedenen Gottheiten chantet, sie also im Singsang ständig wiederholend rezitiert, soll dies das Göttliche in uns erwecken und uns aus der Welt der Täuschung befreien. In Indien ist das Chanten etwas sehr Emotionales, und die Leute verfallen dabei oft in wild ekstatisches Tanzen. Ich liebte diesen Moment, dieses Sichergeben des Ego-Ichs in die unermessliche Weite von Gottheit.«

Die heilende Kraft des Klangs

Ton, Klang, Klanglaute wurden über die Zeitalter hinweg in vielen spirituellen Traditionen als Ausdruck von Verehrung und Hingabe und auch zur Herstellung von Harmonie und für die geistige Konzentration eingesetzt. Wenn wir unsere Stimmen vereinen, entsteht eine kraftvolle Form der Meditation, da es uns aus unserer gewohnten Geisteshaltung herausholt und zu einem Ort tiefer Resonanz sowohl in uns selbst als auch im Miteinander führt. Aber diese Einheit kann leicht verloren gehen, wenn der denkende Geist eingreift.

❋ JILL PURCE ❋

»Wir haben schon immer durch das Chanten oder Psalmodieren Gemeinschaft hergestellt. So zum Beispiel beim Singen in der Kirche, um uns miteinander und mit Gott zu vereinen. Wenn wir gemeinsam chanten, werden wir rasch eins, da alle durch den Gedanken des Getrenntseins hervorgerufenen Emotionen ausgeräumt sind. Wenn wir jedoch Worte singen, die wir verstehen, sind wir nicht länger gegenwärtig, weil wir über das, was wir singen, nachdenken oder bemüht sind, uns an die Worte zu erinnern. Als die Katholische Kirche in den 1960er Jahren die lateinischen Sprechgesänge in die verschiedenen Landessprachen übersetzte, wurde diese uralte christliche Tradition des anhaltenden kontemplativen Sprechgesangs zu einem Problem. Die Gesänge wurden zum gedanklichen Anreiz und somit zu einer Quelle von Beunruhigung, Sorge und Angst, statt die Befreiung und Kontemplation zu unterstützen, so wie es vordem immer gewesen war.«

Der Wechsel von lateinischer Sprache zur Landessprache beim Singen der Gregorianischen Gesänge erzeugte in den katholischen Gemeinden eine bislang unbekannte Zwietracht und Unzufriedenheit, wie Deepesh Faucheux in seiner Zeit als katholischer Mönch persönlich miterlebte.

❋ DEEPESH FAUCHEUX ❋

»Der Gregorianische Sprechgesang war als Meditation gedacht; Untersuchungen haben ergeben, dass die dabei erzeugte Frequenz in bestimmter Weise auf das Gehirn einwirkt, so dass wir in einen veränderten spirituellen Bewusstseinszustand erhoben werden. Wenn wir psalmodierten, wurde ich high, geriet sogar in Ekstase. Es war immer ein kollektives Psalmodieren, das, was man unter *ecclesia* versteht. Eine Gruppe von Leuten im einzigen Ziel der Andacht und Verehrung vereint, aufeinander eingestimmt, ihr Verhalten, ihre Gefühle, ihre Stimmungen allesamt in Harmonie miteinander. Die Klangfrequenz integrierte das Verhalten der Singenden und glättete die rauen Kanten, den Ärger oder die Angst. Wenn ich die Gregorianischen Gesänge sang, war das wie ein Stimmungsaufheller. Es hob meine Stimmung. Es ließ mich viele von den kleinen Dingen, die passierten, als völlig belanglos ansehen. Es machte mein Leben im Kloster erträglich und war die einzige Therapie, die das Kloster brauchte. Der Gregorianische Sprechgesang wurde für die lateinische Sprache geschrieben, aber als man aufhörte, in Latein zu singen, und es mit der Landessprache versuchte, zerfielen viele Mönchs- und Nonnenklöster, weil die Leute gegeneinander zu kämpfen begannen. Sie hatten diese integrierend wirkende Qualität verloren.«

Ob nun durch Singen oder Chanten – der gemeinsam erzeugte Klang verbindet, vermischt und vereint nicht nur unsere Stimmen, sondern auch unsere Schwingungen, was einer Heilung auf vielen Ebenen förderlich ist. Gleichzeitig wird durch das Singen das Hormon Oxytocin ausgeschüttet, was den »Wohlfühlfaktor« erhöht. Am bekanntesten ist dieses Hormon für seinen Einsatz bei der Einleitung von Wehen. Aber es scheint auch eine Wirkung auf unsere Fähigkeit zu haben, uns mit anderen zu verbinden, anderen zu vertrauen und enge Beziehungen aufrechtzuerhalten.

JONATHAN GOLDMAN

»Ich habe eine Formel, die da lautet: Frequenz plus Absicht ist gleich Heilung. Klang im Verein mit Bewusstsein bringt das Klangergebnis hervor. Die Mystiker und Physiker wussten schon immer, dass alles im Universum Schwingung ist. Von daher ist jeder Knochen, jedes Gewebe, jeder Teil des Körpers Resonanz. Dies schließt unsere Gehirnwellen, den Atem und den Herzschlag mit ein, und indem wir uns gemeinsam auf einen bestimmten Klanglaut einstimmen und einschwingen, seien es nun ein *Om*, ein *Aah* oder ein Mantra, stimmen sich auch unsere Nervensysteme aufeinander ein, schwingen sie in Einklang miteinander, ziehen sie sich wechselseitig mit.«

Heilung bedeutet nicht unbedingt, dass man einen bestimmten Teil kuriert oder wieder in Ordnung bringt. Es bedeutet, dass man heil und ganz wird, dass all die verschiedenen Teile unserer Psyche und unseres Körpers miteinander in Resonanz gebracht werden. Unsere geistige und seelische Gesundheit wirkt sich direkt auf unsere körperliche Gesundheit aus, so wie ungelöste oder unterdrückte psychische und emotionale Probleme oft auch die Ursache von Stress und Krankheit sind. Echte Heilung muss somit beim Geist anfangen, um dem Körper zu Harmonie zu verhelfen. Das Hervorbringen von Klanglauten ist eine unmittelbare und effektive Methode, um dem Geist Heilung zu bringen.

JILL PURCE

»Es ist die große Aufgabe der Meditationspraxis, daran zu arbeiten, dass wir die Täuschung des Getrenntseins überwinden. Denn die Trennung lässt Ärger, Wut, Zorn, Abneigung, Abscheu, Verlangen, Gier und Begierde entstehen, diese unersättlichen Emotionen, die die Ursache von Angst, Depression und vielen Krankheiten sind. Der Klang beeinflusst den Körper und den Geist durch die Resonanz und indem er Ordnung und Stimmigkeit schafft. Er erlaubt uns, an der Ursache von emotionalen und energetischen Störungen zu arbeiten, bevor diese pathologisch werden oder sich auf den physischen Körper auswirken.

Die einzig wirksame Methode, die ich gefunden habe, um das Gefühl von Getrenntsein zu überwinden, ist die Meditation und die Achtsamkeit; und die machtvollste Meditationsmethode ist fraglos die durch den Klang. Wenn wir uns durch Klang und Resonanz aktivieren, stellen wir genau das bereit, was wir als Mittel zur Aufrechterhaltung der Achtsamkeit einsetzen: Wenn wir Klang hervorbringen, erschaffen wir damit auch den Fokus, auf den sich unsere Achtsamkeit richtet, wir erschaffen einen ›Achtsamkeitskreislauf‹. Indem wir das erschaffen, worauf wir unsere Aufmerksamkeit richten, und dann unsere Aufmerksamkeit auf das richten, was wir hervorbringen, sind wir fortwährend präsent – die einzig existierende Realität.«

Klang erzeugen

Um von der meditativen Qualität des Klangs profitieren zu können, muss man nicht unbedingt eine perfekte Stimme haben oder überhaupt den richtigen Ton treffen können, denn das Singen oder Chanten wird von sich aus einen reineren Ton freisetzen.

❋ DEB ❋

»Ich war dreizehn, und wir sangen im Musikunterricht. Plötzlich sagte der Musiklehrer, wir sollten aufhören. Dann sah er sich suchend im Klassenzimmer um, deutete schließlich auf mich und sagte: ›Du wirst nie einen richtigen Ton singen können!‹ Dieser Augenblick verfolgte mich jahrelang; ich hatte entsetzliche Angst davor, in Hörweite irgendeines anderen Menschen zu singen. Erst als ich mit dem Chanten begann, fand ich eine im Innern verborgene Stimme, und es war mein Herz, das sang.«

Wir können auf vielerlei Weise Klang hervorbringen und die Stimme einsetzen, um unsere innere Welt zu entdecken. Die Stimme in Verbindung mit dem Atem lässt uns in eine spontane Erfahrung von Resonanz eintreten, wenn wir den Klang aus einem tieferen Teil unseres Wesens freisetzen.

❋ CHLOE GOODCHILD ❋

»Die menschliche Stimme, die nackte menschliche Stimme ermöglicht den Zugang zum weiten Raum in unserem Innern. Wenn wir nur mal tief Atem holen und dann einen ungebremsten Riesenschrei herauslassen, so lange, bis wir absolut keine Luft mehr haben, werden wir uns in dem Augenblick, in dem wir buchstäblich atemleer sind, an einem Ort zwischen Leben und Sterben finden. Die menschliche Stimme stellt eine phantastische Brücke dar, die uns in einen tiefen Meditationszustand führen kann, weil sie die Emotionen auf ganz einfache Art freisetzt. Sie führt uns aus dem Bereich des Verstandes heraus und öffnet das Herz. Dann lachen wir, weinen wir, atmen wir wieder ein, kommen wir auf tiefere Weise wieder nach Hause, fallen wir tiefer und tiefer in uns selbst hinein, lassen los und atmen wieder. Stellen Sie sich vor, dies sei der allererste oder allerletzte Atemzug Ihres Lebens. Dann befinden wir uns plötzlich an einer Art Wendepunkt, an der Schwelle zu einem neuen Zyklus, befinden wir uns in unbekanntem Territorium.

Wir haben dies mit sterbenden Menschen praktiziert, mit Schwerkranken und auch mit ganz gewöhnlichen Neurotikern, so wie wir selbst, mit Leuten, die nur eine einfache Methode finden wollen, leer zu werden. Die Praxis führt uns sofort aus dem Intellekt heraus und in die Emotionen hinein und öffnet dann das Herz. Und dann fallen wir, noch bevor wir wissen, wo wir sind, tief hinein in unser eigenes Sein, wir ergeben uns, geben frei. Wir ermuntern die Leute dazu, dies eine Zeit lang zu tun, vielleicht eine halbe Stunde lang, aber es können auch fünf Minuten oder eine Minute sein. Dadurch sehen wir uns selbst auf eine Weise, die uns erschrecken und auch entzücken kann.«

Wenn wir mit unserer Stimme Klänge hervorbringen, ermöglicht uns das nicht nur die Begegnung mit uns selbst, es schafft auch ein Ventil für inneren Lärm: für alle unsere Ängste und Neurosen, Ausflüchte und Zweifel. Ein von uns erzeugter, frei fließender Klang bereitet auf wunderbare Weise den Weg für die stille Meditation, da wir mit dem Klang jeglichen Widerstand und alle Anspannung herauslassen können, bevor wir uns ins Schweigen versenken.

❋ VICKIE DODD ❋

»Ich benutze den Klang, um meinen Geist zu beruhigen, das Geschnatter zum Schweigen zu bringen, damit ich tief genug gehen kann, um zu lauschen. Ich setze ihn bei Leuten ein, die noch nie meditiert haben oder dachten, dass sie nicht meditieren können. Wenn wir mit unserer Stimme Klänge erzeugen, kommt der Sauerstoff in Bewegung, unser biologisches System verändert sich und befreit sich von Stress und emotionalen Bürden. Der Körper wird fließender und löst Gedanken auf wie: Das kann ich nicht; ich werde nie wissen, wie man das macht; ich bin müde; wie spät ist es?; ich bin hungrig; ich muss gehen; mir ist unwohl. Wir können diese Gedanken zum Erklingen bringen, wir können unvorhersehbare, chaotische, politisch unkorrekte Gedanken in Klang umsetzen. All die verschiedenen Seiten in uns brauchen eine Stimme. Dann können sie sich beruhigen – sie wurden gehört. Wir bringen alle möglichen spontanen und unvorhersehbaren, willkürlichen, chaotischen Klänge und Laute hervor, dann legen wir uns hin und beginnen zu atmen. Auf diese Weise befreien wir uns von einer Menge Gepäck, und es könnte einen göttlichen Moment geben, der uns zeigt, dass dies alles der Mühe wert war.«

Klang und Stille in der Meditation

In der stillen Meditation ist der Geist ungebunden und frei, herumzuwandern und sich in Ablenkungen zu ergehen. Wenn wir hingegen den Klang als Fokus für die Meditation benutzen, schafft dies eine tiefere Erfahrung von Stille, wenn man unmittelbar danach einfach innehält und still und reglos ist.

❋ DON CAMPBELL ❋

»Ich habe viele Jahre den Klang und vor allem den Ton als Eingangsweg in die Meditation benutzt. Um den Körper zu beruhigen und den Geist zu stabilisieren und leer zu machen, erzeugte ich einen Klang, der die Knochen in meinem Schädel zum Schwingen brachte. Oftmals bewirkte der Klang eines einfachen fünfminütigen Summens einen physiologischen, mentalen und emotionalen Zustand, den ich *erwachte Entspannung* nenne. Ich habe nicht gesungen, es war nicht schön, es war nicht für die Außenwelt bestimmt. Beim Chanten eines Mantras, eines Sutra oder eines Psalms oder beim Singen von Lobgesängen geht es nicht darum, was ein anderer hört, es geht nur darum, was du im Körper fühlst – wie das Gehirn ins Gleichgewicht kommt, wie sich dein Pulsschlag verändert, wie du Sauerstoff aufnimmst und tiefere Atemzüge machst und insbesondere, was in der nachfolgenden Stille geschieht.«

Obwohl es viele Klangformen gibt, derer man sich bedienen kann, angefangen beim Klang eines einzigen »Aah« bis hin zum traditionelleren Chanten oder Psalmodieren, ist das Summen zweifellos das einfachste und direkteste Klangerleben, an dem wir alle teilhaben können.

❋ DEVA PREMAL & MITEN ❋

»Summen ist wirklich das Einfachste, was man tun kann. Man muss nicht singen können oder irgendwelche Mantras kennen, man summt einfach mit geschlossenen Lippen. Sie holen tief Atem, so dass Ihre Lungen ganz gefüllt sind, dann summen Sie, bis Ihnen der Atem ausgeht, dann holen Sie wieder tief Atem und summen. Wenn Sie das fünf Minuten lang machen und dann fünf Minuten lang in Stille sitzen, machen Sie eine Erfahrung, die Sie den ganzen Tag lang begleiten wird, weil der Klang des Summens die Seele mit dem Körper synchronisiert. Es ist eine Meditation, um sich selbst zu einen. Sie bringt Sie sehr leicht in einen Raum der Stille. Das kann jedermann täglich zehn Minuten am Morgen machen: fünf Minuten summen, fünf Minuten in Stille sitzen.«

Mit dem Klang zu arbeiten bedeutet nicht immer, dass wir ihn mit der Stimme hervorbringen; wir können genauso tief bewegt werden, wenn wir Musik hören oder Musik machen, sei es nun auf einem meditativen Instrument wie der Flöte oder dem Klavier oder mit einem mehr mit Rhythmus assoziierten Instrument wie dem Schlagzeug.

KITARO

»Ich liebe die Stille. Aber für mich ist das die Stille in der Musik. Was ist Musik und was ist Stille? Beides ist Meditation. Klänge sind Wellen, und das ist Meditation, und die Stille der Meditation ist von Klängen erfüllt. Trommeln ist auch Meditation. Bei jedem August-Vollmond trommle ich am Berg Fuji die ganze Nacht zwölf Stunden lang, und das ist eine sehr tiefe Meditation. Das Trommeln wird zu einer Welle der Bewegung, die mich durchläuft; sie gibt mir tiefe Inspiration und Kraft. Die Konzentration in Verbindung mit dem Rhythmus bedeutet, dass mein Geist ein und aus geht, er ändert sich fortwährend, manchmal schließe ich die Augen und bin sogar in einem Konzert weit weg. Manchmal beobachtet ein zweiter Kitaro die ganze Szene, gleichsam wie ein drittes Auge. Dieser zweite Kitaro beobachtet mich beim Spielen meiner Musik. Wenn ich trommle, ist dieser Kitaro die Wahrheit, und der zweite Kitaro beobachtet. Bei der stillen Meditation gehe ich mehr in mich hinein. Klang geht hinaus, und Stille geht hinein.«

Wenn wir singen oder chanten, konfrontiert uns dies auch mit unserem Ego und unserem Wunsch, als der, der singt oder chantet, identifiziert zu werden, statt dass sich das Ego ergibt und mit dem Klang eins wird. Im Sichergeben werden wir über die Musik, über die Klänge hinausgetragen hin zu einem Ort der Leerheit, der von Schwingung erfüllt ist.

❋ JONATHAN GOLDMAN ❋

»Das Außergewöhnliche beim Hervorbringen von Klang besteht darin, dass der Klang den Gehirnbereich umgeht, der dem rationalen Verstand zugeordnet wird, und direkt in das limbische System eindringt. So fokussieren wir uns im gegenwärtigen Moment, ob wir nun einen Ton erzeugen oder Chanten; das ist alles, was existiert. Wie werden wir Klang? Indem wir das Ego ausräumen. Ansonsten bringen wir vielleicht den Klang hervor, sind aber nicht eins mit ihm.«

Auf die Stille lauschen

Wir können mit Klang oder Musik unsere Meditation vertiefen, wir können aber auch lauschen. Das ist nicht dasselbe wie hören, es ist etwas Empfänglicheres – wir nehmen den Klang in unserem Wesen in Empfang. Durch das Lauschen können wir den Klang der Stille selbst wahrnehmen.

❋ DON CAMPBELL ❋

»Ob wir uns in einem Krankenbett oder in einer Kirche oder in einer Synagoge befinden, ob wir allein sind oder unter Stress stehen, ob wir uns in einer Stadt oder draußen in der Natur aufhalten, lauschen können wir immer. Lauschen ist nicht gleich hören. Das Hören ist nur ein Gefäß, wohingegen das Lauschen mit einem Fokus verbunden ist. Was aber geschieht, nachdem der Klang ein Ende genommen hat? Das ist der springende Punkt. Machen Sie sich das Geschenk folgender Meditationsübung: Machen Sie jede Woche eine andere Klangerfahrung, hören Sie sich zum Beispiel einmal Volksmusik an, dann eine Symphonie, besuchen Sie einen Jazzkeller, hören Sie einem Chor zu oder suchen Sie irgendeinen anderen Ort auf, wo es Musik gibt. Hören Sie immer nur eine Stunde zu, lassen Sie sich nicht überfluten. Und lauschen Sie. Wenn Sie den Ort verlassen, suchen Sie sich einen Platz, wo Sie sitzen und meditieren können, und beobachten Sie, was vor sich geht. Das ist dann der zusätzliche Wert, den Sie nach dem Erleben bekommen.«

Praxisübung
Auf die innere Stimme lauschen

❋ VON RABBI TIRZAH FIRESTONE ❋

Eine wirklich gute Art zu meditieren ist das Sch'ma, ein Wort, das im Hebräischen »hören« bedeutet. Es ist das zentrale Gebet im Judentum: »Ich höre dich, Gott.« Es ist ein Verkünden des Einsseins. Ich könnte also sagen, dass man das Sch'ma wiederholen soll. Aber da dieses Wort »hören« bedeutet, sprechen Sie erst das Gebet und sind dann still und lauschen. Seien Sie fünf Minuten lang still. Nachdem Sie das Gebet gesprochen haben, lauschen Sie einfach auf das, was die leise innere Stimme Ihnen jetzt sagt. Und dann machen Sie weiter mit Ihren Tagesgeschäften.

Heilige Klänge chanten: Mantra-Meditation

❋ KRISHNA DAS ❋

»Das Wiederholen des göttlichen Namens verändert uns. Es ist, als schickte es ein Samenkorn hinaus in den Wind. Das Samenkorn landet auf einem Dach, und ganz langsam beginnen über die Jahre hinweg und mit den wechselnden Jahreszeiten die Dachschindeln zu zerbröckeln, und das Samenkorn schlägt Wurzeln. Die Pflanze wächst und zerstört bald das Dach und dann das ganze Haus. Das Haus ist wie das konventionelle Selbst, das Selbst, das wir zu sein glauben, und die Mauern und das Dach des Hauses erzeugen dieses falsche Gefühl von *wer wir sind*. Durch das Chanten der Namen des Göttlichen wird dieses fasche Bild von uns selbst zerstört, wir sind nicht mehr das, was wir zu sein glauben. Da ist nur dieser weite Raum, frei von der Illusion des Getrenntseins.«

Ein Mantra ist ein heiliger Klang, eine Reihe von Klängen und Lauten, eine Phrase oder Abfolge von Worten. Wenn sie im Stillen oder laut wiederholt werden, bringen sie uns zu einem Ort der Ruhe und Stille und öffnen das Herz, damit Freude hervorströmen kann. Mantras werden traditionellerweise in Latein oder Sanskrit gechantet und bestehen gewöhnlich aus Namen des Göttlichen, die ständig wiederholt werden. Dies holt uns aus dem normalen Bereich des Geistes heraus und bringt uns in einen offenen und klaren Raum, wo wir im gegenwärtigen Augenblick verweilen.

JILL PURCE

»Das Schöne am Chanten von Mantras ist, dass die Laute eines Mantras keine diskursive Bedeutung haben, auch wenn sie sich übersetzen lassen. Mantras lassen den Geist glauben, dass er sich in ein vertrautes Territorium von Sprache und Begriffen begibt, wo er sich sicher fühlt. Stattdessen aber führen sie uns in die Präsenz, in die Natur des Geistes selbst. Die Worte lullen uns ein und lassen uns glauben, dass wir uns in unserer normalen Landschaft befinden. Doch sind Mantras gar keine Worte im eigentlichen Sinn und liefern uns somit eine Möglichkeit, über Sprache, Zeit und Denken hinauszugehen und einzutauchen in die Natur des Geistes an sich.«

Der Gebrauch von Mantras ist allen Religionen und spirituellen Traditionen gemeinsam. Mantras in Sanskrit oder heilige Klänge entstammen den Erfahrungen, die Sadhus oder »Heilige« machten, als sie in tiefer Meditation verweilten, und die sie dann ihre

Schüler lehrten. Ein Mantra kann der Name eines spirituellen Wesens sein, so wie Mutter Maria, Jesus, Hare Krishna oder Namo Buddha. Es kann auch ein Wort oder ein Satz mit speziel-ler Bedeutung sein, wie etwa »Sei im Frieden«. Sowohl im Bud-dhismus wie auch im Hinduismus ist *Om* ein besonders beliebter Klanglaut, da es »den Klang des Universums« bedeutet. *Om Shanti* bedeutet »Frieden«, *Om Mani Padme Hum* bedeutet »Ju-wel im Herzen des Lotos« oder »der erwachte Geist«, und *Om Namah Shivaya* ist eine Huldigung an Shiva, den Zerstörer, der die Negativität vertreibt.

Ein Mantra wirkt sich auf den Geist beruhigend und heilend aus und erhebt uns zu umfassenderen Gewahrseinsebenen. So sagt man zum Beispiel, dass uns das Rezitieren von Krishnas Namen aus der materiellen Welt herausholt und in die Freude und Erlösung von Krishna Loka, »dem Land von Milch und Ho-nig« bringt. Bei der Mantra-Meditation können wir irgendeinen dieser Laute und Klänge verwenden, so zum Beispiel beim Ein-atmen *Om* und beim Ausatmen *Shanti.* Wir können auch ein Wort oder einen kurzen Satz wiederholen, das oder der für uns eine ganz besondere Bedeutung hat. Nehmen Sie etwas, das einfach und leicht zu wiederholen ist. Behandeln Sie es wie einen engen Freund.

RAM DASS

»Jedermann kann das Mantra ›Ich bin liebendes Gewahrsein‹ nutzen. Wiederholen Sie es einfach und werden Sie liebendes Gewahrsein. Dann teilen wir dieses liebende Gewahrsein mit an-deren.«

Das ständige Wiederholen gilt als direkteste Methode, um den Geist zu beruhigen. Den umtriebigen und geschäftigen Geist er-muntert es zu einspitzigem Gewahrsein, und der schläfrige Geist hat etwas, auf das er sich fokussieren kann. Indem wir das Man-tra wiederholen, geben wir jedes Bedürfnis nach äußerlicher Unterhaltung auf. Auf diese Weise ist der Geist von seinen gewohnten Denkmustern befreit, und wir vertiefen uns im Verlauf der Mantra-Rezitation in den Klang, werden darin verankert und entdecken die Stille, die darin enthalten ist. Vergangenheit und Zukunft lösen sich auf. Sie ist wie ein Besen, der unseren Geist vom Gerümpel befreit.

Wir können das Mantra im Stillen oder laut wiederholen, und dies entweder während unserer Meditationssitzung oder irgendwann am Tag. Deb chantet, gerne beim Einkaufen im Supermarkt vor sich hin; es hält sie davon ab, Zeug zu kaufen, das sie nicht braucht! Die Mantra-Rezitation kann auch sehr hilfreich sein, wenn wir klar und ausgeglichen sein müssen. Befinden wir uns in einer schwierigen Situation, können wir es einfach im Stillen wiederholen. Die Mantra-Meditation ist wie spirituelle Nahrung, sie erweckt unsere Kreativität, nährt Geist und Seele und öffnet das Herz – was kann man sich noch mehr wünschen?

Praxisübung
Mantra

Um die Mantra-Meditation zu praktizieren, sitzen Sie bequem mit gerade aufgerichtetem Rücken. Machen Sie ein paar tiefe Atemzüge, entspannen Sie sich und bringen Sie den Körper zur Ruhe. Fangen Sie dann an, das Mantra entweder im Stillen zu wiederholen oder laut, wenn Sie allein sind. Wiederholen Sie es im Rhythmus Ihrer Atmung.

Nutzen Sie das Mantra als Anker, um den Geist fokussiert und ruhig zu halten. Wenn Sie abgelenkt werden oder ins Denken abdriften, lenken Sie den Geist einfach wieder zurück auf den Klang.

Sie können auch einen Rosenkranz oder eine Mala – eine Kette mit hundertacht Perlen – verwenden, um den Geist fokussiert zu halten. Mit jeder Wiederholung des Mantras gehen Sie zur nächsten Perle über. Wenn Sie wissen, wie lange eine Malarunde dauert, können Sie in Ihrer Meditationssitzung so viele Runden praktizieren, wie Sie möchten, ohne eine Uhr zu brauchen.

Bewegte Meditation

Jeder Schritt, den wir tun, erzeugt eine kühle Brise, die Körper und Geist erfrischt. Jeder Schritt lässt unter unseren Füßen eine Blume erblühen.

THICH NHAT HANH

Alistair fiel es schwer, zu sitzen. Wir leiteten ein Meditationsretreat in Irland, und Alistair saß schief. Er fing mit gerade aufgerichtetem Rücken an, aber binnen fünf Minuten saß er schon wieder krumm. Immer wieder sagten wir leise: »Richte dich auf«, was er dann auch versuchte, aber es hielt nicht lange. Als wir dann im Wechsel Sitzmeditation und Gehmeditation praktizierten, war er jedoch in seinem Element. Am Ende der fünf Tage fragten wir jeden Teilnehmer, wie es ihm ergangen war und ob er etwas mitteilen wolle. Alistair sagte einfach: »Ich danke Ihnen, dass Sie mich mit meinen Füßen bekannt gemacht haben.«

Obschon die Meditation eine Erfahrung bewussten Einsseins, des Eingehens in ein größeres Ganzes und der Auflösung von Grenzen sein mag, bedeutet dies doch nicht, dass wir den Körper ignorieren oder vergessen. Es gibt viele Geschichten über Asketen, die im Bemühen, ihren Körper und Geist zu reinigen und zu läutern, ihre physischen Bedürfnisse verleugneten. Der Buddha selbst praktizierte eine solche Askese, bevor er erkannte, dass das spirituelle Erwachen nicht von seinem physischen Selbst getrennt ist. Vielmehr befindet sich im Körper alles, was wir je erfahren haben, und wir können dieses Wissen zur Belebung und

Beseelung unserer gegenwärtigen Realität nutzen. Wenn wir in den Körper, der der Grund unseres Seins ist und uns mit allem Leben verbindet, größeres Gewahrsein einbringen, entdecken wir eine grenzenlose Quelle der Information, der Erkenntnisse und Einsichten. Wir führen unsere Meditationspraxis beim Sitzen, Singen oder Gehen im Körper durch. Durch ihn nehmen wir jede Empfindung und jedes Gefühl wahr und verkörpern unser Gewahrsein in der relativen Wirklichkeit der Welt.

REGGIE RAY

»Meditation ist ein Weg, ein vollständiges menschliches Wesen zu werden, zu einer Person zu werden, die im Besitz all ihrer Kräfte und Fähigkeiten ist und diese Welt auf vollständige Weise wahrnimmt und erfährt. Wenn Sie in Ihren Körper Gewahrsein bringen, betreten Sie ein Reich der Geheimnisse und der Offenheit gegenüber Gefühlen und Empfindungen. Sie stellen das Denken ab, und der Körper beginnt Sie anzuleiten. Es steigen Einsichten und Erkenntnisse auf, es entsteht eine neue Art, die Welt zu erleben und gefühlsmäßig wahrzunehmen, und das ist im Grunde mit der Weiterentwicklung als menschliches Wesen gemeint.«

Achtsamkeit bedeutet mehr, als dass wir uns nur unserer Gedanken und Gefühle bewusst sind oder erkennen, wie wir uns auf andere beziehen. Sie betrifft auch unseren Körper und unsere Bewegungen, zum Beispiel beim Gehen oder in der Art, wie wir eine Tasse Tee in die Hand nehmen. Greifen und grapschen wir danach oder nehmen wir sie respektvoll auf? Essen ist eine physische Handlung, doch wir sind uns ihrer oftmals nicht bewusst, da wir häufig durch Gespräche oder Fernsehen ablenkt sind. Still und ganz bewusst zu essen, wie es in Retreats praktiziert wird, bedeutet, dass wir unsere Achtsamkeit auf unsere Alltagswelt ausdehnen. Ebenso erwecken verschiedene Formen der bewegten Meditation unser Gewahrsein von unserer körperlichen Präsenz, so dass wir unseren Körper mit größerem Bewusstsein bewohnen und unsere Handlungen mit einem umfassenderen Bewusstsein ausführen.

❋ LINDSAY WAGNER ❋

»Für mich bedeutet Meditation, mich – oder das Ich, für das ich mich halte – der inhärenten Verbundenheit mit der Quelle aller Schöpfung zu ergeben. Dies ist nicht nur auf die stillen Zeiten beschränkt. Mein Ziel ist es, sehr still zu sein, wenn ich still bin, und wenn ich mich bewege, nicht den Kontakt mit dieser Verbundenheit zu verlieren. Das erinnert mich ständig an diese Verbundenheit und stärkt mein Gewahrsein von ihr.«

Das englische Wort für Bewegung und Emotion leitet sich von derselben lateinischen Wurzel her: *emovere.* Durch etwas emotional bewegt zu sein heißt, von ihm körperlich ergriffen zu sein. Wenn wir traurig oder deprimiert sind, sind unsere Bewegungen schwer und langsam; sind wir ärgerlich oder wütend, werden sie abrupt und heftig. Wenn wir den Körper über seine gewohnten Grenzen hinaus in Bewegung halten, führt das auf der physischen sowie auf der psychischen und emotionalen Ebene zu Energieverlust. Mit anderen Worten: Verspannungen im Körper zu lösen löst auch Verspannungen im Geist.

Gefühle und Erinnerungen verkapseln sich in den Gelenken, Muskeln und Bändern, und das oft schon von Kindheit an. Die Gelenke befähigen uns, uns mit Anmut und Leichtigkeit zu bewegen, und sie verbinden auch unsere Gedanken und Gefühle mit unseren Handlungen. Wird diese Verbindung eingeschränkt oder blockiert, kann die Energie nicht frei fließen, und es entsteht ein Mangel an emotionaler Leichtigkeit. Den Körper zu bewegen führt also zur größeren Freiheit im Geist. Auf diese Weise wird der Körper unser Lehrer.

TAMI SIMON

»Für mich ist es leichter und wirkungsvoller, wenn ich über meinen Körper arbeite – so kann ich Dinge ziemlich schnell und tiefgehend auflösen. Ich atme direkt in diese verspannten und verkrampften Bereiche und bitte sie, mir zu zeigen, was sie beinhalten. Ich sehe die Bilder und höre die Geschichte, die in mein Bewusstsein gelangen. Unserer Körper ist der intelligenteste Lehrer, den wir haben, und er möchte, dass wir unser offenes Herz und die Verbindung mit der Erde und die Dinge, die wirklich zählen, wieder zurückgewinnen. Wenn wir auf unseren Körper lauschen, dann hören wir, dass er uns bittet, in eine natürliche Meditation einzutreten: uns hinzulegen, wenn wir müde sind, aufzuhören oder langsamer zu machen, wenn es nötig ist. Die bewegte Meditation ist eine ideale Methode, uns langsamer werden zu lassen, so dass unser Körper zu uns sprechen kann.«

Bewegte Meditation finden wir bei Übungspraktiken und Disziplinen wie Hatha-Yoga, Tai-Chi, Qigong, Gehen, Laufen, Tanzen und sogar beim Übers-Feuer-Laufen. Zum Beispiel werden in Zeiten langer Sitzmeditationen, wie etwa während eines Retreats, die Sitzphasen immer mit Phasen der Gehmeditation verbunden, nicht nur um den Körper zu bewegen und zu strecken, sondern auch um zu erfahren, wie die Meditation auf den Rest des Lebens ausgedehnt wird. Wie bei der Klangmeditation geben wir dem Geist durch die Bewegung etwas zu tun, so dass er still werden kann. Hier besteht die Herausforderung darin, dass die Augen offen bleiben und wir somit leichter abgelenkt werden können. Aber in dem Maße, wie wir uns der Bewegung ergeben, lösen sich die Grenzen zwischen Stillsein und Bewegung auf.

Yoga

Das Wort *Yoga* bedeutet wortwörtlich »Joch« oder »das, was vereint«. Es bedeutet das Vereinen von Körper, Geist und Seele, das Ermuntern zur vollständigen Erfahrung der komplexen Beziehung zwischen Geist und Körper und wie man diese Beziehung ins Gleichgewicht und in Einklang bringt. Yoga wurde vor Jahrtausenden entwickelt und es hat viele verschiedene Aspekte: Ethik, Disziplin, Entspannung, Meditation, Hingabe, Wissen und Bewegung.

Der Hatha-Yoga, ein System körperlicher Bewegungsabläufe, ist die im Westen am häufigsten praktizierte Form von Yoga. Er bedient sich verschiedener Stellungen oder Āsanas, um den Körper zu strecken, zu kräftigen, in Balance und Harmonie zu bringen. Wenn der Körper zu größerem Gleichgewicht und mehr Harmonie findet, tut der Geist das auch. Das Wort *sana* bedeutet »Sitz« und beinhaltet, dass uns die Bewegung darauf vorbereitet, uns zur Sitzmeditation niederzulassen.

RICHARD FREEMAN

»Meine anfängliche Vorstellung von Yoga war die, dass ich einfach ein paar Āsanas, ein paar Stellungen, durchführen würde, um meine Nerven sozusagen zu entstressen, und mich dann hinsetzen und in tiefe Meditation gehen würde. Wenn es nur so einfach wäre! Meine Wertschätzung dieser Praxis ist über die Jahre hinweg gewachsen. Ich betrachte sie immer noch als ein Sichauflösen in die Meditation und ins Gewahrsein hinein, aber sie ist auch eine Methode, die in der Meditation verfeinerte Einsicht über das Nervensystem mit hinauszunehmen und in die Dinge einzubringen, mit denen sich mein Nervensystem in der Welt verbindet. Yoga hilft mir, die kleinen Knoten oder Missverständnisse in meiner Wahrnehmung aufzuspüren und mich ihnen zu stellen, und dies auch in Bezug auf das Verdrängte zu tun, die Verleugnungen, die ihren Ursprung in meiner Kindheit haben und die mich davon abhalten, die Dinge voll und ganz wahrzunehmen und zu erleben.«

Obwohl heutzutage manche Formen des Hatha-Yoga in energiegeladener Manier unterrichtet werden, wurden sie traditionell langsam und mit Gewahrsein durchgeführt. Ed wurde in Indien ausgebildet, wo Hatha als meditativer Fluss gelehrt wurde. Das System der Āsanas wurde so entwickelt, dass sich jede Stellung auf eine andere Einstellung bezieht, was sowohl körperlich wie auch geistig zum Ausdruck kommt. Die Bewegung macht das Rückgrat geschmeidiger, löst die Verspannung und lenkt den Geist nach innen. Die Auswirkung zeigt sich mit der Zeit und verändert auf subtile Weise die Art, wie wir uns bewegen und gehen, wie wir denken, fühlen und uns verhalten. Die Praxis eignet sich ideal für den Stressabbau und wird auch in vielen Kliniken zur Stressminderung gelehrt. Aber besonders wichtig ist sie, weil sie uns hilft, unsere Grenzen zu erkennen und über sie hinaus zu gehen. Ohne uns unter Druck zu setzen oder zu überanstrengen, atmen und bewegen wir uns durch unsere Widerstände in einer Stellung und beobachten gleichzeitig, wie der Geist über seine eigenen Einschränkungen hinausgeht.

RICHARD FREEMAN

»Yoga ist schon fast eine Methode, nach Schwierigkeiten Ausschau zu halten. Da fühlst du dich vielleicht ziemlich gut, aber dann fängst du an, Stellungen einzunehmen, und plötzlich entdeckst du, dass da ein Blockademuster ist, das ganz tief in dein Wesen hineinreicht. Du musst hineinatmen und es beobachten, so wie es ist. Die Stellungen und das Atmen – *Pranayama* – sind wie ein feiner Kamm, der all das tief vergrabene Zeug, das du nicht mehr brauchst, herauskämmt. Wenn du einfach nur in Meditation gesessen hättest, hättest du dieses Muster vielleicht nicht entdeckt, da es erst durch die Bewegung hervorkommt.«

Da jede Stellung sowohl den Geist als auch den Körper streckt, stellen wir allmählich fest, dass wir eine andere Haltung einnehmen, in der sich unsere Bezugspunkte verändert und sowohl der Geist als auch der Körper sich für ein neues Verständnis geöffnet haben. Dies wird zur Meditation in der Bewegung und vertieft auch unsere Erfahrungen in der Sitzmeditation.

❋ KALI RAY ❋

»Wenn wir damit beginnen, die wahren Prinzipien des Yoga anzuwenden, dann ist das Entspannung in Aktion. Es gibt eine ›Ökonomie der Bewegung‹, da wir nur das bewegen, was bewegt werden muss, und jeder Augenblick zählt. Wir nutzen den Körper als Werkzeug für die Konzentration und das Fokussiertsein. Wenn wir uns in jeder Stellung der Bewegung gewahr sind, zeigt uns dies, wie wir uns im Leben jedes Augenblicks oder jeder Handlung gewahr sein können. Der Körper ist wie ein Instrument, das von einem Musiker gespielt wird, ein Zusammenspiel zwischen Atem und Stellung in stetigem Rhythmus. Wir beginnen diesen Rhythmus im Leben als reichen meditativen Fluss zu empfinden. Dieser Fluss weist viele verschiedene Prinzipien auf, aber sie alle zielen darauf ab, mehr Bewusstsein und Gewahrsein zu entfalten, und dieses umfassendere Bewusstsein und Gewahrsein ist Meditation. Die Absicht ist, durch die Harmonie von Körper, Atem und Geist den meditativen Fluss zu erfahren, so dass wir uns den Rest unseres Lebens wohl fühlen und der Geist beruhigt ist. Wenn wir uns dann der Sitzmeditation zuwenden, sind wir bereit, auf unseren Geist zu schauen, zu sehen, welche Emotionen, Gefühle und Gedanken da sind, und deren wahre Natur zu entdecken. Wenn wir unser Dasein ohne Verbindung zwischen unserem Tun in der Meditation und unserem Tun im Leben fortsetzen, werden wir nicht sehr viel Veränderung erleben.«

Auf diese Weise gelangt Yoga in jeden Aspekt unseres Lebens und wird zu lebendiger Meditation, die durch den Körper Ausdruck findet. Wenn der Körper sich öffnet, öffnen wir uns auch. Wenn der Körper im Fluss ist, lösen sich unsere inneren Widerstände und entspannen sich in diesem Fluss.

❋ CYNDI LEE ❋

»Ich unterrichte die *Vinyasa*-Form von Yoga, was traditionellerweise als ›Dinge in logischer Abfolge‹ definiert wird. Wir haben hier drei Phasen: Aufsteigen, Verweilen und Auflösen. Das Auflösen des einen beinhaltet das Aufsteigen des Nächsten ... wir atmen ein und atmen aus: Das ist ein Vinyasa. Ein Tag und eine Nacht sind ein Vinyasa, jedes Leben ist ein Vinyasa, Ebbe und Flut der Gezeiten sind ein Vinyasa. Denselben Fluss können wir in jedem Gefühl beobachten – es steigt auf, es löst sich auf. ›Eine Tür schließt sich, eine andere tut sich auf.‹ Und am Ende des Tages geht es nicht darum, wie lange wir auf unserer Matte sitzen können oder ob wir unsere Beine um unseren Hals wickeln können. Es geht darum, wie sehr wir uns für uns selbst und andere öffnen können.«

Gehen

Die Gehmeditation wird gewöhnlich im Wechsel mit der Sitzmeditation praktiziert, da dies Geist und Körper zu einem Ganzen eint. Dies wird vor allem bei längeren Sitzmeditationen so gehandhabt.

❋ DEB ❋

»Wir befinden uns in einem Retreat in Thailand. Ich beobachte den Fluss des Ein- und Ausatmens, ich gehe, hebe den Fuß, bewege ihn, setze ihn nieder. Atmen und gehen. Atmen und gehen. Von einer Kokospalme zur nächsten, dann wieder zurück, der Boden dazwischen ist weich. Mit gesenktem Blick setze ich achtsam meine bloßen Füße, achte auf die schwarzen Ameisen, die Spinnen und Käfer. Ich bin mir vage gewahr, dass die anderen um mich herum dasselbe tun, atmen und gehen, jeder in seiner eigenen Weite des Raumes.«

Die Gehmeditation ist nicht dasselbe wie ein Spaziergang im Wald oder am Strand, so schön dieser auch sein mag, sondern es ist ein fokussiertes, vorsätzliches und bewusstes Gehen. Die Augen sind offen, der Blick ist aber auf den Boden direkt vor uns gerichtet, damit der Geist nicht abgelenkt wird. In die rhythmische Bewegung der Gehmeditation einzutreten, einfach nur einen Fuß vor den anderen zu setzen, lässt den Geist zu einer natürlichen Stille finden.

MAURA SILLS

»Die Gehmeditation ist für mich wahrscheinlich effektiver als die meisten anderen Meditationsformen, weil der denkende Geist abfällt, wenn ich in den Körper und in das Gefühl eintrete, und mich das langsamer werden lässt. Dies lässt auch das Gefühl von mir, von meinem Ich, von mir selbst weicher werden. Ich beginne darauf zu achten, wie die Bewegung in Bezug zu etwas steht, ich stelle Kontakt mit der Erde her, fühle meinen Körper im Raum, ich achte auf die Befindlichkeiten in meinem Körper, auf die Luft. Es geht um Beziehung. Du kannst nicht mit geschlossenen Augen gehen. Du musst sowohl ein gewisses Gefühl von äußerlichem Gewahrsein als auch ein inneres Gewahrsein haben. Das Verhältnis der beiden zueinander ist ganz wesentlich.«

Die stille Gehmeditation ist an vielen Orten der Welt als Mittel eingesetzt worden, um auf friedliche Weise ein Ende von Gewalt zu fordern. Und sie wird auch genutzt, um den Kontrast zur Geschäftigkeit des Lebens zu zeigen, wie man bei den öffentlichen Meditationen beobachten kann.

❋ MAX SIMON ❋

»Wir machen etwas, das wir PDM (*public display of meditation*) nennen, eine öffentliche Meditation. Wir holen Gruppen junger Leute zusammen und gehen in Stille im Gänsemarsch und sitzen in Stille auf öffentlichen Plätzen. Zum Beispiel machten wir das einmal vor Louis Vuitton, dem Designerklamottenladen am Rodeo Drive in Beverly Hills. Fünfunddreißig junge Leute gingen im Gänsemarsch, bis alle Schulter an Schulter still vor dem Laden standen. Als ich ›PDM‹ sagte, ließen sich alle auf der Straße nieder und begaben sich fünfzehn Minuten lang in Meditation. Dann standen auf ein Signal hin alle auf, gingen zum nächsten Ort und wiederholten das Ganze.

Wir tun das, damit alle Teilnehmer sehen können, wie sie in Erscheinung treten und wirklich in einen Ort der Macht eintreten können, wenn sie zentriert sind. Danach befragen wir sie. Viele sagen, wie sehr es sie überrascht hat, zur Ruhe und Stille zu gelangen, auch wenn ständig Autos vorbeirasen. Manche Leute sagen, dass sie sich jetzt in ihrer Haut wohler fühlen, weil sie bei all den Ablenkungen – einmal machten Paparazzi Fotos von uns, und immer fragen Passanten, was wir da tun – in einen zentrierten Zustand kommen mussten, der äußere Einflüsse ausblendet.«

Praxisübung
Gehen

Die Dauer der Gehmeditation ist variabel, zwischen zehn und dreißig Minuten. Herkömmlicherweise folgt die Gehmeditation auf eine Sitzmeditation, aber viele praktizieren sie so gern, dass sie sie zu jeder Zeit üben. Sie können sie draußen im Freien durchführen oder drinnen, mit Schuhen oder barfuß. Sie können eine durchgehende Strecke gehen oder in einem Abschnitt von dreißig bis fünfzig Schritten, mit einer Markierung an jedem

Ende, hin und her gehen; dann müssen Sie sich nicht darum kümmern, wo Sie gehen, und das reduziert die Ablenkung.

Mit der Gehmeditation wird die äußere mit der inneren Welt ausbalanciert, wobei Ihre Füße die Brücke zwischen beiden bilden. Wenn Ihr Geist ruhiger wird, wenn es nur noch das Gehen gibt und sonst nichts weiter stattfindet, dann werden Sie merken, dass Sie mit dem Rhythmus vereint sind, und jede kleine Bewegung und die Auswirkung, die sie auf den ganzen Körper hat, fühlen.

Stehen Sie aufrecht, die Hände halten Sie leicht vorne, so dass Ihre Arme entspannt bleiben und keine Spannungen in den Schultern verursachen. Ihr Blick, nicht aber der Kopf, sollte gesenkt sein, so dass Sie den Boden vor sich sehen können, vom Geschehen rings um Sie herum aber nicht abgelenkt werden und auch keinen steifen Hals bekommen.

Fangen Sie an zu gehen, halten Sie Ihr Gewahrsein auf die Bewegung gerichtet. Beim Gehen wiederholen Sie im Stillen bei jedem Schritt: heben … setzen. Sie können langsam gehen oder etwas rascher, wenn Sie mehr Energie hineinbringen müssen. Bleiben Sie achtsam und gewahr, Schultern und Hals sind entspannt, die Bewegung ist fließend und der Atem natürlich.

Werden Sie sich der Begegnung zwischen Schuh oder Haut und Boden gewahr: Nehmen Sie die Erhebungen und Vertiefungen, die Struktur und Beschaffenheit des Bodens wahr. Heben … setzen.

Werden Sie sich der Beziehung zwischen Ihnen und der Welt, in der Sie sich bewegen, gewahr. Wenn Sie umkehren, halten Sie erst einen Augenblick inne und nehmen den Unterschied zwischen Bewegung und Reglosigkeit wahr. Gehen … halt … umkehren .. halt … und wieder gehen. Heben … setzen.

Am Ende der Gehmeditation schließen Sie die Augen und stehen ein paar Augenblicke völlig still, beobachten Ihren Atem und fühlen die Empfindungen in Ihrem Körper. Erfahren Sie die unbewegte Stille. Dann öffnen Sie die Augen und genießen Ihren Tag!

Übers Feuer gehen

Wir unterrichteten in Schweden bei einer großen Zusammenkunft. Am Ende der Woche gab es, von Peggy Dylan angeleitet, den Lauf über glühende Kohlen. Obwohl es für uns eine neue Erfahrung war, war uns sofort klar, was für eine meditative Klarheit eine solche Erfahrung erfordert, da sie uns weit über unsere selbst auferlegten Grenzen und Ängste hinausträgt, hinein in eine unermessliche Weite, die der gewöhnliche Geist kaum zu begreifen vermag.

PEGGY DYLAN

»In ihrer reinsten Form ist Meditation ein Transzendieren unserer Glaubensstrukturen in Bezug auf die Realität, während wir die Erfahrung der Kraft des Unendlichen machen, die alles durchströmt. Der einzige Ort, der einzige Bewusstseinszustand, von dem aus wir auf die glühenden Kohlen treten können, ist der Augenblick, in dem wir diesen Ort der Unendlichkeit berühren. Auch wenn wir nicht bewusst begreifen, was wir tun, wenn wir den Fuß auf die feurige Glut setzen, befindet sich unser Körper in einem Zustand der Verbundenheit mit allem, was ist. Wir sind in Berührung mit demselben Ort, zu dem wir in der Meditation gelangen, dem Ort, an dem wir ins Unbekannte eintreten.

Seit Tausenden von Jahren gehen Menschen bei verschiedenen Zeremonien übers Feuer, aber Ziel war und ist immer, den Gang als Gebet zu nutzen oder als Methode, das, was krank oder von Übel ist, zu transzendieren und Wohlbefinden zu erzeugen – was auch Ziel der Meditation ist. Mit dem Gang übers Feuer sammeln wir Kraft und Energie, entwickeln ein Gefühl von Fähigkeit, das entsteht, wenn wir unsere menschlichen Beschränkungen transzendieren – eben wie beim Durchschreiten der Schranken der Angst, bevor wir den ersten Schritt auf die glühenden Kohlen tun. Wir haben keine Ahnung, was passieren wird, wenn wir übers Feuer gehen. Aber wir können auch unmöglich wissen, was in den nächsten fünf Jahren oder auch nur in den nächsten fünf Minuten passiert. Was wir wissen können und was der Gang übers Feuer uns lehrt, ist, wenn wir mit Vertrauen, gutem Glauben und Mut voranschreiten, gibt es einen wohlwollenden Aspekt des Universums, der mit uns schreitet. Genau dasselbe passiert in der Meditation.

An diesem Ort oder in diesem Zustand des Vertrauens können wir, ganz gleich wie herausfordernd uns die Welt erscheinen oder wie problematisch unser persönliches Leben sein mag, die Angst einfach nur fühlen. Ich nehme eine Gruppe von vierhundert Leuten, und wir lassen uns kollektiv in diese Angst fallen. Wir erkennen die Angst an, wir erkennen die Versagensangst an, das Gefühl von ›Ich kann nicht‹, ›Ich werde nicht‹ und ›Ich hab's in der Vergangenheit nie geschafft‹. Und dann transzendieren wir sie und wandeln sie in Hoffnung, Befähigung und eine positive Form von Bewegung um.

Mit das Schöne am Gang übers Feuer ist die Tatsache, dass du nicht so tun kannst, als seien das keine glühenden Kohlen; du stehst vor der Glut, und sie ist ganz real. Deine zarten Füße sind ganz real. Du machst den Schritt durch die Angst und weißt in deinem Körper: Das, was du denkst, das passieren wird, muss nicht passieren. Mit anderen Worten: Ereignisse, von denen du dachtest, dass sie negative Folgen haben würden, können vorzügliche positive Resultate zeitigen. Dies wird dem Unterbewusstsein unauslöschlich eingeprägt. ›Ich kann bemerkenswerte Dinge tun, ich kann die Angst durchschreiten und Schönheit manifestieren, Freude manifestieren, Heilung manifestieren, und es findet sich im Körper.‹«

Laufen

Jegliche Form von körperlicher Bewegung hat das Potenzial, den Geist in den Körper zu verbringen und dadurch eine innere Stille und Ruhe zu erzeugen. Deb erlebt das beim Schwimmen. Für sie ist das Schwimmen eine wundervolle Meditation, die Stille des Wassers, die Bewegungen ihres Körpers, ihr Geist ganz und gar still. Das Laufen ist eine andere Form von körperlicher Bewegung, die als Meditation erfahren werden kann.

SAKYONG MIPHAM RINPOCHE

»Die reinste Form von Meditation ist das Sitzen, weil sich hier der Körper in einem natürlichen Gleichgewicht zwischen Wachsein und äußerstem Stillsein befindet. Wenn wir laufen oder irgendeine Form von bewegter Meditation durchführen, muss der Geist sehr präzise werden, um die Bewegung vollständig aufnehmen und verkörpern zu können. Wenn ich lange Strecken laufe, beinhaltet meine Meditation eine Kombination aus der Bewegung der Beine und der Füße, dem Atmen, dem Gefühl, zentriert zu sein, und der Unmittelbarkeit der Situation. Manche Leute hören beim Laufen Musik, aber ich bin auf das Präsentsein konzentriert. Wenn du beim Schmerz oder was sonst auch immer sich abspielt, gegenwärtig bist, wird die gesamte Erfahrung vollständig.

Meditation als Methode, um den Geist zu stärken, zu fokussieren und zu erleuchten, ist nur einer der Schritte. Der nächste Schritt nach der Sitzmeditation ist die Meditation in Aktion, um die Praxis aufzunehmen und zu verkörpern. Das bedeutet eine größere Herausforderung, weil mit dem Stillsein mehr Aktivität einhergeht. Die Gefahr, nicht achtsam oder fokussiert zu sein, ist größer. Oft verfangen wir uns in der Vergangenheit oder in der Zukunft, wir tagträumen oder machen Pläne. Wenn Sie Ihren Geist zurücklenken und ins Herzzentrum bringen, werden Sie synchronisierter und wacher für Ihre unmittelbare Umgebung. Wenn Sie laufen und in ›die Zone‹ eintreten, sind Sie vollständig synchronisiert, und der Geist öffnet sich. Zeit wird irrelevant.

In Tibet sagen wir, dass sich der Geist mit einem Reiter auf einem Pferd vergleichen lässt: Wo das Pferd hingeht, da muss auch der Geist hin. Ist der Geist ungeschult, der Reiter also hilflos, dann sagt man: Er hat keine Beine und Arme und kann das Pferd nicht kontrollieren. Wir können das selbst erleben, wenn wir in Meditation sitzen und der Geist überall herumwandert. Das Pferd nimmt uns überallhin mit. Wenn wir mit Gewahrsein laufen und unser Geist auf den gegenwärtigen Moment fokussiert ist, wird alles vollkommen wach. Wir haben die Kontrolle über das Pferd! Das Bewusstsein erstreckt sich auf den ganzen Körper. Wir werden achtsamer, wir werden vital und kraftvoll. Es ist ein wundervoll klarer weiter Raum.«

Tanzen

In allen spirituellen Traditionen wurde das Tanzen schon immer als Methode benutzt, um sich selbst zu verlieren, das Herz zu öffnen und sich mit dem Göttlichen zu vereinen. Wir sehen es bei den wirbelnd tanzenden Derwischen der Sufis, bei den tanzenden Lamas im tibetischen Buddhismus, beim ekstatischen Tanz der Hindus, der ihr andächtiges Chanten begleitet, oder beim jüdischen Kreistanz. Tanzen vereinigt uns, befreit uns von den Grenzen, die uns voneinander trennen.

DEB

»Wir aßen in einer kleinen Taverne auf Rhodos zu Abend, als wir die Kellnerin über eine Tanzveranstaltung reden hörten, die in dieser Nacht stattfinden sollte. Es war Mitternacht, als sich schließlich das ganze Dorf auf einer grasbewachsenen Fläche versammelt hatte, die normalerweise zum Fußballspielen benutzt wurde. Alle waren sie gekommen: kleine Kinder, schlaksige Teenager, Bauern, Ladenbesitzer, Mütter, Großmütter und alte Männer, die sich an ihre Spazierstöcke klammerten. Es waren Tische mit Speis und Trank aufgestellt worden. Eine kleine Band begann zu spielen, und in den nächsten beiden Stunden sahen wir zu, wie Jung und Alt sich bei den Händen nahmen und tanzten, manchmal im Kreis, manchmal in Schlangenlinien, manchmal als Paare, manchmal in kleinen Gruppen. Ich erlebte die Macht dieses kollektiven Tanzens, als einer der Teenager – Ringe in der Nase, die Arme tätowiert –, der zunächst absolut gelangweilt und desinteressiert dreingeschaut hatte, in die Mitte des Kreises trat und die Polonaise rund ums Gelände anführte. Seine Augen strahlten vor Freude.«

Tanzen heißt, das Geschenk des Lebens in unseren Adern zu spüren, die Freude eines jeden Atemzugs unmittelbar zu erfahren. Das gilt insbesondere für den freien Tanz, bei dem der Körper sich nach eigenem Belieben bewegt, die Selbstbefangenheit sich auflöst und an ihre Stelle ein Gewahrsein von jedem Teil des Körpers und seiner Beziehung zum Ganzen tritt. Das Tanzen befähigt uns, uns von den uns selbst auferlegten Grenzen, Behinderungen, Ängsten und von unserer Selbstsucht zu befreien. Stattdessen finden wir ein umfassenderes Gefühl von Freiheit und Freude.

GABRIELLE ROTH

»Stillsein ist mein Rhythmus. Als Teenager tanzte ich, allein in meinem Zimmer, das Radio so laut wie möglich aufgedreht, meinen Schmerz – ich tanzte all die Traurigkeit und die Wut, die in meiner Familie oder Kultur nicht zugelassen oder nicht ausgedrückt werden durften. Sehr viel später erkannte ich, dass ich nach einem Weg suchte, aus meinem Kopf rauszukommen, und die schnellste Methode, meinen Geist zur Ruhe zu bringen, war die, meinen Körper in Bewegung zu setzen. Setz die Psyche in Bewegung, und sie heilt sich selbst. Normalerweise denkt der Geist das eine, der Körper bewegt sich in eine andere Richtung, und das Herz tut ein Drittes, wir haben hier also ein gewaltiges Kommunikationsproblem. Wir leben in diesem über unserem Hals angesiedelten Chatroom, müssen aber zu unseren Wurzeln und unserer Mitte finden.

Das Tanzen lässt mich in Meditation leben, mein Gewahrsein durchdringt jeden Augenblick eines jeden Tages. Wenn meine Füße mit der Erde verbunden sind, tanzen sie auf der Haut der großen Mutter, lauschen sie auf jedes ihrer Lieder. Ihre Intelligenz steigt über meine Fußsohlen auf in mein Herz und spricht zu mir. Wenn wir auf unsere Füße hören, hören wir das Lied der großen Mutter, und es wird Teil von uns. Sie lebt und schwingt und bewegt sich in Mustern und Zyklen.

Beim Tanzen können wir so tief in unseren Körper gelangen, dass wir die Vorstellung von einem getrennten Ich umgehen und in den großen Leib eingehen, der uns alle als eins in sich birgt und bewahrt. Wir sind nicht in einem Körper, sondern er ist in uns, im geeinten Feld eines heiligen Andersseins, das das ist, was und wer wir wirklich sind.«

Praxisübung
Tanzen

Hier bedarf es kaum der Anleitung. Legen Sie Ihre Lieblingsmusik auf und lassen Sie sich von ihr bewegen. Probieren Sie verschiedene Rhythmen aus: schnell, melodisch, stakkato, weich und langsam. Schauen Sie, wie es sich anfühlt, den Brustraum zu öffnen, die Arme zu heben, sich zu drehen oder zu bücken, sich schnell oder langsam zu bewegen. Seien Sie sich dabei ständig Ihres Atems gewahr. Lassen Sie Ihre Emotionen im Verein mit der Musik stärker und schwächer werden. Tanzen Sie Ihre Gefühle, Ihre Beziehungen und Ihre Eltern. Tanzen Sie Ihre Krankheit oder Ihren Schmerz. Tanzen Sie Ihren Ärger, Ihre Wut, Ihren Zorn, Tanzen Sie Ihre Angst. Tanzen Sie dann Ihre Freude und Ihr Lachen! Tanzen Sie, wer Sie wirklich sind.

Und dann halten Sie an und seien Sie still. Stehen oder sitzen Sie, atmen Sie einfach nur sanft und treten Sie in die unbewegte Stille ein, die sich immer hinter der Bewegung findet.

Kreativität und Meditation

Im stillen Raum der Meditation können spontan Inspiration und Visionen aufsteigen, wenn der kreative Geist durch den kontemplativen Geist Ausdruck findet. Dieser Aspekt der bewegten Meditation kommt dann zum Zuge, wenn wir der Kreativität eine äußere Ausdrucksform geben, so dass andere Zugang zu dieser Erfahrung gewinnen und darüber zu sich selbst finden können.

JANE FONDA

»Die Weisen sprachen in Gleichnissen zu uns, in Form von Gedichten und Sinnbildern, weil diese Form unsere Abwehrhaltung durchdringt und transzendiert. Wir begeben uns zu einem tiefen Teil von uns selbst, er ist nicht-linear und nicht-intellektuell, und das ist, was Meditation ist.«

Viele schöpferische Akte finden in der Einsamkeit statt, so das Schreiben und Malen, die den Zugang zur Betrachtung und Erkenntnis eröffnen können. Um die richtigen Worte oder das ausdrucksstarke Bild zu finden, muss die schöpferische Person tief nach innen gehen bis hin zu einem Ort des Nicht-Ego, sie muss sich der Schöpfung selbst ergeben. Als Schriftsteller blicken wir oft zurück auf das, was wir geschrieben haben, und wundern uns, woher die Worte gekommen sind, da wir uns kaum daran erinnern können, sie geschrieben zu haben. Es ist, als hätten wir uns im Schaffensprozess des Schreibens aufgelöst.

COLEMAN BARKS

»Rumi sagt: ›Lausche auf die Präsenz im Innern der Gedichte. Lass sie dich hinführen, wohin sie wollen. Folge diesen vertraulichen Hinweisen und verlasse nie das Gelände.‹ Wenn Dichtung gesprochen wird, können wir uns auf einer tieferen Herzebene begegnen. Poesie, Musik und Bewegung sind allesamt Wege, auf denen wir unsere gemeinsame Innerlichkeit erfahren können.«

Alle Künste haben ihre eigene Ausdrucksform. Insbesondere beim Malen ergibt sich der Maler oder die Malerin dem Akt des Malens, um sich selbst zu finden.

ROBERT VENOSA

»Wenn ich mich hinsetze, um zu malen, trete ich in eine tiefe Meditation ein, weil ich mich wirklich selbst verliere. Ich verliere *wer ich bin* und werde ein Teil des Malens und des Bildes. Ich glaube, dass jeder schöpferische Akt, jeder Akt, in dem du dich selbst verlierst, eine Form von Meditation ist. Künstler und Meditierende begeben sich an denselben Ort. Wir gelangen zu dieser Quelle im Zentrum, aber über verschiedene Wege. Künstler streben nach Selbsterkenntnis durch ihre Kunst. Durch meine Bilder blicke ich auf *wer ich bin*, sie sind im Grunde ein Spiegel, eine Spiegelung dessen, wer ich bin. Und je tiefer ich in meiner Malerei gehe, desto mehr schreitet sie fort und entwickelt sie sich, desto mehr öffne ich mich, und darin liegt die Entdeckung meines tieferen Selbst.«

So wie der schöpferische Akt uns in einen meditativen Zustand bringen kann, kann der physische Akt des Malens zu einer unmittelbaren Erfahrung von Meditation selbst werden, bei der es keine Trennung zwischen der malenden Person, dem Pinsel, der Farbe, der Leinwand und dem Atem gibt.

MARTINA HOFFMAN

»Immer wenn ich in einen schöpferischen Prozess eintrete, finde ich mich in diesem sehr friedlichen Zustand, in dem ich kein Gefühl von meinem Ego oder meinem Körper habe. Wenn ich meditiere, folge ich vorsätzlich meinem Atem. Wenn ich male, folge ich meinem Pinsel. Ich begebe mich in den gleichen Raum. Ich bin ein offenes Gefäß für jede verfügbare Information: visuell, emotional oder spirituell. Wie bei der Meditation setze ich mich nieder, komme zur Ruhe und konzentriere mich. Dann nehme ich den Pinsel auf und beginne meinen Pinsel oder meinen Atem zu beobachten. Es ist dasselbe.«

Praxisübung
Kreatives Schreiben

Holen Sie Schreibpapier und einen Stift. Um die schöpferische Kraft der Meditation zu erleben, sitzen Sie zunächst still da und beobachten mindestens fünf Minuten lang Ihren Atem. Wenn Ihr Geist zur Ruhe gekommen und entspannt ist, greifen Sie sacht zu Papier und Stift.

Sie können auf zweierlei Art schreiben. Die eine Methode besteht darin, dass Sie sich eine einfache Frage stellen und dann in Antwort darauf das Schreiben, die Worte frei fließen lassen. Es kann eine Frage zu Ihrer Gesundheit sein, zu Ihren Gefühlen hinsichtlich Ihrer Arbeit, zu einer bestimmten Person oder was immer für Sie von Bedeutung ist. Wenn Sie diese Frage gestellt haben, lassen Sie die Antwort spontan aus Ihrem meditativen Geisteszustand aufsteigen. Die Sätze müssen nicht perfekt formuliert sein. Sie sind nur für Sie bestimmt.

Die andere Methode: Wählen Sie ein Thema oder ein Bild aus, um darüber zu schreiben. Vielleicht ein Vogel auf einem Zweig, ein Strand mit plätschernden Wellen, ein Wald mit hohen Bäumen. Welches Bild auch immer Ihnen kommt, lassen Sie die beschreibenden Worte frei und urteilslos fließen, so dass Sie das Bild für sich völlig neu erschaffen.

Wenn Sie fertig sind, legen Sie den Stift nieder, sitzen wieder ein paar Minuten lang einfach still da und lassen sich vom Rhythmus Ihres Atems tiefer in sich selbst hinein tragen.

Kurzbiografien der Beitraggeber

Patch Adams ist ein bekannter Arzt und Clown, ein Aktivist, der sich für soziale Belange einsetzt, und Gründer einer freien Klinik. *Siehe* www.patchadams.org

Elias Amidon führt gemeinsam mit Rabia Roberts Interfaith-Wildnis-Retreats durch und leitet das Spirit-in-Action-Programm. Er ist ein Linienhalter der Sufi-Tradition. *Siehe* www.sufiway.org

Judith Ansara ist Psychotherapeutin, Seminarleiterin und Bewegungskünstlerin. *Siehe* www.sacredunion.com

Anne Bancroft ist Autorin vieler Bücher, darunter *Zen: Direct Pointing to Reality; Weavers of Wisdom* und *Weisheit des Buddha.*

Marc Ian Barasch ist der Autor von *The Compassionate Life*; *Healing Dreams* und *The Healing Path.* Er ist der Begründer und Leiter der Green World Campaign. *Siehe* www.greenworld.org

Coleman Barks ist der bekannte Verfasser zahlreicher Rumi-Übersetzungen. *Siehe* www.colemanbarks.com

Michael Bernard Beckwith war einer der Lehrer in *The Secret* und ist der Gründer des Agape Spiritual Center mit über 8.000 Mitgliedern. *Siehe* www.agapelive.com

Ed Begley jr. ist Schauspieler, wurde für sechs Emmys nominiert und setzt sich als Umweltaktivist für ein ökologisches Leben ein. *Siehe* www.edbegley.com

Russel Bishop ist Coach und Berater. Er ist Chefredakteur von und Beitraggeber für HuffingtonPost.com. Man kann ihn unter russel@bishopandbishop.com kontaktieren.

Sylvia Boorstein ist Psychotherapeutin und Mitbegründerin des Spirit Rock Meditation Center. Sie ist unter anderem Autorin von *Achtsam leben. Der buddhistische Weg zu Güte und Mitgefühl. Siehe* sylviaboorstein.com

Joan Borysenko ist Mitbegründerin des Mind/Body-Clinical-Programms am Beth Israel Deaconess Medical Center. Zu ihren zahlreichen Büchern zählt *Minding the Body, Minding the Mind. Siehe* www.joanborysenko.com

Gregg Braden ist ein bekannter Pionier beim Brückenschlag zwischen Naturwissenschaft und Spiritualität. Zu seinen Büchern zählen *The God Code. Das Geheimnis in unseren Zellen* und *Im Einklang mit der göttlichen Matrix. Siehe* www.greggbraden.com

Sarasvati Burhman ist ein leitendes Fakultätsmitglied des Rocky Mountain Institute of Yoga and Ayurveda. *Siehe* www.rmiya.org

Ellen Burstyn ist Schauspielerin, wurde mit dem Oskar ausgezeichnet und fünfmal für ihn nominiert, sie ist Autorin von *Lessons In Becoming Myself. Siehe* www.ellenburstyn.net

Mirabai Bush ist Mitbegründerin und Leiterin des Center for the Contemplative Mind in Society und Koautorin von *Auf dem Weg zum Herzen. Spiritualität und praktische Nächstenliebe. Siehe* www.contemplativemind.org

Don Campbell ist der Gründer des Institute for Music, Health and Education und Autor von acht Büchern, darunter *Die Heilkraft der Musik. Siehe* www.mozarteffect.com

Michael Carroll ist Firmenberater, Coach und Autor von *Awake at Work* und *The Mindful Leader. Siehe* www.awakeatwork.net

Andrew Cohen ist spiritueller Lehrer und Gründer der mit einem Preis ausgezeichneten Zeitschrift *EnlightenNext.* Zu seinen vielen Büchern zählt auch *Erleuchtet leben. Siehe* www.andrewcohen.org

Seane Corn ist Nationale Yoga-Botschafterin für YouthAIDS und Mitbegründerin der »Off the Mat and Into the World«-Kampagne. *Siehe* www.seanecorn.com

Lindsay Crouse ist mit einem Preis ausgezeichnete Schauspielerin und unterrichtet tibetischen Buddhismus und spirituelle Partnerschaft. *Siehe* www.lindsaycrouse.org

Richard Davidson ist Vilas-Professor der Psychologie und Psychiatrie, Forscher an der University of Wisconsin und ein Pionier der Geist-Körper-Medizin. *Siehe* www.psych.wisc.edu/faculty/bio/davidson.html

Steve Demos gründete White Wave, Inc., Hersteller von Silk Soymilk, und ist Mitbegründer und Vorsitzender von NextFoods, den Herstellern von Good-Belly-Fruchtsäften.

Deva Premal & Miten haben über 700.000 Chanting-CDs verkauft. *Siehe* www.devapremalmiten.com

Vickie Dodd ist Autorin von *Tuning the Blues to Gold* und Lehrerin für Klangheilung. *Siehe* www.sacredsoundschool.com

Peggy Dylan ist Begründerin der SUNDOOR School of Transpersonal Education und der International Firewalking School. *Siehe* www.sundoor.com

Deepesh Faucheux ist Psychotherapeut, Zen-Praktizierender und Ausbilder von Therapeuten. Gegenwärtig lehrt er an der Naropa University in Boulder, Colorado, transpersonale Psychologie.

Peter Fenner ist Pionier auf dem Gebiet der nicht-dualen Psychotherapie und Autor von *Reines Gewahrsein. Siehe* www.radiantmind.net

Rabbi Tirzah Firestone ist Autor, Psychotherapeut und spiritueller Leiter der Congregation Nevei Kodesh in Boulder, Colorado. *Siehe* www.tirzahfirestone.com

Jane Fonda ist Schauspielerin, wurde mit dem Oscar ausgezeichnet und fünfmal für ihn nominiert, ist sozial und politisch engagierte Aktivistin, Fitesslehrerin und Zen-Praktizierende. *Siehe* www.jane-fonda.net

Debbie Ford ist Gründerin des Ford Institute for Integrative Coaching und Autorin von *Die dunkle Seite der Lichtjäger. Siehe* www.debbieford.com

Matthew Fox gehört dem Dominikanerorden an, ist Gründer von Friends of Creation Spirituality und Autor von 28 Büchern, darunter *Der große Segen. Umarmt von der Schöpfung. Siehe* www.matthewfox.org

Richard Freeman ist Schüler von Sri K. Pattabhi Jois und Gründer und Leiter von Yoga Workshop in Boulder, Colorado. *Siehe* www.yogaworkshop.com

Tim Freke ist eine anerkannte Autorität auf dem Gebiet des Mystizismus und Autor von über 20 Büchern, darunter *The Jesus Mysteries* und *Lucid Living. Siehe* www.timothyfreke.com

Gangaji ist ein international bekannter nicht-dualer spiritueller Lehrer und Autor von *Du bist das* und *Der Diamant in der Tasche. Siehe* www.gangaji.org

Robert Gass ist Psychologe, Firmenberater und Coach für Führungspersonen. Zudem ist er ein Chant-Meister und nahm die Bestseller-CD *Om Namaha Shivaya* auf. *Siehe* www.sacredunion.com

Grover Gauntt ist Sensei, Gründerlehrer des Zen-Peacemaker-Ordens und leitender Lehrer des Hudson River Zen Center in Yonkers, New York. *Siehe* www.zenpeacemakers.org

Mark Gerzon ist Autor von *Leading Beyond Borders* und Präsident der Mediators Foundation für Konfliktlösung. *Siehe* www.mediatorsfoundation.org

James Gimian ist Autor von *The Rules of Victory: How to Transform Chaos and Conflict* und Herausgeber der Zeitschrift *Shambala Sun. Siehe* www.shambala.com

Bernie Glassman ist der Gründer von Zen Peacemakers, Greyston Bakery und des Maitri Center. Er ist auch Autor von *Infinite Circle: Studies in Zen. Siehe* www.peacemakercommunity.org

Jonathan Goldman ist Leiter der Healing Sound Association und Autor von *7 Geheimnisse der Klangheilung. Siehe* www.healingsounds.com

Joseph Goldstein ist Mitbegründer der Insight Meditation Society in Barre, Massachusetts, und Autor vieler Bücher, darunter *Liebende Güte; Einsicht durch Meditation* und *Vipassana-Meditation. Siehe* www.dharma.org

Chloe Goodchild ist Begründerin von *The Naked Voice* und hat an Film- und Fernsehsoundtracks mit zwei Grammy-Nominierungen mitgewirkt. *Siehe* www.thenakedvoice.com

John Gray ist der Autor des Bestsellers *Männer sind anders. Frauen auch* und ein international bekannter Lehrer, Seminarleiter und Beziehungsberater. *Siehe* www.home.marsvenus.com

Ken Green ist ein preisgekrönter Filmproduzent, der gegenwärtig mit einer multimedialen Adaption des sogenannten Tibetischen Totenbuchs befasst ist. *Siehe* www.goldunsunfoundation.org

Tara Guber ist die Gründerin von Yoga Ed. und widmet sich der Entwicklung von Erziehungsprogrammen für Gesundheit und Wohlbefinden im Rahmen von Yoga und kreativem Spiel. *Siehe* www.yogaed.com

John Hagelin ist Quantenphysiker, Pädagoge und war Pionier auf dem Gebiet von Technologien auf der Basis des Geeinten Feldes zur Reduzierung von Kriminalität und Gewalt und zur Förderung des Friedens. *Siehe* www.hagelin.org

Roshi Joan Halifax ist Äbtissin des Upaya Zen Center in New Mexico, Leiterin des Projekts Being with Dying und Gründerin des Peacemaker Institute. *Siehe* www.upaya.org

Andrew Harvey ist spiritueller Gelehrter, Lehrer und Autor von über 30 Büchern, darunter *The Direct Path* und *Hidden Journey*. *Siehe* www.andrewharvey.net

Gay und Kathlyn Hendricks sind die Autoren vieler Bücher, darunter *5 Wünsche* und *Lebe dein Leben, bevor andere es für dich tun*. Sie sind auch Mitbegründer des Spiritual Cinema Circle. *Siehe* www.hendricks.com

Nirmala Heriza ist Yoga-Herzspezialistin am Cedars-Sinai Medical Center, Leiterin des LA Integral Yoga Center, Präsidentin des United Council on Yoga und Autorin von *Dr. Yoga*. *Siehe* www.dr-yoga.com

Martina Hoffman ist Malerin und Bildhauerin und lehrt mit ihrem Partner Robert Venosa Kunst. *Siehe* www.martinahoffman.com

Jean Houston, Ph. D., ist Mitbegründerin der Foundation for Mind Research, Gründerin der Mystery School und Autorin. *Siehe* www.jeanhouston.org

Jon Kabat-Zinn ist Leiter der Stress Reduction Clinic und des Center for Mindfulness in Medicine, Health Care, and Society an der Massachusetts Medical School und Autor von *Gesund durch Meditation: Das große Buch der Selbstheilung*.

S. H. der Gyalwang Karmapa ist das siebzehnte Oberhaupt der Karma-Kagyü-Tradition des Tibetischen Buddhismus. *Siehe* www.karmapa.org

Byron Katie ist die Gründerin von The Work und Autorin von *Eintausend Namen für Freude*. *Siehe* www.thework.com

Vater Thomas Keating ist der Begründer der Centering Prayer Bewegung und von Contemplative Outreach. Er ist Autor vieler Bücher, darunter *Die Krise des Glaubens*. *Siehe* www.snowmass.org

Constance Kellough ist Verlegerin, Managementberaterin und Autorin von *The Leap: Are You Ready to Live a New Reality? Siehe* www.namastepublishing.com

Kitaro ist Musiker, Grammy- und Golden-Globe-Gewinner und hat weltweit bereits über 10 Millionen Tonträger verkauft. *Siehe* www. kitaromusic.com

Jack Kornfield ist Lehrer der Insight Meditation Society und des Spirit Rock Meditation Center. Zu seinen Büchern zählt *Frag den Buddha – und geh den Weg des Herzens. Siehe* www.jackkornfield.org

Krishna Das ist ein international geachteter Chant-Meister und hat über 10 Chanting-CDs herausgebracht, die Preise gewannen. *Siehe* www.krishnadas.com

Cyndi Lee ist Gründerin des OM Yoga Center in New York und Autorin von *Yoga Body, Buddha Mind* und der *OM Yoga in a Box*-Serie. *Siehe* www. omyoga.com

Noah Levine ist Autor von *Dharma-Punk* und *Gegen den Strom. Siehe* www. noahlevine.com

Michelle und Joel Levey, Mitbegründer von Inner Work Technologies, arbeiten mit führenden Unternehmen. Zu ihren Büchern zählt *Wisdom at Work. Siehe* www.wisdomatwork.com

Joseph Marshall III aus der Rosebud Sioux Indian Reservation in South Dakota ist Autor vieler Bücher, darunter *Quiet Thunder: The Wisdom of Crazy Horse. Siehe* www.thunderdreamers.com

Mark Matousek ist der Bestsellerautor von *Sex, Tod, Erleuchtung. Eine Spirituelle Odyssee* und *When You're Falling, Dive.* Zusammen mit Eve Ensler ist er Mitvorsitzender von VMen – Männer beenden Gewalt gegen Frauen. *Siehe* www.markmatousek.com

Fleet Maull ist Sensei, Autor und Gründer des Prison Dharma Network, des Peacemaker Institute und der National Prison Hospice Association. *Siehe* www.prisondharmanetwork.org

Mark Mawrence hat außerordentlich viel als Management- und Unternehmensberater in den Bereichen Strategie, Marketing und Kommunikation gearbeitet.

Dennis Genpo Merzel ist Zen-Meister, Gründer des Kanzeon Zen Center und unter anderem Autor von *Der Pfad: Big Mind, Zen & Bodhisattva* und *Big Mind: Großer Geist – Großes Herz. Siehe* www.bigmind.org.

Dan Millman ist ehemaliger Weltklassesportler und Autor von *Der Pfad des friedvollen Kriegers*, das auch die Grundlage eines Filmes bildet. *Siehe* www.danmillman.com

John Milton hat den Weg für The Way of Nature und dessen Programme, Sacred Passage und Nature Quest, bereitet. *Siehe* www.sacredpassage.com

Yongey Mingyur Rinpoche ist ein Meister der Karma-Kagyü-Tradition des tibetischen Buddhismus und Autor der Bestseller *Buddha und die Wissenschaft vom Glück* und *Heitere Weisheit. Siehe* www.tergar.org

Sakyong Mipham Rinpoche ist der spirituelle Leiter von Shambhala International und Autor von *Den Alltag erleuchten*; *Wie der weite Raum: Die Kraft der Meditation*. *Siehe* www.mipham.com

Edgar Mitchell gehört zu den Apollo-14-Astronauten und hat als sechster Mensch den Mond betreten. Er ist Gründer von Noetic Sciences. *Siehe* www.edgarmitchellapollo14.com

Shanida Nataraja ist Doktor der Neurophysiologie und Autorin von *The Blissful Brain: Neuroscience and Proof of the Power of Meditation*. *Siehe* www.blissfulbrain.com

Dean Ornish, MD, ist Präsident des Preventive Medicine Research Institute und medizinischer Leiter von HuffingtonPost.com. Zu seinen Büchern zählt *Die revolutionäre Therapie, Heilen mit Liebe*. *Siehe* www.pmri.org

Dzogchen Ponlop Rinpoche ist Linienhalter des tibetischen Buddhismus und Gründer von Nalandabodhi International. Zu seinen Büchern zählt *Der Geist überwindet den Tod, Das Tibetische Totenbuch für unsere Zeit*. *Siehe* www.nalandabodhi.org

Jill Purce bereitete den Weg für die Klangheilung-Bewegung und lehrte fast vier Jahrzehnte lang auf internationaler Ebene. *Siehe* www.healingvoice.com

Ram Dass ist ein bekannter spiritueller Lehrer, Mitbegründer der Seva Foundation und Autor zahlreicher Bücher, darunter der Klassiker *Sei jetzt hier*. *Siehe* www.ramdass.org

Kali Ray ist die Begründerin von TriYoga®, das in über 30 Ländern unterrichtet wird. *Siehe* www.triyoga.com

Reggie Ray ist der Gründer der Dharma Ocean Foundation und Autor von *Touching Enlightment*. *Siehe* www.dharmaocean.org

Bonnie Reiss diente Gouverneur Arnold Schwarzenegger von 2003 bis 2007 als Chefberaterin und ist Betriebsberaterin für Pegasus Capital Advisors.

Linus Roache, der 2003 für den Golden Globe nominiert wurde, spielt nun eine Hauptrolle in *Law and Order* (NBC). Er ist Hauptgeschäftsführer von EnlightenNext in New York.

Rabia Roberts ist eine sich für den Frieden und soziale Belange engagierende Aktivistin und Kodirektorin des Spirit-in-Action-Programms. *Siehe* www.boulderinstitute.org

Marshall B. Rosenberg ist Leiter des Center for Nonviolent Communications. Zu seinen vielen Büchern zählt *Nonviolent Communication: A Language of Life*. *Siehe* www.cnvc.org

Gabrielle Roth ist Theater- und Musikdirektorin, die Urheberin von 5Rhythms® und Bestsellerautorin von *Maps to Ecstasy*. *Siehe* www.gabrielleroth.com

Peter Russell ist Naturwissenschaftler und Autor vieler Bücher, darunter *The Global Brain*; *Waking Up in Time* und *From Science to God*. *Siehe* www.peterrussell.com

Jeff Salzman, Mitbegründer von CareerTrack Training, ist gegenwärtig der Leiter von Boulder Intregral. *Siehe* www.integrallife.com

Rabbi Zalman Schachter-Shalomi ist der Gründer der religiösen P'nai Or (Kinder des Lichts) Fellowship und der Alliance for Jewish Renewal. *Siehe* www.rzlp.org

David Shiner ist Clown, Schauspieler, Stückeschreiber und Leiter des Cirque du Soleil. *Siehe* www.cirquedusoleil.com

Franklyn Sills ist der Autor von *Energie-Arbeit*; *Being and Becoming*; *Craniosacral Biodyamics*. *Siehe* www.karuna-institute.co.uk

Maura Sills ist Mitbegründerin des Karuna Institute UK, Leiterin von Psychotherapy Training und Begründerin der Core Process Psychotherapy. *Siehe* www.karuna-institute.co.uk

Judith Simmer-Brown ist Fakultätsmitglied der Religious Studies an der Naropa University und Autorin von *Dakini's Warm Breath: The Feminine Principle in Tibetan Buddhism*. *Siehe* www.naropa.edu

Max Simon ist weltweit anerkannter Vortragsredner, Autor und Coach. *Siehe* www.getselfcentered.com

Tami Simon ist die Gründerin und Generaldirektorin von Sounds True Publishing, einem Multimedia-Verlagshaus, das sich der Verbreitung von spiritueller Weisheit verschrieben hat. *Siehe* www.soundstrue.com

Susan Smalley ist Professorin der Psychiatrie und Leiterin des Mindful Awareness Research Center am Semel Institute of Neuroscience and Human Behavior der UCLA. *Siehe* www.marc.ucla.edu

William Spear ist der Autor von *Recovering Original Ability* und Leiter der Fortunate Blessings Foundation. *Siehe* www.fortunateblessings.org

Ajahn Sumedho ist Abt des Amaravati Buddhist Center und der älteste westliche Schüler des verstorbenen Ajahn Chah. *Siehe* www.buddhanet.net

Lama Surya Das ist der Gründer der Dzogchen Foundation und Autor von *Der Buddha im Inneren*. *Siehe* www.surya.org

Mary Taylor ist die Autorin von vier Büchern über Yoga für ein gesundes Leben. Siehe www.yogaworkshop.com

Robert Thurman ist Professor für indo-tibetische Studien an der Columbia University, New York, und Präsident des Tibet House US. Das *Time* Magazin zählte ihn zu den 25 einflussreichsten Bürgern des Landes. *Siehe* www.bobthurman.com

James Twyman ist Bestellerautor, Filmemacher und Musiker. Zu seinen Büchern zählt *Der Moses-Code*. *Siehe* www.emissaryoflight.com

Robert Venosa ist ein visionärer bildender Künstler, hat weltweit ausgestellt und ist in größeren Kunstsammlungen vertreten. Seine Kunst ist auch auf Covers von Santana- und Kitaro-CDs zu sehen. *Siehe* www.venosa.com

Rama Vernon ist Yoga-Lehrerin, ehemalige Redakteurin des *Yoga Journal* und international tätige Mediatorin. *Siehe* www.americanyogacollege.org

Lindsay Wagner ist eine mit dem Emmy ausgezeichnete Schauspielerin, Rechtsanwältin und Philantropin. Sie leitet »Quiet the Mind & Open the Heart«-Workshops. *Siehe* www.lindsaywagner.com

Alan Wallace wurde 1975 als buddhistischer Mönch ordiniert. Er ist Präsident des Santa Barbara Institute for Consciousness Studies und Autor von *Die Achtsamkeits-Revolution. Siehe* www.sbinstitute.com

Wavy Gravy, Ikone und Aktivist der 1960er, ist Mitbegründer der Seva Foundation im Kampf gegen Blindheit und des Camp Winnarainbow. Siehe www.wavygravy.net

Kirsten Westby bereist die Welt, seit sie elf Jahre alt war, und setzt sich seit 2000 für die Menschenrechte ein.

Marianne Williamson ist Bestsellerautorin, eines ihrer bekanntesten Bücher ist *Rückkehr zur Liebe*. Ihr neuestes Buch: *Lebensmitte – Zeit für Wunder. Siehe* www.marianne.com

Danksagung

Unser Dank gilt David Nelson, ohne ihn wäre dieses Buch nicht zustande gekommen. Wir danken Lektoratsleiter Michael Fragnito für seine Unterstützung und klare Vision, Kate Zimmerman, unserer fürsorglichen und intuitiven Lektorin bei Sterling, und Megan Perritt, unserer großartigen Publizistin. Unsere Dankbarkeit gilt unserer Freundin und Agentin Susan Mears, die immer für uns da war. Dank auch an Johanna Walker für ihre sorgfältige Transkription, an Wendy Zahler, Assistentin bei Marianne Williamson, Susan McTigue, Assistentin bei Ellen Burstyn, und an die Assistentinnen und Assistenten vieler unserer Beitraggeber – ihr wisst, wer ihr seid. Und ganz besonders danken wir Ponlop Rinpoche, Robert Thurman, Rabbi Zalman Schachter-Shalomi, Jean Houston, Sylvia Boorstein, Joan Halifax und Nirmala Heriza für ihre freundliche Hilfe.

Personenregister